马克思主义理论研究
和建设工程重点教材

世界古代史

（第二版）上册

《世界古代史》编写组
主　编　朱　寰
副主编　杨共乐　晏绍祥　王晋新　刘　城
主要成员
（以姓氏笔画为序）
王云龙　刘林海　张乃和
周巩固　周颂伦　侯树栋
宫秀华　郭丹彤

高等教育出版社·北京

图书在版编目(CIP)数据

世界古代史. 上册 / 《世界古代史》编写组编. --
2 版. -- 北京:高等教育出版社,2018. 8(2024. 12 重印)
马克思主义理论研究和建设工程重点教材
ISBN 978-7-04-050111-7

Ⅰ.①世… Ⅱ.①世… Ⅲ.①世界史-古代史-高等
学校-教材 Ⅳ.①K12

中国版本图书馆 CIP 数据核字(2018)第 162131 号

责任编辑 张 林　　封面设计 王 鹏　　版式设计 于 婕
责任校对 高 歌　　责任印制 沈心怡

出版发行 高等教育出版社
社 址 北京市西城区德外大街 4 号
邮政编码 100120
印 刷 涿州市星河印刷有限公司
开 本 787mm×1092mm 1/16
印 张 19. 25
字 数 360 千字
购书热线 010-58581118
咨询电话 400-810-0598
网 址 http://www.hep.edu.cn
http://www.hep.com.cn
网上订购 http://www.hepmall.com.cn
http://www.hepmall.com
http://www.hepmall.cn
版 次 2016 年 6 月第 1 版
2018 年 8 月第 2 版
印 次 2024 年 12 月第 18 次印刷
定 价 38.20 元

本书如有缺页、倒页、脱页等质量问题,请到所购图书销售部门联系调换

物 料 号 50111-00

目　录

绪　论

本教材是教育部组织编写的马克思主义理论研究和建设工程重点教材之一。这部《世界古代史》分为上下两册：上册为世界上古史，内容是世界上人类起源和原始氏族制社会以及奴隶制社会阶段的历史，时间段限是从远古时代起，直至公元5世纪中叶西罗马帝国灭亡为止；下册为世界中古史，主要内容是亚欧大陆和北非地区以封建制社会为主体的历史，时间段限是从5世纪中叶至15世纪末，着重研究人类封建制社会产生、发展和演变的历史。15世纪末具有划时代意义的重大历史事件乃是海路大通。在此以前，由于海洋的阻隔，各大洲、各地区、各国家、各民族都在孤立、分散地发展着。社会上人们之间自然发生的依赖关系：奴隶依附于奴隶主、农奴依附于封建主，这是社会生产力水平低下必然发生的社会现象。

一、世界古代史的研究对象及其发展规律

（一）人类的起源和原始氏族制社会

马克思主义辩证唯物史观认为，世界上人类的起源和社会的形成是自然界长期进化和发展的必然结果。在地球上特定的自然环境发生重大变化的情况下，类人猿的一支为了适应环境、维持生存，经过几百万年的进化过程，最终才形成人类。分子生物学研究的结果证明，黑猩猩和人类的血缘关系最近。最初的人类乃是直立人，直立人是现代人的远古祖先。他们生活在距今约200万至约20万年以前，即地质学上更新世早期和中期阶段（即地质历史最后一个纪“第四纪”，距今250万至1.5万年前）。这些最初的人类要在地球上长期生存下去，首先需要解决的就是物质生活的生产和再生产，而生产本身又有两种：一方面是生活资料的生产，用以满足食、衣、住、行、用所需要的物质资料；另一方面是人自身的生产，即种的繁衍。因此，人类第一种历史性活动就是共同进行生产劳动，将一定的物质资料变成能满足人们自身所需要的物质生活资料，即生产物质生活本身。因为直立人用脚走路，把两只手解放出来，可以拿工具和制造工具进行生产劳动。人们长期地进行共同生产、共同劳动的结果自然形成一个相互联系的、有一定行为规范的共同体，这就是社会。社会是人类区别于一切动植物的根本特征。人类有了社会才能维持安定生活，才能共同抵御外敌袭击和入侵，才能养老抚幼，使社会不断发展和进步。

恩格斯根据摩尔根的意见，将史前文化划分为三个阶段，即蒙昧时代、野蛮时代和文明时代；在每个时代又分为低级、中级和高级三个阶段。摩尔根认为，

在蒙昧低级阶段，人类处于童年，仍住在热带或亚热带的雨林中，部分住在树上，以果实和坚果充饥。产生音节清晰的语言是这一时期的主要成就。蒙昧中级阶段，采用鱼虾、贝壳等水产品为食物，开始使用火，只有用火才能把水产品制成可食之物。有了这种新的食物，人们不再受气候和地域的限制，沿着河流和海岸，已散布到地球上大部分地区。这时生产的石器属于旧石器时代早期。这时已掌握摩擦取火的本领，利用棍棒、长矛可以猎取小动物作为食物。蒙昧高级阶段是从弓箭的发明开始。因为有了弓箭，猎物已成为通常的食物，而打猎已成为常规劳动部门之一。弓、弦、箭已经是很复杂的生产工具，发明这些工具需要有长期的经验积累和较发达的智力。这时已有定居而成村落的萌芽。人用火和石斧通常能制造独木舟，用木材建筑房屋。

野蛮时代低级阶段是从掌握制陶术开始。一般地说，人们最初将编制的和木制的器皿涂上黏土，使其耐火，后来发现成型的黏土烧制品不用内胎更简便实用，这就产生了制陶术。从野蛮时代起，新大陆和旧大陆由于自然条件不同，生产的情况也发生了明显的差异，在动物饲养和植物种植方面表现得最为明显。旧大陆差不多有着一切适于驯养的动物，而新大陆只有羊驼一种适于驯养。旧大陆几乎有着一切适于种植的谷物，只缺一种玉米；而新大陆只有一种玉米适于种植。两个半球自然条件的差异，使各自社会发展具有不同的特点。野蛮时代的中级阶段，旧大陆是从驯养家畜开始，新大陆是从人工栽培食用植物以及使用土坯盖房开始。美洲新大陆人类文化，在被欧洲人征服之前，全都没有越过这个阶段。15 世纪末哥伦布发现美洲时，仍处于野蛮低级阶段的印第安人，食用的是园圃里种植的玉米，可能还有南瓜和甜瓜。住的是木屋，村落用木栅栏围起来。美洲西北部某些印第安人甚至处于更落后的状态。新墨西哥的所谓普韦布洛印第安人，墨西哥人、中美洲人和秘鲁人，当他们被征服时，已经处于野蛮时代的中级阶段。他们的住房是用土坯和石头建造的，用人工灌溉的园圃种植玉米和其他食用植物。墨西哥人饲养火鸡及其他禽类；秘鲁人饲养羊驼。他们已掌握了铜、锡加工技术，但还仍使用石质武器和工具。此后被西班牙所征服。

旧大陆的野蛮时代中级阶段是从驯养供给乳和肉的动物开始的。而植物的种植直到这一时期的晚期还不为人所知。只有雅利安人和闪米特人发展了牲畜的驯养从而形成较大的畜群。在欧亚两洲的雅利安人中，家畜的名称还是共同的；而栽培植物的名称却完全不同。畜群的形成在适于畜牧的地方则产生了游牧生活。雅利安人和闪米特人这两个种族的卓越的发展，或许应归功于他们的丰富的肉乳食物，特别是这种食物对于儿童发育有利。

野蛮时代的高级阶段是从铁矿石的冶炼开始，并由于文字的发明及其应用于文献记录而过渡到文明时代。这一阶段只有旧大陆才经历过，其生产的进步要比过去一切阶段的总和还要丰富。英雄时代希腊人、罗马建城前不久的意大利各部落、塔西佗时代的德意志人、海盗时代的诺曼人，都属于这个阶段。这个时代主要生产工具是用牲畜拉动的铁铧犁。有了铁犁以后，才能大规模耕种土地，形成了田野农业。人们生活资料的生产在当时条件下有了突飞猛进的增加，从而有可能砍伐森林，将土地变为耕地或牧场。随着生产力水平的提高，人口也快速增长，稠密地聚居在不大的区域内。在田野农业出现之前，人口聚居是不可能的，因为食物无法解决。在荷马史诗中所反映的希腊人社会情况、恺撒的《高卢战记》和塔西佗的《日耳曼尼亚志》所记述的日耳曼人的社会情况，都是反映这一时代的代表作。从这些记述中可以看出，野蛮时代高级阶段在生产的发展上，取得了多么丰富的成就。

人类的原始社会，从总体上看，在蒙昧时代是以获取现成的天然产物为主的时期；人工产品主要是用做获取天然产物的辅助工具。野蛮时代是学会畜牧和农耕的时期，是学会靠人的活动来增加天然产物生产的时期。至于进入文明时代，这一部分人类已走出原始社会阶段，学会对天然产物的进一步加工，是真正的工业和艺术的时期。

原始社会的氏族制度基本上是在直立人蒙昧时代中级阶段发生的，在高级阶段继续发展起来，到了野蛮时代低级阶段，氏族制便达到了全盛时代。一个部落分为几个氏族，通常分为两个，每一个氏族又分裂为几个女儿氏族。对这些女儿氏族来说，母亲氏族便成为胞族；部落本身分裂为几个部落，其中有的就是老氏族变成的。有一种意见认为，以血缘为基础的氏族制度是从家庭中发展起来的。恩格斯说："后来对人类原始状况的透彻的研究，使作者得出结论：最初不是家庭发展为氏族，相反地，氏族是以血缘为基础的人类社会的自然形成的原始形式。由于氏族纽带的开始解体，各种各样家庭形式后来才发展起来。"① 以血缘为基础的氏族公社排除了家庭中姊妹与兄弟之间的性交关系，这是原始社会一项重大进步。前期的氏族公社是母系氏族公社，因为人生之后只知其母，不知其父，只有根据母系才能准确确定血缘关系。后期一夫一妻制婚姻关系在社会上定型，氏族公社才改为父系氏族公社。世界上几乎所有"野蛮人"都经历过氏族公社制度以后才进入文明时代。氏族一旦成为社会单位，那就必然形成氏族、胞族、部落，这三种集团的全部组织，它们代表着不同程度的血缘亲属关系，很少与外界联系，自己处理内部事务。一切争端都由当事人全体即氏族或部落成员来解决。土地乃是全部落的财产，只有小块园圃归家庭使用。

原始氏族公社制社会就是在集体劳动中创造出来的。人们在共同劳动和共同

① 《马克思恩格斯文集》第5卷，人民出版社2009年版，第406页。

生活中需要准确交流，因而产生了语言。于是语言和劳动一起成为原始人发展的推动力。在它们的影响下，原始直立人的大脑不断进化，逐渐进化成现代人的大脑。随着大脑的发展，人们的视觉、听觉以及其他感觉器官同时也完善起来。由于各民族主客观条件不同，在进化过程中经常会发生曲折反复，不会一帆风顺。

原始氏族制社会生产关系的基础是生产资料的公社所有制，即公有制。这种生产关系是和当时极低的生产力相适应的。人们所使用的是极其简陋的石器工具，因此必须集体共同劳动。原始社会的人们没有任何私有观念。某些生产工具也可以作为防身武器，因而归个人使用。原始社会生产力水平低，生产品仅能勉强维持最起码的需要，没有任何剩余，实行平均分配制度，因而没有人剥削人的可能。原始社会的氏族是以血缘为基础的人类社会自然形成的原始形式。

随着生产工具的改进，生产技术的提高，生产力逐渐有所发展，原始社会开始出现第一次社会大分工，游牧部落与其余的“野蛮”人群相分离。养羊、养牛、养马等畜牧业大大地提高了社会生产力，游牧部落拥有的乳肉食品和毛皮等生活资料不仅比其余的“野蛮人”多，而且其用途相当广泛，这就第一次使经常性产品交换成为可能。起初是部落和部落之间进行产品交换；但是，当畜群开始变成私有财产时，个人交换便越来越占优势，终于成为交换的唯一形式。在原始社会交换过程中，牲畜可以与一切产品交换，它是最受欢迎的产品，并用牲畜来估价其他产品，牲畜获得了货币的部分职能。私有制已经开始出现。同时由于社会生产力的提高，金属工具开始出现，劳动产品逐渐有了一定的剩余，人剥削人有了可能。于是原始公社制社会逐渐解体，为历史上第一个剥削制度——奴隶占有制所代替。

（二）奴隶占有制社会

世界古代史第二个阶段，是奴隶占有制社会。在奴隶占有制条件下，生产关系的基础是奴隶主占有生产资料，并占有生产工作者，这些生产工作者就是奴隶主可以任意买卖和屠杀的奴隶。奴隶在法律上不被当做人，和牛马一样被视为物，所不同的只是会说话而已。这样的生产关系基本上适合当时的生产力状况。奴隶占有制社会的主要生产工具是金属器。因为奴隶经常以破坏生产工具来发泄怨气，因此给奴隶准备的多是笨重坚固的生产工具。这是世界上奴隶占有制社会的共同规律。

欧洲古代社会的第二个阶段有自己的特点。这就是古代公社所有制和国家所有制错综复杂地结合在一起。这种所有制是由于几个部落通过契约联合或征服联合为一个城市而造成的。在这种所有制下，仍然保存着奴隶制。除公社所有制以外，还有动产的私有制，并且不动产的私有制也已开始发展起来。但它们是作为一种反常的、从属于公社所有制的形式发展起来的。公民仅仅共同占有自己的那些做工的奴隶，因此被公社所有制的形式联系在一起。这是积极公民的一种共同的私有制。他们在奴隶面前不得不保存这种自发产生的联合形式。因此，建筑在这个基础上的整个社会结构，以及与之相联系的人民权力，随着不动产私有制的发展而逐渐趋向衰落。分工已经比较发达。城乡之间的对立已经产生，国家之间的对立也相继出现。这些国家中有一些是代表城市利益，另一些则代表乡村利益。公民和奴隶之间的阶级关系已经充分发展。

随着在文明时代得到充分发展的奴隶制的出现，人类社会就发生了第一次大分裂：分成剥削阶级和被剥削阶级的严重对立。这种阶级分裂继续存在于整个文明时代：奴隶制是古代世界所固有的人类剥削形态，继之而来的是中古时代的农奴制和近代的雇佣劳动制两种剥削形态。这就是人类文明时代三个时期所特有的三大奴役形式。

只有古代的奴隶制才使农业与工业之间更大规模的分工成为可能，从而使古代经济的大发展和文化的大繁荣成为事实，即为希腊文化创造了前提条件。没有奴隶制就没有希腊国家，就没有希腊的艺术和科学；没有奴隶制，就没有罗马帝国。没有希腊文化和罗马帝国所奠定的基础，也就没有现代的欧洲。可以说，欧洲全部经济、政治和智慧的发展，是以奴隶制既为人所公认、同样又为人所必需这种状况为前提的。在这个意义上，人们有理由认为，没有古代的奴隶制，就没有现代的社会主义。

（三）封建制社会

在封建制社会里，生产关系的基础是封建主占有生产资料和不完全占有生产工作者农奴。农奴尽管作为人，但在人格上依附于封建主，封建主已经不能屠杀农奴，但可以买卖农奴。在封建社会里，除了封建主所有制之外，还存在农民和手工业者以本身劳动为基础的个体所有制。他们占有一定的生产工具和生产资料以及自己的私有经济。这样的生产关系基本上适合当时的生产力水平。在封建社会初期，手工业作为农业的副业，后来手工业与农业分离，集中在城市里，使城乡分离，促进商品经济迅速发展起来，为资本主义制度的产生创造了必要条件。

奴隶制的崩溃为封建制的产生创造条件。在欧洲从4世纪末年起，蛮族日耳曼人占领了罗马帝国，这一事实通常被用来说明，从古代世界向中古封建主义过渡。但是在蛮族日耳曼人的占领下，一切都取决于被征服民族此时是否已经发展了工业生产力，或者它的生产力主要还只是以共同体形式为基础；其次，蛮族占领的性质受占领者本身发展水平的制约。如果占领者不依从于被占领国家的生产和交往的条件，就完全无法占领当地银行家的体现在票据中的财产。蛮族对罗马帝国的占领，很快就面临结束之日，蛮族已经找不到多少东西可供占领，需要转向生产。从征服者很快转向生产就可以看出，定居下来的征服者所采用的社会制度形式，应当适应他们所面临的生产力发展水平。因而在蛮族大迁徙后一个时期，到处都可见到同一个事实：原来的奴隶变成了现今的主人，征服者很快就学会被征服民族的语言，接受了他们的教育和风俗。封建主义绝不是现成地从日耳曼人那里搬来的，它起源于日耳曼人在进行征服时的军事组织，只有在这种军事组织影响下，从现存关系以及受其制约的实现征服的方式中发展出了封建所有制。这种所有制与部落所有制和公社所有制一样，也是以某种共同体为基础的。但是作为直接进行生产的阶级与这种共同体是对立的，但它已经不是古代世界的奴隶，而是中古的小农奴。后来随着封建制度的充分发展，也产生了乡村与城市对立的现象。在土地占有方面形成了封建等级结构，共同掌握了支配农奴的权力。这种封建结构同古代的公社所有制一样，是一种联合，其目的在于对付被统治的生产阶级，只是联合的形式和对于直接生产者的关系有所不同，因为出现了不同的生产条件。

法兰克国家马尔克制度的崩溃，为封建制度的产生创造了条件。在民族大迁徙之后不久，法兰克的国王们把属于全体人民的辽阔土地，尤其是森林，占为己有，并把它们当做礼物，慷慨地赠送给他们的廷臣、将军、主教和修道院长。这就构成法兰克国家后世贵族和教会的大地产的基础。

封建社会时代所有制的主要形式，一方面是地产和被束缚于地产上的农奴劳动，另一方面是拥有少量土地并支配着帮工劳动的自身劳动。这两种所有制的结构都是由狭隘的生产关系，即粗陋的原始性土地耕作和手工业式的原始工业所决定的。在封建制全盛时代，虽然等级结构异常鲜明，但是社会分工却不够发达：在乡村里只有王公、贵族、僧侣和农民的划分；在城市里只有行会师傅、帮工、学徒以及后来的平民短工的划分，此外再没有什么大的分工了。这是因为农业中土地小块经营使分工受到了限制，农民除种地之外还经营家庭手工业，家庭手工业也没有分工。封建制社会很少分工，生产力发展自然受到影响。在11世纪以后，西欧的城市开始兴起，城市成为手工业和商业中心，乡村仍是农业基地。市民需要购买农村的粮食和蔬菜；农民需要购买城市生产的金属生产工具（如锹、镐、犁、铧等）、交通运输工具（如车、船等）以及大型用具和器皿等，城乡的经济交流日益发展起来，市场区域逐渐扩大。到14—15世纪时，城市里行会手工业作坊的生产已经不能满足需要，于是生产岗位分工更细，封建行会的手工业作坊开始转变成资本主义性质的手工工场。这是西欧大陆最早的资本主义萌芽。

马克思说："美洲金银产地的发现，土著居民的被剿灭、被奴役和被埋葬于矿井，对东印度开始进行的征服和掠夺，非洲变成商业性地猎获黑人的场所——这一切标志着资本主义生产时代的曙光。这些田园诗式的过程是原始积累的主要因素。"① 何谓"原始积累"？原始积累不是资本主义生产方式的积累，而是资本主

① 《马克思恩格斯文集》第5卷，人民出版社2009年版，第860—861页。

义生产方式的起点。原始积累不过是使封建时代劳动者与其劳动资料分离的一连串的历史过程。例如，英国工业的发展提高了苏格兰地产的价值。英国工业为羊毛开辟了新的销售市场。为了生产大量羊毛必须把耕地变为牧场。要实行这种改变，就必须把土地圈占起来，消灭那些世袭租佃者小农庄，使成千上万的租佃者离开家园，供几百万只羊和极少数牧羊人来居住。其结果是苏格兰的羊群侵占了原先苏格兰广大人民的家园，从而为资本主义生产的发展创造了前提条件。

在封建制度占统治地位的初期，市民等级是一个被压迫的等级，它不得不向居于统治地位的封建贵族缴纳贡税，它是由各种各样的农奴和奴隶出身的人补充自己的队伍，它在反对贵族的不断斗争中，占领了一个又一个阵地，最后，在最发达的国家中取代了贵族的统治；在法国它直接推翻了贵族，在英国它逐步地使贵族资产阶级化，从而把贵族同化，作为它自己装点门面的上层。它是怎样做到这一点的？只是通过“经济情况”的改变，而政治状态的改变则是或早或晚、或自愿或强迫必然发生的事。资产阶级反对封建贵族的斗争，实际上是城市反对乡村、工业反对土地占有、货币经济反对自然经济的斗争，最终资产阶级取得完全胜利，封建贵族遭到彻底失败。

二、以辩证唯物史观为指导学好世界古代史

人生在世所面临的现实世界只有两个方面：一是自然界，二是社会历史。人类就是运用社会组织的力量和智慧，才能在自然界中维持生存和发展，不断改善自身的生活条件，提高生活水平。作为一个社会的人首先必然涉及对社会历史的认识。要认识社会历史就必须有正确的科学的历史观。中国历史上和现实社会中出现过各种不同的社会历史观，例如宗教方面有神定史观，世俗方面有唯心论的帝王将相史观、英雄史观，王朝更替的循环史观等。各种不同观点的冲突促使人们思考这样一个问题：作为客观存在的人类社会历史究竟有没有共同的规律可循？对这一重大问题，国际学术界几百年来长期争论不休，各派学者的观点尖锐对立，难以达成共识。18 世纪法国大革命期间，法国和德意志的启蒙学派主张社会历史是有规律的，这种观点在当时学术界曾占主导地位。然而他们所说的规律只不过是唯心论或机械唯物论形而上学的“规律”而已。此后，在 19 世纪前期马克思主义诞生之前，西方哲学界承认社会历史具有规律性的代表人物主要是黑格尔。他在其代表作《历史哲学》一书中，以辩证的观点认定世界历史是一个有规律的、合理的、必然的过程。可是他的历史观却是唯心主义的，他将人类理性看作世界的主宰，并将人类历史的发展说成是绝对精神自我发展的体现。这说明黑格尔是历史唯心论者，而且是当时西方唯心史观的主要代表。简而言之，在马克思主义诞生之前，中外各国学术界的历史观和方法论，不是唯心论形而上学的，就是二

元论、不可知论、机械唯物论形而上学的。这些史学理论观点，不可能正确反映社会历史的客观实际，只能是颠倒和扭曲社会历史，因而基本上是不正确、不科学的。

人类社会历史本身是客观存在的，它是按照自身的内在规律发展变化的。只有在马克思主义诞生之后，人类对社会历史的认识才发生了革命性的变革，也只有马克思主义辩证唯物史观才是人们认识社会历史发展规律的正确理论和方法，在这里简要地说明几点看法。

首先，需要说明辩证唯物史观的基本理论和方法是唯一正确的。辩证唯物史观实际上就是辩证唯物论与历史唯物论的结合，也就是用唯物辩证的理论和方法研究社会历史以及人类思维领域发展的一般规律。运用辩证唯物史观研究社会历史，主要是研究社会历史的两对矛盾运动，即生产力与生产关系的矛盾运动和经济基础与上层建筑的矛盾运动。辩证唯物主义观点认为，生产是创造人类社会生存所必需的物质生活资料的过程，是人们有目的的共同活动。生产力是指有一定生产经验和劳动技能的劳动者，使用一定的生产工具，对某种自然对象进行共同的生产活动。这是指社会的人们与自然界的关系，就是生产力。生产关系是指人们在生产过程中彼此结成的关系，它首先表明的是生产者与生产资料的关系，说明生产资料归谁所有，由谁支配，代表着不同的社会性质。在研究社会发展中比较难把握的是经济基础与上层建筑的矛盾运动。怎样理解经济基础和上层建筑的矛盾运动？恩格斯曾做过明确的解释。他说："直接的物质的生活资料的生产，从而一个民族或一个时代的一定的经济发展阶段，便构成基础，人们的国家设施、法的观点、艺术以至宗教观念，就是从这个基础上发展起来的，因而，也必须由这个基础来解释"①。关于人类社会历史发展的这两对矛盾运动是任何时代、任何国家民族都不能例外的。

其次，需要说明辩证唯物史观的属人性问题。马克思主义辩证唯物史观是人们正确认识社会历史的理论武器。只有将辩证唯物主义和历史唯物主义正确地运用于历史研究，才使历史学成为科学。学术界曾有人批评马克思主义辩证唯物史观是"只见物不见人"。这种看法是完全错误的。殊不知马克思主义辩证唯物史观正是以人为本的，是研究人类的生产和人们的生活，即研究人类的全部社会历史的。所以恩格斯说，马克思主义社会历史理论是"关于现实的人及其历史发展的科学"②。这说明马克思主义历史观一切都是属于人，一切都是为了人。马克思、恩格斯之所以创建辩证唯物史观，首先是因为他们发现了人的两种属性：即人有

① 《马克思恩格斯文集》第3卷，人民出版社2009年版，第601页。
② 《马克思恩格斯文集》第4卷，人民出版社2009年版，第295页。

自然属性的一面，又有社会属性的另一面。恩格斯 1883 年 3 月 17 日在伦敦海格特公墓安葬马克思时讲话说："正像达尔文发现有机界的发展规律一样，马克思发现了人类历史的发展规律，即历来为繁芜丛杂的意识形态所掩盖着的一个简单事实：人们首先必须吃、喝、住、穿，然后才能从事政治、科学、艺术、宗教等等"①。恩格斯在这里说的正是人的两种属性问题。人们必须首先解决其直接物质生活需要，然后才能从事社会活动。这说明人在维持生命和传宗接代方面与自然界其他动物属性是一样的。这就是人的自然属性。人必须活着才能从事社会活动，才有社会属性的另一面。所以解决人们生活需要的物质资料的生产实践就成为马克思主义辩证唯物论中的核心问题。中国历史上也有近似于这种观点的看法。据《汉书·郦食其传》载，汉朝人郦食其曾说过"民以食为天"；另外，在《礼记·礼运篇》中有云："饮食男女，人之大欲存焉。"这证明辩证唯物史观的出发点是人。人的自然属性的问题解决不了，社会属性也就谈不到。辩证唯物史观的"物"，不是泛指一般的物，而是特指人类生活需要的物质生活资料的生产实践。这些事实说明马克思主义辩证唯物史观不仅出发点是为了人，而且它的归宿点还是为了人。

三、正确理解世界古代史的几个理论问题

（一）关于历史上生产发展和社会演变的矛盾运动

人类在世界上与动物界分离，并要长期生存发展下去，最重要的前提乃是必须有物质生活资料，以满足食、衣、住、行、用的生活需要。因此，人类第一个历史活动就是生产满足生活需要的物质资料。这就是生产物质生活本身。而且这种生产活动必须每日每时去完成它，只能做得更好，不能停止。今天和几千年前一样，人们一直为生活而奔忙。但是人们进行物质生产是向自然界索取生活资料，因而不可能是单个人空手进行，必须是人们的共同活动而且使用某种工具（开始使用石器、骨器）进行生产。但随着人口的增多和需要的增长，分工也随着发展起来。分工最早在原始社会的家庭中出现，家庭是人生命生产的基地，夫妻双方的性行为是最初的分工，后来由于体质的不同和生活的需要，出现"自然形成"的分工。某种生产任务不是一个人所能完成的，需要几个人或许多人相互联系合力完成生产，所以生产是共同活动的结果，但这还不能算是生产分工。某些人从事农业，另外一些人从事手工业，这才是分工的不同。但真正的分工只是指物质劳动和精神劳动的分离。在某一社会中，分工不仅使精神活动和物质活动、享受和劳动、生产和消费由不同的个人来分担。因此分工则成为生产力、社会状况的集中表现。这种社会生活的生产方式和与此相联系的交往形式就在这些束缚的范

① 《马克思恩格斯文集》第 3 卷，人民出版社 2009 年版，第 601 页。

围内运动着。

人们的生产劳动处于不断地发展和变化之中。劳动本身一代一代地变得更加不同，更加完善和更加多方面。除打猎和牧畜外，又出现了农业，在农业以后又有了纺纱、织布、冶金、制陶业和水上航行。随着社会生产和经济的不断发展，社会组织从部落发展成民族和国家。政治和法律、文化和科学也发展起来，同时还出现了宗教。而宗教乃是人的存在在人头脑中幻想的反映。

政治经济学的对象并不像通常所说的那样是研究“物质的生产”，直接生产是工艺学的研究对象，而政治经济学则是研究人们在生产中的社会关系。社会制度中的任何变化，所有制关系中的每一次变革，都是旧的所有制关系不再适应新生产力发展的必然结果。人们在发展其生产力时，必然也发展着一定的相互关系，这些关系的性质必然随着这些新发展起来的生产力的改变而改变。人们借以进行生产的社会关系，即社会生产关系，是随着物质生产资料、生产力的变化和发展而变化和发展的。人类社会生产的变化和发展，始终是从生产力的变化和发展开始，特别是首先从生产工具的变化和发展开始的。所以说生产力是生产中最活跃、最革命的因素。由于生产力的首先变化和发展，随后必然带动人们的生产关系发生变化，这就是说人们的经济关系也随着发生相应的变化。

生产关系与生产力之间的关系是辩证的，它既是受生产力所决定，又反过来对生产力的发展有反作用：它适应生产力时起促进作用，不适应生产力时则起阻碍作用。分配关系不仅仅是生产和交换的消极的产物，它反过来又同样影响生产和交换。生产关系如果不适应生产力的性质，整个生产就会遭到破坏，社会生产就会发生危机，生产力就会遭到破坏。资本主义国家中的经济危机，就是生产关系不适应生产力性质的反映。资本主义生产资料的私人所有制同生产过程的社会性相矛盾，也就是同生产力的社会性相矛盾，因而爆发了经济危机，破坏生产力。这就是说，资本主义社会孕育着无产阶级革命，推翻资产阶级的统治，才能建立社会主义和共产主义社会。

每一历史时代的经济生产以及必然由此而产生的社会结构，是该时代政治的和精神的历史基础。因此，经济关系是社会历史的具有决定性的基础，这就是指处在一定社会阶段的人们，用以生产生活资料和彼此交换产品的方式说的。这里也包括生产和运输的全部技术装备在内。这种技术装备同时决定着产品的交换方式和分配方式，从而在氏族社会解体后也决定着阶级的划分，决定着统治和从属的关系，决定着国家、政治、法律等。由此可见，经济制度是社会的政治、法律、宗教、艺术、哲学的观点，以及同这些观点相适应的政治、法律设施等上层建筑借以树立起来的基础。任何经济基础都有同它相适应的上层建筑。如果基础发生变化和被消灭，那么它的上层建筑也就会随着发生变化和被消灭。如果产生新的基础，那就会随着产生同它相适应的上层建筑。

根据辩证唯物史观，历史过程中的决定性因素归根到底是现实生活中的生产和再生产。如果有人认为，经济因素是唯一决定性的因素，那么他就是一个机械唯物论者，形而上学的学者，他的理论是抽象的、荒诞的空话。马克思主义认为，经济状况是社会的基础，但是对社会历史斗争的进程发生影响，并且在许多情况下，主要决定着这一斗争的形式。此外还有上层建筑的各种因素：如阶级斗争的各种政治形式和这个斗争的成果——由取得胜利的阶级所制定的宪法等各种法权形式以及所有这些实际斗争在参加者头脑中的反映，政治的、法律的和哲学的理论，宗教的观点和它们向教义体系的发展。这里表现出一切因素间的交互作用。而在这些交互作用中，归根到底是经济运动作为必然因素，通过无穷无尽的偶然事件而表现出来。如果认为政治权力在经济上是无能为力的，那么又何必为无产阶级专政而斗争呢？暴力即国家权力，也是一种经济力量。这里没有任何绝对的东西，一切都是相对的。上层建筑是由经济基础产生的，但上层建筑一出现，就成为极大的积极力量，积极促进自己基础的形成和巩固，采取一切办法帮助新制度去根除和消灭旧基础和旧阶级。

人类社会不管其形式如何，都是人们交互作用的产物。在人们的生产力发展的一定阶段上，就会有一定的交换和消费形式。在生产、交换和消费发展的一定阶段上，就会有一定的社会制度、一定的家庭、等级或阶级组织，一句话，就会有一定的市民社会。有了一定的市民社会，就会有一定的政治国家。这个国家只不过是市民社会的正式表现而已。

每个人借以进行生产的社会关系，即社会生产关系，是随着物质生产资料、生产力的变化和发展而变化和发展的。生产关系总合起来就构成社会关系，构成为所谓社会，并且是构成为一个处于一定历史发展阶段上的社会。古代社会、封建社会和资本主义社会，都是这样的生产关系的总和，而其中每一个生产关系的总和，同时又标志着人类历史发展中的一个特殊阶段。社会关系和生产力相联，随着新生产力的获得，人们就会改变自己的生产方式。随着生产方式的改变，即保证谋生方式的改变，人们也就会改变自己的一切社会关系。手推磨产生的是封建主为首的社会，蒸汽机产生的是工业资本家为首的社会。一切社会变迁和政治变革的终极原因，不应当在人们头脑中去寻找，而应当在生产方式和交换方式的变更中去寻找。由此可见，生产方式和交换方式决定社会的面貌。

（二）关于私有制、阶级和国家的产生

世界上人类社会物质劳动和精神劳动的最大的一次分工，就是城市和乡村的分离。城乡之间的对立是随着野蛮向文明的过渡、部落制度向国家的过渡、地方局限性向民族的过渡而开始的，它贯穿着全部文明的历史并一直延续到现在。城乡分离，这一次大分工的出现，立即使农村人口陷于数千年的愚昧状态，使城市居民受到各自专门手艺的奴役。它破坏了农村居民精神发展的基础和城市居民体力发展的基础。由于劳动被分成几个部分，人们也就被分成几个部分。为了训练个人所需要的某种单一活动，其他一切肉体和精神的能力都变成牺牲品。

财产的私有制是随着产品交换的出现而产生的。已经处于萌芽状态的社会劳动的专业化和产品在市场上的出售是私有制的基础。任何原始公社的全体社员还共同制造他们所必需的一切产品时，私有制是不能发生的。当分工渗入公社，而当社员开始各自单独生产某种产品，并把这种产品拿到市场上出售时，表现这个商品生产者的私有制就出现了。而这种私有制或遗产都是一夫一妻制单独小家庭已经形成和交换已开始发展的那个社会阶段发生的事情。私有财产在历史上的出现，绝不是掠夺和暴力的结果。正好相反，在一切文明民族古代的公社中，私有财产已经存在，虽然当时只限于某几种物品。早在这种公社内部，最初同外部人交换时就发展成商品形式。这就是说，在产品中为自己消费的部分越小，为交换而生产的部分也就越大，公社内部自发分工部分被交换排挤得越多，公社成员之间财产不平等的状况也就越大，旧的公社土地公有制被埋葬得越深，公社也就迅速地瓦解为小农的乡村。几千年来都对这些古代遗留的旧的公社束手无策，但是由于大工业产品的竞争引起自发的家庭工业的逐渐破坏，却使旧公社日趋瓦解。

在原始公社制解体的过程中是如何形成国家权力的？一般地说，在开化比较晚的民族原始农业公社中，还继续存在着某种平等关系，至少没有社会阶级。但每个这样的公社一开始就存在着一定的共同利益，维护这种利益的工作，虽在全社会的监督之下，却不能不由个别成员来担当：例如解决争端、制止个别人越权、监督用水等，特别是在原始的状态下执行宗教职能。这些职位被赋予了某种全权，这是国家权力的萌芽。生产力逐渐提高，人口大为增加，在一些场合形成了各个公社之间的共同利益，在另一些场合又形成了各个公社之间相抵触的利益，这些公社集合为更大的整体，又引起新的分工，建立新的机构来保护共同利益和反对相抵触的利益。这些机构作为整个集体的共同利益的代表，在对每个单个的公社的关系上已经处于特别的地位，在一定情况下甚至是对立的地位，它们很快就变为更加独立的了。这种情况的造成部分地是由于社会职位的世袭，使社会职能逐渐上升为对社会的统治，原先的社会公仆逐渐变成社会的主人。他们也使用暴力统治社会。最后，各个统治人物集结成为一个统治阶级。

除上述统治阶级形成之外，还有一个奴隶主阶级和奴隶阶级的形成问题。当生产已经发展到这样一种程度：人的劳动力所能生产的东西超过了单纯维持劳动力所需要的数量；维持更多的劳动力的资料已经具备，因此劳动力获得了价值。但是公社本身和公社所属的集团还不能提供多余的供自由支配的劳动力，而战争却可以提供这种劳动力。在相邻的几个公社集团同时存在这种现象，都是由来已久的。在此以前人们不知道应该怎样处理战俘，往往简单地把他们杀掉，在更早的时候甚至把他们吃掉。但在这时已经达到的经济水平上，战俘获得了一定的使用价值；因此人们让他们活下来，并且使用他们劳动。这不是战争暴力支配经济，而是相反的，暴力被迫为经济服务。于是奴隶制被发现了。这种制度很快就在一切已经发展得超过旧的公社制度的民族中成为占统治地位的生产形式，但是，归根到底也成为他们衰落的主要原因之一。当人的劳动的生产率还非常低下，除了必需的生活资料只能提供很少的剩余时，生产力的提高、交换的扩大、国家和法律的发展、艺术和科学的创立，都只有通过更大的分工才有可能。这种分工的基础是：从事单纯体力劳动的群众同管理劳动、经营商业和掌管国家事务，以及后来从事艺术和科学的少数特权分子之间的大分工。这种分工的最简单的完全自发的形式，正是奴隶制度。在古代世界、特别是希腊世界的历史的前提之下，进步到以阶级对立为基础的社会，是只能通过奴隶制的形式来完成的。

到了原始公社制的野蛮高级阶段，住得日益稠密的居民对内对外的需要不得不更紧密地团结起来。亲属部落的联盟，到处都成为必要的了。不久，各亲属部落的融合从而将分开的各部落领土融合为一个民族的整个领土。民族的军事首长成为不可缺少的常设的公职人员。还不存在人民大会的地方也出现了人民大会。军事首长、议事会和人民大会构成了继续发展为军事民主制的氏族社会的各机关。其所以称为“军事”，是因为战争和进行战争的组织已经成为民族生活的正常功能。邻人的财富刺激了各民族的贪欲，在这些民族那里，获取财富已成为最重要的生活目的之一。他们是“野蛮人”，掠夺在他们看来比劳动获得更容易，甚至更光荣。以前打仗只是为了对侵犯进行报复，或者是为了扩大已经感到不够的领土；现在打仗，则纯粹是为了掠夺，战争成了经常性的行当。在氏族内部也发生了同样的变化，掠夺战争加强了最高军事首长和下级军事首长的权力；习惯地由同一家族选出他们的后继者的办法，特别是从父家长制实行以来，就逐渐转化为世袭制。从此奠定了世袭王权和世袭贵族的基础，为奴隶制的广泛推行创造了条件。

（三）阶级斗争是阶级社会历史的发展动力

世界上的人类社会，最初是以血缘关系为基础的原始公社制社会，在这个社会中劳动生产率日益发展起来，与此同时，私有制和交换、财产差别、使用他人劳动力的可能性，从而阶级对立的基础等新的社会成分也日益发展起来；这些新的社会成分在几个时代中，竭力使旧的社会制度适应新的条件，直到两者的不相容性最后导致一个彻底的变革为止。以血族团体为基础的旧社会，由于新形成的社会各阶级的冲突而被炸毁；组成为国家的新社会取而代之，新国家的基层单位已经不是血族团体，而是地域团体了。在这种社会中，家庭制度完全受私有制的支配，阶级对立和阶级斗争从此自由开展起来。这种阶级对立和阶级斗争构成了直到今日的全部成文历史的内容。“至今一切社会的历史都是阶级斗争的历史。自由民和奴隶、贵族和平民、领主和农奴、行会师傅和帮工，一句话，压迫者和被压迫者，始终处于相互对立的地位，进行不断的、有时隐蔽有时公开的斗争，而每一次斗争的结局都是整个社会受到革命改造或者斗争的各阶级同归于尽。”①

马克思主义认为，在阶级对抗的社会里，历史的真正动力是阶级之间的革命斗争。革命是历史的火车头。所谓革命，就是极端残酷的殊死的阶级斗争。在阶级社会里，阶级斗争是不可避免的。人类社会阶级斗争的历史包括一系列发展阶段，现在已经达到这样一个阶段，即被剥削被压迫的阶级（无产阶级），如果不同时使整个社会一劳永逸地摆脱任何剥削、压迫以及阶级划分和阶级斗争，就不能使自己从进行剥削和统治的那个阶级（资产阶级）的控制下解放出来。

（四）关于古代世界的区域文明交往

人类最初散居各地，古代世界的文明具有很强的区域性分布特征。由于各地区主客观条件不同和社会发展水平不同，世界上各地区人民之间都希望多加交往和交流，促进各自社会的发展和人民生活质量的提高。在古代社会就已经开始愈益频繁地出现文化交往和经济交流。

古代欧亚大陆及北非地区是古代世界最为活跃的区域性文明交往网络之一。在这一区域，先后形成了具有重大文明交往意义的两条通道——陆上丝绸之路和海上丝绸之路。西汉汉武帝时派遣张骞出使西域。张骞于公元前 129 年（汉武帝元光六年）抵达中亚的大月氏，亦称为贵霜地区，即中亚的阿姆河和印度河流域。张骞出使西域共经十三年，首次打通了联通亚欧大陆东西两端的陆上丝绸之路，被称为“凿空之旅”。此后，这条丝绸之路不断延伸和拓展，越来越多的古代国家与地区直接或间接地利用这条通道开展商贸往来和文化交流，为增进古代世界区域文明之间的互通有无和相互了解做出了卓越贡献。联通太平洋和印度洋的海上丝绸之路是古代欧亚大陆及非洲部分地区文明交往的另一条通道。2000 多年之前，古代中国就已经开始通过海路与外界进行交往。到唐宋时期，世界上已有 60 多个国家与中国有海上贸易往来。到了明代，运送丝绸等中国货品的远洋船队已经能够到达非洲东海岸和红海沿岸地区。15 世纪时，海上丝绸之路已经联通了东亚、南亚、东南亚、南亚次大陆、阿拉伯半岛以及东非和地中海部分区域。各地区文明交往的成果有力促进了古代世界区域性交往网络的形成，从而为近代以来的海陆大通和真正的“世界历史”的形成打下了基础。

2013 年，中国国家主席习近平在访问中亚和东南亚时，提出建设丝绸之路经

---

① 《马克思恩格斯文集》第 2 卷，人民出版社 2009 年版，第 31 页。

济带和 21 世纪海上丝绸之路的倡议。建设“一带一路”，是党中央做出的重大战略决策，是中国实施新一轮扩大开放的重要举措。“一带一路”贯穿欧亚大陆，东边连接亚太经济圈，西边进入欧洲经济圈。历史上，陆上丝绸之路和海上丝绸之路就是我国同中亚、东南亚、南亚、西亚、东非、欧洲经贸和文化交流的大通道。“一带一路”倡议是对古丝绸之路历史遗产的传承和发扬光大，顺应了时代要求和各国加快发展的愿望，提供了一个包容性巨大的发展平台，具有深厚历史渊源和人文基础。加快“一带一路”建设，必将加强当代文明交流互鉴，促进世界和平与发展。

总之，希望我国青年学子能认真学习和研究世界古代史，明确认识世界古代历史的来龙去脉，科学理解这门学科的重大历史意义，正确分析中国在世界历史上的重要地位，积极投身于当下的国家改革开放事业，承担起新时代赋予青年人的历史使命，为全人类的彻底解放事业而奋斗到底。

上册引言

世界史不是无中生有，它是分散的各地历史纵向发展与横向发展的必然结果。世界上古各国都为世界史的形成准备了条件。

在中国，世界上古史一般指人类社会发展的最初两个阶段，即原始社会和奴隶社会，时间为300万年前至公元476年，是人类文明发展巨流中的源头。

原始社会的历史是从人类的出现开始的。自从有了人就有了人类的历史。最初的人类居无定所、食无定粮，使用简单的打制石器和棍棒，过着采集和渔猎的生活。

血缘家族是人类“第一个社会组织形式”，其存在的时间很长，大约相当于旧石器时代的早期和中期。在血缘家族时期，婚姻按照辈分来划分，原先的杂婚逐渐被辈分婚所替代。

氏族公社是血缘家族发展的结果，大约相当于旧石器时代的晚期。婚姻形式为族外婚制，两个互通婚姻的氏族构成早期的部落。氏族公社先后分为母系与父系两个时期。在母系氏族社会，人们只知有母，不知有父，氏族世系只按母系计算，妇女“居于受到高度尊敬的地位”①。新石器时代是母系氏族公社的全盛时代，婚姻形式也由群婚转入对偶婚。在新石器时代，产生了原始的农业和畜牧业，人类从此过上了比较稳定的定居生活。继母系氏族公社之后发展起来的是父系氏族公社，大约相当于金石并用和金属器时代。在这一时期，原来不稳固的对偶婚逐步过渡到一夫一妻制，妇女不但失去了在经济和生活上与男子平等的地位，而且也随之失去了崇高的社会地位。恩格斯指出：“母权制被推翻，乃是女性的具有世界历史意义的失败。丈夫在家中也掌握了权柄，而妻子则被贬低，被奴役……变成单纯的生孩子的工具了。”②

到了父系氏族公社的后期，私有制和阶级出现，原始社会逐渐瓦解，国家开始产生。历史也就进入了文明时期。

上古文明的出现，是人类社会的一大进步。最早的文明产生于西亚的两河流域（约前3500年）和埃及的尼罗河流域（约前3500年）。此后的千余年间，在南亚的印度河流域（约前2500年）、中国的黄河流域（约前2100年）和爱琴海的克里特等地区（约前2000年），也出现各自的文明。这些地区共同构成了世界五大文明的发祥地，产生了世界历史上第一批国家。

---

① 《马克思恩格斯文集》第4卷，人民出版社2009年版，第60页。

② 《马克思恩格斯文集》第4卷，人民出版社2009年版，第68页。

最初的国家都是从氏族组织发展而来的，但它又是对氏族制度的重大超越与否定。氏族与国家之间有着明显的不同。这种不同主要体现在：第一，国家不像氏族那样把血缘关系作为联结居民的纽带，而是“按地区来划分它的国民”，“并允许公民在他们居住的地方实现他们的公共权利和义务”。第二，国家内部设立了公共权力，“这种公共权力已经不再直接就是自己组织为武装力量的居民了。这个特殊的公共权力之所以需要，是因为自从社会分裂为阶级以后，居民的自动的武装组织已经成为不可能了。”①

在人类的历史上，国家的形成是一件具有里程碑意义的大事。国家的形成表明：人类的财富积累已经达到了相当的水平，内部的阶级分化也发展到一定的程度。无论是管理协调，还是保存和发展自己，都需要有一个新的机构。国家是阶级矛盾不可调和的产物，但同时也是人类的第一次重大觉醒，是人类由野蛮走向文明的起点，是人类迅速脱离动物界的重要标志。国家的出现表明人类已经迈入了能够独立行事解决实际问题的时代。通过国家组织起来的人类不但改变了人类自身的命运，而且大大地推进了人类文明的进程。

当然，从整个世界上古史的范围看，国家产生的形式也不是毫无差别、千篇一律的。苏美尔、埃及、中国、印度、克里特岛和美洲最早的国家直至后来的雅典等都是“直接地和主要地从氏族社会本身内部发展起来的阶级对立中产生的。”②在罗马，因为“氏族社会变成了封闭的贵族制，它的四周则是人数众多的、站在这一贵族制之外的、没有权利只有义务的平民；平民的胜利炸毁了旧的血族制度，并在它的废墟上面建立了国家，而氏族贵族和平民不久便完全溶化在国家中了。”③居鲁士时期的波斯则完全是在反抗外族统治的过程中发展为国家的。而尚处于氏族社会阶段的斯巴达则是在征服先进的迈锡尼文明的过程中形成国家的。日耳曼诸部落征服罗马虽也属于落后征服先进，但他们却是在综合双方因素的基础上发展成为国家的。阿卡德、亚述、赫梯等都是游牧部落转入定居后受邻近国家先进文明的影响而加速立国并后来居上征服邻国的。

最初的国家由于都来自氏族公社，受地域和血缘影响明显，因此在不同程度上都带有一些氏族民主制的残余因素。这些小国大都是以一个设防点为中心结合附近的农村建立起来的。这个中心常常筑有城墙，既是整个国家公民防御外敌的最后堡垒，也是主要神庙的所在地和举行公民集体会议的场所。正是由于这一原因，学界一般都把人类社会最早的国家称作城邦，取“有城之邦”的意思。

城邦是原始国家，是占有数量不等的私有财产的公民的集合体。在这里既没

---

① 《马克思恩格斯文集》第4卷，人民出版社2009年版，第189、190页。
② 《马克思恩格斯文集》第4卷，人民出版社2009年版，第188页。
③ 《马克思恩格斯文集》第4卷，人民出版社2009年版，第188—189页。

有脱离公民集体的常备军，也没有凌驾于公民集体之上的官僚机构。尽管公民内部有财产多寡之分，门第高低之别，但在对待奴隶和公民集体以外的其他自由民这一点上，它是一个不受奴役和剥削的整体。城邦的使命是保护和促进私有财产制度的发展。①

在上古国家的经济结构中，奴隶制显然是一种普遍存在的现象。起初，其主要形态为家庭奴隶制。后来因为受客观条件和环境的影响，各国发展的速度也不尽一致。在一些国家的一定历史时期，或由于大规模的对外征服，或由于经济利益的驱动，奴隶制得到了充分的发展。奴隶被大量地应用于农业、手工业和矿山开采等生产领域。奴隶制不但在相关国家成为一种占主导地位的生产关系，而且还决定着其他生产关系的方向。但在另一些国家里，奴隶制在生产领域始终没有发展起来，从事手工业和农业的奴隶也非常有限。因此，对于前一类国家，大体上可以称为奴隶制社会；对于后一类国家，其社会性质则还需认真研探。

在上古奴隶占有制诸国中，奴隶和没有公民权的自由人都处于有公民权的奴隶主所属部族之外。统治者和被统治者、剥削者和被剥削者分别属于不同的部族，这是上古世界尤其是上古早期奴隶占有制社会的根本特色。②

在奴隶制下，奴隶被视为主人的财产，完全没有人身自由。奴隶主不仅有权随意奴役奴隶，而且可以随意把他们卖掉，甚至杀害。奴隶大众用勤奋和智慧创造了上古文明，但是文明的丰碑上却没有他们的名字，在文明的世界里更没有他们的地位，他们被当做会说话的工具，遭受凌辱。然而，历史的辩证法是：哪里有压迫，哪里就有反抗；压迫愈深，反抗愈烈。这也是历史发展的必然规律。

上古国家的政体形式多种多样，有贵族制、民主制、君主制、共和制等，但最后大多还是走上了君主专制的道路，其中著名的有：古王国以后的埃及、阿卡德王国时期的两河流域、列国末期的印度和帝国时期的罗马以及横跨欧、亚、非三大洲的波斯帝国和亚历山大帝国等。当然，君主专制最初在各国形成的历史条件各不相同，所起作用也不完全一样，但有一点是共同的，即它们都是社会矛盾激化的结果，是统治者加强其统治的一种强化形式。

上古的中国是上古世界的重要组成部分。上古中国人民的伟大实践给世界上古史增添了丰富的内涵，同时也为人们全面认识世界提供了难得的素材。综观世界上古历史，大家都能发现，青铜时代产生的文明古国，除中国以外，在进入铁器时代以后都或早或晚地消失了。若没有中国历史的实例，人们完全可以得出这

---

① 参见廖学盛《试论城邦的历史地位和结构》，《廖学盛文集》，上海辞书出版社 2005 年版，第 46—47 页。

② 参见廖学盛《古代世界奴隶占有制社会普遍存在的历史必然性》，《求是学刊》2007 年第 3 期，第 125 页。

样的结论，即：古文明的中断是古代的一种普遍现象。进入铁器时代以后，在世界历史上，又出现了许多跨地区性的早期帝国，如埃及帝国、赫梯帝国、亚述帝国、波斯帝国、亚历山大帝国和罗马帝国等，但它们最后都分裂为若干地区性的国家，早期的联合并未形成后来统一的基础。上古中国的情况与此不同，原先的地区性的诸侯国经秦汉两朝的统一后，虽然也曾有分分合合的过程，但是每一次的分，在客观上都为下一次的更进一步的合准备了条件。应该说，秦汉的统一为中国的统一趋势开创了历史的传统。若没有中国历史的实例，人们也可以把上古帝国的分裂当做一般的、带有规律性的现象来加以看待，但由于有了中国上古的历史，人们就不可能那样简单地下结论了。① 上古的中国为世界创造了奇迹。

作为代表一个时代的奴隶制，在西方，大体上随着蛮族的入侵和西罗马帝国的衰亡而告终。在东方，由于各国国情不同，奴隶的使用和发展状况各异，很难找出一个明显的带有时代意义的标志性界线。但无论是告终还是衰亡，它的残余形态和残余观念还一直留存于世。

上古文化是人类童年时期创造的文化。文字是人类的祖先奉献给世界的重大成就。文字的发明和使用，极大地促进了人类彼此间的交流，使保存记忆和前人创造的经验成为可能，从而使文明的传承有了较好的载体。神话传说和经验总结始终是世界上古文化的两大主题。前者为人类提供了精神武库，后者则为解决人类的现实问题提供了前车之鉴。在约公元前 8—约前 3 世纪，世界上古文化进入了一个发展的高峰时期，春秋战国时代的中国、古典时代的希腊和列国时代的印度是这一时期的代表。这一时期的这三个古老文明区，出现了许多哲学家。人类开始有了自身的反省，其精神的潜力得以充分展开。无论在哲学、文学、史学，还是在科学、艺术等领域，人类都取得了众多突破性的成就。这一时期出现的基本思想即使到现在仍对我们产生作用，发挥影响。这是一个人类精神大觉醒的时代，也是人类思想之花怒放盛开的时代。公元前 3 世纪以后，上古世界又出现了新的格局，秦汉中国和罗马帝国成为当时世界上最强大的国家。它们都以各自的方式发展文化，向外推广自己的价值观，其影响已深深地扎根于世界的文明之中。

众所周知，人类社会的发展是由社会基本矛盾运动决定的。社会基本矛盾运动推动着生产方式或社会形态从低级不断地向高级发展。但人类社会的发展又是通过纷纭复杂、变化万千的具体现象表现出来的。世界上古历史上的各个地区、各个国家和民族，并非同步同态向前发展的。它们互有差别，形态各异。可以说，发展的多样性和发展的不平衡性是世界上古历史的重要特点。

当然，互有差别的世界上古各国或各地区之间也决非没有共性或相似性可言，

① 参见刘家和《展望我国的世界古代史研究》，《史学理论研究》1992 年第 1 期，第 26 页。

否则，历史发展的总规律也就无从把握。事实上，近代以前的各种文明，是人类古代社会经常相互交往和交流必然产生的结果。早在公元前6世纪，中国的丝绸就已经传入古希腊。西汉的张骞出使西域时已经看到来自中国的丝绸等产品。这些商品是在商路未通之前辗转传到西域的。张骞出使西域开通了这条古代社会的洲际商路。对于古代文明交往及其反映的人类历史发展的共性特征，学术界虽然已有很多的研究和提炼，但还很不完善，尚待年轻的学者去努力、去探索。

世界上古史正由于发展的多样性而色彩斑斓；世界上古史也正由于发展的相似性而引人入胜，充满无限的魅力。

第一章 原始社会

引 言

在人类发展史的童年阶段，我们的祖先经历了近600万年之久的蒙昧时代。在这个漫长的历史过程中，先民们完成了从猿到人的蜕变，并且从早期的人科成员——南方古猿，经过能人、直立人、早期智人进化成晚期智人。经过数百万年的发展，远古人类在体质和文化两个方面都发生了巨大的改变。如果我们仔细将二者对应起来加以考察，就会发现在人类进化的阶段性过程中，体质上的发展和文化上的发展，就其速度而言并非完全同步。在人类社会的早期阶段，由于生产力水平的低下，人们改造自然的能力还很弱，还不能够完全运用文化适应的方式来面对自然环境的选择压力，因此生物性适应的原则在某种程度上仍在起着作用。而到了智人阶段，尤其是晚期智人阶段，人类体质的进化已近于完善，生产力的水平得到大幅度的提高，此时的生物性适应已失去其原先的重要意义，人们主要是运用文化的方式来适应环境，用改造自然的方式来求得生存。因此，在该阶段中，在世界各地都涌现出一种面目全新的旧石器文化，即晚期旧石器文化。

至于从树栖生活的猿类向两足直立行走的人类进化的原因和动力问题，目前学术界颇多争议，但有一点，大家的意见比较一致，即那些下到地面上生活的古猿一定是被迫离开它们赖以栖身的森林的。如果不能直立或半直立起来，两足行走，用解放出来的双手拿起工具或武器摄食和自卫，这些古猿是难以生存下去的。可以想见，那些刚刚出现的早期人科成员在与非洲稀树干草原上随处可见的狮子、猎豹、鬣狗等食肉类猛兽的拼搏中是何等的艰辛。在这种情况下，集体的力量就显得十分重要了，人类社会组织和社会结构的雏形便应运而生。从早期南方古猿阶段（使用天然工具的时代）的原始群，到能人、直立人、早期智人阶段（包括旧石器时代早、中期）的血缘家族，再到晚期智人阶段（包括旧石器时代晚期和新石器时代早、中期）的氏族公社都充分反映出与时俱进的人类原始社会组织结构的变革。到了新石器时代晚期，由于社会生产力的发展，财富的积累和私有观念的出现，氏族公社制度开始解体，人类逐渐脱离了原始社会，迎来了灿烂的文明曙光。

第一节 人类的起源

人类在生物分类系统中归入人科，也可以称作人的系统。人类具有许多区别于其他灵长类动物的重要特征，例如两足直立行走，制造和使用工具，语言和思维功能以及社会文化属性等。从体质人类学的角度分析，人类之所以能够拥有上述特征，首先取决于他们具备了产生那些特征的物质基础，即相应的解剖学结构。现代人体质特征中这些解剖学结构的完善是人类在其自身发展的漫长历史过程中不断进化的结果。

一、有关人类起源问题的理论

谈到有关人类起源的问题时，我们首先要注意弄清两个不同的概念，即人科的起源和现代人的起源。简而言之，所谓人科的起源，是指从猿到人的演化过程；而现代人的起源，则是指目前生活在地球上的各色人种的形成和历史发展过程。二者不可混为一谈。

关于人科起源的问题，目前国际学术界的认识比较一致，即均认为早期的人科成员来自于某种森林古猿。早在19世纪，达尔文就注意到人类和猿类之间的相似性，从而揭示了人类起源的真谛。他还特别指出非洲的大猿与人类的关系最为密切，因此推断最早期的人类起源于非洲。达尔文分析了人、猿之间的本质区别，指出两足直立行走、高超的智力和减小了的犬齿以及工具的使用是人类不同于猿类最重要的特点。他还认为人类的起源是从树栖生活转变为地面狩猎生活开始的。他设想我们的远古祖先由于能够在地面上两足行走，使双手解放出来以便携带狩猎用的武器，同时增长了的智力可以用来指导武器的使用。这样，由于失去功能上的需要，猿类长而突出的犬齿退化为人类的犬齿。达尔文的上述观点长期以来得到众多学者们的赞同。近一个世纪以来，在南非和东非等地发现的众多南方古猿化石证实了达尔文推论的合理性。

尽管学者们在人类起源于非洲这一点上已经基本达成共识，但有关早期人科成员从猿的系统中分离出来的原因和动力等问题，却历来是人类学家们争论不休的命题。围绕着该问题，学者们先后提出了多种不同的解释。南方古猿的命名者达特根据很多南方古猿化石与大量动物骨骼碎片伴出的事实，认为南方古猿是使用动物骨骼制造工具和武器的人科成员。他推测南方古猿是一种以肉食为主的动物，它们依靠杀伤性武器猎获其他动物，这种以获取肉食为目的的武器竞赛促进了脑的发展。塔特尔从分布于东南亚地区的小型猿类，即长臂猿在树上经常站立起来、并且在地面上时也几乎总是两足行走的现象中受到启发，提出早期人科成员起源于某种小型猿类的理论。按照他的小猿模式，人类的祖先起源于某种类似于长臂猿的非洲小猿。在它们仍然营树栖生活时就已经具备了直立行走的解剖学基础，当生态环境发生剧烈变化的时候，它们离开茂密的热带雨林，下到地面上来以两足行走的方式适应新产生的稀树干草原的空旷环境。华什伯恩等学者提出一种“草原黑猩猩模式”的假说。他们认为人和猿的共同祖先在体质结构上最近于现生的黑猩猩，而早期人科成员当时所面临的生态环境则与现生狒狒所适应的稀树干草原环境相仿。具有诸如黑猩猩那样的解剖学结构和行为特征的灵长类在环境的压力下一旦必须适应草地生活，就必然会出现向人类方向发展的结果。

在现代人起源的问题上，目前学术界争议颇大，主要有两种针锋相对的理论：单一地区起源论和多地区起源论。单一地区起源论也叫做入侵论、迁徙论或者代替论。持此观点的人类学家相信现生的各色人种拥有一个近期（约 10 万—约 5 万年前）的共同祖先。换言之，世界各地的远古人类中只有一处的人群成功地演化为解剖学上现代类型的智人。由于他们在解剖结构、生理功能以及文化技术上拥有较同时代生存在其他地区的人类群体远为高超的优势，所以他们一经出现，便迅速地向四面八方迁徙，替代了其他地区的原住居民。多地区起源论也叫做直接演化论或系统论。这种理论认为现代类型的智人都是由当地的早期智人甚至直立人演化而来的。各大人种的性状在很久远以前便存在着区别，他们各自平行发展，相互之间也不可避免地存在着基因的交流，最后演化成现代的各色人种。

对单一地区起源论来说，首先需要回答的问题就是所设想的那个出现优势人群的演化中心究竟在什么地方。对此学界有着许多种不同的解释，从 20 世纪 20 年代开始，学者们先后提出“欧洲中心说”“西亚中心说”“近东中心说”“中国中心说”等理论。1987 年，卡恩等报告了他们运用分子生物学方法对该问题进行研究的结论。他们选择了原籍分别为非洲、亚洲、欧洲、巴布亚新几内亚和澳大利亚的妇女共 147 人，分析了她们生产婴儿时的胎盘细胞内线粒体脱氧核糖核酸（DNA），并根据不同类型线粒体之间的亲疏关系绘制了系统树，结果是该树来自单一的共同祖先，然后很快分为两支，其中一支的线粒体 DNA 都来自非洲裔的个体，而另一支则来自于其他地区。对该系统树最简单的解释是其共同祖先是来自非洲。根据已知的 DNA 突变速度，计算其年代为距今约 20 万年。卡恩等因此而认为，从所有婴儿的线粒体 DNA 向前追踪，最后便可追到大约 20 万年前生活在非洲的一个妇女，该妇女是现今全世界人类的祖先。大约在 13 万年前，她的一群后裔离开非洲，分散到世界各地，取代了当地的土著居民，最后发展为各色人种。这就是著名的所谓“夏娃理论”，也被称作“非洲起源论”，在学术界和普通公众中产生了很大的影响。但是此后许多国家的分子生物学家又陆续作了一系列类似的实验，所得结论差距很大，有的支持“夏娃理论”，有的反对“夏娃理论”。由此看来，现代人的起源问题并没有因为 DNA 方法的应用而得到最后解决，还有待于进一步的探索和研究。

多地区起源论的立论基础主要来自对古人类化石的发现与研究。早在 20 世纪 40 年代，魏敦瑞在研究北京猿人化石时就曾经指出，北京猿人的一系列形态特征可以证明其与现代蒙古人种的某些人群存在着特别密切的联系。20 世纪 90 年代，中国著名人类学家吴新智在系统整理了大量中国境内出土的有关古人类化石资料的基础上，指出了诸如矢状嵴、印加骨、比较朝向前方的颧骨、扁塌的鼻骨、颧上颌骨下缘明显的转折、铲形门齿以及水平相连的额鼻缝和额颌缝等在现代蒙古人种中的常见特征均在中国各地出土的众多直立人、早期智人和晚期智人化石中具有很高的出现率，从而提出中国古人类连续发展的理论。他还强调，中国的古人类化石显示出一脉相承的进化脉络，与外界有一定深度的隔离。现代类型人类起源的替代论也无法得到文化分析的支持，中国的旧石器文化无论在哪个时期都看不出来自西方的文化特征取代中国原有文化的迹象。1998 年吴新智院士根据多年的研究成果，为中国的人类进化提出了“连续进化附带杂交”的新假说。这一假说在现代人起源的问题上支持“多地区起源论”。此外，在世界其他地区，如印度尼西亚、澳大利亚、非洲南部等地也存在着不少区域性连续发展的证据。

综合上述分子生物学与古人类学的研究成果，人们感觉到，在晚期智人乃至现代人的起源问题上，我们还无法给出一个肯定的结论，随着分子生物学的不断发展和更多古人类化石的发现与研究，或许我们对现代人的起源问题会有一个更加正确的解释。

二、人科的起源与南方古猿

在早期人科起源的研究领域，半个多世纪以来，腊玛古猿曾经是学者关注的焦点之一。1932 年美国耶鲁大学的研究生刘易斯带领一个发掘队在今印度和巴基斯坦接壤的西瓦立克山区发现了一块既像人又像猿的右侧上颌骨破片。这块化石上保留着前臼齿和两颗臼齿以及犬齿和两个门齿的齿槽窝。刘易斯注意到该标本上存在着一些与人类相似的特点，例如犬齿较小，没有齿隙，齿槽弓呈抛物线形向后张开，前部牙齿的突出度较小以及牙齿咬合面沟纹比较简单等性状。据此，他把这块上颌骨作为正型标本，定名为腊玛古猿。1937 年，刘易斯在撰写他的博士论文时，把腊玛古猿作为一个新属归入人科。这块化石出土层位的地质年代为晚中新世到早上新世，距今大约有 1200 万年，是首次提出第三纪人科成员的标本。继西瓦立克山区的发现之后，腊玛古猿类的化石在亚、非、欧三大洲的许多地点都陆续被发现，其中包括肯尼亚、匈牙利、希腊、土耳其、巴基斯坦和中国云南禄丰的石灰坝。对于腊玛古猿的系统地位问题，国际学术界一直有着激烈的争论。随着新的化石材料的陆续发现和新的研究方法的引进，人们对这一问题的理解也不断深入。目前这种争论仍在继续，其究竟是否属于人科成员恐怕一时尚难定论。

南方古猿则是已经被国际学术界肯定了的早期人科成员，其生存的地质时代从第三纪的上新世一直延续到第四纪的早、中更新世，即从距今约 600 万年前到约

100 万年前。其中有一段时间内南方古猿与早期人类（人属成员）共存。南方古猿的化石材料目前已有大量的发现，据粗略统计，这些化石所代表的个体数目当在 350 个以上。化石地点主要集中在南非和东非两大区域内，非洲以外的有关材料发现得很少，究竟是否属于该类型目前尚不能确定。

最早发现的南方古猿化石出土于非洲南部阿扎尼亚的贝专纳附近的汤恩。1924 年，在南非约翰内斯堡担任威特沃特斯兰德大学医学院解剖学教授的达特从一箱采石场送来的化石中找到并修复出一具比较完整的颅骨，这就是著名的“汤恩颅骨”。该颅骨上保存着全套的乳齿和正在萌出的第一恒臼齿。如果参照现代人牙齿的萌出和恒乳齿的交替时间来估计，汤恩标本的年龄当在 6 岁左右，估计其成年后的脑量约有 600 毫升。汤恩标本的颅底形态表明，它的头部已经能够平衡地置于脊柱上方而不向前倾斜。这是一种直立姿势的反映。硬腭的形状更像人类，与猿类硬腭明显不同。牙齿虽然巨大，但犬齿并不超出齿列平面。达特认为，这具化石既具有猿的性状，也具有人类的某些特征，是一种与人的系统最相近的绝灭了的古猿。由于它发现于非洲的最南部，故命名为南方古猿非洲种。此后的近一个世纪，古人类学家陆续在南非、坦桑尼亚、肯尼亚、埃塞俄比亚、乍得等地发现了大量的南方古猿化石材料，其中不乏像“鲍氏东非人”“莱托里足迹”“黑头骨”“露西”“第一家庭”“千禧人”“平脸人”“托迈”等极其重要的化石标本，对人们进一步了解、研究南方古猿的形态特征、生理功能、系统分类、生活习性等问题发挥了重要的作用。目前国际学术界将这些南方古猿化石标本大体上分为阿法种、非洲种、粗壮种和鲍氏种四个类型。在相对年代上，阿法种最早，鲍氏种最晚。

三、人属的出现及其发展阶段

从人类进化的方向上来说，直立人是现代人的远古祖先，这已经是科学界普遍接受了的认识。因此，学术界一般倾向于在人科下面设两个属——南方古猿属和人属。直立人则是早期的人属成员代表。然而，直立人又是从哪一类时代更早的人科成员发展而来的呢？对此问题，目前还不能够做出完全肯定的回答。南方古猿类，即便是那些带有最多进步特征的南方古猿类，它们与直立人之间尚存在着某些明显的形态差距，因而不可能是直立人的直接祖先。从现有的化石证据来看，直立人的祖先最为可能是能人，或者是某种与能人相类似的类型。所以，目前人们通常把能人当做最早的人属成员来看待，而在人属下面设两个种——直立人种和智人种，分别代表人属进化过程中的两个阶段。应该说明的是，这里所使用的“种”的概念是所谓“时间序列种”，即“古生物学种”，用来表示生物系统进化中的不同环节。因此，直立人与智人在研究中虽然被命名为不同的“种”，但并不排斥他们相互之间可能存在着祖先和后裔的关系。

（一）能人

最早发现能人化石的地点是坦桑尼亚的奥杜韦峡谷。1960年，在距离南方古猿鲍氏种颅骨出土地点不远处的层位中，发现了属于两例个体的化石材料。在以后连续多年的工作中又有了许多新的发现。1964年，路易斯·利基、托拜厄斯和内皮尔将此类标本定名为能人，根据钾—氩法测定其年代为210万至170万年前。

在出土能人化石的同一地层中还发现了丰富的文化遗物。在已发现的十余处文化遗存中，有7处与能人化石共生。这些遗存被称为“奥杜韦文化”，一般认为是能人创造的物质文化。奥杜韦文化的遗物主要是石制品，包括石核、石片和石器。用砾石和石核加工而成的砍砸器是奥杜韦文化的典型器物，数量占石器总数的一半以上。除砍砸器外，还有盘状器、多面体石器、原型手斧、石球、大型刮削器、小型刮削器和雕刻器等。这些石器虽然比较粗糙，但已具有一定的类型，因而说明奥杜韦文化并不是最早期的人类文化。

在体质特征上，能人最显著的特点是脑量的扩大。据统计，男性能人的脑量为700—800毫升，女性则为500—600毫升。他们的平均脑量大于南方古猿而小于直立人。有学者对能人标本的颅内模进行了研究，认为能人的脑已经具备了与人相似的性状和沟回，说明他们可能已经有了简单的语言能力。与南方古猿相比，能人的上、下颌骨明显缩小，吻部向前突出的程度减弱。能人的手骨比现代人粗壮，拇指虽然仍较现代人略短，但已表现出与现代人相似的性状。股骨的结构表明他们已能直立行走。下肢的一些其他特征也与现代人接近，例如足底有明显的纵弓和横弓，拇趾强大而且内收。成年能人的身高估计为120—130厘米。

总而言之，两足直立行走的体态使能人的上肢充分得到解放。在日益频繁的劳动中，信息量的不断增加，促进了脑量的扩大，使得能人的思维能力变得更加发达。因而使他们有可能在人类发展史的下一个阶段中进化为直立人。

（二）直立人

直立人的化石最早是在印度尼西亚发现的，但后来在中国又获得了更为丰富的材料。目前除亚洲以外，在东非、西北非和欧洲也陆续发现了不少重要材料，但总体上不如亚洲的资料丰富。直立人生活在距今约200万至约20万年以前的更新世早期到更新世中期，在考古学分期上属于旧石器时代早期。最重要的材料包括：印度尼西亚的爪哇直立人，中国的北京直立人、元谋直立人、蓝田直立人、郧县直立人、南京直立人和沂源直立人，印度的纳马达直立人，阿尔及利亚的毛里坦直立人，坦桑尼亚的OH-9号直立人、恩杜图直立人，肯尼亚的纳里奥科托姆直立人，德国的海德堡直立人，匈牙利的维尔泰斯佐洛斯直立人等。

直立人阶段在人类发展中是介于早期人科成员（如南方古猿）与智人之间的

一个相当长的发展过程，具有承上启下的性质。在此阶段中，人类在体质形态上也必然会存在着一定的时间差异，其中既包括从其祖先类型那里继承下来的某些原始性状，也包括若干新产生的进步特征。例如，直立人一般具有发达的眶上圆枕、枕外圆枕以及较智人厚得多的颅骨壁，但他们的脑量已经比能人更大，其早期成员的脑量约为 800 毫升，而发展到晚期直立人时则常常扩大到 1200 毫升左右。直立人脑量的扩大主要反映在额骨的扩大和枕骨的扩大两个方面，这显然是与大脑的额叶和顶后区的增大有关。在这种进化了的脑的物质基础上才有可能产生诸如语言般复杂的文化行为。北京猿人第 5 号头骨所表现出的明显的左右两侧尺寸和形状上的不对称性，可以视作直立人已经产生人类有声语言的形态学证据。此外，直立人的身材明显比南方古猿来得高大。据统计，南方古猿的平均身高约为 140 厘米，平均体重大约为 40 公斤，而直立人的平均身高约为 160 厘米，平均体重大约为 60 公斤。

直立人生活的时代在考古学上被称作旧石器时代早期。该时期的人们已经比较娴熟地掌握了石器制造技术，他们不仅能够打制出各种具有比较固定的形态的石器，而且还能够体现出不同的区域性特色。植物是直立人食物的主要来源，因此采集经济是直立人谋生的重要手段。在北京直立人化石地点的堆积中有大量的烧过的朴树籽以及胡桃、榛、松、榆和蔷薇等植物的孢粉，这些植物的果实或种子很可能都是北京直立人采集到的食物。除采集植物类食物以外，直立人还通过狩猎活动获取动物性食物，这可以从各地区直立人遗址中出土的大量动物骨骼化石，尤其是很多破碎得很严重的动物骨骼化石中得到证明。由于肉食可以比素食提供更多的能量和蛋白质，所以狩猎也是直立人一种重要的经济生活方式。考古资料证明，直立人不仅可以捕获像啮齿类那样的小动物，而且也能捕获到许多中型的甚至大型的哺乳动物。此外，在直立人阶段，人类已经掌握了用火的技能，这是人类进化历史中的又一个伟大的转折点。当时的人们还没有掌握人工取火的技术，而只能引天然火种。但北京猿人遗址中很厚的灰烬层说明他们已经具备较高的保存火种的能力。同时，在该遗址第三层的一块石灰岩块上发现的两堆灰烬表明北京猿人还掌握了控制火的技能。用火、控制火和保存火种技术的出现，极大地提高了直立人与自然界斗争的能力，有力地促进了直立人的体质进化和文化进化，使他们向着人类发展史上的一个新的纪元——智人阶段迈进。

（三）智人

在大约距今 25 万年时期，人类的体质特征有了较大的变化。特别是脑量的增大尤为明显，已达到 1300 毫升以上，与现代人比较接近。由于该阶段的人类脑量明显大于直立人，故被称为智人。生活在距今 25 万年前到 5 万—4 万年前之间的智人被称为早期智人，其生活的时代，在考古学上属旧石器时代中期，在地质学上属中更新世晚期到晚更新世。早期智人的化石目前只发现于旧大陆的亚、欧、非三大洲。按照学术界一般的看法，认为早期智人是由直立人进化而来的。

最早被确定为属早期智人类型的化石材料是在德国发现的尼安德特人，后来人们便把处于该进化阶段中的其他人类化石称为“尼人类型”。因此，在过去一段相当长的时间里，“尼人”成为“早期智人”的代名词。目前学术界所谓的“尼安德特人”一般仍泛指在欧洲及其邻近地区所发现的早期智人阶段的化石。迄今为止已发现了相当丰富的尼人化石材料，其分布范围从西欧向东直至中亚地区，北抵北纬53度线，南及巴勒斯坦，其中比较重要的化石包括：在德国发现的尼安德特人、埃林斯多夫人、斯坦海姆人；在法国发现的圣沙拜尔人、莫斯特人、费拉西人；在克罗地亚发现的克拉皮纳人；在英国发现的斯旺斯库姆人；在乌兹别克斯坦发现的切舍克塔施人；在巴勒斯坦发现的斯虎尔人、塔蓬人以及在伊拉克发现的沙尼达尔人等。除欧洲及其邻近地区的“尼人类型”早期智人材料外，在非洲和东亚也发现了一些早期智人化石，其中比较重要的资料包括非洲赞比亚出土的布罗肯山人以及在中国境内发现的大荔人、丁村人、许家窑人、新洞人、马坝人、长阳人和巢县人等。

早期智人是人属进化过程中一个承上启下的重要阶段，它的重要性同时体现在人类体质的进化和文化的发展两个方面。从体质演进的角度来说，早期智人阶段完成了由直立人向智人的过渡；从文化演进的角度来说，早期智人阶段也起着旧石器文化发展的桥梁作用。在该阶段中，伴随着人类体质的进化、智力的增强、人口的繁衍、社会实践的增多以及群体之间交往的频繁，人类认识自然、改造自然的能力得到了较大的提高。制作石器的技术有了进一步的发展，特别是旧石器时代早期之末由直立人所采用的修理石核的技术，此刻有了更为广泛的应用。在这一阶段，人类扩大了自己的居住范围。在欧亚大陆，人类进入了高纬度地区。在非洲，人类则是向森林和干燥地区扩展。许多早期智人的遗址中都有大量的火灰堆。在德国莫斯特文化的废物堆中还发现了干燥的菌类，被认为可能是用于引火之物。这表明此时的人类不但能够用火，而且可以人工取火了。早期智人阶段，人类的意识也有了进一步的发展。此时，出现了有意识埋葬死者的习俗。在法国的费拉西洞穴中葬有一对莫斯特文化的成年男女和两个儿童，每具骨骼均置于一个墓坑之中，最深的墓坑达30厘米。在两个小孩墓前还有一个深35厘米的土坑，内置砂粒和大块的牛骨。在成年男性的头部和肩部压着扁圆的砾石。除此之外，在伊拉克的沙尼达尔洞穴中还发现了用鲜花随葬的例证。所有这些现象表明当时的人际关系变得更加密切，群体成员之间互相存在着责任感，承担着义务。此外，由于生产力的发展，人们的生活有了一些改善。只有当生活有了一定的保障时，才可能出现用生产工具和食品、花卉等随葬死者的现象。就目前已经掌握的材料而言，莫斯特文化的墓葬可能是人类历史上最早的墓葬。

当人类社会发展到距今约5万—约4万年前的时候，我们的祖先体质上的进化又达到了一个新的阶段，出现了若干不同于早期智人的特点。例如，其前部牙齿和面部明显缩小，眉嵴变弱，颅高增加，这些特征已与我们今天的现代人基本一致。因此，在系统分类上，人们将该阶段及其以后的人类统称为晚期智人或现代智人。需要说明的是，本节所提到的晚期智人特指生活在晚更新世后一阶段，在考古学分期中属于旧石器时代晚期的化石人类。因为从生物分类学上来说，目前生活在地球上所有的现代人亦属晚期智人范畴。该时期的人类，在分布范围上有明显的扩大，除欧、亚、非三大洲外，他们的足迹还跨入美洲和澳大利亚。此外，由于各不同区域内的自然环境差别，本来在早期智人阶段已经存在着的人种学差异进一步扩大，当今世界上的各大人种也逐渐形成。

世界上首次发现的晚期智人化石出土于欧洲，那就是著名的克罗马农人，以至于在后来相当长的一段时间，“克罗马农人”这一名称甚至成为晚期智人的代名词。迄今为止，在欧洲、亚洲、非洲、大洋洲和美洲已经发现了很多晚期智人阶段的化石资料，其中比较重要的包括：在西欧发现的克罗马农人、库姆卡佩尔人、尚塞拉德人和格里马迪人以及在东欧发现的姆拉德克人和普雷德摩斯特人等；在亚洲发现的瓦贾克人、尼阿人、塔邦人、山顶洞人、柳江人、河套人、黄龙人、武山人、资阳人、丽江人、穿洞人、安图人和左镇人等；在非洲发现的博斯科普人、弗洛里斯巴人、边界洞人、奥莫人和阿塞拉人等；在美洲发现的米德兰德人、特佩克斯潘人以及在大洋洲发现的塔尔盖人、科休纳人、凯洛人等。

晚期智人在文化方面的一个突出特点，是他们更多地使用石叶来制造工具。所谓石叶，是指一种用间接法制成的狭长的石片。石叶可用来制作各种尖状器、雕刻器、刮削器、钻头和石刀。骨器在此时也有了相当的发展，出现了鱼叉、投矛器和骨针。骨针的出现可能暗示着当时的人们已掌握了缝纫技术，使他们能够利用衣物来遮挡身体和抵御风寒。大量穿孔装饰品的出现，说明当时人们已产生了美化自己的愿望。留在洞穴岩壁上的各种描绘生活、生产场景的图画以及各种骨雕和石雕的妇女人物造像和动物形象，表明了当时原始艺术和原始宗教意识的存在。此外，该阶段的人群中埋葬死者的习俗更为普遍。

四、人种的类型与地理分布

（一）人种的类型

人种，也称为“种族”，是指那些具有区别于其他人群的某些共同遗传体质特征的人群。这些共同的遗传体质特征是在一定的地域内、在漫长的人种演变过程中逐渐形成的，是对自然界环境长期适应的结果。因此，我们所说的人种这一概念，总是在某种程度上与人类的自然地理分布有关。当然，人类的居住地也是在不断变化着的，尤其是近百年来，这种变化的幅度越来越大，所以在进行人种地理分布的描述时，通常以1600年以前的状态为依据。必须指出，人种与生物学上的物种是两个不同的概念，是不同层次的分类阶元。尽管各人种之间在形态特征和基因频率上存在着一定的区别，但相互之间并无明显的界限，总是跟一些过渡类型联系着。此外，各人种之间可以互相婚配，并且产生具有正常繁殖能力的后代。这充分说明当今世界上一切现存的人，在生物学上都属于同一个物种，即智人种，其可再进一步区分为许多不同的人种。因此，人种这一概念大体上相当于动物界中的亚种而不是种。自然条件毫无疑问在人种分化的初期阶段起着重要的选择作用。但人类与动物不同，人类不是直接地与自然环境发生作用，而是通过物质生产的手段与自然环境相联系的。生产力的发展迅速地改变着人类的生存条件，人类使自然环境日益适合于自己的需要，而不是改造自身的器官去被动地适应环境。因而人类的种族特征越来越失去其适应上的意义。可以预见，随着人类物质文化的进步，各人种间的混杂情况必然会日益频繁，各人种间的界限正在趋于消失。

关于人种分类的问题，长期以来学者们曾经提出过很多种分类方案，目前在国际人类学界使用最为广泛的方法是三分法和四分法。三分法是将地球上的现生人类划分成三个大人种：蒙古人种（黄种或亚美人种）、欧罗巴人种（白种、高加索人种或欧亚人种）和澳大利亚-尼格罗人种（黑种或赤道人种）。每个大人种下面又各分为若干个小人种。四分法的分类结果与三分法大体相同，只不过将三分法中同属于赤道人种的澳大利亚人种和尼格罗人种视作两个不同的大人种，把澳大利亚人种称为棕种，与黄种、白种、黑种并列。

本节在叙述世界人种的分类情况时，采用人们比较熟悉的三分法，即将地球上的现生人类划分为蒙古人种（黄种）、欧罗巴人种（白种）和澳大利亚-尼格罗人种（黑种）三个大人种。每个大人种下面又进一步划分为若干小人种或种族类型集团。此外，在各大人种之间还存在着若干带有混合人种特征的过渡类型，本节也一并加以介绍。

（二）蒙古人种

蒙古人种又称作黄色人种、亚美人种，在世界三大人种中，人口较多。主要分布于东亚、东南亚、中亚、西伯利亚和美洲等地。

该人种在肤色方面存在着由较浅到较深的一系列变化，其中间色调为黄色。头发黑色，比较粗硬，绝大多数为直发，在其南部类型中波状发出现率略高。胡须少或极少，体毛不发达。面部扁平，颧骨突出，脸部宽大。眼裂多较狭窄，眼外角通常明显高于眼内角，内眦皱褶（俗称“蒙古褶”）的出现率较高，尤以北部类型为甚，眼色多呈褐色或黑色。鼻子的宽度中等，鼻根通常比较低矮或中等。唇厚中等，多为凸唇型。

在蒙古大人种下面，根据某些体质特征的差异又可进一步区分为如下五个小人种：北亚人种、南亚人种、东亚人种、东北亚人种和美洲人种。北亚人种又称作西伯利亚人种或大陆蒙古人种，是蒙古人种中比较典型的代表，主要分布于中亚和西伯利亚等亚洲大陆的腹地。南亚人种属于太平洋蒙古人种的范畴，有人认为该人种中或许混杂有某些赤道人种的成分。南亚人种主要分布于东南亚一带的中南半岛、马来半岛、印度尼西亚、菲律宾等地，中国南方的部分居民中也含有不同程度的南亚人种成分。东亚人种又称为远东人种，也属于太平洋蒙古人种的一部分，有人认为该小人种具有北亚人种和南亚人种之间过渡类型的性质。东亚人种主要分布于中国、日本和朝鲜半岛等东亚地区。东北亚人种又称作北极人种，主要分布在亚洲大陆的东北角和美洲北部的阿拉斯加、格陵兰岛等极地附近地区，因纽特人、阿留申人是其主要的代表。美洲人种特指印第安人的各个类型群，该人种广泛分布于南、北美洲大陆。

（三）欧罗巴人种

欧罗巴人种又称作白色人种、欧亚人种或高加索人种，在欧洲殖民扩张以前，主要分布于欧洲、西亚、北非和南亚次大陆的北部等地。现在则分布很广，在美洲和大洋洲的人口中占很大的比例。

该人种肤色方面的变异很大，由极浅到很深。眼色中天蓝色、灰色和浅绿色等浅色调者占较大的比例，但也有黑褐色等深色调者。成年人中缺乏内眦皱褶。发形多为直发或波发，质地较细软。发色的变异范围也很大，很浅的金黄色、亚麻色、灰色、较深的火红色和黑色等色调均占一定的比例。胡须和体毛很发达。嘴唇较薄，口裂宽度较小，多为正唇型和正颌型。鼻根很高，鼻型狭窄，鼻部显著向前突出，鼻孔的纵径明显大于横径。眼眶略显凹陷。颧骨不突出，面部扁平度较小。

在欧罗巴大人种下面，又可进一步区分出大西洋-波罗的海人种、印度-地中海人种、中欧人种、白海-波罗的海人种和巴尔干-高加索人种等若干不同的小人种。大西洋-波罗的海人种又称为北欧人种，主要分布于欧洲西北部的斯堪的那维亚半岛、英国、荷兰和德国的北部地区。印度-地中海人种的分布范围比较广泛，主要包括南欧、北非、美索不达米亚、阿拉伯半岛、伊朗高原的南部和南亚次大陆的北部等地。中欧人种又称为阿尔卑斯人种，主要分布于欧洲中部的德国、瑞士、奥地利、法国的中央高原以及捷克、斯洛伐克等地区。白海-波罗的海人种主要分布于欧洲的东北部，在俄罗斯、白俄罗斯、立陶宛、拉脱维亚以及爱沙尼亚和芬兰的一部分居民中有着广泛的分布。巴尔干-高加索人种主要分布于巴尔干半岛、小亚细亚、高加索和伊朗的西北部等地。

（四）澳大利亚-尼格罗人种

澳大利亚-尼格罗人种又称为黑色人种或赤道人种，主要分布于旧大陆回归线以南的部分，包括撒哈拉以南的非洲地区、南亚次大陆的南部、东南亚等地以及澳大利亚和大洋洲的一些岛屿。

该人种肤色很深，多呈暗黑色、黑褐色、红褐色等色调。发型为黑色的波发或卷发。眼色多为黑褐色，眼裂很大。鼻型较为宽阔，鼻根低矮或中等，鼻突出度大，鼻孔的横径大于纵径。嘴唇很厚，往往向前突出并外翻，口裂的宽度较大。澳大利亚-尼格罗人种中包括了许多各具特色的人种，主要有澳大利亚人种、维达人种、美拉尼西亚人种、尼格利陀人种、尼格罗人种、尼格利罗人种和布须曼人种等。如果按照四分法的人种分类原则，尼格罗人种、尼格利罗人种和布须曼人种等被称作黑色人种，而澳大利亚人种、维达人种、美拉尼西亚人种和尼格利陀人种等则被称为棕色人种。澳大利亚人种一般指居住在大洋洲的土著居民。维达人种主要分布于印度的中部和东部、斯里兰卡、马来半岛、加里曼丹和苏门答腊等地。美拉尼西亚人种主要分布于美拉尼西亚群岛、新几内亚岛和塔斯马尼亚岛等地。尼格利陀人种主要分布在马来半岛、苏门答腊、菲律宾群岛、安达曼群岛以及新几内亚岛西部的山地等区域内。尼格罗人种广泛分布于撒哈拉沙漠以南的非洲大陆，是非洲黑人的典型代表。尼格利罗人种又称作中非人种，主要分布于赤道非洲的刚果河、奥戈韦河、伊图里河沿岸的热带雨林深处。布须曼人种又称为南非人种，过去曾经广泛分布在南部非洲的许多地区。但由于殖民主义者的迫害和奴役，目前主要居住在自然条件极其恶劣的卡拉哈里沙漠之中，以狩猎采集为生。

（五）各大人种之间的过渡类型人种

除上面介绍的蒙古人种、欧罗巴人种和澳大利亚-尼格罗人种三个大人种的主要分支以外，在世界上还存在着许多具有混血性质的过渡类型人种。对这些人种类型，我们通常很难将其明确纳入三大人种中的任何一个部分。因为，在这些人群中常常同时体现出两个或两个以上人种的混合性状，例如：千岛人种、波利尼西亚人种、南西伯利亚人种、乌拉尔人种、埃塞俄比亚人种、南印度人种。

千岛人种又称为阿伊努人种。阿伊努人是东北亚地区的一个古老民族，在中国古代文献中被称作“虾夷”，目前主要居住于日本的北海道。千岛人种属于蒙古人种和澳大利亚-尼格罗人种之间的过渡类型，具有明显的混合性质。波利尼西亚人种是分布于大洋洲东部波利尼西亚群岛的土著居民，其中包括毛利人、萨摩亚人、汤加人、图瓦卢人、夏威夷人、塔希提人、托克劳人、库克岛人、瓦利斯人、纽埃人和复活节岛人等多个支系。该人种在体质特征上居于蒙古人种和澳大利亚-尼格罗人种之间过渡类型的位置上，带有南方蒙古人种和澳大利亚人种混合的性状。南西伯利亚人种主要分布在中亚、南西伯利亚及其邻近地区，其体质特征属于蒙古人种和欧罗巴人种之间的过渡类型，今天的哈萨克人和吉尔吉斯人可以作为该人种的典型代表。乌拉尔人种是另一种介于蒙古人种和欧罗巴人种之间过渡类型的混血居民。与南西伯利亚人种相比，他们的蒙古人种成分似乎略少一些。该人种主要分布于叶尼塞河以西的西西伯利亚和乌拉尔地区。埃塞俄比亚人种又称为东非人种，主要分布于非洲大陆东北角的埃塞俄比亚和索马里等地。在体质类型上，埃塞俄比亚人种属于欧罗巴人种和尼格罗人种之间的过渡类型。南印度人种又称作达罗毗荼人种，具有欧罗巴人种和澳大利亚人种的混血性质，当今主要分布于南亚次大陆的南部地区。

处于中间位置上的这些过渡类型人种的存在，充分证明了“全世界的人类都统一于同一个物种”这一科学命题是客观的真理。随着社会生产力的飞速发展，人类迁徙和相互融合的规模和频率日益增大。可以预见，未来世界上的混血人口将会越来越多，各种族之间的界限将会变得越来越模糊不清。

第二节　原始社会史的分期

一、《古代社会》的分期

（一）摩尔根与《古代社会》

美国学者路易斯·亨利·摩尔根于 1877 年出版了《古代社会》一书。他在这部巨著中以唯物史观阐述了对人类社会发展规律的科学论断。

在《古代社会》一书中，摩尔根将人类文化发展划分为蒙昧时代低级、蒙昧时代中级阶段、蒙昧时代高级阶段、野蛮时代低级阶段、野蛮时代中级阶段、野蛮时代高级阶段、文明时代七个阶段。

蒙昧时代低级阶段开始于人类的幼稚阶段，终止于鱼类食物和用火知识的获得。当时人类栖息于他们原来的极有限的地带中，靠果实以维持生活。发音清晰的语言开始于此时期。

蒙昧时代中级阶段开始于鱼类食物和用火知识的获得，终止于弓矢的发明。人类在这一阶段中从栖息地带扩展到地球的大部分地区。

蒙昧时代高级阶段开始于弓矢的发明，终止于制陶技术的发明。

野蛮时代低级阶段开始于制陶术的发明或使用，摩尔根把所有从未知道使用制陶技术的部落都列为野蛮人一类，至于具有制陶技术而不知道使用音标字母及书写文字的诸部落，都列为开化人一类。开化时代的第一期，从陶器的制造开始。

野蛮时代中级阶段在东半球以饲养家畜开始，在西半球则以灌溉农作物连同建筑上使用日晒砖及石头开始。其终止则直到冶铁术的发明。

野蛮时代高级阶段开始于铁器的制造，终止于音标字母的发明及文字与文学作品的诞生。到这个时候文明也就开始了。

文明时代开始于音标字母的使用和文字记录的产生，并分为古代及近代二期。

摩尔根对人类文化发展阶段的划分有两个前提，也就是说，一切政治形态都可归纳出的两种基本方式。先出现的第一种方式以纯人身关系为基础，可称之为社会。这种组织的基本单位是氏族；在古代，构成民族的有氏族、胞族、部落以及部落联盟，它们是顺序相承的几个阶段。后来，同一地域的部落组成一个民族，从而取代了各自独占一方的几个部落的联合。第二种方式以地域和财产为基础，可称之为国家。这种组织的基础或基本单位是用界碑划定范围及其所辖之财产，政治社会即由此产生。①

（二）恩格斯与《家庭、私有制和国家的起源——就路易斯·亨利·摩尔根的研究成果而作》

1884年恩格斯出版了《家庭、私有制和国家的起源——就路易斯·亨利·摩尔根的研究成果而作》（以下称《家庭、私有制和国家的起源》）一书。在该书第一版的序言中，恩格斯指出，摩尔根在美国用他自己的方式重新发现了马克思在19世纪40年代所发现的唯物主义史观。而且他以此为指导，“在把野蛮时代和文明时代加以对比的时候，在主要点上得出了与马克思相同的结果”②。

正如恩格斯所述，摩尔根在《古代社会》提出的蒙昧、野蛮和文明三个主要时代中，研究的只是前两个时代以及向第三个时代的过渡，并根据生产生活资料的进步把蒙昧和野蛮进一步区分为低级、中级和高级阶段。

在《家庭、私有制和国家的起源》一书中，恩格斯根据摩尔根的著作描绘了人类经过蒙昧时代和野蛮时代而达到文明时代的发展途径，并提出了很多新特征。

恩格斯将摩尔根的分期法概括为：蒙昧时代是以采集现成的天然产物为主的时期，人类的制造品主要是用作这种采集的辅助工具。野蛮时代是学会经营畜牧业和农业的时期，是学会靠人类的活动来增加天然产物生产方法的时期。文明时代是学会对天然产物进一步加工的时期，是真正的工业和艺术产生的时期。

二、史前考古学的分期

（一）考古学分期的确立

史前考古学以文字记载以前时代的考古资料为研究对象，也称史前学或史前史。③

---

① ［美］路易斯·亨利·摩尔根：《古代社会》（上册），杨东莼等译，商务印书馆1981年版，第6页。

② 《马克思恩格斯文集》第4卷，人民出版社2009年版，第15页。

③ 中国大百科全书编辑委员会《考古学》编辑委员会、中国大百科全书出版社编辑部编：《中国大百科全书·考古学》，中国大百科全书出版社1986年版，第476页。

史前考古学以史前人类的遗迹、遗物为基础，用考古学的方法来研究当时的文化面貌、经济形态、社会生活和分期断代，同时还结合地质学、古生物学、古人类学和民族学等学科的研究方法来复原自然环境的变迁、人类体质的发展和社会组织的变化，并通过现代科学技术在考古上的应用，为分期断代提供具体的证据。

史前考古学的出现，突破了宗教传说和文献记载的局限性，延长了人类对自己历史发展过程的认识。史前人类的发展从低级到高级，一直到文字的出现，至少经历二三百万年的历程。由于历史发展的不平衡，史前时期的下限也颇不一致。在美索不达米亚和埃及，至迟在公元前 4000—前 3001 年就已进入了历史时期。最新研究成果显示，中国的黄河流域和长江流域在公元前 2100 年左右进入了国家即文明阶段，至迟在公元前 16 世纪的商代已进入了古典时代。欧洲的古典时代开始于公元前 6 世纪。有些地区的史前时期则延续时间更长，如美洲可晚到 16 世纪，大洋洲晚到 18 世纪中叶。

也有人根据古代传说划分人类的发展阶段。如，公元前 8 世纪古希腊哲学思想家和诗人赫西奥德在名为《劳动与时令》（又译《工作与时日》）的诗篇中，把人类的发展阶段划分为黄金、白银、青铜、英雄和铁五个时代。中国东汉时期的袁康、吴平在《越绝书》中把人类使用的工具分成石、玉、铜、铁四个阶段。这些都是根据古代传说而产生的推理叙述。

1836 年，丹麦学者 C. J. 汤姆森出版了《斯堪的纳维亚古物指南》。他在书中指出，博物馆的藏品可以依次按照石器时代、铜器时代和铁器时代进行划分。整个欧洲的学者很快就发现这个分类很实用。① 后来，汤姆森的学生沃尔赛又将这种方法应用到田野考古发掘实践当中，并根据发掘到的地层关系证明了这种分期方法的正确性。

（二）旧、新石器时代的划分

由于石器时代的生产工具在制作技术上存在着很大的区别，法国学者因此提出石器时代应进一步区分为早晚两期。早期为“打制石器时代”，晚期为“磨制石器时代”。

1865 年英国学者约翰·卢伯克在《史前时代》一书中接受了法国学者的意见，把石器时代划分为旧石器时代和新石器时代，即把早期的“打制石器时代”称为“旧石器时代”，把晚期的“磨制石器时代”称为“新石器时代”。这种分期方案和定名原则很快得到了世界各国考古学者的承认，并作为史前石器时代考古分期的通用办法而沿用至今。

---

① ［英］科林·伦福儒、保罗·巴恩：《考古学：理论、方法与实践》，中国社会科学院考古研究所译，文物出版社 2004 年版，第 25 页。

1868年法国考古学家莫尔蒂耶用考古学方法将欧洲旧石器时代文化进行了分期，后来经法国考古学家步日耶的补充修改，沿用至今。

（三）史前考古学的时代划分

1892年英国学者艾伦·布朗在旧石器时代和新石器时代之间划分了一个过渡期，称之为中石器时代。1877年意大利学者基耶里克在新石器时代和铜器时代之间，增加了铜石并用时代作为过渡期。

于是，史前考古学的时代划分基本齐备，即从早到晚为旧石器时代、中石器时代、新石器时代、铜石并用时代、青铜时代和铁器时代。

（四）史前时期考古学的各个时代

旧石器时代，人类开始出现，生产工具以打制石器为标志，人类的体质具有原始的特征。遗存与若干灭绝动物共存，其地质时代属于更新世，从二三百万年前开始至1万年前为止。旧石器时代的时间最长，占人类历史的99.8%。关于旧石器时代的划分，一般采用两分法或三分法，即下部旧石器时代、上部旧石器时代，或旧石器时代早期、旧石器时代中期、旧石器时代晚期。后者的划分与人类体质发展意义上的直立人、早期智人、晚期智人三个阶段相适应。火的使用、石器工艺的改进，骨、角、蚌器的应用，艺术作品的出现及意识形态的发展等，充分反映出人类出现伊始便在同大自然的艰苦斗争中不断地改造世界而获得生存和发展。欧洲旧石器文化发现丰富，文化系统和分期断代比较清楚，早期遗存有阿布维利文化、阿舍利文化、克拉克当文化；中期遗存有莫斯特文化、勒瓦娄哇文化；晚期遗存有奥瑞纳文化、梭鲁特文化、马格德林文化等。其中有些文化还影响到北亚和西亚。中国也有同样丰富和自成系统的旧石器文化遗存。早期遗存有蓝田人文化、北京人文化、观音洞文化；中期遗存有丁村文化；晚期遗存有峙峪文化、山顶洞文化、小南海文化等。美洲和大洋洲也都有旧石器文化，均属于晚期的遗存。

中石器时代，也有人称其为续旧石器时代。其地质时代已进入全新世，属于冰后期。此时欧亚大陆的气候转暖。人类依然过着采集渔猎生活，使用打制或琢制石器，但磨制石器还没有出现。中石器时代最显著的特点是：石器向细小化发展，在石器制造方法上大量采用间接打击法及压削法，由这些方法生产的细石器工具广泛应用于当时的一些主要生产领域；发明了弓箭这一远射程狩猎工具；狗作为人类最早驯养的动物，也是中石器时代的产物。文化面貌与旧石器时代晚期有类似之处，地域性的色彩更加浓厚。如以地中海沿岸为中心的中石器文化，可分为精石器文化和粗石器文化两大群。中国的中石器文化发现不多，研究程度亦很薄弱，对这一时期文化的总体面貌知之不多。从旧石器时代向新石器时代过渡阶段的情况还很不清楚，二者之间存在明显的缺环。中石器时代大约开始于距今 1 万年前后，延续的时间不平衡。例如，西亚在公元前 9000 年已出现磨制石器，向新石器文化过渡，欧洲和中亚等地也有的延续到公元前 3000 年左右，丹麦的埃泰博勒文化就受到南欧新石器文化的影响，但属于保留较原始的状态的文化。

新石器时代的基本特征是农业、畜牧业的产生和磨制石器、纺织的出现。由于农业和畜牧业是新石器时代产生的标志，因而出现陶器以前的阶段，也被称为前陶新石器文化或原新石器文化。旧大陆以生产经济为基础的新石器文化，以伊朗、伊拉克、小亚细亚、叙利亚和巴勒斯坦一带的“肥沃的新月地带”为代表，在公元前 9000—前 7000 年的前陶新石器时代开始栽培小麦、大麦，饲养狗、绵羊和山羊，但采集渔猎仍占较大的比重，已形成半稳定性的小规模聚落，并使用镶嵌几何形细石器的镰刀、半磨制的石斧、磨制的石容器。至公元前 7000—前 6000 年的有陶新石器前期文化，农业、畜牧业已经确立并成为经济的主要来源，磨制石斧普遍使用，深钵形的圜底陶器开始使用。至公元前 6000—前 5000 年的有陶新石器中期文化阶段，人们发明了彩陶和纺织技术，人形偶增加，作为家畜的牛也开始出现。公元前 5000—前 4500 年的有陶新石器后期文化阶段已形成大规模的聚落，以制作精美的彩陶和营建神庙为特征，社会分工显著，阶级分化萌芽。在黄河流域，新石器时代可以分为公元前 10000—前 5000 年的前仰韶时代、公元前 5000—前 3000 年的仰韶时代和公元前 3000—前 2000 年的龙山时代。

铜石并用时代，或称金石并用时代。此时人类使用红铜工具，已掌握铜的冶炼术，用冷锻或铸造法制作红铜器，但主要的工具仍然是石器，它属于新石器时代到青铜时代的过渡期。但由于发现的例证不够典型，在概念上容易导致混乱。有学者认为，铜石并用时代还可分为早晚两期。早期从约公元前 3500—约前 2600 年，晚期从约公元前 2600—约前 2000 年。在铜石并用时代，石器制作技术已臻完善，农业生产进一步提高，物质文化的内容逐渐丰富起来。不同地区之间和同一地区、同一人群集团内部的分化都明显加深，家庭的结合则日见稳固。从前分散的部落逐渐结成联盟，中心聚落和城堡相继出现，掠夺性战争愈演愈烈，最后导致了原始社会的解体。当然，铜石并用时代是否可作为独立的阶段，有待进一步研究。

青铜时代，是继承新石器时代而发展的，使用青铜制作兵器、器皿等器物的时代。在一些地区，新石器时代处于停滞阶段，没有经过青铜时代就直接过渡到铁器时代，如在亚洲的日本、美洲、大洋洲和非洲均发现类似的情况。在另一些地区，青铜时代已经产生了文字记载，如埃及的第 1 到第 18 王朝，公元前 14 世纪的美索不达米亚和中国的商周等，已不属于史前考古学的范畴。此外，在欧洲的大部分地区、中亚和西伯利亚等地，青铜时代尚无文字出现，仍处在史前阶段。美洲的青铜文化出现在公元前 11 世纪的南美安第斯山一带。

铁器时代。虽然最早在公元前 3000 年开始出现了使用陨铁制造的刀、短剑和装饰品，在中国的商代也出现了陨铁制造的铁刃铜钺等，但这些不能作为铁器时代的产物。公元前 14 世纪的小亚细亚东部最早进入了铁器时代。世界上大部分地区在铁器时代便已进入了历史时期，不过欧洲的早期铁器时代文化有不少仍属于史前时代的范畴。

第三节 早期的人类社会

马克思主义唯物史观从对生产力和生产关系的矛盾运动的考察中，确认人类社会的发展是一个自然历史的过程。马克思、恩格斯还通过对大量的历史和现实材料的分析，把人类社会的发展过程具体描述为原始公社制社会、奴隶制社会、封建制社会、资本主义社会和共产主义社会五个阶段。列宁指出，社会经济形态依次更迭的前进活动就是“世界各国所有人类社会数千年来的发展”所表明的“一般规律、常规和次序”①。这种社会经济发展的学说，为科学的社会发展史的研究奠定了理论基础。

关于原始社会的分期问题，国外学者从不同角度进行了讨论。

俄国革命以后，考古学在苏联第一次被纳入马克思主义传统。1919 年，列宁创办了物质文化史研究院。20 世纪 20 年代后期，莫斯科的 A. V. 阿尔奇霍夫斯基和列宁格勒（今圣彼得堡）的 V. I. 拉夫多尼卡斯等年青考古学家开始系统地把历史唯物主义的原则运用于研究考古材料。在 30 年代，苏联的考古学家如彼・彼・叶菲缅科抛弃了石器、青铜和铁器三个时代的体系，把史前社会划分为前氏族制、部落制、阶级形式，但这种体系受到了柴尔德的批判。

戈登・柴尔德是英国的马克思主义考古学家。柴尔德指出，人类在史前时代，因生产方式的变更，经历了两次“革命”。一个是“新石器时代革命”，另一个是“城市革命”。所谓的“新石器时代革命”（也叫“农业革命”）说明了人类由蒙昧时代进入野蛮时代的一段过程，即原始公社制的产生。而“城市革命”则说明了人类由野蛮时代进入文明时代的过程。

按照血缘世系关系的发展与演变，中国的历史学者大都将原始社会划分为原

---

① 《列宁专题文集 论辩证唯物主义和历史唯物主义》，人民出版社 2009 年版，第 285—286 页。

始群、母系氏族社会、父系氏族社会三个阶段。①

一、原始群与血缘家族

（一）原始群

原始群是最初的人类社会群体，是人类社会的雏形，是原始社会的最初阶段。腊玛古猿和南方古猿群体生存的时期是迄今所知原始群形成和产生发展的时期，其经历的时间从距今1400万年前至距今300多万年前。

腊玛古猿和南方古猿均是这样的群体。他们正处在从猿到人的过渡时期，是正在形成中的人。为了生存，他们以群体的形式聚集在一起，集体劳动，集体生活，集体与大自然进行抗争。这种集体性相互依赖的组合，构成了最早的原始群体，并初具一定的原始组织意义。

这种原始群或可称为人类最早的社团组织雏形。但严格地讲，这种社团组织雏形的组织性尚不稳定，尚未有真正的组织原则和规例。在群体生活中，唯有母子之间的关系较密切，故母权可能起到某些作用。

（二）血缘家族

到了距今300万年前的旧石器时代，一般说来，在能人、直立人与早期智人之时，也就是旧石器时代的早期与中期，人类的社会组织仍保持着血缘家族的形式。所谓血缘家庭就是指人类社会生活的群体或族群按血缘群婚关系组成，族内同辈男女可以互为婚配。因此下一辈子女有共同或混同的血缘，但严格禁止母亲和子女以及孙子女之间的通婚。因此可以说，血缘家庭既是实行同辈男女之间的群婚，又是禁止母子之间的群婚。

在旧石器时代中期的较晚阶段，人类社会已经历着从血缘家族转向氏族的过渡。

二、母系氏族社会

（一）普那路亚制

母系氏族公社的产生，一方面是，因生产力的发展要求，原来各自孤立的集团与集团之间保持一定的联系，而定居生活给这种联系提供了可能；另一方面是，因人们在长期生活实践中意识到近亲通婚的危害，不但排斥了同辈之间的通婚，而且禁止了兄弟姊妹之间的通婚，由此产生了“普那路亚家庭”。

所谓的普那路亚家庭，又被称为普那路亚婚或族外群婚，是原始社会的一种婚姻形态。摩尔根的《古代社会》和恩格斯的《家庭、私有制和国家的起源》中

---

① 张岂之主编：《中国历史·先秦卷》，高等教育出版社2001年版。

均有记述，指一定范围内的同辈男女共为夫妻，即一群姊妹和另一群男子或一群兄弟和另一群女子相互通婚，但禁止同胞的和旁系的兄弟姊妹间的婚姻关系。这时共夫的姊妹间、共妻的兄弟间，互称“普那路亚”，意为“亲密的同伴”①。氏族制度在绝大多数场合下都是从普那路亚家庭中直接发生的。

（二）母系氏族公社的产生

到了一切兄弟姊妹间、甚至母方最远的旁系亲族间的婚姻关系都被禁止的时候，人们就组成一个确定的母系血族集团。于是，氏族便产生了，两个互通婚姻的氏族便组成早期的部落。生产资料归氏族所有，氏族成员共同居住，共同劳动，共同消费。在早期氏族中，由于婚姻是族外的群婚，人们只知其母，不知其父，世系是按母系计算的，故称为母系氏族。因为当时妇女在生产劳动和社会组织方面具有重要作用，氏族长由女性担任。氏族的基本成员是本族妇女，成年男子反而是外族人。

在旧石器时代晚期，母权制氏族公社是社会的基本细胞。这时属于地质学上最后一个冰期的末段，从现在欧洲的法、德等国到中国的长江流域都有冰雪覆盖，气候寒冷，但平原地区水草丰美，动物众多。氏族生活和当时的生产技术可为旧石器时代晚期的先民提供丰富的生活资料。例如，在法国梭鲁特的大悬崖下出土了10万头左右的野马骸骨，说明当时人们甚至发明了把野兽驱赶到悬崖上坠亡的围猎方法，而且，每次围猎的收获可能十分丰富。

（三）母系氏族公社的繁荣

新石器时代是母系氏族公社的繁荣时期。在新石器时代产生了原始的畜牧业和农业。制陶术的发明是新石器时代的重要标志。随着定居生活以及畜牧业和农业的发展，家庭手工业也开始发展了。

这个时期，婚姻制度由群婚转入了对偶婚。对偶婚中已经有一对比较确定的夫妻，但是他们的结合并不牢固，婚姻关系很容易解除。

对偶婚的发展经过两个阶段，第一个阶段是所谓“望门居住”。这时，夫妻双方各住在自己母亲的氏族，婚姻关系常常采取丈夫访问妻子的形式。第二个阶段是“居妇家制”，这时丈夫住在妻子的氏族，但不算是妻方氏族的成员。由对偶婚所组成的对偶家庭并不构成独立的经济单位，当时社会的经济细胞是母系氏族公社。一个母系氏族公社往往构成一个村落，如果氏族人口较多，则分居在相邻的村落。

氏族还有权给本氏族成员命名。有时候氏族可以接纳外人作为养子，养子和其他氏族成员享有同等的权利。氏族的任何成员都不得在氏族内部通婚，这是氏

① 辞海编辑委员会：《辞海》（第六版），上海辞书出版社2010年版，第1457页。

族制度的基本规则。在母系氏族时期，婚姻双方都是母方氏族的成员，当一个人死了，其财产（随身的衣物）归其余的同族人所有，丈夫和妻子不能互相继承，子女也不能继承父亲的遗产，因父亲和子女分属两个不同的氏族。

母系氏族在人口增殖之后，分裂为许多小氏族，而原来的氏族则成为胞族（即大氏族）。因此，胞族的产生比氏族和部落的产生要晚。

中国新石器时代仰韶早期（公元前4800—前4000年）陕、晋、豫地区的半坡文化的村落和墓葬为我们呈现出了母系氏族社会繁荣时期的社会情况。

半坡文化的村落布局有一定规律。从西安半坡、宝鸡北首岭、临潼姜寨等遗址来看，村落均由三部分组成。

第一部分是活人居住的地方，即居住区；第二部分是埋葬死人的地方，即墓地；第三部分是制陶和烧陶的地方，即窑场。如姜寨村落的居住区位于中央，周围有壕沟环绕，村东越过壕沟便是墓地，村西靠近河岸则是一片面积不大的窑场。

居住区内的房屋在建造技术上没有太大的区别，但在面积、室内布局及出土遗物方面则有所不同。

第一类是小型房屋，数量最多，有圆形和方形两种。第二类是中型房屋，面积在20—40平方米不等，一般为方形、半地穴式。中型房屋的周围往往分布着一些小房子。第三类是大型房屋，全村共有5座，均为方形。在它的周围还有若干群中小型房屋。

姜寨居住址应该包括三个级别的社会组织：以中小型房屋为代表的包括若干个家庭在内的家族组织；以大中小型房屋为代表的包括若干个家族在内的氏族组织；以整个居住区为代表的包括五个氏族在内的胞族或部落组织。

在考古发现中，将居住区的房屋围成圆圈的特点还见于俄国新石器时代的特里波列文化。例如属于B/II期的弗拉基米罗夫克遗址和属于C/I期的克罗米辛纳遗址，都是按圆形来排列住宅的。它们的年代在公元前4000—前3500年，比姜寨村落要晚六七百年。

如同居住区内的房屋可区分为若干个不同的群落一样，墓地中的墓葬也被区分为若干不同的墓区。如姜寨遗址的壕沟以东是一处墓地，这个墓地被明显地区分为三个墓区。同样的现象在半坡、北首岭、王家阴洼、史家村、元君庙和横镇墓地也有发现。所不同的是，这些墓葬有的盛行单人一次葬，有的盛行多人二次葬。

例如，元君庙墓地反映的情形与姜寨居址的情况是相同的，即包含了家族、氏族、部落三级组织。合葬墓代表家族，墓区代表氏族，墓地代表部落。

除居住区和墓葬区以外，半坡文化还发现有公共的窑场。在半坡遗址，壕沟的东边有两座陶窑，在姜寨遗址，临河岸边也有三四座陶窑。这些陶窑很像是全村共有的财产，但也有些陶窑是设在居住区内的，可能为某个氏族所有。此外在姜寨遗址的居住区内，还发现有牲畜围栏和牲畜夜宿场。由于它们分别安排在各组大房子附近，所以可能也是氏族集体的财产，既不归家族所有，也不归全村所有。

总之，半坡文化的村落是按照居住区、生产区和墓葬区来安排的，从居住区和墓葬区的布局来看，当时应存在着家族、氏族和部落三级组织。生产活动主要是由氏族这一级来组织的。产品的最初分配权大概也在氏族。各家族分到后储藏起来，再定期分给各个对偶家庭享用。对偶家庭只是家族中的一个生活单位，而不是一个生产单位。

从生产上看，半坡文化处于锄耕农业阶段，渔猎和采集在生产中占有相当的地位，是维持当时人们生活的一个重要来源。

从埋葬制度上来看，只见到成年女子和小孩的合葬墓，没有发现成年男子和小孩的合葬墓。这表明，当时只有母子合葬墓，而不存在父子合葬墓，说明了当时的世系关系是按母系继承的。妇女往往有着厚葬的现象，女性墓葬中随葬品较多，表明当时妇女的地位高于男子。还发现有女孩厚葬的。可以看到，母系社会的世系继承是按照母系计算的，家族的繁殖取决于家中女孩的多少，母亲有确认亲生女儿的强烈愿望，女孩能够因母亲的地位而享受到成年人的待遇，并且得到厚葬。

通过以上分析，我们可以得出以下结论：中国新石器时代的半坡文化时期有着家族、氏族和部落三级组织，财产和世系继承是按母系计算的。因此当时是母系氏族制，但它早已脱离了母系氏族公社的初级阶段，而迈入母系氏族公社的繁荣阶段。

乌姆·达巴吉亚文化（以下简称乌姆文化）位于两河流域北部的辛贾尔平原，年代为约公元前 6000—约前 5000 年，是两河流域新石器时代最早的陶器文化之一。乌姆文化发现有妇女雕塑，可分为全身坐式像和胸像两种。全身坐式像突出表现了女性特征，如乳房、臀部和腹部，但没有脸部特征的描写。胸像在索托遗址中发现有一例，花梗式的头部，宽宽的溜肩，直直的脖子，丰满的乳房，胳膊已残。乌姆文化的女性雕像可能带有母系氏族社会中的女性生殖崇拜意味。在稍晚的哈孙纳文化（前 5500—前 5000 年）晚期遗存中发现的女性陶塑中，裸女穿上了长裙。哈孙纳文化中发现了近 40 件陶塑，以站式女像为主。其形象为细腰、高高的乳房和隆起的臀部，长裙一直盖到脚，平行的斜纹代表了裙褶。头部为长头型，上面似乎有头饰。可以看到，哈孙纳文化的陶塑由突出表现女性的自然生育能力转化为突出人的真实感。这种风格的转变显示出它们功能的转变。这种转变很可能更加彰显出女性作为崇拜对象由强调生殖崇拜的功能向强调真实的社会性的转变，暗示了母系氏族社会的进一步发展繁荣。

三、父系氏族社会

（一）父系氏族公社的确立

从母系氏族公社过渡到父系氏族公社，相当于野蛮时代中级阶段和高级阶段，是一场家庭革命。“母权制被推翻，乃是女性的具有世界历史意义的失败。”① 以女性为中心的对偶家庭，过渡到以男性为中心（有时是父权）的一夫一妻制家庭（有的是多妻），以实现世系及财产从母系继承制转化为父子继承制，被恩格斯称为“人类所经历过的最深刻的革命之一”②。

父权制代替母权制的原因，学界有两种看法：一种观点认为，父系制代替母系制，是一种公有制代替另一种公有制，私有制是作为摧垮父系氏族制的力量在这一阶段的后期产生的；另一种观点主张，母系氏族制转化为父系氏族制，是私有制代替公有制的变革。③

父权制颠覆母权制，是所有制及其决定的继承制度方面的变革。从中国新石器时代的仰韶时期半坡文化反映出的情况来看，母权制时期已经存在着私有制。恩格斯在谈到母权制氏族转变为父系氏族制时说：“随着财富的增加，财富便一方面使丈夫在家庭中占据比妻子更重要的地位；另一方面，又产生了利用这个增强了的地位来废除传统的继承制度使之有利于子女的原动力”④。这里讲的“随着财富的增加”，显然是指男子控制或为他所有的那部分财富。所以他明确地指出：作为父系氏族特征的“一夫一妻制的产生是由于大量财富集中于一人之手，并且是男子之手”。这样看来，母系氏族制过渡到父系氏族制，既不是一种公有制转变为另一种公有制，也不是公有制转化为私有制，而是妻子或母亲的私有制转化为丈夫或父亲的私有制。因此，男子控制或为其所有的那部分财产超过妇女的私有财产并在这种对比关系中占据主导或统治地位，以及改变母女财产继承制为父子财产继承制的要求，这些是导致母权制被颠覆的动因。

中国陕、晋、豫地区新石器时代的庙底沟文化（前4000—前3500年）生产上比半坡文化更加发达。庙底沟文化晚期在陶器制作上已出现了轮制陶。在庙底沟文化遗存中存在着被弃的尸体，这在半坡文化中是没有的。在庙底沟遗址的四个灰坑里，都有两具被抛弃的骨架。同样被遗弃的骨架在华县泉护村遗址也发现十多具，这反映它的社会制度与半坡文化不同，大概说明庙底沟文化时期已经进入

---

① 《马克思恩格斯文集》第4卷，人民出版社2009年版，第68页。

② 《马克思恩格斯文集》第4卷，人民出版社2009年版，第67页。

③ 张忠培：《母权制时期私有制问题的考察》，《史前研究》1984年第1期。

④ 《马克思恩格斯文集》第4卷，人民出版社2009年版，第67页。

父系氏族制社会。

在半坡四期文化（前3500—前3000年）陕西宝鸡福临堡遗址和泉护二期文化（前3000年左右）的陕西华县（今渭南华州区）泉护村遗址出现的象征男性生殖器的陶祖和石祖，说明这个时期产生了对男性祖先的崇拜。

在两河流域，年代相当于公元前5500—前5000年的萨马腊文化中也发现与父系氏族社会相关的遗存。在索万遗址中，几乎每座墓随葬都有石容器。有15%的墓葬随葬品丰富，这些墓葬主要是青少年和成人的，其中随葬品最丰富的墓为成人的。随葬生产工具的墓除有青少年和成人外，还有婴儿。婴儿随葬生产工具绝不会是死者生前活动的写照，很可能表现了他们家族对他的期望，或是家族的生产特长。在同一墓室内，随葬品种类比较相近。这些事实都说明家庭之间可能在生产部门上存在着差别。两座成年墓的墓主被鉴定了性别，一座埋葬男性，随葬品丰富，另一座埋葬女性，随葬品很少。此外，两座随葬石祖的墓葬中随葬品都十分丰富。这些现象表明萨马腊文化很可能已跨越了发达的母系氏族社会阶段，进入了父系氏族社会。

父系氏族公社的出现并不表示母系氏族公社立即消失。在世界不少地区，它们往往是并存的。另一方面，父系氏族公社还保留着母系氏族的残余。

从黄河下游的大汶口文化刘林期（前4000—前3500年）、花亭期（前3500—前3000年）墓地反映的情况来看，父系氏族社会初期仍保留了母系制残余，在考古材料中见到的单偶制婚姻和亲属及财产关系的父系继承制，已经成为这个时期居民社会的主要形态。从大汶口文化大汶口期（前3000—前2600年）墓地反映出的现象可以看到，这个时期男子在经济和家族地位上虽已居妇女之上，但成对成年合葬墓中的男女仍采用同样的葬式，不存在奴役妇女的现象，父权独裁也未出现。这个时期可以称为父系制的确立时期。① 父系制确立是母权时代向父权时代过渡的必经之路。

父权制的确立，促使财产迅速积累在个体家庭之中，使后者日渐成为一种同氏族和家庭公社相对抗的力量。个体家庭开始成为社会经济单位，氏族制度于是被打开了一个缺口。个体家庭是由于继承财产而产生的。在家庭中，丈夫拥有绝对权力，对男子来说，结婚是要妻子给他生儿育女，以便将来把财产传给他们。

中国黄河上游新石器时代的齐家文化前期（前3000—前2500年左右）的墓葬材料显示，齐家文化进入了较成熟的父权制时期。甘肃武威皇娘娘台发现的男女合葬墓中，男子都是仰身直肢居于墓坑中央，女子则侧身屈肢置于他的两侧，随葬品也多在男子一边。这些合葬墓都是一次葬，但其中的男女不可能是同时死亡，

① 张忠培：《中国父系氏族制发展阶段的考古学考察——对含男性居本位的合葬墓墓地的若干分析》，《吉林大学社会科学学报》1987年第1、2期。

女性应是为男性殉葬的。正如恩格斯指出："最初的阶级压迫是同男性对女性的压迫同时发生的。"① 而父权制则是过渡到文明时代不可或缺的前提。

（二）父系氏族公社的解体

与文明产生的同时，父系氏族公社趋于终结，氏族制度也开始解体。但是，由于历史发展的不平衡性，氏族制度解体的时间并不一致：有的发生在新石器时代，有的发生在青铜时代，有的发生在铁器时代。而人类的一小部分，直到近代还停留在原始或半原始状态。

氏族制度的解体，最早始于新石器时代晚期。从世界范围来看，氏族制度的解体与金属器的制造有一定关系。

从中国的情况来看，在公元前3300—前3200年，分布于黄河、长江中下游和燕山南北及西辽河流域的诸新石器时代文化的居民已跨过了文明的门槛。这一时期，我们可以看到氏族制解体和文明产生时的一些社会现象。②

这一时期种植农业成了农业生产中的主要部门。北方普遍使用变得规范化的长方形或带肩的长方形石铲、草鞋式石耙和穿孔侧刃石刀。良渚文化（前3300—前2200年）使用三角形石犁。种植农业的发展，最终使男子占据了这一生产领域，妇女基本上成了从事家务的劳动力。

男性家长在家族中取得了统治地位，家族已具有父权性质。家族在社会财富和权力分配与占有方面出现了分化。良渚文化的贵族葬于祭坛，享受"玉殓葬"；平民葬于公共墓地，随葬品贫乏。社会分化为贵族与平民两大阶层。

良渚文化以非实用的石钺、玉钺随葬的墓葬规模大、随葬品数量多、品位高，或置于墓地的重要位置，或葬于祭坛。这类墓葬的主人生前无疑是军事首领。从他们死后享受的隆重待遇来看，可知军权已演变成了王权。执掌王权者成了社会的权贵。良渚文化的瑶山、反山遗址那些同时随葬玉、石质的琮、钺的墓葬，随葬品较仅随葬玉、石质的琮或钺的墓葬更为丰富，这些事实表明集神、王权于一身的人物的地位高于仅执王权或神权的贵族。

第四节　原始技术与文化

一、农牧业的起源与发展

（一）农业的起源与发展

农业起源是人类文化史上划时代的历史事件，它反映了人类对自然界动植物

① 《马克思恩格斯文集》第4卷，人民出版社2009年版，第78页。
② 张忠培：《中国古代文明之形成论纲》，《考古与文物》1997年第1期。

和生态环境操纵能力的提高。农业是人类社会向高级形态发展的基础，柴尔德把农业的出现称作“新石器时代革命”。

在西亚的伊朗、伊拉克、小亚细亚、叙利亚和巴勒斯坦一带“肥沃的新月地带”，人们在公元前9000—前7000年的前陶新石器文化开始栽培小麦、大麦和豆类等。在耶利哥遗址发现了约为公元前8000年的小麦和大麦的种子，其已具有人工栽培的形态，此外还有小扁豆、无花果等作物；同时期的阿里、库什遗址也发现了大麦、小麦和豆类。在公元前7500年左右的土耳其恰约尼遗址也发现了大麦、小麦、豌豆和扁豆。

美洲农业对人类贡献了玉米、马铃薯、辣椒等优良作物。中美洲和墨西哥在公元前5000—前3400年出现农业，在墨西哥东南部的特华甘山谷出土的考古遗存显示，当时农作物已占食物总量的14%，玉米的培育已初见成效。到公元前1000年左右，特华甘等地的农作物在食物总量中已达到50%。

中国新石器时代的农业以粟（包括黍）和稻为代表作物，它们的地理分布大体以秦岭和淮河为界。

中国的黄河流域也是世界上农业出现最早的地区之一。这里的黄土具有良好的保水与供水性能，且土壤中蕴含较高的自然肥力。虽然黄土地带气候干旱，年降水量较少，但雨水集中在夏季，有利于抗旱作物的生长。这些条件使得在这里种植谷物容易获得较高的收成。总之，黄河中游的地理环境与世界上农业发生最早的西亚地区的新月地带接近，具备产生早期农业文化的适宜条件。

1958年，陕西第一次发现了早于半坡文化的老官台文化。进入70年代，在黄河中、下游地区发掘了磁山、裴李岗、大地湾、北辛等一系列新石器时代较早阶段的遗址，出土了大量的农业遗存。从地层提供的材料看，这类遗存都叠压在仰韶时期堆积之下，年代都在公元前6000—前5000年。在这个时期的遗址中普遍发现了粮食的遗存，鉴定结果都属于黄河流域传统的耐旱的粟类作物。遗址里还有专门用于储存粮食的窖穴，有些窖穴内还可见到堆积较厚的腐朽谷物。从遗址中获得的各类遗物，反映出当时人们掌握了较多的生产门类。可以看到，这一时期的农业已经历了比较长时期的发展，黄河流域理应存在年代更早的农业文化遗存。

水稻栽培在中国有悠久的历史。中国种植水稻的范围很广，也是世界上稻米产量最高的国家之一。

中国境内发现的史前栽培稻遗存已有数十处，长江中、下游是这类遗存最丰富的地区，河姆渡、罗家角遗址就是其中的典型代表。在这两个遗址年代为公元前5000年左右的地层中都发现了稻谷遗存，尤以河姆渡遗址的发现最为惊人。河姆渡第四层4000余平方米的范围内普遍存在厚厚的稻谷、稻壳、稻草的堆积，最厚处有1米以上。经过换算，稻谷的总量高达120吨以上。经鉴定，稻谷属栽培稻籼亚型种中的晚稻型水稻。罗家角遗址出土的稻谷中还发现了粳稻。栽培稻谷收获量之大，反映了当时稻作农业的规模是很大的，生产技术也是比较先进的，这里出土的大量骨制耕具，也反映了这一点。从遗传学的角度看，这些籼稻是从野生稻演变为栽培稻的基本形，但它们已远离野生种而接近现代栽培稻了。野生稻与栽培稻的生长环境不尽相同。栽培稻是由野生稻经长期人工培育而产生的。

迄今发现的最早从事稻作农业的考古学文化的年代，长江下游地区均在公元前5000年前后。长江中游地区则发现了距今万年前后的人工栽培水稻遗存。在湖南道县玉蟾岩遗址发现了距今1.4万—1.2万年前的人工栽培稻标本。在江西万年仙人洞遗址新石器时代早期地层中，人们发现了距今1万年前的栽培水稻植硅石，广东英德牛栏洞遗址也发现了距今1万年左右的稻谷遗存。这些发现意味着中国的长江中游和珠江流域很可能是世界稻作农业的发源地之一。

新石器时代农业的发展本质上是一个技术发展的问题，主要表现为农业生产工具的变革。[①] 在中国北方，前仰韶时代的磁山文化、裴李岗文化中发现了鞋底形石磨盘，这些石磨盘、石磨棒无疑是加工粟类谷物的主要工具，是农业发展和社会进步的表现。在中国南方，考古工作者在江苏吴县（今江苏苏州）草鞋山遗址发现了仰韶时代的马家浜文化的水田结构，田块不大，田边有水渠、水井、水塘，已具备了中国农田结构的雏形。这说明当时的农业已经进入了较成熟的发展时期。

（二）畜牧业的起源与发展

从西亚考古发现来看，饲养动物出现的时间可能早于种植农业。[②] 在公元前9000—前7000年的西亚前陶新石器时代“肥沃的新月地带”就饲养狗、绵羊和山羊，但采集渔猎仍占较大的比重。甘吉达勒遗址的一块泥砖上留有山羊的蹄印，这个遗址出土的兽骨中山羊占90%，反映出当时的人已能够成功驯养山羊。

中国的新石器时代，无论南北，都以饲养猪、狗等家畜为主，并且具有与定居农业密切结合的性质。在新石器时代中期（前7500—前5000年），家畜饲养业就有一定程度的发展，如磁山文化是以农业为主、兼营家畜业、采集和狩猎的综合性经济。家羊遗骸在马家窑文化中多有发现，有的还用于随葬，这时除普遍饲养绵羊外，还有少量的山羊。水牛的驯养在南方较早，河姆渡文化可能已开始饲养水牛。至今，新石器时代的马骨只有零星发现，家养可能较晚。一般认为，至迟在中国的龙山文化时期，猪、狗、牛（黄牛、水牛）、羊（绵羊、山羊）、马、鸡，也就是中国古代文献中的所谓“六畜”已基本齐备。

恩格斯指出：“在图兰高原的气候条件下，在漫长而严寒的冬季，没有饲料储

---

① 刘兴林：《史前农业的发展与文明的起源》，《农业考古》2004年第3期。

② 张忠培：《原始农业考古的几个问题——为纪念〈农业考古〉创刊四周年而作》，《农业考古》1984年第2期。

备，游牧生活是不可能的；因此，牧草栽培和谷物种植，在这里就成了必要条件。黑海以北的草原，也是如此。但谷物一旦作为家畜饲料而种植，它很快也成了人类的食物。”① 恩格斯的这一观点引起了很多学者的注意，中外考古学者大都否定了畜牧是从狩猎捷径式地发展而来的观点。饲养业首先是作为副业和种植农业经济结合起来，这以后，一部分居民中的饲养业经长期发展而在经济生活中的比重越来越大，出现了舍弃种植农耕的条件，最后才产生了专门的畜牧业。

二、原始手工业与技术

（一）石器的制造

在整个原始社会阶段，石器一直是生产中的主要工具。从学会制造石器的最初阶段开始，人类就在为满足生产和生活的需要而不断地改进石器的制造工艺，使工具更适用、更合手。

旧石器时代使用打制石器。在中国的华北地区存在两种石器工业传统。一种被称为“大石片砍砸器-三棱大尖状器传统”，其基本特征是，利用宽大石片制造不同型式的大砍砸器，打片主要用碰砧法，兼用锤击法。另一种被称为“船头状刮削器-雕刻器传统”，主要特点是，打片多采用锤击法，石器中利用不规则小石片制造的细小石器比例大、类型多，工具种类有刮削器、尖状器、砍砸器、石锥、雕刻器、石球等，以刮削器为主，尖状器是这一系统的重要产品。

新石器时代，磨制的石质工具是当时人们谋生的最先进手段。但从数量上看，打制石器仍占相当数量。人们在加工石材方面选料比较广泛，并且掌握了切割技术。石器的种类多种多样，有生产工具、生活用具、装饰品及工艺品等。其中，生产工具主要有用于砍伐的石斧、石锛和用于收割用的石镰、石刀以及用于脱谷去皮的石磨盘、石磨棒等。此外还经常见到用于渔猎的石矛、网坠和箭头（镞）等。有些石器上面还出现了钻孔，以便系绳或安装柄。钻孔的方法开始是用燧石进行对钻，即双面钻孔，后来采用管钻，即单面钻孔。

此外，在中国的新石器时代考古学文化中还存在一种独特的石器——玉器。切割取材、整体抛光等工艺也应用于玉器制造中。中国东北地区新石器时代的红山文化和长江下游的良渚文化形成了两个制玉中心。

（二）骨、角、牙、蚌、木、竹和金属器的制造

旧石器时代晚期开始使用的骨、角器，在新石器时代大量流行起来，而且普遍采用磨制技术和钻孔技术，最常见的是骨针、骨锥、骨笄、骨铲、骨刀、骨镞、骨鱼镖和骨鱼钩等。就骨针来说，其大小已和现代的手缝针差不多。牙器已不单

---

① 《马克思恩格斯文集》第4卷，人民出版社2009年版，第180页。

用作装饰品。中国新石器时代大汶口文化发现的象牙梳、象牙雕筒和象牙琮等不仅是实用器，而且是做工精细的艺术品。蚌壳除了被用来制作刀、镰以外，绝大多数是制成装饰品，不仅切割整齐，而且多有钻孔。新石器时代还有许多木、竹制品，如中国长江流域的河姆渡文化中就曾发现过木桨。

人类很早就知道金、银、铜、铅、锡和陨铁等天然金属，其中首先被利用的大概是黄金。在爱尔兰、法国和埃及等地新石器晚期的一些遗址中，都曾发现用黄金制作的小件器物。大约六七千年前，西亚、埃及等地以及一些新石器时代的欧洲人已开始利用铜。这些天然金属大多是借助石器用冷锻法加工的。

真正的金属器时代始于矿石冶炼和金属加工。公元前 4000 年至前 3000 年左右，西南亚、埃及、中国以及南欧和中欧先后开始炼铜。最早的铜器多半是指环、手镯、项圈之类的装饰品，人们后来才知道用铜来制造工具、器皿和武器。

约公元前 3 千纪中期，人类学会冶炼青铜。最早使用青铜的可能是两河流域和印度河流域，然后是埃及、中国和其他一些地区（约前 2000 年）。

西南亚可能是最早发明冶铁术的地区（约前 1500—约前 1000 年）。公元前 1000—前 500 年，东南欧、南亚次大陆、北非以及中国等广大地区先后进入铁器时代。

（三）陶器的发明和制造

陶器的发明和使用是人类的又一划时代的进步。在制陶术产生之前，人们主要是烧、烤食物，甚至以生食为主。陶器的发明改善了人类煮熟食物的方式，使推广熟食成为可能。在当时的条件下，熟食大大加快了人类体质和脑力的发展。

同时，陶器的产生及流行也是人类定居生活稳定性的一种反映。陶器在人类智力发展和文化进步过程中具有重要意义，因此一直作为新石器时代的主要标志而受到广泛的重视。

陶器的制造方法有手制和轮制两种。

手制的方法有模制法、捏制法、泥条盘筑法、泥筒套接法等。

模制法是一种最原始的制陶方法。总的说来是用模具制造，但在具体的制作过程和使用的模具上又各有不同。一种为直接成型，即将泥料涂在模具上直接拍打而成。这在民族学材料中可以找到范例：有的是将一块黏土塞到一种类似于器皿的模具中直接做出陶器雏形；有的则是在地上挖一浅坑，然后铺上一小块纤维物，再放入一团泥土，用杵转动和打击，使之成形。另一种是泥片贴筑而成，即将泥料做成泥片，然后以模具为依托，层层贴筑而成。用这种方法制成的陶器，其断裂面往往可以看到分层的迹象。新石器时代较早的考古学文化已普遍采用了这种制陶方法。

捏制法主要适用于一些小型器皿，用手直接捏制而成。用这种方法制成的陶器，其形状并不规整，有的在器物表面还会留下制造者的指纹。

泥条盘筑法是手制中最常见的方法，可分为两种情况：一种是将泥坯制成长条形，然后以螺旋式的方法向上盘筑制成陶器；另一种是将泥条卷起，一层层向上堆筑制成陶器。螺旋式盘筑法制作的陶器有着明显的螺旋纹。堆筑法制成的陶器，正视为同一间隔的线纹，假如是口大底小，那么俯视就可看到同心的圆圈纹。

泥筒套接法先用泥片做成泥筒，然后套接在一起。用这种方法制成的陶器往往容易在接茬处断裂。

轮制法又可分为慢轮修整和快轮制造两种，它们在新石器时代开始出现并逐渐普及。在中国黄河下游的山东龙山文化中发现的蛋壳黑陶高柄杯，其质地细腻、薄如蛋壳，一般厚0.5—1毫米，个别的仅厚0.3毫米，漆黑发亮、造型优美，是新石器时代陶器中的精品。

（四）纺织品和编织物的制作

从陶器上的印痕可以得知新石器时代纺织品和编织物的情况。例如，中国新石器时代的半坡文化元君庙遗址陶器上的布纹印痕，经线清晰，纬线较模糊，每平方厘米经纬线各十二根，粗细均匀，线径约0.84毫米。有的资料表明当时纱线细的径仅0.5毫米，粗的则达4毫米。织品的粗细，当与其用途有关。因为目前还不能从发现的遗物中确认哪些属于织机的零件，所以，我们对当时的织机还一无所知。据发展程度基本相同的民族情况推测，半坡文化居民使用的织机应当是水平式踞织机。

比起纺织品来，制作编织物的技法显得多样而复杂。据半坡遗址出土陶器上的编织物印痕可知，当时制作编织物已使用了斜纹编织法、缠结编织法和棋盘格式或间格纹的编织法。使用斜纹编织法制作编织物最为普遍。斜纹编织法进一步又可分为人字纹编织法、辫纹平直相交法和条带式编织法等方法。

三、原始宗教与艺术

（一）石器时代的宗教

在法国西南部、西班牙西北部、西西里岛和乌拉尔山脉南段地区等旧石器时代洞穴遗址，考古学家发现了宗教遗迹。其中有动物和少量人物的绘画和雕刻。一些野牛、鹿的身上带有箭矛的刺痕或画着投向它们的狩猎工具，这可能是为保证狩猎成功而施行法术的作品。人物大都为女性，男性很少，且仅画出简单轮廓；女性的面部也多为轮廓，并突出其乳部、腹部的生殖形态。

在法国阿里埃地区的特鲁瓦·弗雷尔洞中，人们发现了旧石器时代石雕像，它带着兽形面具作舞。有人认为是巫师作法的形象，也有人认为是主宰众兽之神，还有人猜想为主持受孕的神。可以看到，旧石器时代宗教观念与当时的狩猎经济直接相关，人类将求食、生殖等事寄托于法术和宗教。

中国旧石器时代的山顶洞人墓葬还有在尸骨上撒红色赤铁矿粉末的现象，这说明当时可能已经有了灵魂的观念和一定形式的宗教性葬仪。

考古学家在小亚细亚的卡塔尔休于新石器时代遗址（约前 7000 年）中发现了 40 个神坛，说明这时已出现了排成序列和层次的崇拜意识。每坛的主神皆为女神，分别为年轻女子、产子妇人和老媪。相伴的男神则分别为男青年、女神之子或情侣以及带髭须的男子与雄牛。神坛间装饰有雄牛和许多女性乳房造型围成的圈，其中存放着兀鹰、狐狸的头骨和野猪的下颌骨，被有些学者认作繁殖和死亡的并联象征。

考古学家在中国河南濮阳西水坡新石器时代遗址清理出一座后岗一期文化（前 4500—前 4000 年）的墓葬（编号为 M45），殉葬三人，在人骨架的左右两侧用蚌壳精心摆塑着龙虎图像，这反映了墓主人生前的地位之高、权力之大，很可能是部落的首领。

西水坡遗址目前发现的蚌壳摆塑共有三组。这三组蚌塑位于同一水平线上，自北向南各间隔 20 米左右呈一线排开。除第一组的 M45 龙虎蚌塑外，其他两组是龙、虎、鹿叠塑一体。鹿卧于虎背，人骑于龙颈。这三组摆塑使用的蚌壳都是未经加工的自然蚌壳，尖锐型的蚌壳用作牙和爪，圆形的做眼，长而圆的做舌。鬃、毛、尾部是将蚌壳的凹面朝上，其余都是凸面朝上。

龙虎在中国的传统观念中是神武和权力的象征。三组蚌塑连在一起，可能反映着更深层次的内容。这三组图像很明显地表现巫师与助他上天入地的动物，濮阳的蚌塑逼真地表现出新石器时代晚期的巫师凭借龙、虎、鹿三种动物的助力可以上天入地，与鬼神来往。

上述发现表明，新石器时代的宗教观念已反映出畜牧经济的意识形态，动物已不单是人类猎取的对象，有的已成为人类的朋友和助手，甚至成为崇拜对象；人类除求食与生殖外已开始重视死亡问题，明确的拟人神观念已开始出现，含有较复杂的宗教观念。

（二）原始的艺术

原始人最早的艺术作品是旧石器时代的骨角雕刻。迄今发现的最早的一件动物雕刻是德国沃基尔海德出土的年代约在距今 3 万年前的野马雕像。旧石器时代的人物雕像以表现妇女为主，反映出母系氏族的特色，特别是一些丰乳肥臀的裸体女性崇拜像，它们显示出原始艺术善于夸张的技巧。法国中南部一带的洞穴中发现的 2 万—1. 2 万年前的洞穴壁画。这些壁画表现了牛、马、鹿、犀等动物形象。在法国的封·德·高姆洞和拉斯科克斯洞，考古学家还发现了使用油脂着色的彩色壁画遗存。这些壁画中的动物可能象征狩猎、天地万物生长和季节变换等意义，并很可能是传达某种知识的工具。

古朴生动的原始绘画作品在新石器时代也有发现。在中国的新石器时代，在陶器乃至房屋的居住地面上也发现有绘画作品。除半坡文化陶器上绘制的人面纹、鱼纹、庙底沟文化鸟纹以及马家窑文化鲵纹等以人物和动物为题材的作品以外，还有以树木、花草、水波、火焰和日月星辰等为题材的作品。

绘画艺术之精品首推《鹳鱼石斧图》。在中国黄河中游的河南临汝阎村出土的一件王湾一期文化作为葬具的陶缸上，画有一幅大型的彩色图画，画面上为白鹳口衔鲢鱼，右面是一把竖立的斧子，被称为《鹳鱼石斧图》。有人认为，缸中所葬的死者可能是一位酋长，白鹳是死者本人所属氏族的图腾，鲢鱼则是敌对氏族的图腾。死者曾高举作为权力标志的大石斧，率领白鹳氏族的人民，同鲢鱼氏族进行殊死的战斗，取得了决定性的胜利。《鹳鱼石斧图》则是一幅具有纪念意义的经典之作。

此外还有一些作品的画技也相当精熟，如陕西宝鸡北首岭和武功游风遗址出土的半坡文化的细颈壶上所绘《水鸟衔鱼图》和《鲤鱼食鸟图》，甘肃秦安大地湾遗址出土的马家窑文化陶器上所绘《双犬对吠图》、青海大通上孙家寨遗址出土的马家窑文化陶器上所绘《舞蹈图》等。在大地湾遗址的一座房屋的地面上还绘有地画。这些作品不仅反映了不同的文化内容，而且再现了当时画师们高超的绘画技艺和极强的创作方法。

此外，新石器时代也发现了雕塑、岩画等艺术作品。

上述艺术作品一方面反映出原始社会先民的生产、生活和宗教信仰等情况，另一方面也传达出他们对自己生活的社会和自然环境的认识，表现出先民不断提高的认知能力和艺术水平。

本章小结

人类大约用600万年的时间完成了从猿到人的蜕变，这就是人科的起源。距今约600万年前到约100万年前的南方古猿是早期的人科成员。在人科下面又有南方古猿属和人属。人属可能经历了能人（距今约210万年—约170万年）—直立人（距今约200万年—约20万年）—早期智人（距今约25万年—约5万、4万年前）—晚期智人（距今约5万、4万年前）的进化过程。现代人的起源则是指目前生活在地球上的各色人种的形成。关于这一问题，学术界目前主要有单一地区起源论和多地区起源论两种理论。

19世纪70年代，摩尔根在其《古代社会》一书中将人类早期的文化发展划分为蒙昧和野蛮两个时代，每个时代又划分为低级、中级和高级三个阶段。从野蛮时代高级阶段，过渡到文明时代。摩尔根的观点重新演绎了马克思在19世纪40年代所发现的唯物主义史观。史前考古学的出现突破了宗教传说和文献记载的局限性，延长了人类对自己历史发展过程的认识。史前考古学的时代可以划分为旧石器时代、中石器时代、新石器时代、铜石并用时代、青铜时代和铁器时代。从原始社会的制度出发，学界大都将原始社会划分为原始群、母系氏族社会、父系氏族社会三个阶段。

原始群是最初的人类社会群体，是人类社会的雏形，是原始社会的最初阶段。在绝大多数情况下，它们都是从普那路亚家庭中直接发生的。到了一切兄弟姊妹间、甚至母方最远的旁系亲族间的婚姻关系都被禁止的时候，母系氏族便产生了。在旧石器时代，母权制氏族公社是社会的基本细胞。新石器时代则是母系氏族公社的繁荣时期。父系氏族公社的出现并不表示母系氏族公社立即消失。在世界不少地区，它们往往是并存的。父权制的确立促使财产迅速积累在个体家庭之中，使它日渐成为一种同氏族和家庭公社相对抗的力量。个体家庭成为社会经济单位后，氏族制度被打开了一个缺口。文明产生的同时，父系氏族公社就已终结，氏族制度便解体了。但是，由于历史发展的不平衡性，氏族制度解体的时间并不一致：有的发生在新石器时代，有的发生在青铜时代，有的发生在铁器时代，而人类的一小部分直到近代还停留在原始或半原始的状态。

原始的农业和畜牧业的起源和发展反映出了人类改造自然环境、利用自然资源能力的不断提高。原始的手工业和技术则表现出人类在原始社会时的生产力发展水平。原始的宗教与艺术折射了先民对自然和自身的认识以及朴素的审美观念。可以看到，人类自诞生开始，一方面适应自然的变化，另一方面又与自然进行斗争。在整个原始社会时期，人类逐步完善了自身的体质特征，逐渐建立起早期的社会制度，不断创造出丰富多彩的文化。总之，先民在原始社会的发展为人类历史进入文明时代奠定了坚实的基础。

思考题

1. 阐述有关人类的起源与现代人的起源两个理论的主要内容。
2. 举例说明“全世界的人类都统一于同一个物种”这一科学命题的理论依据。
3. 简述史前考古学的分期及其特征。
4. 比较母系氏族社会和父系氏族社会所有制形式的变化并讨论其动因。
5. 列举史前时期世界范围内各不同地区种植的主要农作物及开始种植的时间。

第二章　上古西亚（前5千纪—前4世纪）

引　　言

西亚是世界文明发端的地区之一。多数文明要素均可在这里找到源头。西亚地形复杂，河流纵横交错，被高原丘陵和山脉分为不同区域。古代先民在这种复杂的自然环境中创造出古老的文明，形成以两河流域为中心的、具有多元文化特征的古代西亚文明。

两河流域即幼发拉底河和底格里斯河流域，是上古西亚文明的核心区域，当代学者也称其为西南亚。两河流域又称美索不达米亚，在希腊文中的含义为“河间之地”。其形状似一弯新月，是西亚少有的土壤肥沃、适合农业生产的地带，因此又称“沃月地带”或“肥沃的新月地区”。幼发拉底河起源于土耳其高原，流经今叙利亚、伊拉克境内，注入波斯湾，主要支流为哈布尔河。底格里斯河起源于亚美尼亚高原，流经今土耳其、伊拉克进入波斯湾，主要支流为迪亚拉河以及大、小扎布河。两河流域下游冲积平原是上古西亚文明核心中的核心，是古代国家最早形成的地区，也是古代文明最为发达之地。

本章所涉及的文明区域涵盖东起扎格罗斯山脉，西至地中海东岸，北起安纳托利亚高原中部，南至波斯湾的地区。

我们所关注的上古西亚历史的时间跨度起自传统观点所坚持的新石器时代的农业革命（约前9000—约前7000年），止于波斯阿赫美尼德王朝灭亡（前332年），即古代西亚文明进程进入希腊化时代。

本章将讨论在这个漫长的发展时期内出现的众多古代民族、古代国家的发展历史，将叙述古代两河流域历史上不断迁徙而来的苏美尔人、阿卡德人、阿摩利人、加喜特人、迦勒底人以及发挥过重要作用的，或者产生重要影响的古提人、腓尼基人、阿拉米人、犹太人、阿拉伯人的历史地位和作用，阐述他们参与创造的苏美尔文明、巴比伦文明、亚述文明的特征和影响，阐述他们所建立的苏美尔城邦、阿卡德王国、乌尔第三王朝、古巴比伦王朝、中巴比伦王朝、新巴比伦王朝、古亚述王国、中亚述王国、亚述帝国、波斯帝国的政治体制和国家统治的历史。我们还将探讨在安纳托利亚地区、叙利亚巴勒斯坦地区以及伊朗高原出现的赫梯国家和文明、米坦尼国家和文明、埃兰国家以及古代伊朗文明的发展历史，探索古代西亚地区诸文明和国家相互交流、相互影响的发展进程，进而总结古代西亚文明的总体特征和历史影响。

关于各时期、各王国和统治者统治的绝对年代，我们尽量采用普遍接受的中期年代，对于某些争论较大的年代，我们将选择其中一说。

第一节 两河流域南部国家的形成与早期发展

一、乌鲁克时代晚期文化之前的古代两河流域文明

（一）农业的兴起

大约公元前 9000 年，西亚气候发生重大变化，农业开始兴起。农业最早在约旦河谷南部出现，大麦和小麦成为人类最早栽种的作物。与此同时，在扎格罗斯山区，人类开始驯养动物，最早驯养的动物主要是山羊和绵羊。在早期农业和畜牧业发展过程中，定居的农业村落开始出现。安纳托利亚高原的恰塔尔休于和叙利亚的耶利哥是人类最早定居的地方，时间在约公元前 9000—约前 7000 年。村落位于耕地和牧场附近。居民合作从事农业劳动，也举行各种与农业生产有关的祭祀仪式。他们使用的工具以石器为主，石锄、石锛等是主要的农具。他们也就地取材，用黏土、石坑或篮筐收获并储存农产品。随着人口增加，剩余产品出现，脱离农业劳动的专业手工业者出现。手工业专门化和剩余产品的积累促使早期社会出现等级分化，有些人积累更多的土地和财富，有些人则专门主持仪式和祭祀活动。

（二）哈孙纳文化（约前 6500—约前 6000 年）到欧贝德文化（约前 5000—约前 4000 年）期的社会演进

与此同时，公元前 7 千纪中期，新型陶器在两河流域北部出现，标志哈孙纳时期开始。这个时期，农业、畜牧业、手工业进一步发展，但经济上仍以狩猎活动为主。公元前 7 千纪末期，新型烧制陶器出现，其色彩更加丰富，装饰更加奇特，两河流域历史进入萨麦拉文化期（前 6000—前 5500 年），萨麦拉文化的地域范围从今伊拉克中部向南扩展。在下一个文化期——哈拉夫时期（前 5500—前 5000 年），精致彩陶成为主要文化特色。哈拉夫文化集中在北方，但其影响已经扩散到地中海沿岸、叙利亚北部以及伊拉克中部和北部。哈拉夫文化中期以后，在两河流域南部，欧贝德文化兴起。

欧贝德位于乌尔附近，其文化起源于两河流域南部，后取代北方哈拉夫文化，通过贸易和文化传播等方式，它的影响到达波斯湾地区。欧贝德文化最典型的特征是褐色或黑色几何图案装饰的彩陶，其颜色以浅黄色或绿色为主。欧贝德时期，灌溉农业迅速发展。到该时期末，农业和畜牧业已经成为社会生产的主要部门，商业贸易也已十分发达。

（三）乌鲁克时代（约前 4000—约前 2900 年）晚期国家的起源

公元前 5 千纪中后期，欧贝德时代结束，古代两河流域历史进入乌鲁克时代。

欧贝德彩陶逐渐消失，代之以灰色和红色磨光陶器。大约公元前4500年，苏美尔人迁徙到两河流域冲积平原。乌鲁克时期，在整个两河流域南部，以城市为中心的聚落规模开始扩大。在聚落发展过程中，文字出现并广泛用于社会管理；以神庙为标志，宗教的作用日益增强；贸易，特别是长途贸易不断发展。经过漫长的发展历程，在乌鲁克时代晚期和捷姆迭特那色时期，国家开始在两河流域南部萌芽，捷姆迭特那色发现的一块太阳石刻碑上绘有一人猎狮的场面，此人蓄须、留发髻、戴头冠、穿长褶裙，或弯弓射箭，或投掷长矛，表现了一个孔武有力的英雄形象。同期的印章中，也出现同样打扮的人，他主持喂养圣牛仪式或者手刃敌人，这是一个拥有宗教和军事权力的统治者形象。它标志着两河流域历史进入苏美尔城邦时代。

二、苏美尔城邦时代（约前2900—约前2350年）

早王朝或苏美尔城邦时代的历史从公元前2900年左右开始，至约公元前2350年被阿卡德王国取代止，持续约550年。我们对于早王朝历史的认识主要来自《苏美尔王表》和大量考古发现，据此可将早王朝时期城邦的发展分为三个阶段：早王朝一期、二期和三期。

学术界对于早王朝一期（约前2900—约前2700年）的了解十分有限。王表中说，在大洪水之后，“王权降临到基什”，是洪水后第一个称霸的城市。基什位于两河流域南部冲积平原的北方、幼发拉底河岸边，是通往两河流域下游的交通要道，也是水利灌溉系统中的枢纽，能够联络各个城邦。

早王朝二期（约前2700—约前2500年）是乌鲁克城邦称霸时期。乌鲁克位于两河流域冲积平原南部，是迄今所知世界历史上最早形成的城市。

早王朝三期（约前2500—约前2350年）是苏美尔城邦发展的鼎盛时期，主要特征是乌尔和拉伽什等城邦之间的争霸斗争。乌尔是《苏美尔王表》中记录的这个时期拥有王权的城市，同时是通往海湾地区的重要枢纽。拉伽什及其宗教中心吉尔苏位于两河流域最南端，这个城邦并未在《苏美尔王表》中出现，但此地发现的大量苏美尔城邦时期文献证明，这里曾经是一个十分强大的苏美尔城邦，并曾长期与乌尔等争夺霸权。

苏美尔城邦主要分布在两河流域下游冲积平原，同时也包括叙利亚、两河流域冲积平原北部以及伊朗高原东南部的部分城邦。最早的城市国家以一个或多个城市为中心，领土面积不大。苏美尔城市多以神庙建筑为城市的制高点。王宫建筑出现较晚，直到城邦时代后期才出现。

城市是城邦行政管理机构所在地，是军事防御的中心，亦是宗教、商业中心和货物集散地。苏美尔城邦中的人口包括城市的最高统治者、各职能部门的大小官员、城市中从事各种职业的手工业者、商人、小商贩等，可能还包括奴隶。苏美尔人认为城市是该城市主神所有，城市的统治者是主神的代理人，代表神管理城市，城市中的所有居民都是神的奴仆，以侍奉城市神为主要职责。城邦人口数量应在 1000—100000 人，典型城邦应为几千人，少数城邦可达万人以上。城邦日常事务由统治者处理，苏美尔城邦的统治者称卢伽尔、恩西或恩。遇到战争、冲突等问题时，统治者在古埃那或温肯召开城邦部分成员（长者或者贵族）或全体男性成员参加的议事会，以此决定通过战争或和平方式解决问题。这被认为是早期民主制度的体现。

苏美尔城邦时期防御战争和对外征服战争是城邦间关系以及对外关系的主要内容。战争的主要目的是争夺水源、争夺对灌溉设施的主导权。拉伽什王埃阿那图姆的鹫碑铭文记录了拉伽什和乌玛之间的土地和水利纠纷，是世界历史上最早的关于水利设施纠纷的记录。

在城邦经济、国家强制权力发展的过程中，苏美尔城邦也经历了从原始民主到专制霸权的演变过程。王权在两河流域的萌芽主要表现为基什王的霸权。由于基什特殊的地理位置和洪水后第一个获得王权的传统地位，基什王在管理自身城邦外也被赋予了更多权力，比如为其他城邦神建造神庙、调解各城邦间纠纷等，这可以看作王权在城邦中萌芽的标志，并且表现出超越城邦范围向地区霸权发展的趋势。

三、阿卡德王国（约前 2296—约前 2112 年）

在苏美尔城邦时代末期，城邦之间的争霸战争逐渐演变为领土征服战争，乌鲁克王卢伽尔扎泽西统一南部几个苏美尔城邦，创立一种不同于城邦政体的新型国家统治模式。与此同时，在两河流域冲积平原北方，萨尔贡领导的塞姆人集团建立了阿卡德国家。

（一）阿卡德王国的兴起

萨尔贡（约前 2296—前 2240 年在位）创建的国家远远超越全部苏美尔城邦的地理范围，它第一次统一两河流域冲积平原南北地区。萨尔贡自称“苏美尔和阿卡德之王”。之后，阿卡德人继续扩张，萨尔贡曾说：“我在上海（地中海）和下海（波斯湾）洗剑。”其领土范围可见一斑。

萨尔贡在位 56 年，基本确立了专制国家的雏形。在其孙纳拉姆辛（约前 2213—前 2176 年在位）统治时期，领土观念进一步发展，阿卡德国家发展进入鼎盛时期。纳拉姆辛的王衔是“纳拉姆辛，大王，天下四方之王”。在古代两河流域历史上，纳拉姆辛第一次提出“天下四方”的王权和领土概念。尽管当时天下四方的范围不会很大，但是阿卡德人的领土观念已经超越了阿卡德和苏美尔的地区界限，纳拉姆辛的领土观念也超越萨尔贡的“上海”和“下海”范围，指向更广大地区。

（二）阿卡德王国的政治组织

为了统治这样一个疆域空前辽阔的国家，阿卡德王加强专制王权统治，并建立配套的官僚体系。阿卡德王成为至高无上的人，甚至是神。他集政治、经济、司法、军事、宗教大权于一身。“萨尔贡”的意思是“真正的王”，从名字上就已经向世人昭示其权威。纳拉姆辛则直接在自己的名字前面加上代表神的符号“丁基尔”，与众神拥有平等地位和特权。阿卡德王朝的首都阿卡德城不是一个城邦的中心，它是一个广阔区域的中心，是政治和经济中心。来自全国各地的货物都运抵阿卡德港口，原来城邦控制长途贸易的权力丧失。在专制王权观念的支持下，阿卡德王确立中央政府统治下的权力体系。原苏美尔城邦成为新兴国家的地方政府所在地，官员由中央派驻，称恩西，“阿卡德公民占据了直到下海（即波斯湾）的所有恩西职位”。另外，阿卡德国家还建立全国统一的公文和文书管理体系，并统一文字、度量衡。阿卡德语取代苏美尔语成为两河流域南部的通用语言。从此以后2000多年时间里，阿卡德语和楔形文字成为两河流域地区各个民族使用的主要语言文字，并且一度成为当时西亚国际社会通用的语言文字，相当于20世纪以来英语在全球政治、经济和文化等领域的地位。

（三）阿卡德王国的灭亡

但是，阿卡德国家仅仅存在了100多年，在纳拉姆辛统治时期，阿卡德国家边境地区开始遭到游牧民族的骚扰；在内部，原苏美尔城邦蠢蠢欲动，通过各种手段企图脱离专制王权统治，恢复城邦体制。根据后世编纂完成的《诅咒阿卡德》文献记载，纳拉姆辛自称为神，并在阿卡德城修建纳拉姆辛神庙。此举没有得到众神认可，后者降罪于阿卡德国家，召来山区中野蛮的古提人摧毁阿卡德国家。考古证据表明，公元前2200年左右，在叙利亚和两河流域北部，众多城市遗址被废弃，原因可能是气候变化导致的长期干旱，加之新兴的专制国家在统治理念和管理手段上存在缺陷，因此造成国家统治衰落，王室丧失对地方的统治权。《苏美尔王表》文献记载：“谁是王，谁非王”，表现了阿卡德王国末期混乱的政治局面。

四、乌尔第三王朝（前2112—前2004年）

阿卡德王朝末期，古代两河流域地区进入分裂状态，城邦重新成为主要的国家类型。来自山区的古提人控制原阿卡德国家的一部分领土，在原来苏美尔城邦的核心区域，苏美尔人仍然控制着部分城市及其周围地区，乌鲁克城邦和拉伽什城邦是其中的主要代表。

（一）乌尔第三王朝的兴起

阿卡德国家灭亡100多年后，乌鲁克城邦派驻乌尔的军官乌尔那玛（前

2117—约前2095年在位）先后打败乌鲁克和拉伽什城邦，再次统一两河流域南部，在乌尔城建立新王朝。因其是历史上在乌尔建立的第三个王朝，故称乌尔第三王朝。又因其宣称恢复和发扬苏美尔文化，故称新苏美尔时期或苏美尔复兴时期。乌尔第三王朝共存在100多年，历5代王。

（二）乌尔第三王朝的特点

在乌尔第三王朝的王权观念中，君权神授观念仍然占据主导地位，历代国王一方面通过建立与神的亲缘关系、宣扬神授权力等传统方式确立统治的合法性，王成为神在人间的代理人，神授予王统治百姓的权力；而且，王还是神与人类之间沟通的桥梁；另一方面，乌尔统治者又独树一帜地自封为神，并通过建立神王神庙、崇拜祖先神、举行“圣婚”仪式等巩固与神的维系纽带，进而巩固王室在宗教、经济事务中的特权地位。乌尔第三王朝的国王一步步地拉近自己与神祇之间的距离，借此拥有至高无上的神圣权力。

乌尔第三王朝第二王舒尔吉（前2094—前2047年在位）进行了广泛的政治、经济体制改革。他确立京畿区、边境区和附属国的中央与地方的三级管理机构。京畿核心区基本依照原来的城邦界限分为若干省。省长称恩西，由中央任命，直属首相苏卡尔玛赫管辖。除恩西外，各省还设有军事长官萨吉那，驻在省府。恩西与军事长官有职责分工，恩西负责神庙和地方事务，军事长官负责军队和管理王田中的王室依附民，二者互相制约，互相监督。高级军事将领主要为王室成员和王室姻亲。核心区以东底格里斯河东岸为边境区，分若干管理区，管理者称哈扎努，直译为市长，由附近京畿核心区的行政长官管辖。边境区外围为附属国。附属国制度是乌尔第三王朝专制统治的一个重大进步。在阿卡德时期，中央政府对附属国并没有采取有效措施加以控制，更多的是控制交通要道，维持长途贸易畅通。乌尔第三王朝的统治者通过军事征服、联姻、宣誓效忠、纳税进贡等手段与附属国建立了比较稳定的关系。税收体制在古代两河流域国家形成时就已经存在。舒尔吉时期进行税收制度改革，建立两种税收体系，一种针对京畿核心区和边境区，一种针对边境区和附属国，此外，附属国还必须向中央政府纳贡（称比尔图）。针对京畿核心区的税收制度称为巴拉制度，其核心是建立在核心地区的再分配中心，国家收缴各省上缴的赋税，再负责向下发放。边境区位于核心区与附属国之间，在边境区的税收既有针对核心区的巴拉税，也有针对附属国的税收体制，称为衮玛达税。衮玛达税年征一次，数量恒定，主要是家畜。

（三）乌尔第三王朝的灭亡

乌尔第三王朝后期，边境地区再次发生危机。伊比辛（前2026—约前2004年在位）统治时期，危机达到顶点。伊比辛与其两个省长官之间的往来信件描述了乌尔第三王朝末期面临的困境：粮食供应严重短缺，物价迅速上涨；边境地区的游牧民族阿摩利人集团势力日益增长，阻断交通要道，阻碍粮食运输；两河流域南部城市发展自身势力，逐渐脱离中央控制。内忧外患之下，东方埃兰和西玛什基联军进攻乌尔，伊比辛不得不独自率领缺兵少将、供应不济的军队进行抵抗，其结果不言而喻。对于乌尔王朝的灭亡，文献中说：“乌尔的统治太过长久了，不要徒劳无益地负隅顽抗了，放弃吧。”这反映出与中国周代以来形成的天命观极其类似的王权观念，值得我们关注。

第二节 公元前2—前1千纪两河流域地区的王国

一、公元前2千纪初期的人口流动浪潮

（一）塞姆人的移民

乌尔第三王朝末期，新一轮的移民浪潮席卷整个西亚。在这些移民中，阿摩利人在人数上和实力上都占据主要地位。阿摩利人属于塞姆人一支，在阿卡德人统治时期已经出现在两河流域。在乌尔第三王朝时期，部分阿摩利人已经在两河流域定居，并融入当地定居人口的政治经济生活中。有一些阿摩利人担任地方官员，有些人则以牧民身份四处流动，有的成为强盗；还有些人参加军队，成为雇佣兵。公元前2000年左右，阿摩利人在语言、文化、生活等领域已经基本被同化，成为两河流域主流民族的一分子。乌尔第三王朝灭亡后，阿摩利人占据乌尔第三王朝的各个重镇，在两河流域和叙利亚北部的广阔区域内建立多个政权，这些政权多以某个城市为中心，有些发展成为雄霸一方的王国，有的则拘囿于一个城市，周旋于各方力量之间。

（二）伊新/拉尔萨时期的两河流域局势

公元前20世纪末，在两河流域南部，由阿摩利人建立的国家初步形成三足鼎立的局面，它们是伊新/拉尔萨（前2017/2025—前1763年）和巴比伦（前1894—前1595年）。在它们周围，有一些小股势力，如埃什努纳、乌鲁克、苏撒、拉伽什、乌玛等，这些城市先后独立，建立一批城邦，参与争霸斗争。

伊新王朝（前2017—前1794年）由乌尔第三王朝派驻伊新的军官伊什比埃拉（前2017—前1985年在位）建立，王朝统治历12王，史称“伊新第一王朝”。伊新第一王朝的历代统治者以乌尔第三王朝的继承者和苏美尔文明的卫道士自居，他们承袭乌尔第三王朝的统治模式。此外，目前所发现的最后一部苏美尔文法典编纂于这个时期，即《里皮特伊斯塔法典》（里皮特伊斯塔，前1934—前1924年在位）。与伊新王朝同时，拉尔萨城邦建立并逐渐发展壮大。约公元前2025年，拉尔萨城市国家形成。拉尔萨国家在瑞姆辛（前1822—前1763年在位）统治时达

到鼎盛。他打败伊新，统一两河流域下游冲积平原地区。与伊新不同，拉尔萨城邦在文化上更多地表现出游牧民族原始、粗放的特点。在以后巴比伦文明形成过程中，这也成为其重要特征。

与此同时，在底格里斯河及其支流迪亚拉河流域，埃什努纳、卡扎鲁、马拉德等国家先后出现；在幼发拉底河中游地区，阿摩利人也建立起马瑞、阿淑尔等国家；从公元前1894年开始，阿摩利人苏姆阿布（前1894—前1881年在位）建立的巴比伦城开始崛起。公元前1792年，巴比伦国家第六任王即位，他就是汉穆拉比（前1792—前1750年在位）。汉穆拉比开创巴比伦统治的新纪元，史称“巴比伦第一王朝”，又称古巴比伦王国。习惯上，从伊新/拉尔萨统治时期开始，古代两河流域地区历史就已经进入古巴比伦时期。也是从这个时期开始，巴比伦文明开始占据两河流域历史舞台。

二、古巴比伦王国（约前1894—约前1595年）

（一）古巴比伦王国历史

汉穆拉比统治时期，古巴比伦王国成为当时该地区最强大、拥有最广阔领土的国家。在长期的征服战争中，汉穆拉比延续之前各国结盟的传统，采取合纵连横、各个击破的策略。这种外交政策在以后的几百年中成为整个古代西亚北非地区通用的外交策略。汉穆拉比统治下的古巴比伦国家达到鼎盛，当时古巴比伦王国已经基本囊括阿卡德和乌尔第三王朝时期的全部版图。

汉穆拉比逝世后，两河流域南部原城邦相继独立，王室权力急剧下降。与此同时，在边境地区，游牧民族阿摩利人仍然不断骚扰边境；在幼发拉底河和底格里斯河中上游地区，新的游牧民族胡里人出现，并且对古巴比伦王国的边境构成越来越大的威胁；另外一支游牧民族加喜特人也成为边境地区的重要隐患；在安纳托利亚地区，赫梯人建立的王国不断扩张，赫梯王穆尔西里一世（前1620—前1590年在位）利用古巴比伦统治积弱的时机大举进攻。公元前1595年，赫梯人攻克巴比伦城，古巴比伦王国灭亡。

（二）古巴比伦王国的政治体制

古巴比伦王国延续在阿卡德王国开始形成的、在乌尔第三王朝时期逐渐确立的中央集权的统治方式，进一步加强和巩固这一统治，确立了古代两河流域地区专制国家的统治模式。

古巴比伦王并未承袭乌尔第三王朝诸王神化的传统，但王的身份、能力和权力仍然由神赐予。国王有任免官员、处理行政事务、监察臣属的权力；在军事上，他受命于神，组建军队、率军出征、开疆拓土；在司法上，王颁布法典，宣扬扶贫济弱的宗旨。王成为凌驾于一切势力之上的最高权力所有者，并在完备的官僚体系支持下维持国家统治。

古巴比伦官僚体系由中央和地方两级组成。中央官僚体系中包括宫廷官员和政府官员，二者各有职责，互不干涉。宫廷官员主要负责王宫内的管理事务，极少参与王宫以外的国家事务。政府官员负责处理日常政务，其中有直接协助王处理政务的官员，相当于中国古代的相。在他之下，有政务性官员，包括各级地方行政长官；有事务性官员，负责处理农、牧、狩、手工业等经济事务；有军事性官员，由参与军事战争的官员和维持地方治安和保卫的各级武官组成；宗教文化性官员，包括卜师、书记、祭司等。地方行政官员和军事官员的分工也十分明确，沙卡那库是王派驻地方的最高长官，他组织和领导地方事务，也在司法领域发挥重要作用。其下是沙批尔那瑞姆，负责灌溉事务，同时亦有司法职责。市长拉比阿努负责他所在的行政区的政务、管理辖内居民，即服役者，解决困难与纠纷。专业化的分工还体现在世袭官职家族中，许多家族传统可追溯至前朝。

军队是维持专制国家统治的重要保障，古巴比伦时期已经有常备军存在，他们主要驻守王宫、首都和边境地区。军队中除步兵外，还有重装步兵、战车兵等其他军兵种。通过伊尔库赋税制度的约束和支持，男性平民成为战时军队的主要组成部分。伊尔库制度是古巴比伦中央集权体制的核心，它规定达到一定年龄的男性平民从国家获得一块份地，承担兵役和劳役义务，土地上的平民及其家庭平时依靠土地的收成维持生活，战时应征入伍，农闲时服劳役，主要负责农田灌溉、王宫神庙或城墙建筑和维护等。这些义务兵是军队的主体，除此之外，军队中还有雇佣兵，他们主要来自边疆地区及境外的游牧民族，比如阿摩利人、加喜特人、胡里人、埃兰人等，他们以在军队中获得的报酬维持生计。

法律是国家强制权力的标志，《汉穆拉比法典》是古代两河流域迄今所发现的篇幅最长的文献之一，也是迄今所知最古老的完备的成文法典。它由汉穆拉比王颁布，镌刻在石碑上、泥版上，主要目的是宣扬王室权威，其宣传意义大于司法作用。最著名的《汉穆拉比法典》全文镌刻在一块高大的黑色玄武岩圆柱上，石碑高175厘米，分上下两部分。上部为汉穆拉比王从太阳神沙马什手中接过象征权力的权杖石刻；下部为法典正文，包括前言、正文和后记。法典正文共282条，其中既包括刑法、民法、婚姻法等司法内容，也有商业合同、卫生、物价、租赁等方面的规定，覆盖社会生活的方方面面。其中规定的社会等级差别、赋税义务、同态复仇原则等具有古代社会的典型特征。除法典外，中央政府还通过不定期的米沙如敕令规范国家的司法权力。通过这些文献，我们可以窥见古巴比伦时期的基本社会结构。

（三）古巴比伦王国的社会结构

古巴比伦社会划分为自由人（阿维鲁）、依附民或半自由人（穆什钦努）和奴隶（瓦尔杜）三个等级。其中自由人中还有贵族与平民的等级差别。各等级在政治权利、财产权利、义务等方面存在严格差别。贵族拥有大量财产，包括土地、房屋、牲畜、奴隶、奢侈品等；担任各级官吏，拥有世袭职位。平民拥有财产，包括土地、房屋、牲畜，甚至奴隶；拥有国家分配的份地，同时也承担份地的义务，即兵役和劳役。依附民的权利和义务并不明晰，他们可能拥有财产，但并不拥有完全的人身自由。他们的地位低于平民，没有国家赋予的赋税义务，但高于奴隶。奴隶来自于战争、买卖和债务，债务奴隶在权利义务上高于战争与买卖奴隶。

古巴比伦社会等级体系十分严密。世袭官僚制度、土地买卖制度、婚姻财产制度等都保证贵族等级的封闭性。世袭官僚家族使得一些官职，如法官、书记、土地测量官、祭司等重要官职在小范围内流动。古巴比伦社会存在私人土地买卖行为，在各主要城市发现的众多的土地买卖合同可以证明这一点，但是大块私有土地买卖都在小范围内进行，不脱离贵族阶层。古巴比伦社会的婚姻财产制度也是如此，它甚至更加严格地保障土地为家族所有。法典规定家族的女儿在出嫁时必须有一定数量的嫁妆，包括土地、房产、牲畜、生活用品等，这些财产在出嫁的女儿在世期间由丈夫管理，死后财产则归儿子所有，若无所出，则财产归还娘家。通过这些措施，古巴比伦社会的贵族等级基本封闭，鲜有流动。

平民等级因来源于古老的氏族传统，具有排外特点。依附民和奴隶几乎没有机会获得阿维鲁身份。平民身份与国家分配的份地息息相关，《汉穆拉比法典》严格规定份地不可买卖，这就隔断了低等级者通过购买份地获得高等级身份的可能性。

依附民等级的上下流动也不常见，文献中有穆什钦努上升成为阿维鲁的记载。比较富有的穆什钦努主要是破产的阿维鲁被降为穆什钦努者，他们通过购买份地获得阿维鲁身份，可见严格的财产标准是等级流动的主要因素。但它也极大地限制了等级的流动，因为从已发现的证据看，跨等级的财产，特别是土地的买卖行为极为罕见。另外，平民等级有因债务而降为奴隶等级的情况。

在社会等级最底层的奴隶等级也几乎是封闭的。根据法典，奴隶仅在很少的几种情形下可以摆脱奴隶身份，如被自由人收养、为自由人生育子女的女奴等。债务奴隶是暂时具有奴隶身份的自由人，等级流动相对顺畅，但也只有在有限条件下才可以摆脱奴隶身份。

古巴比伦社会等级具有世袭特征，贵族官僚世袭官职家族普遍存在。平民等级中，儿子有义务继承父亲的份地，完成附带的兵役和劳役。穆什钦努等级亦是如此，穆什钦努等级中的伊萨库人和王室手工业者等都具有世袭身份。关于奴隶，《汉穆拉比法典》明确规定奴隶子女的等级身份，若父母均为奴隶，则子女亦为奴隶；若母亲为奴隶，父亲为阿维鲁，则子女可成为自由人。

古巴比伦时期是古代两河流域历史发展的一个重要转折时期，中央集权的政治统治秩序确立，社会等级秩序形成，这成为之后1000余年两河流域历史发展的主要特征。

三、亚述的兴起（古亚述、中亚述时期）

从公元前2千纪开始，西亚历史发展不再是两河流域南部一枝独秀，北部以及叙利亚北部和安纳托利亚地区逐渐出现比较成熟的国家，开始与两河流域南部国家争夺地区霸权和贸易主导地位。其中尤以亚述的兴起和亚述王国的确立最为重要。

（一）阿淑尔城邦与古亚述时期（约前2000—约前1800年）

公元前2000年左右，阿淑尔城邦兴起。阿淑尔位于今摩苏尔以南约100公里的底格里斯河西岸。“阿淑尔”既为城市主神的名字，也是城市名。后来亚述地区的名称亦源自于此。这里是亚述国家最早的统治核心，是亚述人主神阿淑尔神崇拜的中心。后来，阿淑尔地区一直被简称为“国”，具有特殊的政治地位。约公元前1900—约前1830年，阿淑尔城邦控制着与安纳托利亚地区的贸易，来自阿淑尔城邦的商人在安纳托利亚地区建立多个商业殖民地，并控制着来自波斯湾地区的锡矿石北进的贸易路线。在政治上，阿淑尔城邦沿袭许多苏美尔城邦时期流传下来的城邦统治因素，也继承了阿卡德国家与乌尔第三王朝时期形成的专制国家因素。在短时间内，阿淑尔从城邦过渡到专制国家。公元前1939—前1836年间，阿淑尔获得并巩固其获利丰厚的贸易地位，成为两河流域主要的城邦争霸势力。公元前19世纪末，阿摩利人沙姆什阿达德一世（前1813—前1781年在位）篡夺阿淑尔王位，向两河流域发动扩张战争，并以阿淑尔城为中心建立专制王国，引进两河流域南部的统治方式，比如王的称号沙如姆；他还以南部方言为范本制定了王室用语，用于书写王室文书，这种语言后来发展成为亚述方言。他还征服马瑞等城邦国家。沙姆什阿达德统治鼎盛时期国家领土包括哈布尔河源头、幼发拉底河及底格里斯河的中游、扎格罗斯山脉的部分地区以及埃兰北部，史称“古亚述王国”。公元前18世纪中叶，古亚述王国被古巴比伦王汉穆拉比吞并，古亚述时期结束。

（二）中亚述王国（约前1400—约前1050年）

古亚述结束后近300年时间里，亚述地区没有出现独立国家，直到亚述王阿淑尔乌巴里特（前1365—前1330年或前1353—前1318年在位）统治时期，亚述地区才重新出现独立国家，史称中亚述王国。

阿淑尔乌巴里特即位时，正是古代西亚北非列强通过联姻、结盟等外交方式维持地区政治稳定的时期。此刻，亚述地区处于米坦尼国家统治下，但是当时米坦尼王朝岌岌可危，阿淑尔乌巴里特借机宣布独立，并且占领米坦尼东部地区部分领土，亚述正式进入地区强国之列，与赫梯帝国、巴比伦和埃及平起平坐。

阿淑尔乌巴里特的继承人们努力巩固其成就，他们四处征战，保护亚述国家的边境安全。沙尔马内塞尔一世（前1274—前1245年或前1263—前1234年在位）统治时期，亚述国家加强对两河流域北部的统治，通过建立防御要塞、任命亚述官员管理北方城市、重新安置被征服地区人口、开发新区等一系列措施巩固国家统治，国有土地面积增加，国家的经济基础进一步稳固。

图库尔提·尼努尔塔一世（前1244—前1208年或前1233—前1197年在位）统治时期，亚述国力进一步增强，势力从叙利亚东北部扩展到两河流域南部。亚述文学和亚述王的艺术形象中出现巴比伦文化的要素。图库尔提·尼努尔塔统治期间另外一项重要工程是兴建新都。新都建在阿淑尔城对岸底格里斯河畔，距阿淑尔仅3公里，占地0.6平方公里，是一个全新城市。从这个时期开始，重新安置被征服地区居民、开垦土地成为亚述国家的一项重要国策。另外，亚述社会传统中，名年官制度是其主要特色，名年官来自少数权贵家族，这些家族在亚述政治生活中发挥重要作用。中亚述晚期以前，国王无权参与名年官选拔。中亚述末期，在图库尔提·尼努尔塔一世或者其继承人统治时期，名年官制度发生重要变革，国王出现在名年官序列中，标志亚述王权制度发生重要变化。

图库尔提·尼努尔塔统治末期，亚述宫廷爆发激烈的王位斗争，国家陷入内乱。大约一个世纪后，提格拉特皮莱塞尔一世（前1114—前1076年在位）即位，中亚述短暂复兴。但是，在他统治末期，他在与巴比伦国家的对峙中失败，加之阿拉米亚人入侵，亚述国家再次衰落。之后，亚述人几乎在两河流域文献中完全消失，直到公元前10世纪左右，亚述人的身影才再次出现。

（三）中亚述社会

了解中亚述社会最主要的资料是中亚述法律汇编。中亚述法律同样包含刑法与民法内容，对伪证、杀人、通奸、强奸、偷窃、伤害等刑事犯罪的惩罚措施十分严厉。此外，中亚述法律更加关注民事问题，特别针对妇女制定了详细的伦理和行为规范。中亚述社会是一个严格的父权制社会，妇女完全受父兄、丈夫的控制。亚述社会实行一夫多妻制，妇女的婚姻由父亲决定，父亲直接与未来的女婿缔结婚约。中亚述社会高等级女性的生活相对封闭，虽然可以出门，但是必须蒙面。面纱是区分女性等级身份的标志，自由人妇女在外必须佩戴面纱，但是妓女禁止佩戴面纱，违者将被处死。公共驿站是男人的社交场所，许多妇女则经年待在家中等待从战场或经商归来的丈夫。

此外，从中亚述宫廷敕令汇编中，我们对于亚述的宫廷生活及清规戒律有所了解。比如，宫廷敕令中规定，宫廷中所有人进入宫廷时必须经过甄别，甄别官员从中作祟将受到严厉惩罚。另外，在宫廷中生活的人必须谨言慎行，行为稍有差池都可能遭受严惩。

由于资料极度匮乏，我们对中亚述社会的了解与对其历史的了解一样支离破碎。但是，不可否认，中亚述社会延续了古代两河流域国家已经形成一千多年的专制统治制度，其社会结构、等级划分、权利义务等与历史上各朝各代并无明显差别。

四、中巴比伦王国（约前1595—前1155年）

约公元前1595年，赫梯人攻陷巴比伦城，他们的主要目标是抢劫富庶的巴比伦人的财富，因此很快返回幼发拉底河上游地区。两河流域南部陷入无政府状态。这时，加喜特人出现，他们在巴比伦地区建立新王国，史称中巴比伦王国，或称加喜特王朝。

（一）加喜特人

加喜特人在两河流域地区文献中出现的时间最早可追溯到公元前18世纪左右。那时，他们一般居住在城市边缘，有些组成雇佣兵小队加入巴比伦军队，有些参加农业劳动，还有一些加喜特人生活在古巴比伦王朝边境地区，时常侵扰巴比伦边境。一般认为加喜特人发源于扎格罗斯山区。但是，他们如何在短时间内建立大帝国，仍然无从解释。

（二）中巴比伦的统治

加喜特人统治最显著的特点是王朝统治异乎寻常地长久。根据文献记载，王朝存在的时间为“576年9个月”，其中显然包含加喜特人统治巴比伦地区之前部落首领统治的时期。尽管如此，王朝统治时间仍然大约400年（约前1530—约前1155年），是古代两河流域历史上统治时间最长的王朝。

由于文献资料的限制，我们对加喜特王朝早期的历史所知甚少。有学者根据外交信件的年代分期划分中巴比伦王朝的部分历史发展阶段，分别是：第一阶段为入主巴比伦地区之前，约前1740—约前1595年；第二阶段为加喜特人国家形成时期，约前1595—前1490年；第三阶段为国际关系活跃时期，分别为与埃及关系时期（即阿玛尔纳时期，前1460—前1350年）、与亚述和赫梯关系时期、与亚述和埃兰关系时期。

据此我们可以大致复原中巴比伦王朝统治的基本面貌。为了巩固统治，中巴比伦王大力恢复、重建古代贸易商道，他们与埃及建立友好往来关系，建立与北非地区的长途贸易联系，并借此恢复叙利亚、巴勒斯坦地区的海陆交通。在南方，中巴比伦王国将两河流域最南端渔业与椰枣树基地海国并入版图，这也意味着海湾贸易通道被重新打通。在东北部，加喜特王采取多种措施保证迪亚拉贸易通道畅通，这是连接巴比伦地区与伊朗高原及其东部地区的主要道路。通过这条道路，产自阿富汗东北部的天青石可以运抵巴比伦地区，它是加喜特王赠送给外国统治者的国礼。这个时期用天青石制作的印章最远在希腊半岛的忒拜出土，这也证明中巴比伦时期通往地中海的海上和陆路通道已经打通。为了迪亚拉商路的安全，加喜特统治者兴建新城库里嘎尔祖要塞，阻隔亚述人和埃兰人的侵扰。该要塞位于阿卡尔库夫遗址，靠近今巴格达城，兴建者是库里嘎尔祖一世。遗址上的多级塔庙至今仍然是标志性建筑，因岁月侵蚀形成奇怪的蘑菇形状。19 世纪早期从事考古探险的欧洲人曾经认为这座高耸入云的塔庙就是《旧约圣经》中提到的巴别塔。

布尔那布瑞亚什二世（前 1359—前 1333 年在位）是中巴比伦时期国家交往中最为活跃的国王之一，他与埃及法老之间的通信占据着阿玛尔纳书信集中相当大的篇幅。在这些书信中，布尔那布瑞亚什二世与埃及法老互致问候、讨论国际事务，也毫不讳言地开口索要礼物。与此同时，在两河流域北方，亚述国家开始兴起，这也成为布尔那布瑞亚什二世与埃及法老通信的主要内容。布尔那布瑞亚什二世已经意识到亚述的崛起将对加喜特巴比伦王朝在西亚北非强国事务中的地位产生巨大威胁，他希望可以借助自己在地区事务中的影响力将亚述国家扼杀在萌芽中。但是，亚述国家的崛起已经不可阻挡，从此以后，加喜特统治者不得不与亚述人周旋。亚述与巴比伦的关系也开始成为以后古代两河流域历史发展的一条主线。

（三）巴比伦与亚述的关系以及中巴比伦王朝的灭亡

尽管在书信中，中巴比伦王极力贬低亚述国王，但是他们仍然与亚述建立王室联姻关系，巴比伦王子与亚述公主的儿子还成为巴比伦下一任国王。在巴比伦宫廷爆发政变时，亚述国王还出兵镇压叛乱，扶植新王。但是，从此以后亚述与巴比伦边境纠纷不断，边境线也不时发生变化。在不断的冲突、摩擦中，巴比伦日益衰落。亚述曾经在一段时间内统治巴比伦地区，由于中亚述王图库尔提·尼努尔塔一世统治晚年亚述宫廷爆发内乱，巴比伦人重新统治巴比伦地区，但加喜特国家已经开始走向末路。

此时，阿拉米亚人的势力日益壮大，对亚述边境和巴比伦边境均构成严重威胁，亚述与巴比伦统治者多次联手才暂时遏制了阿拉米亚人的上升势头。然而，在巴比伦国家的东部边境，两河流域国家的夙敌埃兰人再次对巴比伦地区发动大规模攻击，他们废黜在位的巴比伦王，洗劫整个巴比伦国家，将大量战利品掠回埃兰，其中就包括著名的汉穆拉比法典石碑、纳拉姆辛凯旋碑。之后不久，加喜特末王领导的反抗埃兰人统治的起义失败，加喜特王朝覆灭。

此后，巴比伦王权控制在一个以伊新为中心的新王朝手中，史称“伊新第二王朝”（前1158—前1027年）。伊新第二王朝最杰出的统治者是尼布甲尼撒一世（前1126—前1105年在位），后世文献中称他为巴比伦人的民族英雄，因为他曾经战胜过埃兰人和亚述人，并从苏撒迎回被劫掠的巴比伦人主神马杜克神像。尼布甲尼撒一世统治末期，阿拉米亚人再次兴起，巴比伦地区再次陷入混乱状态，王朝林立，争斗不休，直到公元前7世纪中晚期，巴比伦地区才重新统一在新巴比伦帝国统治之下。

第三节 公元前2—前1千纪的古代西亚王国

公元前3千纪末期至前2千纪初期，在整个西亚出现大规模移民浪潮，来自东南西北各个方向的移民涌入两河流域、叙利亚及安纳托利亚高原地区。这些移民中包括塞姆人各支及印欧语言民族，他们与当地居民融合，建立新政权，展开广泛的领土征服活动，逐渐形成强大的王国，古代西亚政治格局也开始出现新变化。

一、赫梯王国（约前1650—约前1200年）

（一）印欧人的移民

从大约公元前19世纪开始，印欧人从黑海北岸向南迁徙，一部分人从黑海西岸经今土耳其西北部的特洛伊等地区进入安纳托利亚高原中部，另一部分印欧人则从黑海东岸进入安纳托利亚地区；另外部分印欧人很可能进入巴尔干半岛，进而成为希腊半岛的早期居民，经黑海东岸而来的一部分人又经伊朗高原进入印度河流域等地区。印欧人的迁徙只是当时大规模、大范围移民浪潮中的一个组成部分。到达安纳托利亚地区后，赫梯人逐渐将自身的风俗文化融入当地土著的哈梯人文化中，并吸收印欧人的其他移民——帕莱人和卢维人的文化，逐渐形成了赫梯文化。当时的安纳托利亚地区有数个大大小小的城邦，它们与古亚述商人建立了密切的贸易往来关系，同时又从古亚述商人那里接受了古老的两河流域文化。因此，赫梯文化从一开始就具有鲜明的两河流域文明特色。

（二）赫梯古王国（约前1650—约前1500年）和中王国（约前1500—约前1400年）

约公元前1650年，赫梯王哈图西里一世（约前1650—约前1620年在位）统一安纳托利亚地区的各个城邦，以哈图沙为首都，建立赫梯王国，史称“赫梯古王国”，赫梯人则自称哈梯国人。赫梯在国家建立后迅速发展，其势力范围很快到达叙利亚北部，与两河流域文明直接接触。与两河流域南部相比，安纳托利亚物产富饶，这里有充足的雨水和河水，以农业为主，在高原南部山区有丰富的铅矿、铜矿、银矿和木材资源。唯一的缺憾是冶炼青铜器所必需的锡矿在安纳托利亚地区没有蕴藏，赫梯人因此不得不到处寻找锡矿石，所以曾经有学者称赫梯人所发动的战争是“锡的战争”。赫梯人为寻找锡矿石所进行的远征终于到达两河流域南部。在哈图西里一世的孙子穆尔西里一世统治时期，赫梯人攻陷巴比伦城。穆尔西里一世不久逝世，王位继承权之争迅即展开。约公元前 1525 年，一个叫铁列平（前 1525—前 1500 年在位）的王颁布了王位继承法，这是迄今最早的、记录在案的王位继承法规，它规定王的嫡长子为第一继承人，其次为嫡次子，再次为嫡长女之夫等。但法律规定未能阻止王位争端。

赫梯历史进入中王国时期。这个时期，赫梯王位斗争仍然持续，赫梯王表顺序存在诸多混乱之处。但是赫梯国家的发展并未停止。研究显示，赫梯中王国的政治、经济、文化发展相对稳定，中央和地方沟通顺畅，对外联系稳步发展。100 多年后，赫梯统治进入发展的鼎盛期，即帝国统治时期。

（三）新赫梯王国（约前 1400—约前 1200 年）

赫梯帝国是当时西亚地区不可忽视的一股势力。在西亚诸强中，赫梯与埃及的势力范围在叙利亚地区发生碰撞，米坦尼在一段时间内阻断了赫梯人与埃及人的交流路线；巴比伦国家与米坦尼国家接壤，米坦尼人又阻断了巴比伦人与安纳托利亚地区的交流路线；另一方面，埃及为了扩大在亚洲的影响，不断加强对叙利亚和巴勒斯坦地区的控制。在这种形势下，冲突不可避免。从赫梯人的角度看，米坦尼国家是心腹大患，必先除之而后快，因此，赫梯人与埃及和巴比伦建立友好关系，孤立米坦尼人。大约公元前 1322 年，赫梯王苏皮路里乌玛一世（前 1344—前 1322 年在位）灭亡米坦尼中央政权，恢复了对叙利亚北部的统治权。但在幼发拉底河和底格里斯河之间地区，亚述人的势力不断扩大，成为赫梯国家新的隐患。然而此时赫梯人的首要任务是解决与埃及人在叙利亚地区不断激化的利益冲突，大约公元前 1274 年，双方在地中海东岸的卡代什展开激战。虽然在卡尔纳克神庙壁画中描绘了埃及法老拉美西斯二世英勇杀敌的英姿，但战争的结果极有可能是两败俱伤，这是因为不久后双方签署了和平条约，订立攻守同盟。这场战争在世界军事史和外交史上都占有重要地位。从军事史的角度看，这场战争是历史上第一场保留了详细战场资料的战役，它描述了双方战前的准备、赫梯人的情报战术、埃及人的军团行军路线等；从外交史的角度看，双方签署的条约是迄今保存最完整的、最早的两个强国之间的平等条约，条约格式、攻守盟约等是国际法学者和国家关系史学者关注的重点。

亚述人势力日强时，赫梯国家内部统治出现危机，制铁技术的扩散削弱了赫梯人在武器生产中的优势地位；海上实力薄弱，无力抵抗海上民族和国家（如阿拉西亚，即今塞浦路斯）的侵扰；此时国内又连年发生大饥荒，迫使赫梯王向埃及人求救，希望从埃及购买粮食以缓解供应压力。这些问题已经足以摧毁一个国家，大约公元前1200年，赫梯王国在内忧外患中土崩瓦解。

（四）新赫梯时期（约前1200年—前9世纪）

赫梯帝国灭亡后，安纳托利亚高原东南部及叙利亚北部先后兴起部分城邦，这些城邦所在区域属于原赫梯帝国领土，统治者也自称哈梯国王。它们延续赫梯帝国统治传统，使用赫梯帝国王室语言和文字，史称“新赫梯国家”。新赫梯国家统治时期正值古代西亚群雄争霸时期，这些城邦凭借优越的地理位置发展经济，传承赫梯文化。但是伴随着亚述国家的复兴，新赫梯国家先后在亚述帝国的征服浪潮中被淹没，赫梯国家及赫梯文化从此消失在历史长河中。

多元文化是赫梯文化的主要特色，这一点单从赫梯语言的构成就可以证明。赫梯人采用两河流域的楔形文字书写赫梯语言，以塞姆语为主的楔形文字家族因此出现印欧语言的身影。同时，赫梯人在自己的语言中加入各种语言因素，包括源自两河流域的苏美尔语、阿卡德语，叙利亚地区的胡里语，以及与赫梯人共同到达安纳托利亚地区的其他印欧人移民使用的帕莱语和卢维语，当然还包括安纳托利亚地区土著居民的语言，如哈梯语等。现代学者在破译赫梯文时正是从这诸多语言元素中获得启发而取得成功。此外，印欧人移民帕莱人、卢维人也都借用楔形文字表达自己的语言，赫梯文化的多元特性显而易见。

二、米坦尼王国（约前1500—前1250年）

米坦尼国家的主要居民是几乎与阿摩利人同时移民而来的胡里人，但其统治者则是另一个移民而来的小集团，称米坦尼人。胡里人和米坦尼人的来源都仍然是个谜。胡里人也用楔形文字书写自己的胡里语言，在今天伊拉克北部的基尔库克和埃尔比勒等地发现了大量的用胡里语楔形文字书写的泥版文书，在赫梯首都哈图沙也发现了赫梯语和胡里语双语文献，这为破译胡里语创造了条件。

约公元前15世纪，米坦尼国家成立，首都瓦苏卡尼，新近研究已经确定它的位置在今叙利亚境内泰勒费赫里耶遗址。当时基尔库克和埃尔比勒都是米坦尼国家的地方政治中心。米坦尼国家建立后迅速扩张领土，占据了叙利亚、幼发拉底河和底格里斯河中上游，并与周围的赫梯、中巴比伦和埃及建立对等的国家关系。但是，地处赫梯和埃及两个强国之间，米坦尼必然面临着进退维谷的艰难形势。加之中亚述人的崛起严重威胁了米坦尼东部边境的安全，在强敌环视之下，米坦尼的灭亡不足为奇。中亚述的日益强大显然威胁了米坦尼的安全，米坦尼的东部领土不断被中亚述蚕食。公元前1322年，赫梯王苏皮路里乌玛一世占领米坦尼首都瓦苏卡尼，并任命自己的儿子担任赫梯—米坦尼联军总司令，负责米坦尼安全，米坦尼国家灭亡。

胡里人并未如阿摩利人、加喜特人那样，在入主两河流域地区后基本抛弃自身的宗教文化特色，转而皈依于传统的两河流域文化。胡里人接受两河流域文化，并融合自身文化特色，创造出胡里文化。胡里人的统治者在对外交往中亦使用胡里语言，特别是在宗教上保留了多数胡里人神祇名称，如雷神泰苏普、他的配偶海帕特、日神西米基和女神芍乌斯卡。但其中掺杂两河流域宗教崇拜成分，如芍乌斯卡女神崇拜就与两河流域传统的伊斯塔女神崇拜合而为一。胡里文化继续向西北传播，深刻影响赫梯帝国文化。在赫梯文化史上，这是一个胡里化过程。具有胡里文化特色的神话，如库马尔比神话和乌利库米传说，经赫梯人继续传播，影响了古代希腊文化。荷马史诗里“大力神的脚后跟”在现代西方是一个众所周知的俗语，意思是有致命弱点的人。这个故事就来自乌利库米的传说。在希腊人赫西奥德的著作《神谱》里列举的希腊诸神，其中的三主神观念来自库马尔比神话。而胡里人的三主神观念又来自两河流域宗教中的观念，其文化传播的脉络清晰可辨。

三、叙利亚地区的国家

（一）公元前 2 千纪的叙利亚

公元前 2 千纪早期，在众多塞姆人、非塞姆人大规模的迁徙浪潮中，占据优越地理位置的叙利亚出现众多城市国家。它们多以一座城市为中心，统治周围小块领土，在众多强国中周旋，并发挥其地理优势，发展长途陆路和海上贸易。这些城市国家的突出特点是城市防卫体系十分坚固，斜坡式防卫城墙有效地阻碍了攻城槌等重型武器的进攻。具有多元特征的文化体系也借助四通八达的交通网络影响着周围地区。它们的艺术风格出现在后来亚述帝国的王宫建筑中，也出现在埃及墓葬文化中。我们无从确定这些小国之间是否存在从属关系，从各地发现的考古遗址及文献资料中，我们只能窥见部分国家与当时西亚北非强国之间的关系变化。对于某个叙利亚国家的具体了解则完全有赖足够的资料证据，这其中包括乌加里特、雅姆哈德、卡赫美什、阿什塔塔（首都埃玛尔）和阿拉拉等。

这里我们仅以乌加里特为例概括描述该时期叙利亚国家的主要特征。

（二）乌加里特

乌加里特位于叙利亚北部沿海地区，今名拉斯沙姆拉。考古工作已经发现属于公元前 2 千纪王宫遗址和大量泥版文献。由于地处强大的赫梯王国和埃及王国之间，乌加里特国家曾经先后沦为埃及和赫梯的附属国，甚至一度被并入赫梯版图。乌加里特统治者与赫梯国王签署的和平条约中规定了双方各自的权利和义务，包括保护双方边境安全、乌加里特王向赫梯王纳贡、赫梯王在乌加里特边境发生危机时出兵援助等内容，这是古代宗主国与附属国之间条约的典型范本。类似条约及相关文献在其他叙利亚城市遗址和赫梯、埃及宫廷档案中均有发现。这些文献证明当时多数叙利亚国家都从属于北方、南方及东方的强国，通过纳贡、联姻等手段维持自身的政治存在。

由于地理位置特殊，叙利亚国家商业十分发达，它们西连塞浦路斯和地中海岛屿，北与安纳托利亚南部和东南部贸易网络相连，东与叙利亚北部其他内陆国家建立贸易关系并与两河流域南部和北部建立商业联系，南与巴勒斯坦地区和埃及建立海上和陆路贸易关系。在各个城市，来自各地的商人建立各自的组织和团体，协调各自的商业关系网络。

这个时期叙利亚地区居民以塞姆语居民为主，其中乌加里特居民以迦南人和胡里人居多，埃玛尔居民多为西塞姆人和胡里人。阿卡德语为官方通用语言，但是各个城市中也使用其他语言，表现出区域特征及宗主国特征。例如，埃玛尔文献中既有阿卡德语文献，也有赫梯语、苏美尔语和胡里语文献。这个时期乌加里特楔形文字泥版文献中出现一种新型语言，学者称之为“迦南语”，它已经具有早期字母文字的某些特征。

公元前12世纪末，新一轮移民浪潮兴起，来自海上的移民呼啸而来，摧毁和打击地中海沿岸的一批国家，多数叙利亚国家消失。

四、埃兰国家

从两河流域地区进入有史时代开始，伊朗高原西南部就有一个边境民族不时出现在两河流域各种历史资料中，这就是埃兰人。两河流域历朝历代君主都不可能无视这个民族对国家边境的威胁。与其他曾经出现在两河流域国家边境地区的各个民族都不同，它从来没有完全融合到两河流域文明中，两河流域人也似乎从来都把他们视为外族。

现代学者认为，古代埃兰人是指居住在今伊朗西南部库泽斯坦地区的古代居民，中心在苏撒。最新研究成果显示，在苏撒之前，古城安珊（今塔里马延）已经是埃兰国家的首都。埃兰人的历史可分为史前时期（约前3400—约前2600年）、古埃兰时期（约前2600—前1500年）、中埃兰时期（前1500—前1000年）和新埃兰时期（前1000年—前6世纪中期）。

早在早王朝三期（约前2600—前2350年）时，埃兰人就与两河流域建立商业贸易关系，军事冲突亦不时发生。阿卡德人统治后期，阿卡德统治者一度占领苏撒。乌尔第三王朝时期，埃兰处在两河流域政权的统治之下，乌尔第三王朝派遣官员统率埃兰军队。乌尔第三王朝末期，埃兰人摆脱苏美尔人的控制，并占领乌尔城。公元前2200年至约前1890年，埃兰人建立国家和地方王朝，统治中心为苏撒。从约公元前1450年至约前1100年是埃兰发展的鼎盛时期，又称埃兰的“古典时期”。中巴比伦时期，埃兰王控制苏撒和安珊，建立成熟的行政管理制度。巴比伦与埃兰宫廷互派使节，还曾经有过王朝联姻，但此后二者之间的关系逐步恶化。中巴比伦王库里嘎尔祖二世（前1332—前1308年在位）曾经打败埃兰王，征服苏撒及其周边地区。但是不久，埃兰王就重新成为两河流域国家最可怕的敌人，并最终导致中巴比伦王朝灭亡。

埃兰人的民族属性不详，但从他们的宗教信仰和民族意识看，他们与两河流域地区各民族截然不同。在两河流域文献中，埃兰人始终被看作外族入侵者，两河流域历代统治者对于其他民族多采取吸收、融合的政策，对埃兰人则从未如此。尽管如此，埃兰人仍然从两河流域地区吸取文化营养，这主要体现在语言文字上。埃兰文字最早起源于约公元前3400年，与两河流域文字几乎同时出现，甚至稍早一些。但由于两河流域楔形文字影响范围十分广泛，埃兰文字并没有存在很长时间就被楔形文字取代。阿卡德语在很长时期是埃兰人使用的官方语言文字，埃兰语则长期成为法尔斯省的商用语言，波斯帝国早期时埃兰文是官方文字。埃兰人的政治结构与两河流域的政治体系亦有诸多相似之处，内容和官衔多承自两河流域地区。在经济上，埃兰人与两河流域人之间亦是互相依靠，相辅相成。

公元前2千纪末期，古代西亚局势骤变，赫梯帝国土崩瓦解，以乌加里特为代表的一批叙利亚小国毁于一旦。埃及人骄傲地宣称他们成功地阻截了来自海上的进攻，但是事实上元气大伤，国内局势发生重大变化。千年之交，处于青铜时代晚期的古代西亚面临又一次剧变。

第四节　公元前1千纪的帝国

公元前1200年前后，古代西亚政治局势出现新变化，在东方，巴比伦和亚述的关系相对稳定，埃兰国家处于其发展的黄金时期；在西北方，赫梯帝国在内忧外患中走向末路；在地中海东岸叙利亚沿海及内陆地区，叙利亚各小国遭受打击，众多城市成为废墟；在南方，埃及统治版图发生变化，叙利亚南部、西奈半岛和尼罗河上游的努比亚相继沦陷；在地中海上，迈锡尼文化和塞浦路斯文化出现文化衰落和倒退现象。对于其成因，学界的解释众说纷纭，包括气候变化说、饥荒瘟疫说、铁质武器说、地震说等，其中移民说最具影响力。

一、公元前1千纪的人口流动及构成

（一）海上民族

移民来自海上，根据埃及文献命名为“海上民族”，它是指公元前1200年前

后多个民族的数次迁徙活动。根据埃及文献中记录的部分海上民族的名称，我们断定海上民族并非全部来自海洋岛屿，他们中有的来自安纳托利亚南部和西南部沿海，有的来自叙利亚地区。而且这些海上民族并非新移民，他们的迁徙过程已经持续一段时间。在埃及对抗海上民族侵袭时，埃及军队中就有海上民族士兵，他们曾经长期担任埃及军队中的雇佣兵或边防兵。海上民族中最为著名的人群应该是腓力斯丁人，他们后来成为巴勒斯坦沿海地区的主要居民。

应该说，发生在公元前1200年左右的海上民族侵袭运动只是当时古代西亚北非各国所面临的严峻局势中的一个方面。过度扩张、人口膨胀、自然灾害、政治统治爆发危机等问题积重难返，海上民族只是“压垮骆驼的最后一根稻草”。事实上，造成巨大影响的移民还不是海上民族，另外一个民族集团已经出现，并且将极大地影响古代西亚未来的政治和经济局势，他们就是阿拉米亚人。

（二）阿拉米亚人

阿拉米亚并非一个特定的民族称呼，阿拉米亚是一种语言，属于西北塞姆语族。这个时期所有使用阿拉米亚语的民族集团被统称为阿拉米亚人。文献中，阿拉米亚人最早出现在公元前14世纪，身份是打短工的雇农、雇佣兵或者强盗。这类描述与前一个千年文献中对于阿摩利人、胡里人、加喜特人的描述十分相似，反映出内外有别的文献叙述风格。中亚述晚期，阿拉米亚人开始成为边境大患，提格拉特皮莱塞尔一世曾经数次出兵打击阿拉米亚人，但似乎效果不彰。之后两三百年时间里，阿拉米亚人迅速发展，先后在叙利亚地区建立数个君主国家，包括大马士革、古扎那、佐拜等，并曾经一度向两河流域地区扩张，甚至曾经深入亚述国家统治的核心区域。在亚述帝国的扩张狂潮中，阿拉米亚人国家先后陷落，由于亚述帝国执行灭国迁民政策，阿拉米亚人被迁往亚述帝国各地，部分阿拉米亚人王族和贵族进入亚述宫廷，担任高官。

阿拉米亚文化在阿拉米亚国家灭亡后仍然充满活力，阿拉米亚观念曾经一度成为亚述宫廷时尚。阿拉米亚语言的影响力更加巨大，公元前9世纪开始，阿拉米亚语字母文字开始取代统治西亚两千余年的楔形文字成为该地区民间通用语言，进而成为通行的商用语言，直到7世纪才被阿拉伯语代替。波斯阿赫美尼德王朝建立后，阿拉米亚语成为帝国官方语言。基督教创立之初，阿拉米亚语是西亚的通用语言，因此它是最早的基督教语言。阿拉米亚人在古代西亚历史发展过程中的重要地位不容忽视。

阿拉米亚人主要从事商业贸易活动，这是叙利亚地区国家和居民从事的主要产业。阿拉米亚人是精明的商人，但是他们的商业活动似乎集中在陆地。这个时期，海上贸易活动的霸主是另外一个古代民族——腓尼基人。

（三）腓尼基人

“腓尼基”一词应该源自希腊-罗马人的称呼，指“迦南人”，或者源自该民族特制的某种紫色染料，或者只是希腊-罗马人对于商人的某种称呼。腓尼基人主要活跃在叙利亚巴勒斯坦沿海一带，腓尼基人的各个城邦，包括推罗、比布鲁斯、贝鲁特、阿瓦德等，负责在地中海地区往来运输各种商品。他们还向海外开拓市场，在地中海沿岸和各个岛屿建立商业殖民地，其中最为著名的殖民地是迦太基。

我们对于腓尼基人的认识主要来自西方古典作家的描述。这类描述多数以迦太基为主，对我们认识古代西亚的腓尼基人历史并无多大帮助。在叙利亚巴勒斯坦沿海各个遗址的发现证明，腓尼基商人主要从事各类王室奢侈品的贸易，在各国王室间周旋走动。由于亚述国家发动大规模扩张运动，部分腓尼基商人成为亚述帝国的附庸，部分则继续向海外拓展殖民，最远到达北非和西班牙地区。

腓尼基文字是世界上最早的字母文字之一，相对于繁杂的楔形文字体系，字母文字更加简便，也更加符合商业活动的需要。

与公元前 2 千纪相同，叙利亚巴勒斯坦地区存在众多以城市为中心的小政权，其统治者与居民来自不同民族、不同文化，但是他们的政治生活和经济生活表现出相似性。由于资料所限，对于其中多数国家的详细情况我们无从得知，尽管其中也有例外。有赖《旧约圣经》的详细记载和圣经考古学的深入开展，我们对这个时期出现的犹太-以色列人及其国家的认识比较深入，至少要比其他同时期国家详细得多。

（四）犹太-以色列人及其国家

根据《圣经》记载，以色列人大约在公元前 1400 年从埃及进入黎巴嫩山脉以南的迦南南部。近来有学者提出以色列人可能是迦南人的一支，他们于公元前 13 世纪晚期迁徙至中部山区。之后，他们以以色列人的名义向其他地区迁徙。公元前 1000 年时，大卫王建立王国。在大卫王（前 1000—前 960 年在位）及其子所罗门（前 960—前 931 年在位）统治时期，集权的君主制国家确立，他们通过军事征服及创造性的外交手段统一全国。这是《圣经》记载的以色列人统治的黄金时期，称“第一圣殿时期”。公元前 925 年，内战爆发，国家分裂为对峙的两个王国，北方称以色列国，首都撒玛利亚；南方为犹太国，首都耶路撒冷。在亚述帝国的征服浪潮中，北方以色列国陷落。亚述帝国灭亡后，犹太国成为新巴比伦王国的附属国。公元前 587 年，尼布甲尼撒率领巴比伦军队镇压犹太人的反抗，攻陷耶路撒冷，将大批犹太人掳到巴比伦城，此即著名的“巴比伦之囚”。公元前 539 年，波斯王居鲁士攻陷巴比伦城，下令让大批犹太人返回家乡，重建圣殿，这个时期被称为“后放逐时期”或“第二圣殿时期”。

犹太教信仰与这段历史关系十分密切。犹太人信仰从这个时期开始从多神教向一神教转变，雅赫维成为至高神，后来发展成为唯一神。犹太人与其签署契约，遵守戒律，制定行为规范，这些后来发展成为犹太民族的民族观念及其所倡导的民族精神，并延续至今。其经典后被基督教接受，即今天基督教《圣经》的旧约部分。

二、亚述帝国（前934—前612年）

公元前1千纪，整个古代西亚的政治统治出现新特征，帝国征服与统治成为主旋律。亚述帝国之后，新巴比伦帝国和波斯阿赫美尼德帝国相继在古代西亚北非地区建立大帝国，推行对外扩张政策，古代西亚文明走向鼎盛时期。

（一）亚述帝国的兴起

亚述帝国的历史可以划分为两个阶段，第一阶段（前934—前745年）为全面复兴时期，亚述人努力从中亚述晚期的低谷中走出，收复其在亚述地区的传统领土，巩固核心区根据地的统治；第二阶段从公元前745年开始至前610年亚述帝国灭亡，是亚述帝国大规模对外扩张，建立庞大帝国，走向鼎盛，又迅速灭亡的时期。亚述帝国的统治历时300多年，领土范围北起安纳托利亚东南部，南至波斯湾沿岸，西达尼罗河下游，东到伊朗高原西南部。

在国家重建阶段，亚述国王致力于收复失地，开辟并巩固贸易通道和交通要道。亚述王阿淑尔丹二世（前934—前912年在位）创建亚述军事统治体系，使兵员招募、后勤保障制度和行军规则以及屯兵垦殖计划等开始实施，成为帝国统治的重要标志。至阿淑尔纳西尔帕二世（前883—前859年在位）统治时期，亚述国家已经成为名副其实的西亚强国，他在首都卡尔胡（今伊拉克尼姆路德）修建的王宫充分体现了亚述国家的强大影响力及文化融合性。王宫壁画、铭文描述了亚述王的对外征战脚步，其艺术风格、建筑装饰材料则充分体现出亚述文化的多元特征。亚述艺术从这个时期出现飞跃，走向成熟。

提格拉特皮莱塞尔三世（前744—前722年在位）统治时期继续执行亚述帝国的扩张政策，并将触角伸向南方巴比伦地区，一度占领巴比伦城。之后即位的萨尔贡二世（前721—前705年在位）、辛那赫里布（前704—前681年在位）继续巩固亚述帝国在巴比伦地区的统治。埃萨尔哈东（前680—前669年在位）继续开辟新战场，将目标转向埃及。虽然他曾经取得短暂的胜利，但是在对埃及的战争中阵亡。他的继承者阿淑尔巴尼拔（前668—约前630年在位）继续战争，结束了埃及第25王朝统治。从萨尔贡至阿淑尔巴尼拔时期，亚述帝国达到鼎盛，亚述领土面积空前庞大，整个西亚包括北非部分地区均在帝国统治之下。此时，亚述帝国长期征战、四处扩张的弊病开始爆发，国内政局动荡、边境频频告急。公元前612年，在巴比伦人和米底人的联手进攻中，尼尼微陷落，亚述帝国统治走向灭亡。两年后，这个曾经盛极一时的帝国彻底消失在历史长河中。

（二）亚述帝国的政治结构

亚述帝国的统治不同于之前的城邦及区域性领土国家，它涵盖十分辽阔的地理范围，人口众多，居民成分复杂。统治这样一个帝国，其政治结构必须具备某些独特性。

第一，君主权力进一步极权化。国王是集所有权力于一身的人物，掌握全体臣民的生杀予夺大权。亚述国王通过各种宣传手段确立国王的权威，宣传文治武功。这个时期文献档案记录种类繁多，碑铭、壁画、档案馆中到处都有宣扬国王战争贡献、主持宗教祭祀仪式的场景与文字。国王成为一个战无不胜的武士和优秀的猎手，更是一个上知天文、下知地理的全能人才。亚述帝国建立严格的王储教育和选拔体制，保证候任者成为一个理想的统治者。

第二，稳定和改革贵族阶层的特权地位。亚述国王延续古亚述时期开始实行的名年官制度，继续遵循中亚述时期开始形成的国王本人参与名年官遴选政策。与此同时，国王开始培养亚述新贵，借此与旧贵族抗衡，维持政治稳定。这项措施始自提格拉特皮莱塞尔三世统治时期，他剥夺贵族拥有和继承土地及其他财富的权利；废除传统的地方官员世袭制度，逐年选拔任命官员，由帝国中央政府直接管理地方事务。在辛那赫里布时期，新老贵族交替基本完成，亚述帝国的贵族阶层趋于稳定。

第三，建立内外有别的管理机制。亚述统治者将帝国一分为二，执行不同的统治政策，这种政策也在后来几百年间被各个帝国采用。帝国的核心区是“阿淑尔神的领土”，为扎格罗斯山脉和幼发拉底河之间的领土。国王直接任命官员管理这部分地区，这里的居民负责供给阿淑尔神庙的日常所需；供给国家神阿淑尔神所驻城市阿淑尔城内劳动力的日常所需；供给负责国家事务的官员的日常所需。另外一个区域被称为“阿淑尔治下的领土”，指亚述地区以外的其他地区。这些地区由亚述人统治，但是居民并非亚述人。各个地方的统治者仍然控制着地方权力，但是成为亚述的附庸。附属国并不缴纳农业产品，也不提供劳动力。他们最沉重的负担是根据条约规定上缴昂贵的贡品，一般是金银。这些财富上缴的对象并非阿淑尔神及其神庙，而是王，国王用这些支付奢侈的宫廷花销和日益上涨的军费开支。在提格拉特皮莱塞尔三世改革之后，越来越多的领土被划归“阿淑尔神的领土”。这项政策减轻了沉重的贡赋负担，但是，亚述化进程却在强制推行。为了有效控制被征服地区，亚述国王执行迁民垦殖政策，将被征服地区居民以家族为单位迁往其他地区，使他们无法组织有效的反抗力量。

第四，建立强大的军队体系。亚述军队由训练严格、纪律严明的职业军人组成，通过军功奖赏，军官的地位在帝国后期迅速提高。他们将步兵、骑兵（装备铁质武器）和配备铁质盾牌手及弓箭手的马拉战车等战术完美地结合起来。他们还制造大型铁质攻城车，用铁皮包裹攻城槌头，威力巨大，所向披靡。亚述军队数量十分可观。公元前9世纪帝国统治鼎盛时期，统治者在西部战场一度每年投入

12 万名士兵。安全、快捷、有效的道路交通通信系统在亚述帝国时期开始确立，保证军队行动、信息传递、政令传达畅通无阻，这些道路交通体系后来被波斯阿赫美尼德王朝借鉴、沿用，成为著名的王道的组成部分。

除此之外，亚述帝国的统治者建立严格的社会等级制度，以达到巩固统治、维护社会稳定的目的。

（三）亚述帝国的社会结构

亚述帝国延续中亚述时期的等级制度。国王占据着等级金字塔的顶端，其下是宫廷及政府中的高级官员和各个行省的行政长官及其家族成员。后者组成贵族等级，拥有众多特权。亚述贵族通常拥有大量土地，他们（包括妇女）有机会接受教育，为以后入仕储备知识。贵族妇女还有机会进入王室，成为王后及嫔妃。

亚述知识分子阶层比较庞大，他们通常从事记账员、书记员、医生及商人等职业，其中也包括女性。亚述知识分子阶层可能拥有土地，也可能租种国家或神庙所有的土地。与贵族阶层不同，他们必须承担国家义务，比如纳税、服兵役劳役等。

亚述社会中下层平民占人口的绝大多数，他们是庞大的亚述军队的主要成员。他们租种国有、王室、神庙或者贵族庄园的土地，靠此维持生计。有些人在城市中从事雇佣劳动。

亚述社会的最底层是奴隶。他们主要分布在国有、神庙和私人所有的产业中。奴隶多数为战俘，少数为债务奴隶。奴隶主要从事粗重劳动或危险工作，有些拥有特殊技能的奴隶有可能获得报酬，但是获得自由的例子极为罕见。

亚述帝国创建了早期帝国的雏形，它所确立的对外征服、迁民垦殖、道路交通体系等被后来的帝国接受并沿用，成为新兴帝国确立统一秩序的重要手段。

三、新巴比伦王国（前 626—前 539 年）

亚述帝国统治时期，迦勒底人逐渐在巴比伦地区占据统治地位，他们接受巴比伦文化，以巴比伦人自居，并且成为反抗亚述帝国统治的主力军。

（一）新巴比伦王国的统治

公元前 627 年，阿淑尔巴尼拔逝世。几乎与此同时，亚述在巴比伦的统治者逝世，亚述陷入内乱。公元前 626 年，迦勒底人那布珀拉沙尔（前 626—前 605 年在位）宣布光复巴比伦，称巴比伦王。那布珀拉沙尔巩固统治的斗争持续了 16 年，他一方面与亚述争夺领土，巩固边境统治；另一方面与巴比伦地区各股巴比伦人及其他势力争夺权力，确立他作为巴比伦王的合法统治。从公元前 616 年开始，巴比伦统治秩序逐步恢复，新巴比伦王朝开始获得认可。

但是，亚述仍然是巴比伦人的劲敌。公元前 614 年，那布珀拉沙尔与北方逐渐强大的米底国家结盟，夹击亚述。公元前612年，亚述首都尼尼微陷落，其他亚述重要城市相继陷落，亚述帝国灭亡。巴比伦人继续消灭亚述残余势力，并且开始向叙利亚扩展领土，这不可避免地威胁埃及人在叙利亚的统治。公元前604年，尼布甲尼撒（前605—前562年在位）与埃及人发生激战。叙利亚地区长期以来小国林立，在几个大国之间的夹缝中求生存。此刻，犹太王约雅斤面临艰难抉择，在支持巴比伦或投靠埃及中，他最终选择了后者，于是成为尼布甲尼撒进攻的首要目标。公元前597年，耶路撒冷被攻陷，大批犹太人被强制移民到其他地区，其中也包括巴比伦城。此后的10年时间里，犹太人残余势力顽强抵抗巴比伦人的统治，数次起义，夺回耶路撒冷，并企图营救被囚禁在巴比伦城的犹太国王。公元前587年，经过18个月艰苦卓绝的城市攻坚战，耶路撒冷最终陷落，尼布甲尼撒彻底摧毁该城市，并将更多的犹太人掠往巴比伦地区，此即著名的“巴比伦之囚”。与此同时，西北部沙漠地区的阿拉伯人对巴比伦的统治构成严重威胁。尼布甲尼撒曾多次发动阿拉伯战役，企图遏制阿拉伯人日益强大的势力。公元前562年，尼布甲尼撒逝世，新巴比伦统治陷入低谷。之后几任统治者在位时间都很短，直到公元前556年，那布尼德即位，新巴比伦统治进入最后的辉煌期。

那布尼德（前556—前539年在位）是古代两河流域独立文明发展历史上最后一任国王。他本人也称得上是一位传奇国王。他即位时应该已经步入老年，而且并不是王族成员。因此，他显然是通过非正常手段成为国王的。他在位17年，其中有10年时间未在首都巴比伦城行使国王统治职责。他致力于恢复传统，推行宗教改革，大力提倡重建、修缮历史城市、王室建筑及宗教设施。对于新巴比伦王国的灭亡，比较常见的解释是：那布尼德大力推行月神辛崇拜，侵害了巴比伦传统的马杜克神祭司集团的利益，损害了巴比伦人对马杜克的感情，从而导致统治阶级内部离心离德。

公元前539年，来自伊朗西南部的波斯人在其开国君主居鲁士大帝的率领下挥师西进，进攻巴比伦地区。巴比伦贵族及城市居民开城迎接波斯军队，那布尼德及王族成员仓皇出逃，最终在阿皮斯被波斯军队包围。那布尼德遇害，新巴比伦王国灭亡。

（二）巴比伦人与亚述人的历史纠葛

亚述人和巴比伦人均可追溯到阿摩利人部落。亚述人生活在两河流域中上游地区，巴比伦人则在两河流域下游冲积平原地区。随着民族迁徙和融合，二者又各自融合了新的民族成分。古亚述王沙姆什阿达德一世和古巴比伦王汉穆拉比分别是其早期历史的代表人物，他们之间的战争也正式拉开了两个民族长达1300多年矛盾纠葛的历史序幕。

亚述帝国时期，亚述人一度占领巴比伦地区，亚述王称巴比伦王。亚述帝国的巴比伦政策在之后几十年中发生几次变化，反映了亚述人对巴比伦地区的重视与关注程度。亚述王提格拉特皮莱塞尔三世在统治时期开创了双重君主制的先河，他自任亚述王和巴比伦王。萨尔贡二世则采取亲巴比伦政策，与亚述任命的巴比伦王共治，并多次参加巴比伦城的新年庆典以示亲善。辛那赫里布在统治时期先后几次镇压巴比伦人叛乱，他改变共治政策，将巴比伦地区直接纳入亚述统治。辛那赫里布在统治晚年逐渐改变对巴比伦的强硬政策，下令归还乌鲁克城的神像，向乌鲁克神庙赠送奴隶，并且任命当地的巴比伦人担任乌尔和海国的官员。亲巴比伦政策在埃萨尔哈东统治期间继续得到执行，他下令重建巴比伦城及其神庙，归还巴比伦城市戴尔、拉尔萨、西帕尔、乌鲁克的神像并让神庙重新开放。埃萨尔哈东还恢复萨尔贡二世统治时期采取的共治政策，任命自己的儿子为巴比伦王，给予巴比伦地区更多的自治权利。阿淑尔巴尼拔继续贯彻其父的亲巴比伦政策，他还下令修复马杜克在巴比伦的埃萨吉拉神庙，恢复供奉，并归还了被埃兰人掠走1635年的乌鲁克城的娜娜娅神像。但是，巴比伦人显然并不满足于有限的自治权力，他们于公元前652—前648年发动叛乱。这次叛乱平息后，巴比伦地区再次失去自治权力，归属帝国政府统治。

阿淑尔巴尼拔之后，亚述国家发生内乱，巴比伦地区借此机会恢复自治。公元前612年新巴比伦人横扫亚述地区，亚述人与巴比伦人1000多年的纠葛以巴比伦人胜始，以巴比伦人胜终。

（三）巴比伦文明与亚述文明的关系

巴比伦文明与亚述文明都起源于苏美尔文明，他们继承苏美尔人的多神崇拜、宗教仪式、宇宙观、人生观和世界观，也继承了苏美尔人的历史观念。古亚述王沙姆什阿达德一世依照两河流域南部苏美尔人的政治制度、行政管理制度、文学文献传统、文字和度量衡等确立古亚述的国家统治模式；宗教上，他也遵循苏美尔人崇拜城市神和城邦神的传统，尊奉阿淑尔神为城邦神。古巴比伦人也继承和发扬苏美尔的文明传统，在古巴比伦时期编纂完成了大量苏美尔时期的文学作品和文献资料，其中最著名的《吉尔伽美什史诗》由古巴比伦人辛·莱克·乌尼尼根据巴比伦地区民间流传的“吉尔伽美什”的故事收集整理而成。这部作品反映了苏美尔城邦时代早期生活，既是古巴比伦人对历史文化的继承，也是对自身文化来源的认同。中巴比伦人更加注重收集和整理历史上流传下来的各种宗教文献，涉及宗教仪式、巫术、医药、节日庆典等各方面。

在亚述民族宗教形成的过程中，巴比伦文明的影响起了极其重要的作用。中亚述王国早期，亚述人在文化上既继承了古亚述时期流传下来的亚述传统，也吸收了巴比伦地区的文化特色，他们认为巴比伦是世界文化中心，是两河流域的圣城。阿淑尔乌巴里特一世信奉巴比伦的马杜克神。同时，这个时期的人名中，马杜克亦是主要元素。图库尔提・尼努尔塔一世在对巴比伦人作战胜利后，掠夺大量泥版文书并带回亚述地区，学习借鉴当时先进的巴比伦文化。这个时期的亚述文献也表现出明显的巴比伦特色。

亚述帝国统治巴比伦地区时，先后有数位亚述王到巴比伦城主持每年的国祭。亚述王统治巴比伦地区时，同样供奉巴比伦神。这个时期，亚述人充分吸收巴比伦文化，充实和丰富亚述文化。《亚述法典》继承了《汉穆拉比法典》以及《埃什努那法典》等塞姆人法典的特点，只在某些细节上有所差别。亚述文学作品也从巴比伦地区引进，其中包括著名的创世神话《埃努玛埃里什》。

在双方的神祇崇拜中，除主神崇拜有所不同外，多神崇拜和城市神崇拜几乎相同，月神辛、日神沙马什等的属性和特征相同。在亚述地区的各个城市中，城市保护神与巴比伦地区的城市保护神均属于两河流域神祇崇拜传统。巴比伦人和亚述人互相向对方神庙交纳“神赋”，这是从宗教权上昭示统治和被统治权，也证明双方的神祇崇拜具有共通性。

在巴比伦人和亚述人的宗教传统中，每年的新年庆祝仪式是民族文化生活的重心。阿卡德文称这个仪式为阿其图。阿其图仪式起源于苏美尔人传统，最早是庆祝农业丰收和农耕开始的节日。后来转变成为国家大典，国家神和民族神成为祭祀的主角。在巴比伦城以马杜克为主，阿淑尔城以阿淑尔神为尊。巴比伦人宗教生活的重心是马杜克神崇拜。他原是巴比伦的城市保护神，随着巴比伦城政治地位日益提高，马杜克逐渐成为巴比伦人的国家神、民族神和宇宙神。伊新第二王朝尼布甲尼撒一世时期的一块界碑上出现众神之王的记载，这是最早的马杜克成为首神的记录。亚述人的主神称阿淑尔，得名自亚述人的宗教中心阿淑尔城。阿淑尔神在亚述人的兴起和发展过程中逐渐被赋予各种属性，大约在公元前 1300 年成为亚述人的国家神。亚述帝国时期，为了配合亚述人的扩张行动，阿淑尔神成为创世神话中天神安努的父亲安萨尔，因此成为最原始、最古老的神，亚述民族的历史也因此被无限提前。巴比伦的创世神话被整体移植成为亚述人的创世神话。

巴比伦人与亚述人政治历史的纠葛与民族文化的紧密联系反映出两河流域历史与文化的主要特色，这也是整个古代西亚历史文化的主要特征。这个特征在新巴比伦王国灭亡后由波斯帝国继承发扬，两河流域文明特征继续流传。

四、波斯帝国（约前 550—前 332 年）

（一）米底国家与波斯帝国的兴起

波斯人是说印度-伊朗语的游牧民族，公元前 2 千纪末叶至前 1 千纪早期，他们从中亚地区迁徙至伊朗高原，在高原西南部法尔斯地区定居。在他们之前，米底人已经到达伊朗高原中部，建立起一个西起扎格罗斯山脉，东达今德黑兰附近的政权。米底国家的首都为埃克巴塔那，以此为中心，米底人通过征战、侵袭、长途贸易、称臣纳贡等手段与周围国家、地区和各个民族建立起紧密关系。古代两河流域文献中并未详细记录米底国家的活动，仅有两位米底末代王出现在《巴比伦年代记》中，他们是库阿克撒列斯和阿司杜阿该斯。这两位国王也在希罗多德的《历史》中出现，因此基本可以肯定米底人已经创建一个强大的国家。公元前7世纪，米底人与新巴比伦人联合摧毁亚述帝国，米底国家与新巴比伦王国瓜分了亚述帝国的领土及贸易市场。

在伊朗高原，尚未统一的波斯人各部落在与米底人竞争中处于劣势，受米底人统治。这种态势持续至居鲁士大帝（前559—前530年在位）时期。居鲁士首先统一波斯人各部落，之后发动米底战争。公元前550年，他打败米底人，将米底及其在安纳托利亚地区的领土一并纳入他所创建的帝国。公元前539年，居鲁士大帝兵不血刃占领巴比伦城，新巴比伦王国灭亡，波斯帝国接手新巴比伦王国的辽阔领土。之后，他继续征战，奠定了一个庞大的、多民族的、横跨欧亚非的帝国的基础。

居鲁士创建的帝国是一个多民族国家，融合了多种不同的语言和文化，大流士称他征服了70多个民族。因此，波斯帝国没有沿用亚述帝国的征服、镇压、迁民充军模式，而是采用笼络拉拢的亲善政策，参与主持修缮巴比伦神庙，归还神庙产业，参加巴比伦新年庆典仪式。居鲁士释放被囚禁在巴比伦的犹太人，允许他们返回耶路撒冷，重建圣殿。居鲁士是理想统治者的典范，这个评语来自波斯人的敌人——希腊人。此外，由于出身游牧民族，波斯人并没有大力发展城市。相反，他们修正埃兰人、巴比伦人和亚述人的观点和体制，使之更加符合自己的传统习俗，这个维系新兴帝国的波斯体制一直运行至公元前332年，也就是亚历山大大帝征服波斯帝国时。

（二）波斯帝国的军事征服

居鲁士的征服行动从西北部开始。战胜米底后，他继续向西北挺进，打败吕底亚国家，将安纳托利亚高原大部地区收入囊中。之后继续北上，占领爱琴海东岸部分希腊城邦。然后，他挥师南下，接收新巴比伦王国的广阔领土。为了进一步加强波斯地区的稳定与安全，居鲁士又发动东方战役，矛头直指伊朗东部和中亚地区，占领阿富汗山区以西和中亚大部分领土。之后他在波斯人的龙兴之地兴建新都，命名为帕萨尔加德。该城市充分表现出居鲁士所创建的多民族国家的特色，王宫和王陵建筑中融合了多元文化特征，包括波斯风格的廊柱大厅、亚述风格的浮雕、爱奥尼亚风格的雕塑等。

居鲁士席卷西亚大部分地区的征服浪潮给予埃及扩张势力的机遇。居鲁士晚年无暇处理埃及人问题。其子冈比西斯即位后，迅即发动埃及战争，摧毁埃及第二十六王朝，在波斯国王头衔中加入埃及法老称号，并奉行以埃治埃政策，任用埃及人统治埃及，保持埃及王室和宗教传统。

冈比西斯晚年，波斯宫廷出现内乱，大流士一世（前 522—前 486 年在位）在群雄争霸中胜出。他继续推行征服扩张政策，将印度西北部纳入波斯帝国领土，并出兵西北镇压希腊城邦起义。同时，他通过一系列改革措施巩固庞大帝国的统治。

薛西斯（前 486—前 465 年在位）统治时期，波斯与希腊城邦之间的冲突愈演愈烈，希腊本土终于加入反对波斯统治的大潮。公元前 492 年，希腊波斯战争爆发。战争初期，拥有强大军事优势的波斯军队占据上风，但是希腊人的顽强抵抗和波斯帝国东部边境地区的牵制让波斯军队疲于奔命。最终，公元前 449 年，希腊同盟取胜。波斯帝国战败后仍然是西亚的霸主，但是其帝国统治已现乱象。在宫廷政变、边境起义和经济衰落中继续支撑 100 多年后，希腊人终于彻底摧毁波斯帝国。公元前 333—前 332 年间，亚历山大大帝率领的马其顿军队将庞大的波斯帝国纳入马其顿领土。

波斯帝国存在 200 余年，它继承并发展了亚述帝国以来形成的帝国体制，进一步发展帝国的王权观念、政府管理和行省体制，推进帝国文化建设。波斯体制也成为之后众多帝国仿效、学习的榜样。

（三）波斯帝国的政治和社会结构

波斯帝国采取行省统治，所有领土被划分为众多行省，行省首脑称“总督”。行省地域面积十分辽阔，基本维持当地原有区划，行省首府一般为被征服国家的首都。例如，埃及行省首府是孟斐斯，吕底亚是萨尔迪斯，米底是埃克巴塔那，巴比伦行省首府是巴比伦城。总督一般为波斯贵族，他们接受国王直接领导，主持行省政治、经济、军事等日常事务。

除行省外，帝国边境地区还存在部分特殊区域，比如扎格罗斯山区游牧民族区域、阿拉伯人部落和奥克苏斯河下游地区的西徐亚人，波斯王给予部分自治权利，允许他们保留传统的游牧生活方式和社会组织，帝国在必要时提供军事保护；作为回报，这些地区负责保护交通设施、贸易通道，在必要时提供人力支持，缴纳或赠送地区特产等。

大规模军事征服和广泛的对外贸易活动对四通八达的道路交通体系的要求非常高。波斯帝国在亚述帝国道路交通体系的基础上继续完善，驿站网络、交通工具和食品供应网络、防卫设施等一应俱全。最为著名的王道从安纳托利亚西部的萨尔迪斯到伊朗西南部帝国核心苏撒，并继续向东延伸至中亚地区。除陆路通道外，波斯人还建立水上交通系统，大流士曾经下令开凿连接红海和尼罗河的运河。

为了适应多民族国家的特点，波斯帝国出现多种官方语言并存的现象。伊朗地区的官方语言为埃兰语；巴比伦地区为阿卡德语；埃及为古埃及语，使用象形文字和世俗体文字。在民间和商业领域广泛使用的阿拉米亚语成为帝国的通用语言。大流士时期下令用字母化的楔形文字书写古波斯君主使用的古波斯语，古波斯文形成。纪念性铭文通常使用三种文字——埃兰语、阿卡德语和古波斯语。大流士下令刻写在贝希斯敦岩壁上的铭文就是如此，它也因此成为19世纪西方学者破译阿卡德文的钥匙。

波斯帝国所有臣民被划分为四个集团：祭司、贵族和武士集团；书记（官僚）和商人集团；手工艺人集团；农民集团。各集团间等级森严，所拥有的权利义务也各不相同。贵族集团拥有众多特权，担任中央及地方各级政府官员，拥有免税特权。通过效忠王室、与王室成员联姻等手段维系与王室的关系。贵族集团也具有多民族特色，各民族传统贵族家庭仍然是波斯帝国贵族集团的主体。大流士二世（前423—前404年在位）为了削弱传统贵族特权，扶植新贵和稳定统治。贵族周围是书记和商人集团，他们辅助贵族集团管理各级政府，维护政令畅通、商业贸易活动顺畅。手工艺人和农民是波斯帝国人口的主体，他们通过耕种兵役田、参加公共工程建设、服兵役等方式维持生计。兵役田分为三种：马匹田、弓箭田和战车田，根据阿赫美尼德军队主要的兵种划分。波斯帝国建立严格的户籍制度登记并记录每个人的兵役和劳役义务执行情况。

（四）琐罗亚斯德教与波斯帝国的统治

波斯帝国国王还通过确立统一意识形态来巩固统治。与亚述人一样，波斯人的王权观念也建立在神祇崇拜的基础上，至高神阿胡拉马兹达任命波斯君主统治人间的所有民族和土地，并授权他在人间建立完美的统治秩序。与此同时，波斯帝国的宗教信仰开始向一神教转变。据传说，公元前1000年后，一个名叫琐罗亚斯德（又名扎拉图斯特拉）的祭司开始在伊朗东部传播他的宗教信条。之后，琐罗亚斯德教思想传播至伊朗高原西部地区，最终被大流士确定为波斯帝国的国教。6世纪，琐罗亚斯德教祭司根据口传资料编辑完成《阿维斯陀》，借以汇集琐罗亚斯德的主要思想。

琐罗亚斯德教劝导已经和正在摆脱游牧民族身份的伊朗人抛弃万物有灵的原始宗教信仰，接受至高神阿胡拉马兹达。它认为阿胡拉马兹达是世界的缔造者，是善的化身；他的对手亚希兰则代表人类伪善、懦弱的一面。这两股势力在宇宙间展开激烈战争。最终阿胡拉马兹达获胜，亚希兰被打入黑暗（即地狱），统领阴间世界，这就是琐罗亚斯德教的主要特征之一，即宇宙二元论。

琐罗亚斯德教成为世界上最早的具有一神教崇拜观念的宗教、最早的帝国国教，对于以后犹太教、基督教以及众多地方宗教都产生深远影响。

第五节　上古西亚文化

西亚是世界文明最早兴起的地区，当代西方文明、文化中的众多元素都可以在这里寻找到源头。古代西亚文化留给世界丰厚的物质和精神文化遗产，这其中包括文字、文学、科技、建筑等有形的遗产，也包括宗教思想、道德文化等无形的思想观念。

一、文字与文学

（一）文字

在古代西亚，楔形文字是最主要的文字书写方式，表达多种不同语系、语族的语言，包括苏美尔语、阿卡德语、赫梯语、乌加里特语、埃兰语、胡里语、古波斯语、阿拉米亚语等。除此之外，在叙利亚北部和赫梯帝国晚期，人们曾经使用象形文字符号。公元前1000年左右，字母文字开始在西亚出现。

目前所发现的最早的文字在约公元前3300年出现在两河流域南部，以乌鲁克为代表。几乎与之同时，伊朗西南部的埃兰、叙利亚北部的埃布拉也出现类似文字的符号记录方式。在文字产生之前，两河流域已经出现多种信息记录方式，包括各种形状的陶筹、陶筹球和数字泥版等。为了表达更为复杂的意思，古代两河流域人开始在泥版上勾画图画，辅以代表数字的符号，最早的文献由此产生。

苏美尔语是最早的书面语言。在苏美尔人到达两河流域南部之前，两河流域地区的居民已经有自己的语言，苏美尔语中的一些职业术语，如“木匠”“皮毛匠”“祭司”都借自这些古语。苏美尔城邦时期，苏美尔语成为所有城邦共同使用的语言。阿卡德人建立王国后，废弃苏美尔语，在苏美尔楔形文字的基础上创造阿卡德文。但苏美尔语仍然在宗教仪式和神庙中使用。乌尔第三王朝复兴苏美尔语言文字，拉伽什城邦统治者古戴亚和伊新王朝也抄录、保留大量苏美尔文献。但是在日常生活中，阿卡德语已经取代苏美尔语。之后近2000年时间里，阿卡德语是古代两河流域地区各个王朝的官方语言，只是根据地区特色形成不同的方言，包括巴比伦方言和亚述方言。公元前14—前13世纪，阿卡德语成为当时西亚北非地区的通用语言，是政治、外交、经济和文化交往的共用语言。从公元前8—前7世纪开始，阿拉米亚语逐渐普及，成为两河流域地区民间和商业语言，最早的犹太经典和基督教经典都用阿拉米亚语书写。希腊化时期，两河流域通用的语言是希腊语，罗马时期则是拉丁语，阿拉伯帝国兴起后，阿拉伯语成为两河流域地区通用语言，延续至今。

（二）文献类型

各种语言的楔形文字文献数量众多，有日常生活中的账目、收据、便条等；也有政府管理的政令、法律、合同、外交档案、公文文件和往来信件；还有供学校教育和王室图书馆收藏的各种典籍，包括累世传抄的王室铭文、王室和神庙赞美诗、神话传说、史诗、诗歌以及科技、占卜、仪式文献等。

学校教育主要培养各级政府、军队、神庙、王室和贵族家庭中从事档案管理、公文书写等事务的官员。苏美尔城邦时期，学校教育已经初露端倪，乌尔第三王朝时期已经有明确文献记载国王在神庙中设立书记学校培养各类文书官员。目前两河流域地区发现的各类文献中有很大一部分来自学校遗址，因此称校园文献或教育文献，其中有各类经典文献抄本，有学校教师编写的教材，也有学生的作业、练习和习作。学校教育的课程包括习字、写作、数学、占星、占卜等。亚述帝国时期，书记集团成为国王幕僚集团中的重要组成部分。各类专业人才的交流也成为国家交往中的重要内容，阿玛尔纳时期，埃及宫廷中有中巴比伦国家派出的书记官员，负责指导埃及官员翻译或书写阿卡德文信件，赫梯宫廷中的卜师和医师也来自两河流域地区。

在文字起源、形成和发展过程中，印章同步发展，并在早期文献中发挥着重要的辅助作用。世界上最早的印章大约产生于公元前7000年。后来两河流域地区普遍使用滚筒型印章。最初的滚筒式印章用陶土雕刻图画后晒干或烧制，刻印在陶器、门楣、泥版上。在这之后，出现了石头、玛瑙、天青石甚至金属印章。印章上的图案也不断变化，最早的图画只是简单的几何图形，后来出现故事性的印章图案。印章图案的演变折射出历史发展的脉络和特点，苏美尔人统治时期的印章图案多是神、神与神之间的战斗、神话传说故事等。阿卡德王国印章图案以战斗场面和英雄人物为主。与此同时，印章上出现文字，用以说明印章所有人的名字及其身份。阿卡德王朝末期及乌尔第三王朝时期，印章图案中出现大量贡献场面，神或王端坐于神座或王座之上，接受人类或下属的贡献。统治者的印玺也开始出现，以不同的材质、颜色、图案和铭文宣扬其至高无上的王室权威。安纳托利亚高原的赫梯王国的王玺别具特色，它采用圆形平印，印章分两部分，外侧沿圆形边缘，刻有赫梯语楔形文字铭文，内侧是卢维语象形文字，铭文内容相同，是王及其王后和祖先的名字，宛如一份国王家谱。

印章是古代两河流域文明的标志之一，并且随着贸易路线传向各地，在印度河流域，刻在印章上的文字是印度河文明的核心；在海湾地区，来自两河流域的印章佐证了两地之间的早期交往；在埃及和爱琴海、地中海地区，两河流域印章见证着国家间的交往关系。根据考古发现，古代西亚印章甚至出现在俄罗斯南部。

二、科学

在古代西亚文明形成过程中，科学技术的进步发挥着极其重要的作用。由于灌溉农业的发展，由各类聚落发展而来的城市最早在两河流域南部出现；陶轮及钻孔技术的发明满足了日益增长的人口的日常生活需求和复杂化社会管理的需求；青铜器和铁器的发明极大地提高了战争和军事征服的效率，促进了古代西亚强大王国和帝国的形成和发展。

古代西亚居民的科技成就不胜枚举，他们在数学、天文学、医学等领域都取得了令人瞩目的成就。

（一）数学

古代西亚人的数学知识来自农业生产实践，古人通过仔细测量土地面积确定土地归属以及粮食产量；通过计算灌溉设施的覆盖面积确定河道及运河的结构布局；通过精确计算土地、人口及粮食产量保持政府的有效管理，维持社会稳定。古代西亚数学的涵盖范围很广，既包括现代意义上的代数、几何，也包括部分物理知识。数学成就中以60进位制和直角三角形定理（即希腊的毕达哥拉斯定理或中国的勾股定理）最为著名。60进位制在今天主要用于计算时间及圆周，但在古代两河主要被用来计算粮食产量、商品数量、劳动力人数及工作量，他们用比较简单的数字符号表达复杂的数字含义，比如文献中记载参与公共工程建设的人数为123人，换算成现代通用的10进位数字为7380人。中国人所称勾股定理早在古巴比伦时期就已经被发现，并用于土地丈量、城市布局规划、神庙及王宫建筑中。此外，古代西亚人已经掌握对角线、平方根、立方根以及初级三角知识。

（二）天文学与医学

古代西亚人的天文学和医学进步与宗教生活密不可分，古代先民认为日月星辰变化和人的生老病死均源自神意，因此观测天象的主要目的是获知神意，疾病治疗的手段也与驱魔除妖、挽回神怒相辅相成。公元前1千纪，西亚天文学达到鼎盛，希腊学者称当时新巴比伦迦勒底人为天才的“天文学家”。古代西亚人天象观测的历史至少可以追溯至古巴比伦时期。据文献记载，古巴比伦王阿米萨杜卡（约前1647年即位）8年，曾出现一次金星距离太阳最近的天象。古代两河流域晚期文献中保存着大量天文观测记录，包括一段时期内每天的天象记录、一年内发生的特殊天象汇编和对某个星辰的专项观测记录。在一份名为《星辰》的天文文献中，公元前7世纪的占星家详细列举他们观测到的所有星辰的名字及其准确的位置。新巴比伦时期，占星家已经能够预测连续19年闰月出现的时间。天象观测也是国家决策的主要依据，亚述王埃萨尔哈东与卜师集团保持密切的书信往来，询问各种有利于或不利于自己统治的天象预兆和处置方式。

古代西亚医学的发展与宗教活动更加纠缠不清。我们目前所掌握的有关古代西亚医学发展的成就，很大一部分来自各类宗教仪式文献、政治文献和其他文献中。中巴比伦时期的驱魔仪式文献，详细描述了一个人濒死的各种症状。在大量驱魔除妖的仪式文献中不仅有病状记录，也有各种治疗手段的记录，包括外科手术、用药和驱邪仪式等。新苏美尔时期编纂的药典中，详细记录了当时已经发现的各种药材的成分和使用方法。公元前7世纪，亚述国王阿淑尔巴尼拔的宫廷医生完成医学大典，系统阐述各种疾病的症状和治疗方法。

三、宗教

（一）西亚地区宗教的发展

在古代西亚科学发展的过程中，宗教思想和活动的作用不可忽视。在建立自己永久居住的家园之前，古代西亚人就已经开始兴建其精神生活的中心。土耳其东南部戈别克莱特佩发现的公元前10600年的巨石祭祀中心、恰塔尔休于发现的9000年前的丰收女神崇拜中心、最早的城市乌鲁克的地标性建筑伊南娜女神庙和天神庙等，都证明宗教在古代西亚居民日常生活中占据着极其重要的地位。古代西亚是世界几大主要宗教起源的地区，包括波斯人的琐罗亚斯德教、犹太教、基督教、伊斯兰教和摩尼教等。这些宗教或多或少地受到古代西亚原始宗教文化的影响。

两河流域的神祇数量多、职能划分极细，并且来自不同文化区域。古代人宗教信仰的共同特点是相信万物皆为神，万事万物皆有神灵护佑；日常生活中也充斥神的身影；人死后进入地狱，地狱有各色神等管理阴间生活。随着社会发展日益复杂，自然神祇崇拜中开始出现各种复杂化因素。首先表现为城市神出现。在城市最早起源的两河流域地区，当地居民认为自己生活的城市属于该城市保护神，神庙是保护神在人间的宅邸，城市统治者是神祇任命的人间代理人，负责管理城市、维护秩序。为此，统治者需要承担建筑、维护、修缮神庙的责任，保证日常供奉和各类庆典活动按时顺利举行。任何冒犯神灵的行为都将导致神祇收回成命，指定新的人间代理人。城市神是城市宗教生活的中心，在他/她周围还有众多大小神祇，包括其家人和下属。在古代西亚历史发展的大部分时间里，这种多神崇拜是宗教崇拜的主流。神祇间也存在等级高下之分。城邦时期，比较强大的城市保护神在神祇等级中地位较高，比如尼普尔的大气神恩利尔、乌尔的月神南那（即辛神）、乌鲁克的金星神伊南娜（即伊斯塔神）、拉尔萨的太阳神乌图（即沙马什神）等。他们同时拥有某种强大的社会力量，比如大气神在苏美尔时期是王权之神，是众神之王；伊南娜是战争和爱情女神；乌图是正义和占卜之神。伴随着王国和帝国的军事扩张和征服行动，国家神的地位日益突出，马杜克神、阿淑尔神分别成为巴比伦国家、亚述国家的至高神，进而成为两个民族的民族神和各自认定的宇宙神。在创世神话中，他们所拥有的50个以上的头衔和称号，实际上汇聚了古代两河流域历史上主要神祇的所有宗教属性，证明他们已经是拥有一切力量的至高无上的神。

但是一神崇拜在古代西亚历史中并未真正实现，波斯琐罗亚斯德教的阿胡拉马兹达崇拜和犹太教的雅赫维崇拜仍然是极端化的民族主神崇拜现象。

（二）宗教与文化融合

由于西亚地理位置四通八达、交流顺畅，文化融合现象十分明显。这也充分体现在宗教崇拜和宗教活动中。西亚各国在军事征服、经济往来过程中不断吸收各个民族的文化要素，各个地区神祇崇拜中都兼具地方特色和外来元素。赫梯王国曾经号称千神之国，赫梯帝国时期穆瓦塔里王（前1295—前1271年在位）进行宗教改革，保留的六大类上百名神祇中包括印欧民族的各类雷神、当地传统的阿瑞那太阳女神和来自两河流域与胡里人的神祇。

古代西亚神祇崇拜的影响还不仅于此，许多在西方家喻户晓的希腊罗马神的原型亦源于此。比如天神宙斯融合了两河流域天神安努、大气神恩利尔和巴比伦神马杜克、亚述神阿淑尔的诸多特点；爱神阿芙洛狄特和女战神雅典娜几乎就是伊斯塔女神的翻版；此外太阳神阿波罗、海神波塞冬等都具有东方神的特质。希腊神话中的三主神故事、巨人安东的故事和大力神赫拉克勒斯的故事也都可以从古代两河流域、胡里人和赫梯人神话传说中找到源头。

（三）人生与国家

古代两河流域人在人生观上也有自己的见解，有成熟的思想。古代两河流域人的人生观和道德观念主要体现在大量智慧文献中，反映出他们豁达、乐观向上的生活态度。

对待国家，他们认为："人民没有国王（如同）羊群没有牧人；人群没有首领（如同）河水无人管理；劳动者没有监工（如同）耕地缺少掌犁人；房屋没有主人（如同）女人失去丈夫。"

对待财富，他们说："有钱人可能很快乐，有大麦之人可能也很快乐，但一无所有之人更加高枕无忧。"

对于家庭，他们说："沙漠中的水壶是男人的生命；鞋是男人的眼睛；妻是男人的未来；子是男人的保障；女人是男人的救赎。"

对于人际关系，他们说："向年轻人美言，他会奉献出一切；向狗抛些残羹冷炙，它也会对你摆尾。你对别人恶语中伤，别人也会反戈一击；争吵时不要意气用事。”

四、艺术与建筑

古代西亚居民的宗教思想和宗教生活也充分反映在他们的艺术作品和宗教建筑中，这也对希腊罗马艺术发展产生了十分深刻的影响。希腊的爱奥尼亚柱式和科林斯式陶器等均表现出浓厚的东方风格。东地中海地区自古以来频繁的商业贸易交流及军事扩张和征服活动，成为艺术传播最重要的媒介。

（一）艺术

两河流域南部冲积平原地区资源并不丰富，泥土成为古人展示艺术天分的主要媒介。用陶土制作的各式陶器、用泥土建造的多级寺塔建筑等充分诠释了早期苏美尔文明的文化精髓。当地出产和进口的各种石材雕塑的作品也十分丰富。乌鲁克的石膏祭祀瓶（约前3500年）描绘了人和动物向丰收女神献祭的场面，作者将整个瓶体分为四个单元，既表现出神、人、动物之间的等级差别，又让整个场面表现出整齐而对称的风格。“乌鲁克妇女”是一个用大理石雕刻而成的妇女头像（约前3200年），雕刻手法简洁而细腻，是苏美尔早期艺术中的巅峰之作。20世纪20年代，由英国人莱·伍利主持的乌尔考古更向世人展示了一个前所未有的艺术宝库。在乌尔王陵中发现各式陪葬品既表现出先进的金属冶炼和镶嵌工艺，也表现出苏美尔人天才的艺术构想，牛头装饰的竖琴和七弦琴（约前2600年）、乌尔的旗帜（约前2700年）、“荆棘丛中的羊”以及为数众多的首饰、护身符，各种材料的器皿等代表着苏美尔艺术的最高成就。

阿卡德人入主两河流域后，继续发展苏美尔文明，并借战争和贸易之利向周围地区传播两河流域文明。阿卡德艺术强调个体描绘和个性特征，这也成为后来苏美尔文明的特色之一。萨尔贡或纳拉姆辛铜头像和纳拉姆辛凯旋碑就是其中的杰出代表。阿卡德国家灭亡后，两河流域南部陷入短暂的混乱期，拉伽什城担当起保持和发展苏美尔文明的重任。坚硬的黑石雕刻的各式古戴亚塑像证明着苏美尔艺术在不断发展。

在苏美尔文明基础上，巴比伦和亚述艺术不断吸收借鉴各种民族和文化元素并加以发展。汉穆拉比法典石碑上的太阳神授权场景、古巴比伦时期的石狮像、中巴比伦时期的印章和新巴比伦城主干道两侧的精美石雕，既具有两河流域文化传统特征，也表现出巴比伦文明的多元文化特征。亚述帝国在军事扩张过程中也不断吸收借鉴被征服地区艺术特色。图库尔提·尼努尔塔一世和阿淑尔纳西尔帕二世时期表现的巨大艺术飞跃无不具有浓郁的外来文化特征。

事实上，古代西亚艺术的最高成就体现在各类建筑设施中，既包括神庙和王宫建筑，也包括桥梁、要塞、运河、灌溉设施、涵洞等。

（二）神庙建筑

古代西亚考古发掘中，发现最多的是神庙遗址，在乌鲁克、尼普尔、拉尔萨、巴比伦、尼尼微、哈图沙、苏撒、迪亚拉地区和马瑞，几乎所有重要遗址都以神庙为中心。目前发现的年代最早的神庙建筑为埃利都神庙遗址。在此之前，宗教祭祀中心已经在安纳托利亚、叙利亚北部多处出现。

古代两河流域神庙建筑一脉相承。主要神庙一般为一个大型建筑群，有多进院落，主殿一般位于整个建筑群最深处，由正殿、两侧厢房和主庭院组成。主殿周围为神庙人员生活区域、神庙储藏区域、神厨、手工作坊等。神庙的外墙装饰为规则的凹凸交错构造。中巴比伦时期神庙在凹凸处竖立男女神祇塑像，用波浪线相连，代表生命永恒、福祉连绵不绝。外墙的泥膏层表面使用圆锥形泥块装饰，这种泥锥镶嵌手法是古代两河流域南部神庙建筑的标志性特点。

神庙建筑群中最为明显的建筑是多级塔庙，乌尔、乌鲁克、中巴比伦首都库瑞嘎尔祖要塞的多级塔庙建筑至今仍然是这些城市遗址的地标建筑。塔庙一般为七层，寓意七重天，代表人间与天界的距离。最顶层建有神殿。

早期神庙是整个城市的经济中心，国家和神庙产业生产的产品、商业贸易活动的主要商品和军事征服活动的战利品均集中在神庙中。神庙前的广场也是城市的市场，城市居民在这里交换买卖各种生活必需品。早王朝时期，神庙还是政治决策中心，王宫建筑出现前，城邦统治者的办公场所应该设在神庙内。王国和帝国统治时期，王宫逐渐成为国家的政治中心，神庙的经济地位也日益下降，但是神庙仍然拥有自己的产业，神庙官员仍然是国家官僚体制的重要组成部分。

（三）王宫建筑

目前所知古代西亚王宫建筑出现在早王朝末期两河流域南部基什。目前所发现的最主要的王宫建筑多数属于古代两河流域晚期帝国时期，叙利亚北部发现的马瑞王宫遗址年代较早，属于古巴比伦时期。

我们以两河流域北部尼姆路德发现的亚述王阿淑尔纳西尔帕二世西北王宫为例描述古代西亚王宫的建筑布局特征。

王宫由正宫、后宫、内外两个庭院、东西南北四进院落、储藏区和水井区构成。王宫墙壁上有大量壁画、浮雕和铭文记录国王的日常活动、宗教祭祀活动、狩猎和战争行动。王宫入口处由两尊巨大的人首鹰翼狮身像护卫。正宫是国王处理日常事务的场所。后宫主要是王宫女性的住所。内庭院是开放的庭院，面积为864平方米（32米×27米），可容纳1000人。可能是国王的侍从和外国首脑聚集等待接见的地方。外庭院是官员候见处，周围是仓库和办公室。东进院落应该是国王举行重大宗教仪式的地方，只允许王最重要的幕僚和祭司进入。西进院落是客人娱乐的场所，王可能在此宴请宾客，款待侍从和来访的外国首脑。南进院落是国王的寝殿。北进院落是王宫管理人员的住所。水井在王宫西南角，供应王宫生活用水。

王宫建筑的装饰风格具有恢弘、壮丽的气势。巴比伦城伊斯塔门以蓝色为主色调，高大的城门墙壁上镶嵌着各种动物图案，有传说中的独角兽，也有马、狮、牛等现实中的动物。进入王宫，迎面看到的是长长的步道，步道两侧为高大的宫墙，墙壁上用石板镶嵌。石板上绘制了各种动物形象，石板总数达120块。波斯波利斯王宫的石板浮雕表现宏大的觐见场面，描绘众多民族朝拜帝国君主的壮观景象。

波斯帝国灭亡后，古代西亚文化并未停止发展的脚步，其政府管理理念、王权观念、宗教思想、宗教实践、艺术文化等仍然深刻影响着后来的西亚居民，其文化精髓也逐渐积淀，成为后来犹太文明、希腊化文明、伊朗文明、伊斯兰文明的内在特征。

本章小结

以古代两河流域文明为代表的古代西亚历史文化在缓慢流动的历史长河中不断遭受来自各方的冲击和洗刷，也充分吸收来自各方的养分，形成具有多元文化特征的、个性鲜明的文化。其鲜明特色在经历多次战争摧残、环境变化后仍然沉积下来，继续影响世界文明发展进程，直至今天。古代西亚文明的主要贡献可以归结为以下几个方面：

第一，科技进步对人类发展产生深刻影响。在长期的生活和生产实践中，古代西亚人创造性地发明了多种生产、生活技能和技术，奠定了其文明摇篮的地位。

第二，城市、城邦、王国、帝国的演进模式。伴随着技术进步，古代西亚的社会组织日益复杂，城市出现。城邦国家是古代社会最早的国家统治模式之一，城邦统治者的宗教和世俗责任、城邦的管理体制和早期王权观念逐步走向成熟，为后世王国和帝国的缔造者和维护者所接受。在此基础上，军事扩张和征服、专制王权和中央集权观念、贡赋附属国体系等逐渐形成，成为古代王国和帝国的主要标志。

第三，政府管理观念和体制泽及后世。国家模式的演进和变化与其管理体制密不可分。古代西亚人发明了统治者与城市长老和城市公民共同管理城邦的原始民主制度。随着集权统治需要日益迫切，专制王权与中央集权体制应运而生，官僚体制、税收体制、法制体系、军事防卫体系等日趋完善。

第四，四通八达的道路交通网络促进古代社会与文明之间的物质文化交流。

古代西亚地理环境各异，物产资源分布不均，当地居民很早就已经在十分辽阔的区域内建立商品交换网络。顺畅的水路与陆路道路交通网络极大地促进了西亚各民族与国家之间的物质、文化交流与融合，也最终造就了古代西亚文明的多元文化特色。

第五，宗教思想及观念为普世宗教形成奠定基础。古代西亚的文化交流主要体现在宗教思想和实践活动中。古代西亚宗教经历从原始自然崇拜至多神崇拜，再到主神崇拜的发展道路，最终形成一神崇拜。当然，这个进程在本章所讨论的古代西亚文明独立发展阶段结束后完成。为了适应日益复杂化的社会发展需要，神祇的社会属性逐渐取代原始天然特征，日益庞杂的宗教崇拜仪式增添了众多宣扬王权统治、维护国家稳定的内容，宗教成为古代统治者维护统治的工具。因此，几百年后普世宗教在古代西亚兴起并非偶然。

此外，古代西亚文明在艺术文化、日常生活等领域也对后世产生深远影响。尽管古代西亚国家已经灭亡，但是古代西亚诸文明并没有无声无息地消失在历史长河中，其文化精髓深深地积淀在西亚地区，继续影响之后的国家、文明、民族及其文化，进而影响整个世界的发展进程。

思考题

1. 农业革命为什么最早发生在古代西亚？
2. 古代西亚城市与城邦发生发展的历程及其特征有哪些？
3. 亚述帝国与波斯帝国的统治有何特征和异同？
4. 古代西亚文化的多元特征体现在哪些方面？它们又是如何形成的？
5. 贸易活动如何影响古代西亚文化的发展进程？

第三章　上古埃及（前6千纪—前1世纪）

引　言

埃及位于非洲东北部，地中海东南岸，属亚热带地中海式气候，夏季炎热干燥，冬季温暖湿润。在古代，埃及的东部和西部广布沙漠，东北通过西奈半岛与西亚毗邻，北部濒临地中海，南部则以尼罗河第一瀑布与努比亚分割开来。

尼罗河第一瀑布附近的阿斯旺是埃及最南部的城市，从开罗往北，尼罗河出现分支，进而形成三角洲地势。在古代，尼罗河有三条支流，后来由于沙化严重，其中的一条支流完全干涸，从而形成我们今天看到的两条支流。由此，在地势上埃及主要是由两部分组成：一部分是从第一瀑布到开罗的尼罗河谷地，一部分是尼罗河三角洲。尼罗河谷地是古代埃及人生息繁衍的主要地区，尼罗河每年的定期泛滥带来了大量有利于农作物生长的矿物质，这些矿物质在河谷地区沉积下来，形成极宜耕种的肥沃土壤，因此，古代埃及人骄傲地把他们这块肥沃的土地称为凯迈特，意为“黑土地”，而把河谷两岸的沙漠地区称为杰什瑞特，意为“红土地”。

根据埃及地形的变化，在行政上古代埃及被分成两部分：尼罗河谷地被称为上埃及，三角洲被称为下埃及。在行政区划上，上埃及共分22个州（或称诺姆）。上下埃及的边界没有明确的界定，大体在孟斐斯附近。西部沙漠地区分布着若干个绿洲，它们也被划归于上埃及。在远古时代，下埃及是一片沼泽，随着人们征服自然能力的增强，这一地区也得到了开发，州的数量也不断增加，最后达到20个州。

尼罗河河谷两侧是沙漠。西部沙漠称利比亚沙漠，东部沙漠称阿拉伯沙漠。阿拉伯沙漠遍布山地，因而盛产各种矿物和各类建筑石料，但没有绿洲，只有一些干涸的河道。在古代埃及历史上，埃及人把沙漠当做与西奈半岛和努比亚一样的外国领土，从未将其归于埃及本土。埃及人认为，只有河谷地区和三角洲地区即上下埃及才是埃及的土地。

如果再进一步划分，从上埃及中还可以划分出一个中埃及，即以拜尼·哈桑为界，从拜尼·哈桑以北到孟斐斯附近，这一区域被称为中埃及。从拜尼·哈桑到阿斯旺，则是上埃及。

史前埃及人有着修长的头颅和椭圆形的脸颊，他们的头发为黑色且弯曲。后来，小亚细亚居民和塞姆人融合而形成的巴勒斯坦地区居民移民到埃及，他们与土著埃及人融合后形成了真正意义上的古代埃及人。古代埃及人皮肤光洁，身材中等，头颅和骨骼颇大，手腕和脚踝粗壮有力，少有肥胖者。在人种上，古代埃及人既不是黑人也不是白人，他们当属地中海人种，肤色与印度人相仿，呈褐色，并且由北向南逐渐加深。

同样，古代埃及语言也是在亚洲的塞姆语和非洲的哈姆语基础上发展而来，属非亚语系，即原来的闪含语系。

第一节　埃及国家的形成和发展

一、埃及国家的形成

（一）前王朝时期（约前 5300—约前 3000 年）

旧石器时代（约前 700000—约前 7000 年）的埃及人主要居住在上埃及临近河谷的沙漠地区，使用粗糙的燧石工具，过着以狩猎为主的游牧生活。旧石器晚期，埃及气候变得干燥少雨，原有的草地变成了沙漠。原来在此游牧的埃及人不得不离开他们的家园，迁徙到附近的河谷地区。这一时期，他们使用的燧石工具得到进一步发展，石器开始变小变光，燧石制造的箭头和镰刀在这一时期也开始出现。尽管镰刀的出现预示了农耕的开始，但是到目前为止，我们还没有发现旧石器时代晚期出现农耕的直接证据。埃及人开始农耕生活的可靠证据始于新石器时代或铜石并用时代（约前 8800—约前 4700 年）。新石器时代，埃及人过着定居的农耕生活。他们种植谷物和亚麻，编织亚麻布和篮子，制作粗糙的陶器，并使用各种石制工具。

大约公元前 5300 年，前王朝文化在两个区域同时发展起来。一个是以三角洲西部边缘地区为中心的下埃及文化，另一个是以尼罗河谷地为中心的上埃及文化。根据诸如陶器和生产工具等人工制品的演进，下埃及文化可以分为如下几个发展阶段：法尤姆 A 文化（约前 5450—约前 4400 年）、迈瑞姆达文化（约前 5000—约前 4100 年）、奥玛瑞文化（约前 4600—约前 4350 年）和马阿迪文化（约前 4000—约前 3200 年）。下埃及的社会经济以种植谷物的农业为主，同时也饲养绵羊、山羊、狗等各种动物，并伴有早期宗教活动。人们制作简单的陶器和日趋精美的新石器，并开始使用从西亚进口的青铜制作简单的铜器。

上埃及文化则有以下几个发展阶段：塔斯亚文化-巴达里文化（约前 4400—约前 4000 年）、涅伽大文化一期或阿姆拉特文化（约前 4000—约前 3500 年）、涅伽大文化二期或格泽文化（约前 3500—约前 3200 年）和涅伽大文化三期或零王朝①

① 近年来的埃及学研究表明，涅伽大文化三期时期，古代埃及已经从前王朝进入历史或王朝时期。但是由于现行的古代埃及三十一个王朝的划分早已约定俗成，故此，这一时期也被称为零王朝。

（约前3200—约前3000年）。其社会经济也以种植谷物为主，兼营畜牧业。其代表性人工制品是红陶或黑陶、带有图案的象牙梳子和勺子，以调色板、护身符和小雕像为代表的石器。铜器使用范围进一步扩大，主要用来制作鱼叉、斧头和刀等生产工具。

前王朝时期，上埃及的对外贸易频繁。涅伽大文化时期，来自东方的孔雀石和南方的树脂已经成为埃及人的主要贸易品。从三角洲北部到努比亚的广大区域内，考古学家们发掘出了大量的存放食物和其他物品的土坑。而在西奈半岛北部，人们还发现小规模的供短暂居住的驿站。这两个考古发现表明，这一时期的埃及对外贸易至少部分地由小规模的商队控制，而来自于巴勒斯坦地区的印玺，则展示了当时官方贸易的存在。

上埃及的涅伽大文化直接促使了第一王朝的产生。涅伽大文化一期时期，下埃及文化从埃及中部传播到埃及南部。涅伽大文化二期时期，它伸展到北部三角洲地区。

（二）埃及国家的形成

前王朝时期，埃及由旧石器时代过渡到新石器时代，并且发展了铜石并用的文化。埃及人从以狩猎和采集为主的经济生活转变为以畜牧和农耕为主的经济生活，从而保障了他们自己的食物供给。从采集天然产物到经营畜牧业和农业，人类完成了一次具有进步意义的农业革命。以食物生产经济为主导的农业革命给埃及人带来了剩余产品，而剩余产品的出现则是私有制形成的物质基础。随着生产力的发展和剩余财富的增加，社会分工加剧，促使手工业从农业中分离出来。剩余产品、私有制和劳动分工的出现必然导致社会关系的裂变，即剥削者和被剥削者、统治者和被统治者的对立。如此一来，埃及从原始社会过渡到阶级剥削社会。

文字的发明是人类走向文明时代的一个重要标志。埃及文字是在图画文字的基础上，在两河流域苏美尔文字影响下，在涅伽大文化二期时期发展而来，进而形成了埃及象形文字体系。埃及文字最早出现在陶器、石板、象牙板、滚筒印和权标头等物品上，是对人物、植物、动物和物品的具体形象的描绘。随着埃及人对自然界和人类社会认知程度的提高，单纯的图画文字已经不能满足他们的需要，于是，一种表意符号和表音符号相结合的完整的象形文字体系形成。

王权与国家形成紧密相连。在埃及，王权产生的标志是王冠和王衔。埃及王冠最早的形象出现在从涅伽大1610号坟墓出土的陶片上，为红王冠，后演变成代表下埃及的王冠，而代表上埃及的王冠为白王冠，由此形成了古代埃及延续使用的双王冠。涅伽大文化一期末期，在涅伽大1546号坟墓出土的陶片上出现了埃及最早的王衔，即鹰神荷鲁斯王衔，它与后来出现的其他四个王衔组成了古代埃及国王延续使用的五个王衔。此外，权标头也与王权有着密切的联系，它是武器的顶端部分，象征着王权。目前已知最早的权标头出土于涅伽大1443号坟墓。

城市的产生是国家形成的标志之一。前王朝城市遗址的考古发现显示，涅伽大城和赫拉康坡里斯城产生于涅伽大文化时期。当然，它们的规模都很有限，处于最初城市阶段。在城市产生的基础上，城市国家得以形成。在埃及，城市国家被称为“诺姆”。“诺姆”一词源于希腊语，其对应的埃及语为“斯帕特”，含义为“区划”，中文译为“州”。每个诺姆都有自己的名称，有自己的首府和势力范围，有自己的图腾或保护神。根据战场调色板和蝎王权标头等文物的描绘可知，在城市国家形成过程中，伴随着各城或诺姆之间的联盟和争斗。

有证据表明，埃及在国家形成过程中对两河文明有所借鉴，特别是埃及的国王形象和王权内涵受到两河文明很深的影响。涅伽大文化二期时期的赫拉康坡里斯100号坟墓壁画揭示了埃及王权在形象和内涵上对两河文明的借鉴。如，“野兽的猎获者”这一主题展现了作为英雄的统治者成功地制止了两个野兽之间的争斗。

在社会分工的出现、文字的发明、王权的形成和城市的产生等诸多自身发展和两河文明的共同作用下，在涅伽大文化二期时期，国家首先在上埃及形成，但是仍没有把其势力扩展到整个埃及。换言之，埃及国家的形成在前，国家的统一在后。

埃及统一国家产生于公元前3000年左右，由第一王朝的第一位国王完成。在王表等文献资料中他的名字是美尼斯，而在以纳尔迈调色板为代表的考古文物上，统一埃及的国王是纳尔迈。有证据显示，考古文物上的纳尔迈应该就是王表中的美尼斯。纳尔迈是这位国王的荷鲁斯名，而王表上的名字美尼斯则是他的上下埃及之王名。

关于埃及国家统一的问题，传统观点认为，美尼斯以武力统一上下埃及，这一论点的主要证据是纳尔迈调色板。目前，“和平渐进论”比较流行，并得到大多数学者认可。该理论认为，统一国家的出现是小规模的渐进的文化融合的结果，即涅伽大文化向北扩展是统一国家出现的前提，而绝非一个强大的政治势力对另一个政治势力的武装征服。

（三）早王朝时期（约前3000—前2686年）

早王朝时期也称古风时代，包括第一王朝（约前3000—前2890年）和第二王朝（前2890—前2686年）。早王朝是专制主义中央集权统治的雏形期。

关于早王朝时期的政府管理机构，由于文献和考古资料的缺乏，我们所知甚少。

早王朝时期，专制主义中央集权统治基本确立，神化王权和君权神授思想基本形成。国王被视为公平正义女神马阿特在世间的代言人，他的命令就是神的意志的外在表现。此外，王室坟墓的规模充分反映了君主专制体系在埃及的确立：

国王坟墓周围伴有其他王室成员、官员和仆人的墓葬，表明国王活着的时候是国王，死后仍然作为国王统治着整个国家。第一王朝时期，国王主持下的塞德节庆典已经出现。这一庆祝活动是为国王统治30年或30多年而设立的，象征着国王权力的强大和再生，反映了整个国家的繁荣和稳定。

早王朝时期中央政府中的最高权力机构是由国王直接控制的“王之屋”，其地位在所有政府部门之上。这一时期的最高官员是财政大臣，其主要职责是管理国家的税收。除了中央政府机构外，早王朝时期的地方政府组织就是前王朝时期具有城市国家性质的诺姆。这时的诺姆已经失去了原来的独立性，而成为中央政府统一管辖下的一级地方政府组织。

第二王朝国王派瑞布森统治时期，埃及国家分裂。到这一王朝的最后一位国王哈塞赫姆威统治前期，他仍只拥有埃及的半壁江山。这位国王统治的后期，埃及才得以重新统一。故此，早王朝时期的埃及并不是一个成熟的专制主义统治的国家。

早王朝为古王国的出现奠定了坚实的物质和文化基础。第二王朝末期，埃及在艺术风格上已经摆脱了两河文明的影响，形成了自己独特的艺术风格，而文字的发明和演进则为古王国时期埃及文学的繁荣提供了先决条件。

二、埃及国家的发展

（一）古王国时期（前2686—前2125年）

1. 专制主义中央集权统治

古王国时期也称古典时代，包括第三至第八王朝。古王国是古代埃及专制主义中央集权统治的形成期。

古王国时期，神化王权思想得到进一步强化，中央政府组织机构趋于完善，地方行政组织基本形成。在统一国家的基础上，埃及的专制主义中央集权统治制度最终确立起来。

早王朝时期，神化王权思想已经初见端倪。古王国时期，王权得到进一步神化。埃及国王不仅是神的代理人，而且本身就是神或神的化身，是人间活着的神。随着太阳神崇拜的不断增长，第五王朝的头三位国王都被宣称是太阳神祭司的妻子和太阳神的孩子。因此，从第五王朝开始，古代埃及的每一位国王都自称“太阳神之子”，以此展示太阳神与第五王朝国王们的血亲关系。

国王人格的神化和王权的神化使国王具有至高无上的权力和地位。由于国王需要用法律来统治臣民，因此，他是国家的立法者和司法者。不仅如此，他还拥有国家的最高行政权，中央和地方的行政管理都要听命于他。他是全国土地的所有者，通过赏赐和赠与的方式将土地分配给王室成员、大臣和神庙。他是军队的最高统帅，负有保护国家安全的使命。他还是所有神庙的名义上的最高祭司，但实际上他的宗教职能被委托给了各个神庙的祭司。

为了对国家进行有效的管理，国王还设立了中央和地方行政管理机构。这一时期的中央政府机构主要有财政部门，负责国家的税收。与财政部门有着密切联系的农业部门是另一个主要机构，负责全国的农事。第三个主要机构是司法部门，其主要职责是维护社会的稳定。神庙是国家行政管理体系中的一个特殊的部门，它本身具有行政、司法和经济职能。由于古王国时期没有大规模的常备军，这一时期的军队是在战时临时招募的，故古王国时期没有绝对独立的军事机构。中央政府的最高官员是维吉尔（阿拉伯语，相当于古代中国的宰相），由国王任命，直接向国王负责。维吉尔具有行政、经济、宗教和审判等多种职能，处于一人之下万人之上的地位。在维吉尔之下还有书吏和管家等各级官员。

地方行政组织被称为“州”或“诺姆”。州的最高行政长官是州长，其内部行政部门与中央政府大体相同，有法庭、土地管理部门、水利灌溉工程维护部门和谷仓等。其中水利灌溉工程维护部门最为重要，有证据显示，埃及的水利灌溉工程大部分是由地方政府而非中央政府组织完成的。

2. 社会经济生活

古王国时期，专制主义中央集权统治的确立为埃及社会经济的发展提供了保障。

在专制主义中央集权统治下，国王是全国土地的所有者，他通过赏赐把土地分配给官员和神庙。梅藤坟墓铭文记录了国王赏赐给他一块位于三角洲地区的世袭领地，并且这是一块未被开垦的土地。而国王赠给神庙的土地往往都免除了劳役和徭役负担，编写于第五王朝国王伊塞斯统治时期（前 2414—前 2375 年）的阿布希尔纸草详细记录了位于阿布希尔的金字塔神庙的日常收入和支出。此外，自耕农也是土地的所有者，他们的土地大多是过去农村公社的份地。据梅藤坟墓铭文记载，古王国时期伴随着土地买卖的出现，一些自耕农的土地被王室、官员和神庙兼并，从而形成了以王室、贵族和神庙为主体的大地产经济。

埃及是一个农业国家。尼罗河定期泛滥带来的肥沃土壤和有利的气候条件为埃及农业的发展提供了保证。古王国时期，埃及农业生产水平有所提高。两头牛拉的犁、用木料制作的锄头和带有燧石刀刃的镰刀被广泛应用于农业生产，从而形成了典型的田野农业。大麦、小麦和双粒麦是主要农作物，亚麻、蓖麻等经济作物也得到广泛种植。此外，葡萄、椰枣等水果和豌豆、生菜、葱、韭菜、扁豆等蔬菜也得到种植。农业的发展带动了牧畜业的发展，牛、羊和驴等牲畜的饲养规模不断扩大。其中，牛和驴成为埃及人的主要畜力和运输工具，品种繁多的羊则是埃及人的主要食物和祭祀用品。

手工业也得到了进一步发展，首都孟斐斯成为全国的手工业中心。这一时期手工业开始出现明确的分工，制陶、酿酒、采矿、冶金、假发编织、纺织、造船和建筑等门类齐全。坟墓和神庙中的大型雕像和浮雕与从大金字塔附近船塚出土的太阳船，无不展示了埃及人高超的手工业水平。

尽管埃及的贸易形式以物物交换为主，但是这并没有阻碍埃及国内外贸易的产生和发展。在广泛的贸易中，谷物、牲畜和铜逐渐被固定为一般等价物。为了获得埃及缺乏的木材和天青石等奢侈品，埃及与努比亚和西亚的联系日趋频繁。第三王朝的国王佐塞曾派人到西奈去开采或交易天青石和铜。迄今所知最古老的王表帕勒摩石碑记录了第四王朝国王们继续西奈和努比亚的矿石开采。第四王朝国王斯奈夫鲁曾镇压过努比亚的反叛，并通过地中海港口城市巴比罗斯与西亚保持密切的贸易往来。第五王朝和第六王朝通过贸易和战争继续与努比亚和西亚保持着密切的联系。第五王朝与位于埃及东南部的蓬特有过贸易往来，第六王朝的大臣乌尼的坟墓铭文曾提到，埃及曾至少发动了5次对亚洲的军事战争，而军事将领哈库弗的坟墓铭文则记录了埃及和努比亚的联系。

3. 金字塔的建造

古王国时期，专制主义中央集权统治空前强化的一个主要表现就是中央政府组织和支配全国人力和物力的能力。这集中体现在金字塔的建造上。

根据2008年的考古统计，在埃及境内共发现118座金字塔，大部分是古王国和中王国时期国王和王后的陵寝。最早的金字塔形坟墓建筑是由第三王朝的第二位国王佐塞（前2667—前2648年在位）和他的建筑师伊蒙霍特普设计建造的梯形金字塔。梯形金字塔位于孟斐斯西北部的撒哈拉，也称层级金字塔，由六个叠加在一起的、自下而上面积逐级缩小的马斯塔巴构成。

第四王朝统治时期，金字塔的建造达到了顶峰。第四王朝的第一位国王斯奈夫鲁（前2613—前2589年在位）在达舒尔北部建造的金字塔因顶部弯曲而被称为弯曲金字塔，而他在弯曲金字塔北部建造的红金字塔则是真正的金字塔。此外，在美杜姆发现的一座金字塔也归在这位国王的名下。

金字塔中最著名的一座是第四王朝第二位国王胡夫（前2589—前2566年在位）在吉萨建造的大金字塔。金字塔的主要建筑石料是花岗岩，外层使用来自于今开罗附近图拉的石灰石，因此从外观上看是白色的。大金字塔的原始高度约为146.59米，边长230米，占地面积约为52900平方米，使用建筑石料2300000块，每块石料平均重2.5吨，最小的一块不少于2吨，最大的一块重达9吨，总重量为6500000吨。金字塔并不是一座孤立的建筑，它通常伴有附属性建筑如葬礼神庙、河谷神庙、围墙、廊道和王后金字塔等。这些建筑同金字塔一起组成了金字塔建筑群。

金字塔的主要建造者是农民，每一个工期通常为三四个月，每期约 10 万人，修建总工期约为 20 年。金字塔的建造一般都在泛滥季节进行。一方面是因为泛滥季节是农民的农闲时间，这样可以组织起足够的人力，另一方面则是因为泛滥的尼罗河水有利于建筑石料的运输。农民参加王室建筑活动基本上是自愿的，因为他们把国王当成了神，为神化的国王服务是他们的无上光荣。另外，他们可以通过参加这样的建筑活动获得相应的粮食、衣物以及其他物品作为报酬。

胡夫的继承者拉戴戴弗统治短暂，之后是哈夫拉（前 2558—前 2532 年在位）。他也在吉萨修建了金字塔，这座金字塔事实上比胡夫的大金字塔要小，但由于它所处的地理位置比较高，因此看起来要比大金字塔高。哈夫拉还在靠近金字塔的河谷神庙修建了一尊由一块巨石雕刻的斯芬克司，即狮身人面像。这尊斯芬克司的脸很有可能是根据哈夫拉的面貌来雕刻的，表现的是国王作为太阳神保护着金字塔。斯奈夫鲁、胡夫和哈夫拉金字塔的建造，一方面显示了第四王朝时期中央政府组织人力物力的能力，另一方面也给国家的财政造成了巨大的压力。到孟卡拉统治时期（前 2532—前 2503 年在位），国家财政陷入窘境。尽管他也在吉萨建造了金字塔，但其规模小很多。而他的下一任国王晒普塞斯卡夫（前 2503—前 2498 年在位）已经放弃了金字塔的建造，只是建造了一座大型的马斯塔巴。

尽管第四王朝以后的金字塔在规模上都很小，但是它们却以金字塔墓室内壁上的铭文而著称于世。金字塔铭文首先出现于第五王朝最后一位国王乌纳斯（前 2375—前 2345 年在位）的金字塔中，它是为保佑国王灵魂能够顺利升天而创作的，是古代埃及最为重要的宗教文献之一。虽然以后的第十二王朝和第二十五王朝的国王们也建造了金字塔，但是其规模和质量都无法与古王国时期的金字塔相媲美。

所有的金字塔都位于尼罗河西岸，这是因为在古代埃及宗教神话中，西方因太阳降落于此而被喻为死亡之地。故此，金字塔是为把逝去国王的灵魂送到天国而建造的，是他们的再生之所。而金字塔的外形则象征着古代埃及创世神话中的原初土丘，它从原始瀛水中升起，是创世的开始。同时它也象征着逐级递减的太阳光芒。

4. 古王国的衰落和赫拉克里奥坡里王朝的统治

古王国的繁荣稳定持续了 500 余年。到公元前 22 世纪末，埃及开始走向衰落。大饥荒的流行是古王国衰落的主要原因。尼罗河连续多年泛滥不够充分，造成了农业的歉收。在大饥荒中，中央政府组织涣散，完全失去了组织全国人力物力的能力。与此同时，地方贵族势力不断膨胀。他们巧取豪夺他人财产，并且世袭职位，从而把他们管辖的区域当成了私有财产。他们拥有自己的军队，为了各自的利益，彼此相互争斗。这一时期，埃及同叙利亚、巴勒斯坦地区贸易的中断也是埃及经济衰落的一个诱因。此外，第六王朝国王派匹二世（前 2278—前 2184 年在位）长达94年的统治造成了统治家族内部在王位继承上的矛盾，导致宫廷政变时有发生，从而严重地削弱了王权。派匹二世统治结束后的第六王朝末期以及第七和第八王朝统治时期，埃及王位更换频繁。长则几年，短则几个月，王权的衰微由此可见一斑。

在政治混乱和经济衰退中，古王国终结，埃及历史进入第一中间期。

第一中间期（前2160—前2055年）包括第九和第十王朝以及第十一王朝的前半部分，是古代埃及历史上的第一个分裂时期。在古代埃及历史分期上，把国家统一、经济繁荣和文化发展的时期叫做“王国”；把国家分裂、经济衰退和文化落后的时期叫做“中间期”。

古王国末期，即第七、八王朝统治时期，埃及的首都仍在孟斐斯。公元前2186年，埃及行政中心转移到距孟斐斯100多公里的赫拉克里奥坡里城，从此埃及历史进入第九、十王朝。这两个王朝因建都于埃及北部的赫拉克里奥坡里而被称为赫拉克里奥坡里王朝。

根据都灵王表记载，赫拉克里奥坡里王朝应该有18位国王，并由一个族名为阿浩特的家族创建。根据这一时期的三篇坟墓铭文的记述，在赫拉克里奥坡里王朝统治的早期，埃及政治统一、社会稳定、经济繁荣。到这一王朝统治中后期，南部底比斯王朝兴起，埃及进入内战时期。

底比斯王朝，即第十一王朝，兴起于埃及南部的底比斯城。第十一王朝由因泰甫家族创建，后由蒙图霍特普二世（前2055—前2004年在位）把王室族名从因泰甫改为蒙图霍特普。蒙图霍特普二世统治的第十四年，提尼斯州反叛。以此为由，他发动了一场北进的军事行动，由此揭开了南北战争的序幕。根据《对美里卡拉王的教谕》的记述，在赫拉克里奥坡里王朝的国王美里卡拉统治时期，南北战争时有发生，而古代埃及整个历史时期的重要邻国努比亚在这场战争中扮演了较为重要的角色。位于阿修特的官员坟墓中出土的努比亚军队模型和两个名为“玛扎和瓦瓦依的努比亚部族出现在赫拉克里奥坡里王朝军队中”的浮雕，都向我们表现了努比亚人对这场战争的直接参与。底比斯王朝因居于赫拉克里奥坡里王朝和努比亚之间而腹背受敌，不得不在南北两边同时开战。

经过30余年的征战，在蒙图霍特普二世统治的第四十六年，埃及重获统一。第一中间期自此宣告结束，埃及进入中王国时期。

（二）中王国时期（前2009—前1650年）

1. 第十一王朝末期的内战和第十二王朝初期的统治

中王国时期是古代埃及专制主义中央集权统治的成熟期，包括第十一王朝后半期、第十二和第十三王朝。

第十一王朝国王蒙图霍特普二世重新统一埃及后，把底比斯作为埃及的首都。

然而，第十一王朝的稳定统治并没有持续多久，最后一位国王蒙图霍特普四世（前 1992—前 1985 年在位）时期，中央政府丧失对全国的控制，埃及重新陷入内战之中。据《奈菲尔提预言》记载，蒙图霍特普四世曾派遣宰相阿蒙奈姆海特前往哈麦麦特干涸河谷开采矿石，但后者却带有一支规模庞大的军队。正是利用这次外出的机会，阿蒙奈姆海特举兵反叛，并在诸如科努霍特普等地方贵族势力的大力支持下，最终夺取了王位，建立了第十二王朝。

第十二王朝创建伊始，阿蒙奈姆海特一世（前 1985—前 1956 年在位）面临的第一个问题是如何获得臣民的拥护。为此，他首先否认第十一王朝的末王蒙图霍特普四世统治的合法性，同时标榜他才是第十一王朝的真正继承人。其次，为了强调他是埃及传统的继承者，他重新采用了金字塔的建筑形式建造第十二王朝的王室坟墓。第三，为摆脱第十一王朝的影响，他在远离底比斯的法尤姆地区的伊赤塔威建造新都。第四，为了汲取第十一王朝因王位继承问题被推翻的教训，阿蒙奈姆海特创立了联合执政制度。这意味着，在他在位的时候，他的王位继承人也登基为王，从而避免了其他人在他死后对王位的觊觎。

2. 第十二王朝时期中央政府与地方贵族势力的斗争

在实施一系列强有力的措施后，第十二王朝的统治趋于稳固。但是一股威胁王权的力量始终存在，它主要来自于地方贵族。他们在第一中间期时期业已形成自己的势力范围，并在第十一王朝末期的内战中大力支持阿蒙奈姆海特。故此，在第十二王朝初期，中央政府不得不承认他们在一定区域内获得的绝对统治权。

根据《科努霍特普二世的自传体铭文》的记载，地方贵族拥有自己的一套行政管理机构和一小支常备军，他们中的一些人甚至按照自己的统治年代来纪年，自行征收辖区内的租税，并把坟墓修建在自己的统辖区内。然而，地方贵族势力的这些特权严重地阻碍着专制主义中央集权的统治。为了削弱地方贵族的势力，中央政府首先把各地方（州）管理者的任命权收归中央，在重新任命官员的同时，对各州的疆域进行重新勘定。如此一来，地方行政管理被牢牢地控制在中央政府手中。边界的重新勘定则使中央政府能够随时掌握各州地产的实际情况，从而可以及时对地方势力的增长采取相应的措施，同时也避免了各州之间因边界而引起的纷争。接着，通过逐代缩小地方贵族统治者的权限、最后将其调至中央政府的办法削弱他们在地方的实际统治权。到塞索斯特里斯三世统治时期，地方贵族势力被削夺殆尽。这位国王把全国分成四个区，分设四位管理者，并直接向国王负责。至此，第十二王朝专制主义中央集权统治得到进一步的强化。

3. 社会经济生活

中王国时期，埃及社会经济得到进一步发展。青铜工具的广泛使用为农业发展提供了技术保障。农业生产能力的提高和人口的增长需要大量的土地，从第十二王朝国王阿蒙奈姆海特二世（前 1911—前 1877 年在位）统治开始，埃及着手对法尤姆地区的垦殖，通过大力修建排水渠道，使大片沼泽变成良田。

这一时期的建筑业有了长足发展，出现了大型神庙建筑群。第十二王朝国王塞索斯特里斯一世（前 1956—前 1911 年在位）在卡尔纳克建造了第一座阿蒙神庙。自此，埃及历代国王几乎都在此地留有建筑，从而形成规模宏大的神庙建筑群。此外，第十一王朝的国王蒙图霍特普二世建于戴尔·艾尔·巴赫瑞的神庙为后世国王所竞相效仿。

中王国时期，因红海商路的畅通，埃及与周边国家和地区的联系更加频繁。阿蒙奈姆海特二世的孟斐斯铭文揭示了埃及与叙利亚和巴勒斯坦地区的联系，尽管埃及发动过对该地区的战争，但两地关系仍然以贸易为主。通过对外交往，埃及获取了大量的原料和劳动力，为社会经济的发展注入了活力。第十二王朝末期和第十三王朝时期，因埃及经济上的富庶和政治上的衰落，大量亚洲人涌入埃及。他们中的大多数人处于埃及社会的底层，随着时间的推移，当中一些人开始进入埃及社会的上层，甚至成为埃及国王。

自埃及文明开启以来，南部毗邻的努比亚因盛产纯原料，埃及从未放松对它的控制。中王国时期，埃及在努比亚建造了一系列军事防御工事，以保障努比亚商路的畅通，同时防止努比亚人的反叛。与此同时，努比亚人也以雇佣兵的身份进入埃及社会。

中王国时期，一个新的社会阶层——涅捷斯逐渐形成。涅捷斯在埃及语中的含义为“平民”，因成为王权打击旧有地方贵族势力的主要倚重，他们的社会地位不断上升，从而形成中小贵族势力。

这一时期，因对外战争规模的扩大和数量的增多，大量战俘进入埃及社会。作为奴隶，他们被国王赠与神庙、军事将领和大臣等社会上层，并在各行各业中从事生产劳动。伴随着商品经济的发展和土地兼并的严重，债务奴隶开始增多。根据布鲁克林纸草的记载，奴隶能够被继承、转让和买卖。

4. 中王国的衰落和希克索斯王朝的统治

塞索斯特里斯三世（前 1870—前 1831 年在位）统治时期是第十二王朝的强盛期。在成功削弱了地方贵族势力和强化中央集权统治后，他开始了对外征服战争。他发动努比亚战争把埃及的南方疆域推进到尼罗河第二瀑布，亚洲战争则使他在巴勒斯坦地区被神化。

第十三王朝（前 1773—前 1650 年）是一个政权极不稳定的王朝，在不到 150 年时间里，这一王朝大约更换了 70 位国王。在国家的政治生活中，最重要的人物不是国王，而是宰相维吉尔。这一时期官僚机构臃肿，导致中央政府无法有效地管理国家。公元前 1720 年，埃及的王权已经在国内国际上失去了往昔的地位。但是，这时的埃及在经济上仍然比较繁荣。第十三王朝末期，越来越多的亚洲人涌入埃及，他们聚居在东部三角洲地区，为希克索斯王朝的建立提供了先决条件。

中王国灭亡后，埃及开始了历史上的第二个混乱时期——第二中间期（前1650—前1550年），包括第十四至十七王朝。第十四王朝或者与第十三王朝或者与第十五王朝并立；第十六王朝与第十五王朝并立。由于这两个王朝的相关文献和考古资料缺失，我们无法对它们的历史进行有效的重建，因此，第二中间期主要指第十五王朝和第十三（十七）王朝。

第十五王朝即为希克索斯王朝（前1650—前1550年），“希克索斯”一词是埃及语“赫卡哈苏特”（意为“外国的统治者”）的希腊语形式。他们是来自黎巴嫩北部到约旦高地的巴勒斯坦区域内讲西塞姆语的阿摩利人。第十三王朝末期，当埃及衰落时候，居于巴勒斯坦地区的一支阿摩利人逐渐强大起来，他们越过西奈半岛，用强大的武力征服了埃及，建立了一个新的王朝——希克索斯王朝。

据曼涅托记载，希克索斯人征服埃及后，首先选定孟斐斯为首都，后来才迁都阿瓦利斯。阿瓦利斯地处三角洲东部，既便于同希克索斯人的故乡巴勒斯坦联系，又可防御亚洲其他部族的进犯。

由于后代埃及人毁掉了几乎所有希克索斯王朝的纪念物，因此，对于这一王朝的行政管理机构，我们所知甚少。从仅存的文献中，我们看到，希克索斯王朝的国王沿用了埃及国王的“上下埃及国王”这一王衔，而希克索斯王朝的行政管理系统中的最高官职则是财政大臣。他的职能和古王国、中王国时期的宰相维吉尔的职能相同，总揽全国事务，直接向国王负责。这些事例表明，希克索斯王朝的行政管理机构是一种埃及化的统治机构。也许希克索斯王朝曾直接任用过埃及人来组织和完善其统治秩序。

希克索斯人征服埃及以后，第十三王朝仍然存于底比斯，并被顺延成第十七王朝（前1580—前1550年）。事实上，第十三王朝与第十七王朝为一个统治家族。在埃及学领域，学者们趋同于把进入第二中间期的这一王朝称为第十七王朝。这一王朝是埃及的本土王朝，而第十四和十六王朝与第十五王朝相同，都是由塞姆人所建。所以，第十七王朝承延了第十三王朝，而非十六王朝。而这时候统治努比亚的政权则是科尔玛王国。根据《卡摩斯石碑》记载，科尔玛王国是希克索斯王朝的属国，第十七王朝即底比斯王朝最初也归希克索斯王朝统治。

希克索斯王朝是埃及历史上第一次民族融合时期。这一时期，由于希克索斯人的亚洲血统，使这一时期的埃及对外交往、特别是与他们的故乡巴勒斯坦地区的交往十分密切。有据可查的埃及与爱琴文明的交往也始自希克索斯王朝。大量移民的涌入为埃及带来了许多先进文化，如复合弓箭、马和战车等，它们成为新王国对外战争的制胜法宝。而往来于世界各地的埃及商人和政府官员又把埃及文化传播到国外，促进了各国之间经济和文化的交流和发展，为以后一个真正的世界帝国——新王国的诞生创造了坚实的社会基础。

第二节 全盛时期的埃及

一、帝国的创立

（一）驱逐希克索斯人的战争

新王国时期（前1550—前1069年）是埃及国家的全盛时期和帝国时期，包括第十八王朝至第二十王朝。

根据文学作品《塞肯奈拉和阿坡菲斯之争》的描述，公元前1560年，在第十七王朝的国王塞肯奈拉统治时期，埃及开始了驱逐希克索斯人的战争。经过他的儿子卡摩斯的统治，到卡摩斯的弟弟和继承人阿赫摩斯（前1550—前1525年在位）统治时期，埃及才最后完成了对希克索斯人的驱逐。这段历史被详细记录在两块卡摩斯石碑中，而第十八王朝初期的《艾伯纳之子阿赫摩斯自传体铭文》也讲述了埃及军队攻打希克索斯王朝首都阿瓦利斯城的过程。据文献记载，埃及军队用11年时间才攻陷阿瓦利斯。阿赫摩斯驱逐希克索斯人出埃及，标志着埃及历史进入第十八王朝统治时期。从此，埃及的帝国时代来临了。

阿赫摩斯把希克索斯人驱逐出埃及后，乘胜追击，直抵希克索斯人的故乡巴勒斯坦。在巴勒斯坦地区，希克索斯人的力量在几年后被埃及消灭。

（二）图特摩斯三世的战争和帝国的创立

第十八王朝建立后，埃及继续致力于对外战争。尽管第十八王朝初期的对外战争继续打着驱逐希克索斯人的旗号，但是实质上，这时的埃及对外战争已经由驱逐希克索斯人的民族解放战争逐渐转变为侵略战争。

阿赫摩斯的继承人阿蒙霍特普一世膝下无子，女婿图特摩斯一世继承了王位。军事将领出身的图特摩斯一世（前1504—前1492年在位）统治时期，埃及多有战事。在统治的第三年，他的兵锋北达幼发拉底河，南达尼罗河第四瀑布。这是埃及历史上所征服的最远区域。图特摩斯二世的短暂统治后，他的儿子图特摩斯三世（前1479—前1425年在位）即位。在图特摩斯三世统治的第七年，图特摩斯二世的妹妹即王后哈特普苏特（前1473—前1458年在位）宣布自己为埃及法老，与图特摩斯三世联合执政。图特摩斯三世统治的前20年，埃及少有战事，并且很有可能丢失了前几代国王所征服的土地。

图特摩斯三世统治的第二十二年，哈特普苏特去世，图特摩斯三世开始独立执政。年轻气盛的图特摩斯三世独立执政后，第一件事就是对亚洲进行大规模的军事行动。米格都战役是图特摩斯三世一系列亚洲战役的首战，它是古代世界中记载最为完整的一次战役，被详细地记录在《图特摩斯三世年鉴》等文献中。此次征伐的目的是镇压叙利亚和巴勒斯坦地区的反叛。反叛的军队集结在米格都城，首领是卡代什王子，并得到米坦尼国王的支持。此次战役以埃及大获全胜告终，图特摩斯三世彻底摧毁了其中的三座城市。米格都战役结束后，图特摩斯三世在巴勒斯坦又进行了16次征伐。正是通过上述17次战役，埃及确立了在巴勒斯坦地区的统治，一个横跨亚非两洲的帝国出现在西亚北非的政治舞台上。

图特摩斯三世在对亚洲发动战争的同时，也对努比亚进行了征伐，并在尼罗河第四瀑布附近的涅帕塔城建立了统治中心。然而，埃及在努比亚采取了与叙利亚和巴勒斯坦地区不同的政策。对于归顺埃及的叙利亚和巴勒斯坦城市，埃及采取附属国统治的政策。埃及一方面让它们通过宣誓的形式向埃及国王表示效忠并交纳贡赋；另一方面让它们保持原有的统治机构，而埃及只派一些高级官员和一小支军队长期驻扎在这些城市，代表埃及国王对他们实行宗主权力。对于努比亚，埃及则采取直接统治的政策，即埃及派驻努比亚的最高官员——库什总督直接对国王负责。

二、新王国时期的政治经济状况

（一）专制主义中央集权统治

古代埃及的专制主义中央集权统治确立于古王国时期，发展于中王国时期，到新王国时期，专制主义中央集权统治日臻完善。

新王国时期，专制主义中央集权统治的强化主要表现在以下两个方面：

第一，王权的神化加剧。在维护和确立王权的神性上，国王的王衔具有重大意义。同以往的埃及国王一样，新王国时期的埃及国王继续使用五个王衔，其中的荷鲁斯名体现了国王是荷鲁斯神的追随者和继承人；两夫人名体现了分别保护上下埃及的秃鹫女神和眼镜蛇女神对国王的保护；金荷鲁斯名进一步表明荷鲁斯是国王和埃及的保护神；上下埃及之王名表明他是上下埃及的统治者；太阳神之子名体现了国王与太阳神的血缘关系。

新王国时期王权神化加剧的另一个表现是国王成为活着的神。古代埃及人有把死去的国王视为神明的宗教习俗，但是，新王国时期，一些国王在活着的时候就开始神化自己，如第十八王朝国王阿蒙霍特普三世和第十九王朝国王拉美西斯二世，尤以后者最为明显，他的名字甚至都具有了神性。第二十王朝时期的许多国王都对他竞相效仿，取了与他相同的名字——拉美西斯。

此外，新王国时期的国王开始采用“法老”的尊称以此神化王权。在古代埃及语中，“法老”的原始含义是“大房子”，意指王宫。从新王国开始，除了五个专属王衔外，埃及国王还为自己附加了另一个称号“法老”。这一称号体现了国王至高无上的地位和臣民对国王的无限敬仰。

第二，中央政府管理权限的削减。在中央政府管理机构中，维吉尔具有一人之下万人之上的国家管理权力。从图特摩斯三世开始，维吉尔的职务被一分为二。在上下埃及分别设有维吉尔，各自负责上下埃及行政工作，并分别向国王负责。在维吉尔之下，还有一个庞大的行政管理机构，主要由财政大臣、国库监督、王室产业总管、谷仓监督、王室书吏和管家、高级祭司以及地方州长和市长等组成。

新王国时期，不仅维吉尔自身权力被削减，而且还新设两个重要职务与其相制衡：一个是“库什总督”，他是国王在努比亚地区的代理人；另一个是“阿蒙第一先知”，其中又以底比斯的“阿蒙第一先知”最有权势，他的地位仅次于维吉尔。到第二十王朝末，阿蒙第一先知逐渐成为埃及的实际统治者。

（二）经济结构和社会阶层

新王国时期，埃及社会经济达到了空前的繁荣。

农业生产工具得到改进，出现了梯形犁和专门用来平整土地的长柄锤。新型汲水装置——“沙杜夫”也被广泛应用于农业灌溉，从而为在距离尼罗河较远土地上的耕种提供了水源，扩大了可耕地的面积。

家畜饲养业普遍存在于埃及各种经济类型之中。仅以神庙经济为例，与土地一样，神庙把牛、羊等牲畜租给社会各阶层的人来饲养，承租人需要向神庙交足一定量的幼崽和其他畜产品。

新王国时期的采矿业得到快速发展。其中以努比亚和东部沙漠地区的金矿开采、西奈的铜矿开采及阿斯旺和图拉附近的石料开采最为活跃。采矿业的发展为埃及社会经济的繁荣提供了原料。

手工工具的改进和生产技术的提高促进了手工业的长足发展。在冶金业方面，出现了脚踏风箱，它能吹入空气助燃以提高炉温。纺织业中出现了悬式纺锭和立式织布机。后来又发明了玻璃着色、陶器施釉等工艺。手工业作坊规模很大，这一时期的坟墓壁画展示了底比斯的一些大手工作坊。有些拥有各种工匠多达150余人，如金属工、木工、皮革工、雕刻工等。他们生产的工艺品十分精美，充分展示了新王国时期手工业的高度发展。

国内外商业贸易的繁荣是这一时期埃及社会经济的一个突出特征。商品交换极大发展，无论是原材料的交易还是手工制品的交易，都丰富了埃及的社会经济生活，促进了生产力的发展，使社会财富极大增加。从西亚进口的铜和锡等金属，被制成农具并大量应用于农业生产，从而提高了农业生产力，增加了农产品的产量。贸易的发展，促进了埃及商品货币关系的发展。金属作为流通手段的情况增多（包括用铜、青铜、白银和黄金），但铸币仍未出现。

商品货币关系的发展也促进了奴隶制的发展。奴隶常用于出租或买卖，第二十王朝时期的《梅西档案》包括许多租用奴隶的契约。《梅西档案》记载的王家牧人涅布麦希“因为什么都没有了”而出租奴隶和出卖土地的事实，证实了奴隶制的发展。但新王国时期商品货币关系发展仍很不充分，最突出的表现是，物物交换的情况还很普遍，衣服、牛、谷物、各种器皿等都可作为交换物。租用和买卖奴隶、买卖土地等都以实物进行交易。商人虽已出现，但数量很少，在社会经济中的作用也很小，在政治上的作用更是微乎其微。

新王国时期的贸易促进了东地中海世界的经济和文化的交流。埃及进口原料和手工业品的同时，还伴随着人口的流入以及语言和文化的传播，由此而引发了新王国末期埃及多元化社会的出现。但是，埃及文明的内核仍然具有鲜明的特征。因此，埃及社会对外国人以及外国文化的包容并没有改变其所固有的价值体系和信仰，埃及文化仍具有强大的生命力和适应性。

根据土地占有和使用情况，新王国时期土地可分为四种类型：第一种是王室土地，使用奴隶和失去土地的自由民从事劳动，其产品供王室使用。第二种是贵族官僚集团占有或支配的土地，其来源之一是国王赏赐的土地，这类土地能否买卖，至今尚无定论。二是通过“购买”兼并而来的土地，三是通过继承而来的土地，后两者都可以买卖。第三种是农民耕种的土地，他们可能还被组织在农村公社中，不过土地买卖已经出现。第四种是神庙占有或支配的土地。其中的神庙经济，由于其发展势头迅猛而成为这一时期埃及社会经济的主导类型。

新王国时期持续不断且规模宏大的对外战争为埃及带来了大量的战利品和劳动力。在埃及国王看来，埃及能取得如此巨大的胜利是因为受到了阿蒙神的保护。在战争胜利后，神庙获得的赏赐因而最多。据图特摩斯三世的加冕铭文记载，他曾一次性赠给阿蒙神庙 2800 斯塔特①的土地。《维勒布尔纸草》表明神庙占有全国约 1/3 的土地，而且都是能灌溉的好地。神庙拥有自己的劳动力——奴隶，他们大多数是国王赏赐的战俘。神庙除了把一部分土地交由奴隶耕种外，绝大部分出租给自耕农、士兵、祭司和政府官员等各个阶层，向承租人收取一定数量的地租。由于神庙经济属于国有经济，神庙因此利用各种生产和捐赠得到的收入进行大规模的公共工程建设，支付神庙管理人员的工资。同时，神庙也赈济灾民，平衡物价，以维持正常的社会经济活动，起到了维持国家机器正常运转的作用。

伴随着社会经济结构的变化，在埃及社会内部形成了两大新兴的政治势力，一个是军事贵族，一个是僧侣集团。二者在整个新王国的政治史上扮演了重要角色。由于连年不断的战争，埃及军队数量剧增，从而在埃及社会形成了一个强大

---

① 1 斯塔特约合 2375 平方米。

的政治集团。这种集团由一些靠战功起家的新型军事贵族组成，军事首领被称为“涅木虎”（意为“孤儿”“贫民”）。新王国时期，由于神庙经济成为埃及社会主要经济类型，掌控神庙经济的祭司的社会地位迅速上升，加上神庙数量的增多而使祭司人数剧增，从而形成了一个不容忽视的社会阶层——祭司集团。

三、阿玛纳时代和埃赫那吞改革

（一）阿玛纳时代

1887 年，一批泥版书信在埃及中部的阿玛纳出土。阿玛纳是第十八王朝国王埃赫那吞的首都埃赫塔吞的现代地名，这批泥版书信故此被冠名为“阿玛纳信件”。此后，考古学家继续在阿玛纳发掘，除有相当数量的书信流失外，到 1907 年，共发掘出 358 块泥版。加上 1979 年发掘出的 24 块泥版，阿玛纳泥版共计 382 块。这当中除了 32 块泥版是文学作品外，其他 350 块都是埃及与西亚各国间的往来书信。

通常，人们把阿玛纳书信反映的时期称为“阿玛纳时代”。狭义上讲，阿玛纳时代指的是从第十八王朝国王埃赫那吞迁都埃赫塔吞进行宗教改革到图坦卡蒙放弃宗教改革这段时期，时间断限为约公元前 1348 年—约前 1321 年，广义上讲，阿玛纳时代指公元前 1600 年至前 1200 年古代东地中海世界各国各地区交往密切的时期。综合狭义和广义的界定，一个最为合理并被普遍接受的界定是，阿玛纳时代指从公元前 1361 年的阿蒙霍特普三世统治时期到公元前 1321 年或前 1320 年图坦卡蒙死亡之间的时期。这是因为，第一，阿玛纳书信所涵盖的年代是从阿蒙霍特普三世统治的第三十年到图坦卡蒙统治的第一年或第二年；第二，从埃赫那吞改革来看，早在阿蒙霍特普三世统治时期，阿吞崇拜就已经初见端倪，直到图坦卡蒙统治的第五年改革才被废除；第三，正是在这四十年的时间里，埃及、米坦尼、赫梯、亚述和巴比伦等五个强国彼此制衡的政治局面基本完成。

阿玛纳时代是“大国势力均衡时期”，是政治体系构建过程中两个动态阶段之间一个相对稳定的阶段。当然，这个时期也会发生一些具体的政治运动，但是它们并没有影响这一时期相对稳定的政治格局。只有在相对和平的时期，那些已经出现的外交惯例才能趋于规范和成熟。埃及、赫梯、米坦尼、亚述和巴比伦这样的地域大国之间所达到的势力均衡，是在它们长期兼并叙利亚和巴勒斯坦地区城市国家的过程中实现的。在势力均衡时期，各地域大国的势力范围均衡分布，并覆盖了所有东地中海世界。它们中没有一个能够在军事上、技术上或者组织上有进一步动作，进而形成大一统的帝国。只有在阿玛纳时代以后的势力均衡局面瓦解之后，大一统的帝国才有可能实现。

在这种势力彼此均衡的交往体系之下，阿卡德语成为当时东地中海世界的通用语言。与此同时，任何一国的外交文献都使用双语，即本国语言和阿卡德语。各国语言中外来词增多，一些政治术语趋于统一并被广泛使用。而从考古学上看，阿玛纳时代是专业技术、艺术风格、纯原料和手工制品交流的高峰期。因此，无论是从物质文化还是从精神文化来看，这一时代都超越了地域文化的范畴，构建起了国际文化的体系。

（二）埃赫那吞改革

埃赫那吞改革肇始于宗教改革。第十八王朝的建立是以武力驱逐希克索斯人的统治为标志的。因此，这个王朝建立伊始，对外战争便时有发生。到图特摩斯三世统治时期，通过他二十余年的对外征伐，一个包括西亚和努比亚在内的空前强大的埃及帝国出现在西亚北非地区。图特摩斯三世在把埃及带到帝国时代的同时，也把世界主义的观念带给了埃及人。古王国时期，太阳神拉被视为国王，埃及是他的统治疆域；伴随着埃及世界性帝国时代的到来，太阳神的统治范围自然被扩展。阿蒙霍特普三世（前1391—前1353年在位）时期，埃及人的世界主义宗教观已经初见端倪。一篇来自于这一时期的坟墓铭文这样写道：“向您（太阳神）致敬，每一个人的伟大的神！你不知疲倦地升起于清晨，你的光芒照拂着每一个人……”① 这里的“每一个人”指的是埃及帝国境内的每一位居民，既包括埃及人，也包括那些居住在埃及海外领地的人们。因此，这段铭文揭示了埃及宗教的世界主义倾向。

另一方面，埃及的传统宗教是多神教，但是某位神在某一时期成为主神的情况也屡见不鲜。第十八王朝时期，由于其统治家族兴起于底比斯，原本在埃及宗教中无足轻重的底比斯主神阿蒙便获得了国家神的地位。为了弥补这位神并不显赫的出身，埃及人把他与太阳神拉合二为一，称阿蒙·拉神。然而，即便如此，阿蒙神仍然缺乏作为一位具有世界主义内涵的神明的特质。于是，一位足以与埃及帝国相匹配的新的国家神便应运而生。

在埃及国王看来，他们的对外征伐之所以大获全胜，完全得益于神明的护佑。因此，为了报答神明的眷顾，第十八王朝的国王们把大量战利品奉献给阿蒙神庙。不断地征战，不断地赏赐，导致阿蒙神庙祭司阶层政治、经济地位不断膨胀并对王权产生了威胁。这就必然会导致王权和神权之间矛盾斗争的不断升级。最后，在埃赫那吞的宗教改革中，这场斗争达到了顶峰。

公元前1352年，阿蒙霍特普四世（前1352—前1336年在位）登上王位。在统治的第五年，他把都城从底比斯迁到埃赫塔吞（埃及语含义是“阿吞的地平

---

① M. Litchtheim, *Ancient Egyptian Literature*, *Vol. II*, Berkeley, Los Angeles and London, 1976, p. 165.

线”），即现今的考古遗址阿玛纳。接着，他把自己的名字从阿蒙霍特普改为埃赫那吞（埃及语含义是“拥有阿吞精神的人”）。以这两件事为发端，一场空前绝后的宗教改革运动开始了。废除阿蒙崇拜和其他一切神明崇拜、提倡阿吞崇拜则是这次改革运动的核心内容。阿吞是以太阳圆盘为外在表现形式的太阳光芒，光芒所及之地皆为他的统治疆域，这一点完全符合埃及世界性帝国在意识形态领域的要求。埃赫那吞在统治的第九年下令关闭崇拜其他神明的所有神庙，同时把阿蒙和复数形式的“神”这一单词逐一剔除出一切铭文之外。至此，埃赫那吞宗教改革宣告完成。

埃赫那吞死后，其子图坦卡蒙（前1336—前1327年在位）继承了王位。在他继位后不久，埃赫那吞的宗教改革被废止。究其失败原因，有以下几个方面：第一，埃及人千百年来形成的传统宗教思想根深蒂固，他们无法接受阿玛纳宗教这一崭新的宗教形式。因此，阿玛纳宗教没有其得以发扬光大的群众基础；第二，阿蒙神庙祭司集团势力过于强大，以新型军事贵族为中坚力量的阿玛纳宗教也无法与之抗衡；第三，埃赫那吞致力于国内事务，致使他完全丧失了对国际事务的兴趣，进而导致埃及国际地位的下降，这必然会引起埃及统治阶级内部以及广大平民百姓的强烈不满。总之，在上述种种力量的共同作用下，阿玛纳宗教的失败在所难免。

虽然埃赫那吞的宗教改革以失败而告终，但是它却因其独尊一神阿吞的宗教信仰而在古代埃及乃至于世界宗教史上占据重要地位，并引发了埃赫那吞在文学和艺术上的改革。文学和艺术是埃赫那吞宗教改革的衍生品，同时也对其宗教改革起到了推动作用。无论是阿玛纳时代的文学作品，还是雕像、浮雕和壁画等艺术作品，都充分体现了自然主义的创作风格。《阿吞颂诗》写道：“当你升起的时候，他们（万物）把他们的双臂高高举起，向你致敬。……所有的牲畜都在牧场上休息，所有的树木和植物都枝茂叶盛。鸟从巢穴中飞出，它们展开翅膀，在感谢你给予他们的恩泽，所有的动物都在欢呼雀跃。所有的事物都在飞舞闪光。”①这段文献用灵动形象的语言描绘了阿吞神对万物的眷顾。

而这一时期的艺术作品则用写实的手法描绘出埃赫那吞的家庭生活，这与以往埃及艺术作品中国王庄严、凝重和呆板的形象形成鲜明的对比。在一幅浮雕中，在阿吞神的照拂下，埃赫那吞和王后正在逗弄孩子，充分表现了父母对儿女的慈爱与国王和谐的家庭生活。

四、新王国的衰落

（一）利比亚人和海上民族的入侵

新王国是以驱逐希克索斯人的战争为开端的，因此，这一时期埃及对外战争

---

① M. Litchtheim, *Ancient Egyptian Literature*, *Vol. II*, Berkeley, Los Angeles and London, 1976, pp. 89-100.

频仍。以米格都战争为代表的图特摩斯三世的对外战争把埃及带入帝国时代，这是新王国对外战争的第一阶段，即成功的进攻阶段。到第十九王朝国王拉美西斯二世统治时期（前1279—前1213年在位），埃及的对外战争进入以失败的进攻为特征的第二阶段。拉美西斯二世统治的第五年，即公元前1274年，因叙利亚小邦阿姆如的归属问题，埃及与小亚强国赫梯交战于卡代什，这就是世界历史上著名的卡代什战役。拉美西斯二世御驾亲征，但以失败而告终，埃及失去了对叙利亚地区的控制权。而埃及对利比亚和海上民族成功的防御则是新王国时期埃及对外战争的第三阶段。

利比亚人对埃及的入侵发生于第十九和第二十王朝。根据第十九王朝国王美楞普塔（前1213—前1203年在位）的以色列石碑记述，他第一次接到有关利比亚人入侵的战报是在统治的第五年四月。这一年利比亚人联合其他部族长驱直入三角洲地区，但被击溃。

第二十王朝国王拉美西斯三世（前1184—前1153年在位）统治时期，利比亚人再次大规模入侵埃及。埃及从这一次战役中取得的战果远远超过了美楞普塔统治时期的那一次："注意！我（拉美西斯三世）奋力地摧毁并杀戮他们。我杀戮他们，直到他们血流成河，战场上利比亚人的尸体堆积如山。我有效地阻止了他们对埃及边境的侵扰……成千上万的利比亚人成为俘虏，他们以及他们的妻儿像牲畜那样被捆绑着，并被掷于我的马前。"① 据拉美西斯三世的浮雕所载，此次战役至少有28000名利比亚人被杀死！即使去掉拉美西斯自我夸大的成分，所杀人数也应该在12000—13000人。拉美西斯三世在统治的第十一年再一次成功地阻止了利比亚人的进攻。

利比亚和埃及的冲突，一是因为利比亚和埃及领土的接壤，为利比亚人侵略和渗透到埃及提供了自然环境上的条件。二是因为利比亚人的生活方式——游牧而非永久性的定居。三是气候的变化以及移民和人口的自然增长，导致利比亚东部地区粮食供给不足。美楞普塔统治时期的铭文表明，该时期利比亚人对埃及的入侵是由蔓延于利比亚地区的饥馑导致的，拉美西斯三世统治时期利比亚人的入侵则具有明显的移民特征，因为利比亚的军队中往往都带着数量巨大的妇女儿童和牲畜。比人口增长的压力还重要的一个原因，也就是第四个原因，是利比亚人的团结和骁勇善战。

新王国时期，威胁埃及安全的另一支力量是海上民族。海上民族是来自小亚细亚沿海和爱琴海诸岛的部族。公元前13世纪末，爱琴海诸岛经历了一次范围很

---

① J. H. Breasted, *Ancient Records of Egypt*, *Vol. IV*, Chicago: University of Chicago Press, 1906, pp. 25-26.

大且持续时间很长的因农作物歉收而带来的饥荒。这次大饥馑使当地的居民背井离乡，后铤而走险，从事海上掠夺活动。于是，食物充足的埃及成为来自爱琴海诸岛和小亚地区饥民首攻和移民的主要目标。而这一时期爱琴海诸岛一次流传甚广的瘟疫也导致了海上民族的移民活动。此外，曾经强盛一时的位于小亚细亚西部的王国阿黑亚瓦的衰落和赫梯帝国的动荡，为处于这两个强权之间的小亚细亚沿海各城创造了获得解放的机会。于是，来自那里的部族与来自爱琴海诸岛的部族联合起来，把地中海沿岸富裕的国家作为他们进攻和移民的主要目标。

海上民族入侵埃及和西亚地区的重要证据是拉美西斯三世的《麦底奈特·哈布铭文》。该文献描写了拉美西斯三世统治的第八年，由七个部族组成联盟的海上民族发起了对埃及的进攻，但以失败而告终。在对埃及的冲击被成功抵御后，他们沿地中海东北方向横扫西亚地区，沿途消灭了乌加里特等东地中海世界的城市国家，并成为赫梯帝国的终结者。

海上民族对埃及和西亚地区的入侵，改变了古代西亚北非世界的格局，海上民族是亚历山大征服活动之前东地中海世界最大的一次动荡的始作俑者。他们的活动标志着一个和平稳定的时代的结束和一个动荡不安的时代的开始。

（二）新王国末期的社会经济状况

新王国末期，在遭受利比亚人和海上民族双重入侵的情况下，埃及内部也出现了严重的社会问题。第二十王朝末期，埃及陷入严重的经济危机中。饥荒蔓延，物价上涨加剧。努比亚金矿和西奈铜矿枯竭，加上与西亚贸易的中断而无法获得西亚的铁和银，最终使贵金属和原料短缺，从而使埃及社会经济处于困顿之中。

经济衰退的同时，中央行政管理体系也处于瘫痪状态。王权失去了对官僚机构的控制，官职世袭现象严重，行政管理体系混乱。《后宫审判纸草》记述了第二十王朝国王拉美西斯三世统治的第二十九年发生的一次宫廷政变，它表明王权已经失去了往日的威严。第二十王朝末期，祭司集团力量过度膨胀，为第三中间期时期宗教政权的建立埋下伏笔。与此同时，军事集团势力也不断增强，国王不能直接控制军队，“库什总督”因远离埃及而具有极大的独立性。埃及军队中的利比亚人因骁勇善战和战功显赫，社会地位逐渐上升，这为第三中间期时期利比亚人最终夺取埃及政权创造了条件。

中央行政管理体系的瘫痪和经济的衰退必然导致社会的混乱。第二十王朝末期，大量的盗墓纸草揭示出当时盗墓的猖獗。《都灵罢工纸草》则反映了因拖欠工资而导致的风起云涌的工人罢工，他们是建造和维修王陵的工人。利比亚人乘乱不断骚扰埃及西部边境，他们同盗墓贼联合起来在埃及边境大肆抢劫，严重地干扰了埃及人的正常生活，也给埃及社会带来不稳定因素。

在内外交困中，第二十王朝走到了尽头，埃及历史上最为强盛的时期——新王国宣告终结。其后，先有利比亚人、努比亚人、亚述人和波斯人接踵而来，后有希腊马其顿人和罗马人入主埃及。自此，埃及国力一蹶不振，直至完全消亡。

第三节 晚期埃及

一、第三中间期（前1069—前664年）

（一）利比亚时代（前1069—前715年）

强盛的新王国结束后，埃及进入第三中间期，包括第二十一至二十五王朝。利比亚人、努比亚人和亚述人相继入主，故此这一时期是埃及历史上遭遇外族入侵的时代。其中，以利比亚人为主导的第二十一、二十二、二十三和二十四王朝被称为利比亚时代。

公元前1069年，第二十王朝统治家族的一个旁支斯蒙德斯在三角洲东部地区的塔尼斯创建第二十一王朝（前1069—前945年）。第二十一王朝统治着埃尔·黑巴以北的埃及，埃尔·黑巴以南到阿斯旺的区域则控制在底比斯的高级祭司皮努杰姆一世手中。底比斯的祭司们表面上接受塔尼斯国王的统治，但具有很强的独立性。到塔尼斯王朝的最后一位国王普苏塞奈斯二世（前959—前945年在位）统治时期，由于他同时继任阿蒙神庙的高级祭司，埃及表面上重新获得统一，但是实际上国家仍处于分裂状态。

第二十一王朝统治时期，越来越多的利比亚人渗透到埃及。第二十一王朝末期，三角洲地区布巴斯提斯城的一支利比亚家族兴起。这一家族以战功起家，在第二十一王朝统治薄弱的时候，顺势夺取政权，建立第二十二王朝（前945—前715年）。第二十二王朝的创建者沙桑克一世（前945—前924年在位）即位后不久便任命其子为底比斯的最高祭司，以此把埃及南部地区纳入自己的统治之内。

据卡尔纳克神庙浮雕的描绘，沙桑克一世在巴勒斯坦地区有过一次战争。他还恢复了与东地中海港口城市巴比罗斯的贸易往来，后者是埃及在东地中海沿岸的传统贸易伙伴。在国内，他进行了大规模的建筑活动。沙桑克一世之后的将近100年时间里，埃及社会稳定，经济繁荣。从塔克罗特二世（前850—前825年在位）统治时期开始，第二十二王朝进入了动荡时期。塔克罗特二世任命他的儿子和继承人俄索空为阿蒙神庙的最高祭司，并赋予这一职位以军事职能。这一举措遭到底比斯祭司们的反对，于是，一场旷日持久的内战开始了。

塔克罗特二世死后，沙桑克三世（前825—前773年在位）篡夺了本该属于他哥哥俄索空的王位。因此，从沙桑克三世开始，埃及政权完全分裂。第一个自称为王的是派都巴斯特一世，他创建了第二十三王朝（前818—前715年）。与此同时，其他地方势力也自立为王，并在一定的区域内得到承认。

王权衰落的同时，底比斯阿蒙神庙高级祭司们的势力也随之衰落。第二十三王朝国王俄索空三世任命他的女儿塞蓬外派特为底比斯阿蒙神庙的“阿蒙圣女”，自此，“阿蒙圣女”取代阿蒙最高祭司而成为底比斯宗教领袖。由于拥有这一称号的人不能结婚，因此，“阿蒙圣女”需要用过继女儿的方式来选定继承人。

（二）努比亚王朝（前747—前656年）

公元前8世纪末，第二十四王朝[①]（前727—前715年）兴起于三角洲西部城市塞易斯。与此同时，首都位于第四瀑布附近涅帕塔的努比亚王朝入主埃及。努比亚人的统治在底比斯以南的上埃及得到了普遍认同，形成埃及历史上的第二十五王朝，即努比亚王朝。

公元前730年，第二十四王朝侵入尼罗河谷地，而尼罗河河谷名义上属于第二十五王朝的势力范围。于是，努比亚王朝国王皮亚（前747—前716年在位）率军北上，直捣孟斐斯，第二十四王朝和其他三个地方势力相继臣服。

皮亚的继任沙巴卡（前716—前702年在位）统治的第一年，努比亚王朝和第二十四王朝烽烟再起。在这次战争中，第二十四王朝的国王伯考瑞斯（前720—前715年在位）战死。消灭了第二十四王朝后，沙巴卡继续在埃及本土作战，先后消灭了其他地方势力。从这位国王开始，努比亚国王们开始定居埃及，并把孟斐斯定为首都。

沙巴卡的继承者塞比特库（前702—前690年在位）和塔哈尔卡（前690—前664年在位）统治时期，埃及经济繁荣。努比亚人效仿埃及早期艺术风格，在埃及和努比亚进行了大规模的建筑活动。据塔哈尔卡统治时期的几篇铭文记载，在他统治的第六年，尼罗河水位很高，泛滥得非常充分，给埃及农业带来了丰收。这一尼罗河高水位的记载被留存至今的卡尔纳克码头的尼罗河水位刻度所证实。

努比亚王朝统治时期，埃及在西亚地区的主要对手是亚述。公元前674年亚述国王埃萨尔哈东入侵埃及，但被埃及击溃。公元前671年，他再次进攻埃及，攻陷孟斐斯，使埃及向亚述称臣纳贡。努比亚国王塔哈尔卡逃往努比亚，但在两年后卷土重来，从亚述人手中夺回孟斐斯。公元前667年，埃萨尔哈东之子阿淑尔巴尼拔再一次征服埃及。阿淑尔巴尼拔任命塞易斯城的尼克一世（前672—前664年在位）为埃及国王。公元前664年，努比亚国王坦塔玛尼（前664—前656年在位）即位，并立即招募一支军队从南到北横扫埃及至三角洲地区。尼克一世战死，其子普萨姆提克一世即位（前664—前610年在位）。公元前663年，阿淑尔巴尼拔

① 第二十三王朝和第二十四王朝与第二十二王朝的后期并立；同时与第二十五王朝的前期也并立。

重新征服埃及，坦塔玛尼逃回努比亚。至此，努比亚王朝退出埃及，但继续统治着努比亚。

二、后王朝时期（前 664—前 332 年）

（一）塞易斯王朝（前 664—前 525 年）

阿淑尔巴尼拔征服埃及后不久，因巴比伦反叛而不得不回国，于是，普萨姆提克一世乘势脱离亚述统治，创立第二十六王朝。由于其首都在三角洲地区的塞易斯城，也被称为塞易斯王朝。自此，埃及历史进入后王朝时期，包括第二十六至三十一王朝。

塞易斯王朝统治初期，普萨姆提克一世致力于埃及政权的稳固。公元前 656 年，他通过把女儿过继给底比斯“阿蒙圣女”的方式，把原本听命于努比亚王朝的底比斯地区归于自己的统治，从而在埃及全境建立起统一政权。

政治上的统一和中央集权统治的建立使塞易斯王朝的经济繁荣。这一时期对外贸易频繁，大量的埃及谷物和纸草流向东地中海世界其他国家和地区，而埃及所需的铜等原料也源源不断地进口到埃及。经济繁荣集中反映在建筑的数量和质量上，塞易斯王朝的国王们继续在卡尔纳克建造神庙，而底比斯地区的官员坟墓群不仅规模宏大，而且装饰精美。塞易斯王朝的艺术风格秉承了埃及的传统艺术，这一时期故此被视作埃及传统艺术的复兴时期。

从塞易斯王朝开始，埃及完全融入东地中海世界。这一王朝的对外政策集中体现在两个方面，即与势力较弱的国家联手对抗势力强国和重新征服叙利亚与巴勒斯坦地区。在这一政策的驱动下，普萨姆提克一世支持巴比伦反对亚述，直到亚述灭亡。巴比伦强盛后，埃及转而支持巴比伦的对手，直至波斯成为东地中海世界的主要势力。尼克二世（前 610—前 595 年在位）继续执行这一政策，从公元前 610 年至前 605 年，他在叙利亚作战，但以失败告终。公元前 601 年，他击退了巴比伦国王对埃及的进攻。他还在地中海和红海为埃及装备了带有三层桨的战船，并开凿了尼罗河-红海运河，为埃及与地中海世界的联系提供了一条便捷的水上通道。

公元前 591 年，普萨姆提克二世（前 595—前 589 年在位）长驱直入努比亚，直捣努比亚王朝的首都涅帕塔。这次战争结束了自努比亚王朝退出埃及境内以来形成的和平局面，自此以后，努比亚王朝从埃及的政坛上彻底消失。

阿皮瑞斯（前 589—前 570 年在位）继续执行塞易斯王朝的对外政策，支持巴勒斯坦诸城反对巴比伦。公元前 586 年的“巴比伦之囚”发生后，许多犹太人逃往埃及，并聚居在埃及南部的艾利芬提尼城（“大象城”）。公元前 570 年，埃及军队在与希腊人作战时哗变，军事将领阿玛西斯（前 570—前 526 年在位）自立为王。

从塞易斯王朝的第一位国王普萨姆提克一世开始，埃及便使用希腊雇佣兵作战。战事结束后，一些希腊人便定居埃及。与此同时，大批希腊商人和手工业者来到埃及。到阿玛西斯统治时期，埃及的希腊人人数剧增。为限制希腊人的贸易活动，减少埃及人和希腊人的摩擦，阿玛西斯在三角洲地区创建了希腊人聚居地——瑙克拉提斯城。

塞易斯王朝是埃及历史上最后一个政治稳定和经济繁荣时期。塞易斯王朝结束后，埃及文明进一步走向没落，相继被波斯人、希腊人和罗马人征服，直至最终消失在阿拉伯文化中。

（二）波斯入侵

阿玛西斯统治末期，波斯国力增强。普萨姆提克三世（前526—前525年在位）统治的第二年，即公元前525年，波斯国王冈比西斯（前529—前522年在位）征服埃及，是为第二十七王朝（前525—前404年），又称第一次波斯征服时期。

为了稳固波斯在埃及的统治，冈比西斯的继任者大流士一世在埃及建造神庙，并最后完成了尼克二世统治时期开始开凿的尼罗河-红海运河。这条运河为波斯和埃及的直接联系提供了便利条件。公元前490年，波斯在马拉松战役中失利，宣告了长达80年的埃及人反抗波斯人斗争的开始。在这场斗争中，埃及人以与希腊诸城交易谷物为条件换取了希腊的军事支持。三角洲西部地区是反抗的中心，而波斯的统治中心则在尼罗河谷地。

公元前404年，塞易斯城的阿米尔塔奥斯把埃及三角洲地区从波斯手中解放出来，创建第二十八王朝（前404—前399年）。到公元前400年，埃及全境获得解放。公元前399年，蒙迪斯城的奈弗瑞特斯篡夺了王位，建立第二十九王朝（前399—前393年）。

公元前380年，来自塞本米托斯城的军事将领奈克塔奈布一世（前380—前362年在位）篡夺了王位，建立第三十王朝。公元前373年，奈克塔奈布一世成功地击败波斯人的进攻。之后，埃及加入了一个反波斯联盟。公元前343年，波斯再次征服埃及。于是，埃及开始了长达十一年的第二波斯统治时期，也即第三十一王朝（前343—前332年）。

三、托勒密王朝的埃及（前305—前30年）

（一）托勒密王朝的建立

公元前332年，马其顿国王亚历山大大帝在没有遭遇任何强烈抵抗的情况下占领了埃及。驻留埃及期间，他修建了亚历山大城，并将其作为埃及的政治、经济、文化中心。公元前 323 年，亚历山大去世，部将托勒密为埃及总督。公元前 305 年，托勒密效仿马其顿的其他总督，宣布自己为埃及国王，即托勒密一世（前 305—前 285 年在位）。自此，埃及开始了希腊-马其顿人统治的时代，也即托勒密王朝，直至公元前 30 年被罗马帝国征服。

（二）托勒密王朝的统治

托勒密一世及其继承人托勒密二世和三世统治时期，埃及国力强盛，昔兰尼（希腊人在利比亚建立的殖民城市）、努比亚、叙利亚和巴勒斯坦地区、塞浦路斯和小亚细亚等许多城市皆归埃及统治。到公元前 3 世纪中叶，埃及成为东地中海世界的强国。

在政权组织上，托勒密王朝的国王们保留了埃及专制主义中央集权体系。正如埃及法老那样，托勒密诸王总揽政治、经济、军事和宗教等各个部门，有至高无上的权力。托勒密王朝时期，王权得到了进一步神化。除祭司外，希腊学者也加入了神化王权的行列。他们竭力宣扬人间秩序是天国秩序的反映，君主制度是最好的最完善的人间政权。托勒密王朝诸王往往在他们原有的名字外又加上了一个称号，如“拯救者”（托勒密一世）、“爱兄弟者”（托勒密二世）、“灿烂”（托勒密三世）、“爱父者”（托勒密四世）、“神选者”（托勒密五世）等。

托勒密王朝沿用埃及原有的行政区划，即以“州”或“诺姆”为地方行政单位。“州”的首脑是“将军”，代替埃及原有的“州长”在地方行使军事、行政和司法权力。州分为若干“县”，“县”下为“村”。“县”和“村”皆由中央行政机构所委任的官吏管理，“村”的最高官员是“村长”。托勒密王朝的财政自成一个独立部门，由“财政大臣”掌管。

公元前 2 世纪是托勒密王朝政治和经济的衰退时期，王室内部政变迭起，与此同时，南部埃及人的反抗从托勒密四世（前 221—前 205 年在位）开始不断升级，到公元前 85 年达到顶峰。在叙利亚和巴勒斯坦地区，埃及失去了许多属国，甚至被叙利亚的安条克王国征服。

公元前 1 世纪，托勒密王朝的衰落局面继续加剧。诸多的因素有利于埃及人摆脱希腊人的统治。然而希腊衰落的同时，另一个强大的势力罗马正悄然兴起，它后来成为埃及新的主宰。

（三）托勒密王朝的社会经济生活

托勒密王朝的头三位国王统治时期是埃及社会经济的发展期。国家对经济实行垄断，一年两熟的农业生产模式在希腊世界广泛传播。托勒密王朝时期，土地按使用情况分为两大类：一类是王室土地，直接由王室支配；一类是可转让的土地，包括国王赐予官员的土地，即御赐领地、神庙土地和军事移民的土地。大部分王室领地和御赐领地被租给“国王佃农”耕种，他们要交纳沉重的租税，生产过程处在国家官吏监督下，不得自由迁徙。军事移民的土地，即归农兵的土地不仅地块很小而且比较贫瘠，但是享受免税待遇。

托勒密王朝时期，埃及手工业繁荣。手工业门类齐全，有亚麻、羊毛和丝的纺织业，珠宝加工业以及玻璃、纸草、木器、青铜器、黄铜器和铁器等制造业。由于规模的扩大和从业人数的增加，手工业行会开始出现。行会会员缴纳一定会费，遇到急需时，会员可从中获取资助。行会有固定的集会时间和地点，会长由会员选举产生。这一时期，商人、军人和诸如教师等知识阶层也组织了自己的行会。

托勒密王朝统治下的埃及商业贸易发达。亚历山大城成为东地中海世界最大的商业贸易中心，它不仅与埃及其他城市进行国内贸易，而且与其他国家进行国际贸易。埃及主要出口谷物、纸草、香料等，同时也从昔兰尼进口马匹，从努比亚进口黄金，从塞浦路斯进口铜和锡。这一时期埃及商业势力扩展到地中海的非洲北岸、爱琴海、亚洲沿岸，直至黑海。法洛斯岛上的巨型灯塔见证了托勒密王朝对外贸易的繁荣。

（四）托勒密时期埃及的文化

托勒密王朝是埃及文化和希腊文化的融合期，并集中表现在宗教上。作为统治者，希腊马其顿人力图将他们的文明强加给埃及人。但是埃及不仅地域辽阔、人口众多，而且还具有数千年的文化传统。为了稳固在埃及的统治，托勒密诸王不得不在推行希腊文化的同时，在某种程度上接受埃及文化。与此同时，由于希腊宗教走向衰落，希腊人开始寻找新的精神寄托，这就为他们接受埃及传统宗教提供了可能。

在这种背景下，一个希腊埃及混合体的新神——萨拉皮斯神诞生了。它不仅是埃及公牛神阿皮斯和冥界之神奥西里斯的结合，更是希腊主神宙斯、太阳神赫利俄斯、冥王哈得斯、医药之神阿斯克勒庇俄斯和酒神狄奥尼索斯等诸多希腊神明的结合体。因此，萨拉皮斯神拥有丰产、丧葬、康复等多重职司，是这一时期埃及最伟大的神明。萨拉皮斯神的崇拜中心是亚历山大城。罗马统治时期，萨拉皮斯崇拜传播到整个罗马世界。

托勒密诸王不仅尊重埃及的神明，把埃及传统神明供奉在他们的万神殿中，而且还在埃及各地建造或修复埃及传统神庙，对当地原有的神明崇拜予以财政支持。他们在法尤姆地区、西部沙漠地区的黑比斯、卡尔纳克、菲莱岛和伊德富等地为埃及诸神建造神庙。

托勒密王朝时期，埃及的官方语言有三种，即铭刻体埃及语、世俗体埃及语和希腊语。也就是说，任何一块石碑、铭文、布告、敕令都同时使用这三种文字写成，其中最著名的是罗塞达石碑，它是公元前196年由托勒密五世颁布的敕令。为了便于掌握古埃及语，托勒密王朝还创造出一种希腊字母化的埃及语——科普特语。科普特语继承了古埃及语的语法体系，但是却以希腊字母为其书写形式。

托勒密王朝时期，希腊文化和埃及文化的融合还表现在艺术上。这一时期的艺术风格秉承了埃及传统，但是在具体人物形象的描绘上却带有浓厚的希腊元素。

亚历山大城的博学院和图书馆是希腊文化和埃及文化融合的载体。博学院最初是一个缪斯神庙，托勒密一世倡导学术研究，遂把它建成了广招希腊世界学者的博学院。博学院免费为学者提供膳食住宿，并免除他们的赋税。博学院相对宽松的研究环境成就了一批极具影响力的学者，如阿基米德、阿波罗尼乌斯、忒奥克里图斯、欧几里得和埃拉托色尼等。

通过搜集、购买和有计划地抄写原稿，亚历山大城图书馆藏书达到50多万卷，几乎包括了所有古代希腊著作和部分东方典籍。图书馆还对图书进行整理、注释和校订，为继承和传播古代文化作出了重要贡献。

第四节 古代埃及文化

一、文字的破译与埃及学的诞生

（一）罗塞达石碑的发现

1799年，远征埃及的拿破仑军队在尼罗河西部支流入海口罗塞达城附近修筑要塞时，发现一块黑色玄武岩石碑，此即著名的罗塞达石碑。该石碑从上到下分别用铭刻体埃及语、世俗体埃及语和古希腊语记述了公元前196年托勒密五世颁布的敕令。碑文内容本身并不具有很高的史料价值，但是，这块石碑对于破译古代埃及象形文字、揭开古代埃及文明之谜起到了至关重要的作用。罗塞达石碑的发现，使当时欧洲的学术界展开了一场破译埃及象形文字的竞赛，而最后的胜利者就是法国学者商博良。

（二）商博良与埃及学的诞生

1790年12月23日，商博良出生在法国南部城市菲若克的一个书商家庭。少年时代的商博良就对古埃及产生了浓厚的兴趣，并显露出惊人的语言才华。他学习古希腊文、拉丁文和希伯来文、巴比伦文、波斯文、梵文、阿拉伯文等多门古代东方语言，这就为日后他破译象形文字奠定了良好的基础。商博良的破译工作始于1822年，他从石碑上国王的名字托勒密入手，通过与其他资料和希腊语对比后，确定了p、o和l三个字母的读音，并于1822年9月发表了他的研究成果。由此，埃及学作为一门独立的新兴学科而诞生。

二、古代埃及文字、文学和纸莎草纸的流变

（一）古代埃及文字

伴随着埃及文明的演进，古代埃及象形文字也经历了几个发展阶段：古埃及

语、中埃及语、新埃及语和科普特语，其中的科普特语是字母化的埃及语，其他三种则属于象形文字。而古代埃及象形文字又有三种书写形式，即铭刻体埃及语、祭司体埃及语和世俗体埃及语。

古代埃及象形文字由大量的图形符号构成。现在我们知道有700多个这样的符号，它们可以被分成两大类：第一类是表意符号；第二类是表音符号。一个表意符号能够揭示出一个单词的基本含义，但是无法向人们展示它的发音，例如表意符号⊙代表了太阳和在含义上与太阳或太阳的特性有关的任何单词如光、明亮、白天、升起以及闪耀等。再如表意符号代表各种各样的船只，作为动词，它还表示航行的意思。

表音符号揭示了一个单词的辅音拼写形式。表音符号有三种基本类型：第一类是只展示单个辅音的符号；第二类是同时含有两个辅音的符号；第三类是同时含有三个辅音的符号。

埃及语的所有字母都是辅音，其中有五个弱辅音或半元音。古代埃及人不懂得使用元音，因此，确定埃及语单词的发音是非常困难的。

（二）古代埃及文学

教谕文学由格言和规则构成，以与道德规范相关的说教为主要内容。最早的教谕文学是第五王朝时期的《普塔霍特普教谕》，比较著名的有第十二王朝时期的《阿蒙迈斯一世教谕》，第十八王朝时期的《安尼教谕》和《阿蒙纳赫特教谕》等。教谕文学是研究古代埃及的社会伦理道德和埃及人精神风貌的重要文献资料。

古王国结束后，埃及历史进入了政局不稳、社会动荡和经济衰退的第一中间期。这种社会背景为悲观或先知性文学的产生提供了土壤。《伊普味陈词》和《一位悲观者和他的灵魂的对话》是最著名的两部。后者记述了一位悲观的人试图自杀、但被他的灵魂劝阻的过程。

古代埃及语缺少元音，而诗歌必须押韵，没有元音，便无法押韵，因此在埃及文学作品中我们无法找到严格意义上的诗歌。在古代埃及，音乐和演唱存在于埃及人日常生活和宗教节日中。由于没有乐谱流传下来，所以我们无从知晓乐曲的音调，但是许多歌词和赞美诗却被保存了下来。

第一类是坟墓壁画上的歌词，多以埃及人的日常生活为内容。第二类是爱情歌词，最初以口头传诵，直到第十九王朝它才成为一种文学题材。第三类是赞美诗，以国王和神明为其赞美对象。成书于中王国时期的《尼罗河颂诗》是我们所知的最早赞美诗，现存版本来自于第十九王朝。

故事是由民间口头创作的，语言生动，想象力丰富，情节曲折离奇，包含了一定的历史信息。比较著名的有《遇难水手的故事》《辛努西的故事》《真理和谬误之争》《两兄弟的故事》《悲哀王子的故事》《维纳蒙历险记》等。其中最为著名的是《辛努西的故事》，它以游记的形式讲述了第十二王朝时期一个名叫辛努西的人在巴勒斯坦地区的经历。它几乎包含了中埃及语的所有语法，且语言经典，所以成为古代埃及文学的代表性作品。

（三）纸莎草纸的流变

埃及的纸莎草纸是目前已知最古老的纸质书写材料，几乎与埃及文明同步产生。纸莎草是一种类似芦苇的水生莎草科植物，草叶呈三角形，用它为原料造出来的书写材料就是纸莎草纸。纸莎草纸的传统制法是：首先用小刀剥去纸莎草的外皮，留下髓部，并割成薄片，放入水中浸泡几天。捞出后用木槌敲打，压去水分，重复多次。再把薄片两端切齐，一条条横向并排铺开，然后在上面纵向排开，并用石块压紧，挤出糖质黏液，使草片相互黏结起来。晾干以后，用象牙或者贝壳磨平草片的表面，就成了纸莎草纸。目前所知的最宽的纸莎草纸卷是古埃及的丧葬文献《亡灵书》，该文献宽度达 49.5 厘米。最长的纸莎草纸卷是《哈里斯大纸莎草纸卷》，该文献长达 41 米。

大约在公元前 650 年，纸莎草纸传入希腊，并很快成为古代地中海地区一种通用的书写材料。4 世纪到 5 世纪间，纸莎草纸被人们放弃，羊皮纸开始成为起主导作用的书写材料。而在阿拉伯世界，纸莎草纸的使命也在 8 世纪中叶基本终结，纸莎草种植和纸莎草纸生产逐渐绝迹。从此以后，中国发明的纸逐渐取代纸莎草纸，成为主要的书写材料。

三、古代埃及宗教

（一）奥西里斯的传说与来世观

据古代埃及神话记载，奥西里斯是一位智慧而又仁慈的国王，他的弟弟塞特非常妒忌他的权力和名望，设计将他诱入一个装饰华美的箱子，并把箱子封死，扔进尼罗河中淹死。但是奥西里斯的妻子伊西斯却找到并修复了他的身体。当塞特得知这一消息后，又把奥西里斯的身体肢解成十四块，丢弃在埃及各个地方。后伊西斯找到了他的尸体，并在众神的帮助下，成功生下他们的儿子——鹰神荷鲁斯。荷鲁斯长大后，在伊西斯的帮助下，经过众神调解，从塞特手中夺回了王位。而奥西里斯由于已死去，必须永远留在冥界，作为死去人们的神，由他对新入冥国的人施行审判，决定此人是否可以拥有永恒的来世。

由于奥西里斯的传说和埃及自然环境的影响，古代埃及人有着强烈的来世观念。古代埃及人认为死亡是再生的开始，并且灵魂是不死的。为此，他们制作木乃伊，以备来世使用。在埃及人的来世观中，永恒的灵魂包括三个部分：卡、巴、阿哈。“卡”是个体的生命力，或精神的本生体。“卡”也如活人一般需要依赖饮食而活，没有食物，“卡”就不能生存。“巴”是真正意义上的灵魂，通常以人头鸟的形象出现。人死后，他的“巴”能够自由地在墓中停留，白天还可在人世间游走，夜晚则回到墓中。“阿哈”是寄居在天国中的灵魂。它们是围绕北极转动的星辰，永不殒灭。

（二）古代埃及人的多神崇拜

古代埃及宗教的一个特点就是多神崇拜。古代埃及人崇拜的神有 2000 多个，几乎每个地方都有其所崇拜的主神。在埃及的众神之中，有十二位神影响比较大，他们是阿蒙、拉、奥西里斯、伊西斯、荷鲁斯、塞特、普塔、阿图姆、阿吞、阿努比斯、哈托尔和托特。其中前五位神的具体职司如下：

阿蒙神原是底比斯城的地方神，中王国时期，随着底比斯势力的强大和对整个埃及的统一，阿蒙神的影响也随之传播至全国。到新王国时期，阿蒙神成为埃及国家的主神。他的形象是一位头戴两根羽毛的男子，有时也被描绘成人身羊头。

拉神，即太阳神。原本是赫利奥坡里斯的地方神，被认为是人类的创造者。他白天乘坐着太阳船翱翔在天空，夜间则乘坐着另一条船穿越冥界的黑暗，并将光明再带回人间。如此昼夜交替，循环不止。拉神一般被描绘成人身鹰头、头顶太阳圆盘和眼镜蛇的形象。由于古代埃及人对太阳力量的崇拜，所以拉神被统治者重视，成为王权的保护神。

在古代埃及宗教中，奥西里斯神掌管着冥界，是大地和植物之神。奥西里斯神的形象是一具站立的木乃伊，身穿白袍，头戴王冠，双臂交叉在胸前，一只手拿着权杖，另一只手拿着象征丰产的连枷，脸部被涂成黑色或者绿色，代表了多产和重生。由于奥西里斯具有再生的能力，所以古代埃及人也将其看成尼罗河的化身，他的死象征着每年的旱季，而复活则象征了尼罗河水一年一度的泛滥和谷物的生长。

伊西斯神是一位女神，她是奥西里斯之妻，荷鲁斯之母，是魔法之神和妇女生产的保护神。伊西斯神头戴象形文字符号“宝座”，手持生命符号，其崇拜中心在菲莱岛。在希腊人和罗马人统治埃及时，伊西斯崇拜一度传播到罗马世界。其怀抱荷鲁斯的形象成为圣母玛利亚怀抱圣子的摹本。

荷鲁斯神是王权的守护神，是国王的化身。荷鲁斯的主要崇拜地是上埃及的伊德富，他常以头戴太阳圆盘的鹰或者戴有王冠的鹰头人身形象出现。他的右眼是太阳，左眼是月亮，手中握着象征生命的象形文字符号。

四、古代埃及艺术

（一）建筑

坟墓是古代埃及的代表性建筑之一。古代埃及的坟墓建筑有以下几个建筑样式：一是矩形墓。由于在阿拉伯语中矩形被叫做“马斯塔巴”，故称马斯塔巴墓。

古王国和中王国时期，马斯塔巴墓非常盛行。许多马斯塔巴为夫妻合葬墓，因此有两套通道和寝陵。二是金字塔。从马斯塔巴到金字塔的过渡是第三王朝佐塞王的梯形金字塔。它由佐塞王的大臣伊蒙霍特普设计，最初只是一个巨大的马斯塔巴。但是因为佐塞王觉得不够宏伟，伊蒙霍特普就在马斯塔巴的基础上叠加了几个逐层缩小的马斯塔巴，从而成为今天我们所见到的由六级高低不等的马斯塔巴组成的梯形金字塔。经过发展演变，梯形金字塔发展成为我们今天熟知的金字塔。最有名的就是坐落在今天埃及吉萨地区的吉萨三大金字塔。三是岩窟墓。除金字塔外，埃及人还在悬崖峭壁上开凿深入岩石的墓穴，这些石穴墓大小相差悬殊，大多数有一个长长的礼拜堂，一个很深的通道从礼拜堂一直往下伸进寝陵中。精雕细刻的石穴墓有很多饰有浮雕的房间，这些浮雕以宗教神话和埃及人的日常生活为主题。整个坟墓的外观呈金字塔形。这样的石穴墓最早出现在古王国时期，新王国时期成为埃及坟墓的主要样式。

古代埃及的另一个代表性建筑是神庙。神庙是埃及文明的重要载体，反映了古埃及社会文明的发展水平，蕴含着古埃及人的宗教信仰、民族审美、文化象征等多层内涵。现存的古代埃及神庙有卡尔纳克阿蒙神庙建筑群、卢克索神庙建筑群、阿布辛贝勒神庙等。其中，卡尔纳克阿蒙神庙建筑群规模最大，也是全世界最大的神庙建筑群。

古埃及神庙一般有一条中轴线，沿着中轴线，呈南北方向延伸，依次为塔门、庭院、多柱厅、圣所。塔门是最具特色的部分之一，由对称的东西两个塔楼和连接它们的天桥组成，象征东西地平线，是太阳神每天必经之路。其次是庭院。神庙中的庭院一般位于塔门后面，也叫“露天庭院”，三面都是柱廊，没有顶，只有巨大的柱子成行排列。在庭院中，通常在轴线的一侧设有供奉祭品的祭坛。庭院的墙上浮雕通常以国王的宗教活动和军事行动为主题。多柱厅就是立有圆柱的大厅，通常是一座横在纵向轴线上的大厅。在不同的神庙中，多柱厅的柱子的数目也有所不同，大厅中间的两排柱子最高。多柱厅还设置了一排纵向的天窗，窗户有格栅。柱子装饰成纸莎草开放形状或纸莎草蓓蕾形状等，以纸莎草强有力的生命力和支撑力来象征这些巨柱支撑天空的能力。柱身浮雕有法老祭神等场面，墙面则通常对国王主持的各种仪式进行描绘。圣所是位于中轴线末端一个小而暗的房间，里面供奉着神的雕像。雕像放在顺着地势逐渐升高的神龛中，这是神庙中最重要的部分，也是神庙地势最高的部分，是神休息的地方，象征着创世之时最先从原始瀛水中突起的小丘。

（二）雕刻

早王朝时期，石刻雕像开始出现。第三王朝和第四王朝初期，石质建筑得到全面发展，精细的雕塑也随之出现。埃及艺术家在雕像的造型上显得有些古板，但也不乏创新和发展：站立的形象往往具有动感，如同正向观看者走来；端坐的形象充满威严；蹲坐的形象使人联想到一个最尊荣的职业——书吏。每一个形象，都给人以质朴无华、稳重大方的印象，其端庄宁穆的神态更令人心驰神往。尽管埃及雕像姿势各异，但是人物的面部表情却因千篇一律而缺乏生气。

中王国时期的雕像在人物表情上有所发展。青年人不再是主要雕塑对象，成熟忧郁的表情开始出现在这一时期的雕像上，以第十二王朝的国王塞索斯特里斯三世的头像为典型代表。新王国阿玛纳时代开始出现用写实手法创作出来的雕像。然而到拉美西斯二世之后，埃及雕像的创作水平日趋下降，夸张的人物形象让这一时期的埃及艺术丧失了真实性和生命力。后期埃及时期的雕刻作品日益形式化，千篇一律，与现实完全脱节。第二十五王朝时期，由于受到努比亚和亚述风格的影响，埃及雕刻艺术一改往日的阴柔之气，现实主义风格悄然兴起。第二十六王朝时期埃及的雕刻艺术只是对早期埃及，特别是古王国时期优秀作品的模仿。而希腊罗马统治时期的雕像艺术则体现了埃及艺术风格和希腊罗马艺术风格的融合。

浮雕的主题多为历史事件。最早的浮雕作品是前王朝时期的蝎王权标头和纳尔迈调色板。埃及文明的早期，埃及浮雕的创作手法业已形成，即所谓的正面律：脸、脚、腿是侧面的，躯干和眼睛是正面的。浮雕分为镂空浮雕和浅浮雕两种。在镂空浮雕中，背景和人物没有被分开，人物被刻在画面的下方，这正好与浅浮雕相反。在浅浮雕中，背景和人物是分离的，高高地突起于表层之上。中王国时期，镂空浮雕变得越来越普遍。塞努塞特舞蹈浮雕标志着这种艺术类型在这一时期的发展。

第十八王朝时期的艺术家为国家的强盛所鼓舞，创作了大批艺术珍品，如卡尔纳克神庙和卢克索神庙以及第十八王朝法老建造的其他神庙中的浮雕。这些浮雕风格典雅，气势恢弘，画面和谐。然而到阿玛纳时代，埃及的艺术风格发生了根本的变化。埃赫那吞对传统的艺术思想和表现方法进行了全面的改革。同时，一种新的艺术风格，即现实主义的艺术风格悄然兴起，在浮雕上表现得十分明显。第十九王朝时期，追求工艺的完美是雕刻家的最高目标。第二十六王朝时期，浮雕中也存在着对过去作品机械模仿的现象，但是从整体来看，第二十六王朝的艺术作品还是很精美雅致的。托勒密王朝时期，神庙外墙浮雕反映出一种浮华虚夸的特征。

（三）绘画

在埃及，绘画是一种廉价的艺术。埃及最早的绘画出现于史前时期后期，其代表作品是位于希拉康波里坟墓中的绘画。整个古王国时期，绘画主要用于墓室的装饰，而且仅仅用于那些不太重要的人物和场面上。它们颜色鲜艳夺目，但未被列入艺术的范畴。中王国时期，优秀的绘画作品十分少见，其最高成就表现在位于拜尼·哈桑的地方官员墓室中的绘画作品上。第十八王朝时期，绘画开始受到人们青睐。位于底比斯的官员墓室几乎全部由绘画装饰。

阿玛纳时代，像雕像和浮雕一样，绘画艺术风格也完全改观。但埃赫那吞的艺术改革给绘画艺术的影响却是积极的。画家比雕刻家更容易消化吸收新的艺术思想，并创作出了令人赞叹的作品。来自于阿玛纳时代的一幅作品描绘了两个小公主坐在母亲膝上的动人场景，明暗处理十分得体。但这种创作风格此后被湮没，直到希腊艺术方法渗入之后才在埃及重新出现。

后王朝时期，绘画被广泛地用在小型木质墓碑之上。此外，从第十八王朝到后王朝时期，纸草画获得很大发展。然而它们的题材一般局限于宗教方面，是对亡灵书的复制，但工艺精湛。

五、古代埃及科学

（一）医学

从流传下来的埃博斯纸草、埃德温·史密斯纸草和柴斯特·比提纸草第四卷等医学纸草中，我们看到了埃及辉煌的医学成就：古代埃及语早已有表示人体各个器官的单词，如瞳孔、眼角膜、心脏、气管、肺、脊椎盘、四肢、大脑、脑膜、脊椎骨、肋骨、肠子、脾脏、男性和女性的生殖器、子宫和肾脏。

古代埃及人已经认识到心脏的中间部位是心血管系统，已经知道脉搏可以用来诊断病情，同时认识到了心脏病的很多病症如心绞痛、心颤、心悸。埃及人还懂得如何固定断骨、治愈下巴和肩部脱臼、治疗妇女不孕不育、切除肿瘤、排出脓肿和止血。他们还用发霉的面包来阻止伤口感染。埃及人还把数以千计的动物、植物和矿物质入药。

（二）数学

记载埃及数学成就的文献多为纸草，其中以莫斯科数学纸草和林德数学纸草最为著名。古代埃及人建造金字塔的能力告诉我们，他们应该知道了 π 的确切值，并且能够计算出平方根。古代埃及人已经学会运用无理数，或至少是这类数字的知识。古代埃及人把测量一边为 1 肘尺的正方形对角线时所用的计量单位称作臂尺，它是肘尺的 2 倍。这种无理数在公元前 2000 年左右就被埃及人使用，它证明古埃及书吏已经认识到了边和对角线的不可整除性。

古代埃及人用于计算三角形、长方形和梯形的公式沿用至今。记载于芮德纸草第 41—43、48 和 50 号问题中最难解决的问题是圆形面积问题，在每个问题中，面积的计算都是通过这样的方式进行的：“减去直径的九分之一，然后将剩余的数字平方，就得到了它的面积。”这样就出现了一个问题，题中包含的数字在多大程度上接近 π（圆周长和直径的比值）。通过简单的计算可以得出，该数值为

256/81,或是3.16，和已知π的数值3.14相比，误差小于0.6%。

（三）天文学

古代埃及人很早就把天文学知识用于农业生产活动之中，并制定了行之有效的历法。古代埃及人把尼罗河开始泛滥和天狼星偕日同升一齐发生的那一天定为新年的开始，即第一季的第一个月的第一天，正常为7月1日。古代埃及历法规定：一年365天，12个月，一个月为30天，年终另加5天为宗教节日。一年又分成3季，每季4个月，第一季叫阿赫特，是尼罗河水泛滥的时期，即泛滥季；第二季叫佩雷特，是播种和庄稼作物生长的时期，即冬季或播种季；第三季叫施木，是收获的时期，即夏季或收获季。遗憾的是，这个历法忽略了1/4天，由此它要比真正的太阳历每年早结束1/4天。以4年为一周期，第4年要比真正太阳历早结束1天，第8年则早结束2天，如此循环下去，自然季节就要发生混乱。最初人们并没有意识到这一问题，可720年后，埃及的阴历年将比太阳年早开始6个月，这时，阴历上的冬季将在夏季出现。随着时间的推移，1460年后，这个历法将比正常的太阳历整整早了1年，于是一切日期和季节又全部恢复原状，同太阳历相吻合。

古代埃及法老时期的天文学文献鲜有流传。这也许是因为，在古代埃及，天文学是一种秘传的知识，埃及的祭司为了防止天文知识的外传和泄露，根本没有将它们书写记录下来。故此，他们或许掌握着比现在流传下来的还要多的天文学知识。

本章小结

从文明的形态看，古代埃及历史分为两个阶段，即法老时代和希腊-罗马统治时代。法老时代，也即埃及的三十一个王朝时期，是埃及文明的独立发展期；希腊-罗马统治时代，埃及因失去了政权的独立性而被迫打开国门，却促使其文明走向世界，开始与以希腊文明为代表的西方文明融合。故此，希腊-罗马时代是埃及文明与希腊-罗马文明的融合期。

从埃及文明的发展过程中，我们看到，它是从王国到中间期再到王国，从统一到分裂再到统一，从有序到无序再到有序……循环往复，呈螺旋式上升。在这个发展过程中，“中间期”发挥着承前启后的作用，在前一个王朝中长期积累的各种矛盾都在混乱无序的振荡中得以消化解决，为下一个王朝的开始扫清障碍。所以，绝不能简单地将“中间期”看作埃及文明的衰落时期，而应该是新王朝的孕育期：第一中间期孕育出中王国；第二中间期孕育出新王国；而第三中间期经过

400 余年才生出一个第二十六王朝。显然，第三中间期已经不能再像前两个“中间期”那样迅速而有效地医治新王国在 500 多年里所积累的社会创伤。埃及文明正常的生长规律被打破了。于是，利比亚人、努比亚人、亚述人和波斯人相继成为埃及的主宰。接着，埃及被马其顿亚历山大征服，公元前 1 世纪末成为罗马帝国的一部分，埃及文明逐渐衰落。阿拉伯人征服埃及后，埃及最终融入阿拉伯世界。

当 394 年菲莱岛上的伊西斯神庙的大门黯然关闭时，埃及文明 3000 年的辉煌便逐渐淡出人们的视野，成为湮没在漫漫黄沙中的堆堆荒冢。它似乎与当世失去了所有的联系，而成为人们记忆中的一个符号。然而，博大精深的埃及文明却深深地影响着地中海世界其他文明，特别是希腊文明。并通过希腊文明，对西方文明乃至世界文明产生了深远影响。从这个意义上说，埃及文明从来就没有真正地消亡过，多姿多彩的埃及文明元素正以各种样式和方式存活于当代世界文明诸形态之中。换言之，埃及文明诸元素可能就在人们的身边，就在人们的社会活动和日常生活之中。所以，埃及文明，不仅是属于埃及人的，更是属于全人类的；不仅是属于历史的，更是属于当代的。

思考题

1. 简述古代埃及的统一过程。
2. 简述古王国时期专制主义中央集权统治的建立。
3. 简述新王国时期的对外战争。
4. 简述埃赫那吞改革的原因、内容和影响。
5. 简述托勒密王朝时期希腊文化和埃及文化的融合。

第四章　上古南亚（前4千纪—5世纪）

引　言

古代印度包括今天的印度、巴基斯坦、孟加拉国、不丹和尼泊尔，面积超过400万平方公里。它的范围与地理上所谓的“南亚次大陆”（又称“印度次大陆”）大致重合。

南亚次大陆的地形地貌复杂。从外部看，它与亚洲其他区域相对隔绝。北面绵延的喜马拉雅山、兴都库什山与南面狭长的V字形海岸线界划出次大陆的地理范围。山脉与海洋避免了印度文明过多地受到外来袭扰，而次大陆西北方的勃兰山口和开伯尔山口则保持了跨地区的经济、文化交流的通畅。从内部看，南亚次大陆主要由北部的印度河平原、恒河平原和南方的德干高原组成。其中，印度河与恒河分别向西南和东南方向绵延几千公里，流经之处往往形成大面积的冲积平原，故而人口比较稠密。尤其是，恒河所经之地土质肥沃，宜于农耕，是古代印度文明发展的核心区域。受特殊地貌的影响，南亚次大陆的气候与同纬度地区颇为不同。喜马拉雅山脉在冬季阻挡来自北方的大陆冷空气流入印度，避免了农业受寒流冲击；夏季来自南方印度洋面的热带季风则为德干高原和北部平原提供了大量的降雨。此外，北上的暖空气受喜马拉雅山脉的阻隔，更是在山脉南侧形成了持续的降雨期，使处于热带高温地区的农业核心区得到了更多雨水的滋润。

古代印度文明就在这样一块土地上滋发繁育，延展数千年。南亚次大陆是人类起源的故乡之一，其旧石器时代最早可追溯至距今约200万年前。

一般认为，印度历史早期的印度河文明是本地原住民创造的，他们被通称为达罗毗荼人。不过，受到南亚次大陆优越的自然条件吸引，其他地区的种族也大量迁入，因而印度地区种族构成十分复杂。各种族彼此冲突融合，先后形成的民族多达百余个。

第一节　哈拉巴文化

一、哈拉巴文化的发现

印度河的哈拉巴文化是南亚次大陆早期文化的代表，但这一事实长期以来并不为人所知。直到20世纪初，学术界仍普遍认为，在以雅利安人为主的印欧语系民族于平原地区建立古代文明之前，印度并未出现显著的文化迹象。1922年，考古学家在印度河流域发现了一处奇特的文化遗址，它远远早于后来的吠陀文化，时间上限大约为公元前2500年，印度历史也因此整整提前了1500年左右。经过数十年的发掘研究，整个印度河流域目前已发现大小城镇遗址200余处，其范围西起伊朗边境，东近德里，北及喜马拉雅山南麓，南临阿拉伯海，估计占地130万平方公里，呈巨大的三角形状，足可称为古代世界面积最广的青铜文化。这一文化以南部的摩亨佐·达罗和北部的哈拉巴为中心，人们习惯上称之为“哈拉巴文化”。可以肯定，其文明昌盛期已进入奴隶制发展阶段，与同期的埃及、两河流域水平相当。可惜因其文字尚未释读成功，目前对其历史的具体内容尚不清楚。

二、哈拉巴文化的特点

（一）社会与经济

哈拉巴文化的农业系统已初具规模。劳动工具方面，除大量的石器之外，已发现了铜制镰刀等农具。当时栽培作物种类多样，大麦和小麦是最主要田间作物，胡麻、豆类、椰子、枣等作物也是人们常用的食物。当时人们已经能够驯养牛、山羊等动物和各种家禽。由遗迹中出土的大量手工艺品和奢侈品可知，哈拉巴人已经掌握了对金、银等金属的加工技术，也能生产精美的用象牙雕制而成的颈环、胸饰、手镯和指环等装饰品。另外，制陶和纺织是哈拉巴文化的两个重要手工业部门。考古学家在遗址中发现了染缸，这表明当时的人已掌握纺织品染色的技术。此外，车船制造业等也已高度发达。农业和手工业的繁荣使哈拉巴文化的商业兴盛一时，不仅国内贸易活跃，国际贸易亦特别频繁。在大量古迹遗存的发掘中，发现了为数众多、图案各异的印章，同样的物件在伊朗、中亚、两河流域、阿富汗等地也被发现，这被很多人认为是印度与周边地区、甚至与遥远的地区进行经济交往的实际证据。而一些铜棒被认为有可能是古老的货币。罗塔尔海港遗址的发现，反映了当地与苏美尔的商业活动已经常化。

在已经发现的数百处哈拉巴文化的城市和村镇遗址中，哈拉巴城与摩亨佐·达罗城是规模最大、保存最为完整的两处。两座古城构造相似，纵横可达几千米。它们均以建立在6—15米高的人工土丘上的城堡为核心，周围低地上环绕着面积更大的市区和街道。城堡和市区之间隔有人工的沟渠。城堡内工事坚固，且设有各类活动区域，功能齐备。市区内街道布局整齐，最宽街道可达9米。摩亨佐·达罗的街道都是东西向和南北向的，纵横延展皆以直角相交。可以想见这些古城是在设计者精心布划之后才兴建的。另外，房屋一般用土坯烧制且规格基本一致的方砖建造，有的包括许多大厅和房间，还有两层建筑，并有良好的排水设备。而一些小房则根本没有排水设备。这些情况说明，社会上已有财产的不平等和阶级的对立，已经存在依靠剥削养尊处优的统治者。城内还建有墙高壁厚的巨大谷仓、立有高大石柱的集会大厅和宽敞而别致的公共浴池。整个城市体现出较强的实用性。

印度河文明已经创造了自己的文字，它们主要存留于各种石器、陶器、象牙制的印章上，这些文字符号有象形的，亦有用方、圆等几何图案组成的，有的符号表示概念、意义和数字，有的符号则表示音节，有时有重音标志。关于这些古文字的解读说法众多，但由于没有发现可以与之互证的其他材料，任何解释都不具绝对的说服力。一般认为这些文字属于达罗毗荼语族，但从这些遗址出土的头盖骨中也可以发现大量其他种族。正因如此，关于印度河文明来源问题，也成为考古学家与历史学家一直争论不休的斯芬克司之谜。它到底是土著文明还是外来文明呢？

（二）哈拉巴文化的衰落问题

印度河流域文明来得突然，去得更突然，以致日后印度文献对它只字不提。对印度河文明衰落的原因，学术界提出许多假说。一种说法为外族入侵说，持此说者认为，公元前1750年前后，一批外族人出现在印度河流域，在激烈的对抗中，城市遭到毁灭性的打击。摩亨佐·达罗表现尤为明显，在遗迹中保存了大量被杀戮的男女老幼的遗骨；在哈拉巴卫城同样有被破坏的痕迹。多数学者目前依旧认为此次破坏为雅利安人所为，但缺乏足够令人信服的证据。另一种通行说法认为，文明的破坏归之于自然灾害，例如大规模的沙漠化、地震、洪水的灾害都会引起生态的巨大变化。自然灾害加剧了人民苦难，阶级矛盾日趋激烈，人民起义频繁，给外敌入侵造成可乘之机，内外因互相影响，从而导致印度河文明的彻底灭亡。尽管种种解释说法不一，但只是假设。印度河文明的消逝之谜仍待破解。不过，城市的衰亡并不意味着哈拉巴的社会文化传统全部消失。来自其他社会的人们出于各自的目的，不同程度地继承了哈拉巴文化。传统的农产品种类延续下来，哈拉巴人的宗教信仰也吸引了外族的注意，其部分元素保留在后世的宗教思想当中。

第二节 雅利安人的迁徙与“吠陀”时代

一、雅利安人

公元前2000—前1500年间，雅利安人的陆续迁入开启了古代印度文明的新阶段。雅利安人原来居住在中亚高加索山脉一带，后来向西迁徙，一支进入欧洲，成为欧洲印欧语系民族的共同祖先；另一支进入伊朗，其中一部分人后来进入南亚次大陆。有些学者将这些到达印度的雅利安人称为“印度-雅利安人”。他们穿过兴都库什山脉的山口，在印度河上游的旁遮普地区建立了相对集中的居住区。

进入印度初期，雅利安人在经济上以畜牧业为生，较少从事农业。牛、马、山羊和绵羊都是他们畜牧的品种。随着迁徙人数的增加，雅利安人在公元前1000年以后逐渐扩展到喜马拉雅山脚下和恒河流域之间居住。在这一过程中，他们学会了制造铁器，在恒河流域用斧头和铁犁砍伐树木、开垦荒地，建立了农业共同体。生产方式从游牧转向农业，为雅利安人提供了更多更稳定的食物来源，人口数量因而进一步增加。至公元前750年前后，恒河流域已经出现了一批小型城市。

学术界对雅利安人进入次大陆的过程有不同看法。西方的印度研究学者认为，当雅利安人进入印度时，遇到了以达罗毗荼人为主的原住民的顽强抵抗。虽然当地居民已经进入了农业社会，文明程度也明显高于雅利安人，但装备了马拉战车和金属武器的雅利安人军队能征善战，在入侵的过程中逐渐取得优势。他们称原住民为“达萨”，一方面不断学习“达萨”的农耕生产经验，另一方面与达萨抢夺生存的空间。但是，一些印度学者并不认同雅利安人征服“达萨”的历史。他们认为种族的征服是一种假说，也没有明确的证据显示印欧语言是在这一时期传入印度北部的。他们用和平迁徙、经济交往等更为多元的解释代替单一的征服论。不过，雅利安人的“吠陀”文化的确将古代印度的历史导向了新的方向，也对日后印度的社会与文化产生了深远影响。

二、“吠陀”时代

（一）吠陀

从印度河文明的衰落到雅利安人入侵这几百年的历史，尽管时有零星的考古学报道，但基本上模糊不清。印度有记录的历史从雅利安人的到来才真正开始。早期的印度-雅利安人尚无文字，他们凭借口口相传的方法保存下大量的以宗教为题材的敬神赞美诗。这种口传作品被称为“吠陀”。《吠陀》对于印度历史具有重要意义。一方面，宗教是雅利安人日常生活中十分重要的部分，《吠陀》就是他们的精神之源；另一方面，《吠陀》本身虽不是历史作品，但其中记录了大量有关印度早期雅利安人社会的信息，是了解当时历史的重要文献。鉴于此，史学界将公元前1500—前500年这段历史称为“吠陀时代”。

《吠陀》共有四部，最早和最重要的是颂赞雅利安诸神的《梨俱吠陀》，其中包含的诗篇达1028首之多，编纂年代在约公元前12—约前9世纪。有些诗句可能更早，其上限可推至公元前16世纪初，即雅利安人开始进入印度之际。其余三部称为《沙摩吠陀》《耶柔吠陀》和《阿闼婆吠陀》。因成书较晚，约公元前9—约前6世纪，通称为后期吠陀。在后期吠陀产生的时期，又逐渐出现了解释吠陀的文献，即《梵书》《森林书》和《奥义书》。通常，学者将《梨俱吠陀》产生的公元前1500—前1000年称为早期吠陀时代，而将其余的《吠陀》圣典形成的公元前

1000—前500年称为后期吠陀时代。

（二）吠陀时代的社会

从《梨俱吠陀》中可以了解到：早期吠陀时代的雅利安人更多地还只是生活在今阿富汗、旁遮普至德里一带。他们的社会结构处于父系氏族社会阶段，且仍具有原始部落性质。家庭是最基本的社会组织单位。家庭由一个年长的男子掌管，同一氏族的若干家庭组成一个村落。这种结构逐级向上，形成了具有“国”性质的社会组织。国与国之间经常会发生战争，胜利者将成为权力的宗主，操控战败和臣服的远近各国。国王多采用世袭制，但也受到代表民众意愿的组织和德高望重的元老组织的制约。比较重要的会议是长老大会“萨巴”和部落成员会议“萨米提”，它们与军事首领构成了雅利安人军事民主权力机构的要素。这时，私有制已逐渐产生，并开始出现等级划分的现象。前吠陀时期雅利安人的经济由畜牧业和农业组成。牛是雅利安人养殖的最主要牲畜，放牛、挤奶、收集牛粪作燃料是他们日常生活的内容。而羊、马、骆驼、大象的饲养也在《吠陀》中被提及。在农业生产方面，雅利安人的生产技术进步很快。他们已经认识到施肥的重要性，学会驾牛垦殖，使用镰刀收割庄稼，掌握了引水灌溉、开凿水渠的技术。此外，冶金、纺织、染色和刺绣的技术均达到一定水平；医术与巫术结合在一起，既通过草药和小型手术排解病痛，也仰赖神明的护佑。此外，商业也进一步发展，牛马贩运和内河航运支持了来自各方的商品进行频繁贸易，同巴比伦等西亚国家的通商关系也保持稳定。

后期吠陀时代，雅利安人的生活区域已经超出了旁遮普地区，扩展到整个恒河流域，且向南发展到德干高原深处。该时期君主制盛行。王国比以前更大，王权世袭的制度也更为稳定，可延续数代。此外，在《吠陀》和《梵书》中已经开始出现用神谕的方式强化王权合法性的策略，君权神授的观念渗透在很多的神话中。在《爱达罗氏梵书》中，王被说成是统领众神战胜妖魔的领袖；在《百道梵书》中，王是众生摆脱混乱俗世的理想寄托；而《阿闼婆吠陀》中，王则是人中之神，王的权力和威武皆为神所赋予。与此同时，“萨巴”和“萨米提”的政治权力逐渐萎缩，前者仅限于司法领域，而后者在记录中出现的次数则越来越少。在经济和技术的发展方面，雅利安人在后期吠陀时代的经济重心已经从畜牧业转向农业。土地私有的情况日益普遍，农耕技术进一步发展。铁器已经推广使用，犁具较为先进。农产品种类有所增加，除了传统的大麦和小麦，稻米和芝麻的种植也已出现。此时的雅利安人更重视农时对作物的影响，《吠陀》中就保留着当时人们在播种和收获时节向神祇祷告祈求丰产的颂歌。这一时代的各类商品贸易活动规模显著扩大，衣服、毛皮、首饰的交易转向大宗。交易的方式有物物交换，也可以用金作为交换媒介。高利贷的形式已经出现。手工业和商业中开始出现行会。

按照职业划分，陶工、木工、金匠、冶炼工、织工、屠夫、理发匠、洗衣工、术士都逐渐形成行业内的通则和规范。

三、婆罗门教

（一）婆罗门教的形成

婆罗门教是在雅利安人宗教传统基础上，吸收了达罗毗荼人宗教元素的融合物。它的形成是一个内容逐渐丰富的过程。雅利安人进入印度后，生产方式逐渐从游牧转入农业，物质来源与农业丰产的联系日益紧密。因此，除了敬拜雅利安人原有的以战争和武力为主题的神，他们在祭祀中也引入了达罗毗荼人崇拜的象征丰产的神明。可见，多神崇拜是早期婆罗门教的特征之一。据《梨俱吠陀》记载，雅利安人将自然界的各种现象赋予人格并神圣化，将众多的神明分列为天、空、地三界。日月星辰之神在天界，雷电风雨之神在空界，山川草木之神在地界。诸神的地位随着婆罗门教的发展有所变化。因陀罗曾是雅利安人长期顶礼膜拜的战神，在吠陀时代中期之后地位逐渐下降。一些在早期经典中地位在因陀罗之下的神明，如楼陀罗，却逐渐被尊为伟大的生物之主。毗湿奴最初也不是至高的神祇，后来却成为婆罗门教中最重要的神明形象之一。

（二）经典与信仰

早期婆罗门教对祭祀极度重视。入主南亚次大陆之前，雅利安人尚处于游牧状态，他们并不修建永久性的祭祀场所。仪式虽是临时性的，也不存在抽象的宗教哲理，但雅利安人却将其视为战争胜利和部落繁盛的重要保证。之后，转入农业定居状态的雅利安人的生产力有所提高，物质更加丰富，祭祀的规模也越来越大。雅利安人开始建立永久性的祭祀场所，仪式的神圣性有所增强，程序也越发繁琐和讲究。作为祭祀圣典的《梨俱吠陀》就多达十卷。

发展至后期吠陀时代，婆罗门教已逐渐成为雅利安人的精神支柱。它宣扬吠陀天启、祭祀万能和婆罗门至上的思想。所谓吠陀天启，就是将各种《吠陀》经典的内容作为神的意志，信徒必须完全服从。主持祭祀的人以神明代言人的身份释读《吠陀》，指挥教众。在这些祭司的引导下，本就神圣而崇高的祭祀仪式在信徒心中的地位达到了万能的地步。祭司们写作所谓的“梵书”，将《吠陀》的内容曲解为维护自己利益的文献，在强化婆罗门教神圣性的同时也使自己获得了至高无上的社会地位。在他们的解释下，祭祀仪式具有万能的作用，信徒的愿望可以通过虔诚的参与仪式得以实现。同时，种类繁多的祭祀几乎联系到教徒生活中的每个方面。除了定期举行的大型天启祭祀之外，还有家庭祭祀。越想在神的庇佑下获得理想生活，所举行祭祀的次数也就越频繁。国王参加祭祀的繁琐程度可想而知，例如，国王举行的天启祭祀中仅苏摩祭就多达六项内容，其中包括：祭祀火神的阿耆尼火神祭、进献大量苏摩酒供神畅饮以求得权力巩固的力饮祭、国王登基时举行的即位礼、杀马祭神的马祭、祈求特殊愿望的人祭等。其中，马祭的规模最大，其内容是强调纵马的神圣性。国王将专门饲养的马匹放走，任其自由游走，由数百位武士护卫。仪式为期一年，此马所经之处如无人阻拦，该地国王就需向纵马的国王称臣。可见祭祀在当时人们心中的崇高地位。正因如此，婆罗门至上与祭司万能的观念相互呼应，几乎主导了吠陀时代印度-雅利安人精神的全部。而随着婆罗门教日趋制度化，其影响远远超出了精神领域。宗教与政治、种族等因素相结合，成为印度人区分社会等级的重要参照。

婆罗门教以梵天为最高的信仰。梵天是世界精神、最高主宰、宇宙创造者，世界万象不仅皆属梵天所创，而且只有梵天是实，其他一切皆为虚幻。婆罗门开始以一种统辖万有的梵天神性说包揽一切原始崇拜，把婆罗门教义提高到垄断精神世界的统治地位，同时也把解释、宣传这一教义的婆罗门祭司僧侣崇奉为人间的最高等级。此外，婆罗门教还利用原始的万物有灵和灵魂转移说，创造出一套灵魂投胎转世的“业力轮回”论，认为人在死后投胎，也就是所谓轮回，是由生前造业决定的。为善者得报，来世富贵，为恶者得报，来生受罪，如此等等。因此婆罗门教强调尊法行善，要人民安于现状，忍受一切苦难。而对《吠陀》经典，婆罗门教将其视为圣书，认为只有婆罗门祭司僧侣才能阅读了解，再加上繁琐的宗教仪式和五花八门的祭祀，婆罗门教就成为一种异常神秘的宗教，对后来的印度教与印度历史有深刻的影响。

四、种姓制度

（一）种姓制度的起源

种姓制度是印度文明的特殊产物。与其他古代社会相比，吠陀时代的印度社会没有建立庞大的政府组织。在这种情况下，等级制度维持了社会秩序的稳定。印度-雅利安人的社会结构建立在个人和集团之间严格的世袭分化之上，这种分化是种姓制度的基础。

公元前1100年左右，雅利安社会已经出现了许多等级不同的社会集团，这些集团被称为“瓦尔那”。这一词汇起初用来区分白皮肤高鼻梁的雅利安人与黑皮肤扁鼻梁的达罗毗荼人，如“雅利安瓦尔那”或“达萨瓦尔那”。后来它逐渐用以代表不同的社会等级。在进入印度之前，雅利安人分为军事贵族或武士、从事祭祀的僧侣和普通牧民三类群体。在印度与达罗毗荼人接触后，那些被征服的印度原住民和沦为卑微奴隶的人被视为最低贱的瓦尔那。瓦尔那制是种姓制度的雏形。在吠陀时代，随着奴隶制的发展和社会的分化，等级的差别逐渐以制度的形式被确定下来。四种社会群体分别成为种姓制度中的四级种姓，即婆罗门、刹帝利、吠舍、首陀罗。

（二）种姓制度

婆罗门作为第一等级，在社会上享有首脑之尊。婆罗门的崇高地位取决于雅利安人“祭祀万能”和“婆罗门至上”的观念。他们因被视为神明意志的传达者而获得包括国王在内的世俗之人的敬重礼让。婆罗门并不是某种固定的官职，他们更像是受世人追捧的圣人。他们的工作以献牲祭祀和告示神启为主。婆罗门的阶级特权远非世界上其他祭祀群体所能比拟。一切与之发生接触的事物都被视为具有宗教的意义。除了参与主持大型的例行祭祀，他们还被聘请到权贵家中从事日常的家庭祭祀，其作用类似于家族中的专职法师。他们被恭请自己入室的人敬为精神导师和告解对象。即便是国王，如果没有婆罗门的认可，也谈不上合法。他们不仅垄断宗教文化大权，参与执政，以占卜、念咒等方术影响国王的行动，甚至随军出征。在经济方面，婆罗门不得利用个人的服务来谋取固定的“生计”，只收取“赠礼”而不受“酬劳”。虽然有严格的礼节必须恪守，但这并不影响他们享有丰厚的物质财富。权贵们给予婆罗门的赠礼，除了金钱与价值不菲的珍玩异物，还包括牛群、土地和奴隶。作为顶级的特权阶级，婆罗门种姓与婆罗门教构成了相辅相成的关系。为了维持自己的特权，婆罗门利用人们对于婆罗门教的信仰，不断以各种方式突出自己与神沟通的重要性。不过，婆罗门一味宣扬“婆罗门至上”的做法并不是没有反对者。

刹帝利作为第二等级是由王族和军事行政贵族集团组成，他们被视为社会之臂膀，即掌国家机器的统治阶级人员，国王就是刹帝利的代表。按照惯例，如果国王不能保护其子民免于人祸，那么他就得交出政权。而在战争中，战败的君王不只要为自己的罪过负责，还须承担属民的所有责任。刹帝利具有强烈的尚武意识。在他们看来，卧病而死是不光彩的事情，当他们感到自己在战场上力不从心的时候，寻求战死沙场是他们取得荣誉的最后举措。在理论上，婆罗门优于刹帝利，但作为最高统治者的国王属于刹帝利等级，这就不可避免地出现两个种姓之间的争雄。因此，有些文献也出现过刹帝利优于婆罗门的说法，但为数不多。这种争夺有时也在思想文化上表现出来。刹帝利同婆罗门一样，是拥有大量土地和奴隶的统治阶级，甚至比婆罗门更富，因为战争掠夺财物和国家收入是由他们直接控制的。不过，属于刹帝利种姓的并不限于国王。贵族阶层和武装军士也一直在争取获得刹帝利种姓的身份。虽然他们一度成功，但在历史的不同时期，这些刹帝利的地位也屡次受到婆罗门的质疑。这完全取决于享有特权的婆罗门祭司与世俗力量之间矛盾的调和程度。事实上，自刹帝利种姓以下，人员的构成十分复杂。根据扮演的社会角色和从事的具体行业，属于同一种姓等级的人其实际生活状态和社会地位会有极大差异。

第三等级吠舍是整个社会的支持者和供养者，即养活整个社会的工农劳动群众。在以游牧为生的社会阶段，雅利安人中的吠舍指那些从事放牧的普通部落成员。随着生产生活趋向定居农业，加上生活空间内的种族构成日益复杂，吠舍包括了那些没有特权的、从事农牧工商各行各业的平民大众，也就是印度-雅利安人社会的主体。总的说来，在婆罗门和刹帝利统治之下的印度，吠舍没有祭司和世俗贵族在宗教仪式、政治活动和经济方面的特权，只有交税服役、供养统治者的义务。不过与最低等级首陀罗相比，吠舍仍具有较高的社会地位，其中一项重要优势是，可以拥有土地的所有权，而首陀罗却从来没有这个权利。即便如此，以农为业的吠舍仍有很大生活压力。据说当时刹帝利制定的税收比例是“六者取一”，而实际租税却远高于此。随着社会的进一步发展，在各行各业的吠舍之间也产生了贫富的两极分化。吠舍中少数发家致富之人，甚至从事高利贷活动。当然这种情况只出现在那些经营有道的以商业为生的吠舍之中。在婆罗门教的理论中，吠舍还拥有一种身份，这使他们区别于那些处于社会最底层的人。他们与刹帝利、婆罗门都属于高级种姓，他们可以通过一系列净法仪式实现再生，即除了自然生命，还将获得宗教意义上的第二生命，因而称为“再生族”。第四等级首陀罗则属于非再生族，因此吠舍可参加婆罗门主持的宗教祭祀和听讲教义，首陀罗则绝对不能。

首陀罗为第四等级，指被压在社会最底层的劳苦大众。他们最初是由被征服的非雅利安各族组成，后来也包括由于种种原因而被降到这个最卑贱等级的雅利安人。他们失去了政治、法律和宗教上的一切权利，处于不受保护、冤苦无告的低贱地位。不过，与刹帝利和吠舍两种姓相似，首陀罗内部的阶序也比较庞杂。根据他们的出身背景和从事的职业，首陀罗的生活处境和社会地位并不能一概而论。有些首陀罗被视为“洁净的”，包括城市中的手工业者和小商人。他们当中的一些人从事佐料、香料、糕点和日用品的生产，另有一些人是金银匠、漆器匠、石匠、陶匠、木匠、丝绸匠以及其他一些经营诸如此类的奢侈品或工艺品的人。而一些由于偶然的历史因素沦于首陀罗种姓的人和各类担任高级种姓家仆的首陀罗也被视为“洁净”一类。当然，所谓的“洁净的”首陀罗并不是共识性的，任何具体情况下的认可都不意味着他们可以摆脱卑微的身份。相比之下，那些从事农牧渔猎以及种种当时被人视为低贱的职业的首陀罗地位更为低下。他们和奴隶相差无几。最能体现首陀罗低贱地位的是婆罗门教的祭祀活动。一切与祭祀有关的物件都被要求避免受到他们的沾染，尤其是一些从事所谓的肮脏职业的首陀罗，这些职业包括：专门从事清理污秽之物的工作；在宗教观念中被认为触犯禁忌的职业工种，如鞣皮业和制革业；一些异教异族人从事的带有外来性质的手艺或行业。

种姓制度一旦固定下来，各个等级所从事的职业就不能任意改变。各个种姓之间原则上禁止通婚。种姓制度的本质是保护上层种姓的特权地位，它通过宗教、法律、社会习俗等种种手段为婆罗门、刹帝利两个统治阶层的瓦尔那加上神圣、高贵的光环，让吠舍、首陀罗供养伺奉他们。种姓制度在印度历史上影响深远，它一直是印度人民沉重的锁链。

第三节　列国时代

一、列国综览

（一）十六大国

随着印度社会的发展，大小邦国相继出现。到公元前6世纪初，先后出现十六个大国，而林立的小国不计其数。这一时期被称为列国时代，它一直延续到公元前4世纪末孔雀王朝兴起之时。从古代国家发展的大致规律看，这一时期的印度历史正处于进入帝国时期前的列国兼并争雄阶段，是社会政治、经济、文化迅猛发展和激烈碰撞的时期。不过，印度由于地域辽阔、情况复杂，除了区域内征伐混乱，还经常受到来自周边地区更早进入帝国阶段的外族袭扰，因此出现大国统一局面的时间相对滞后。在列国时代后期，摩揭陀国在恒河流域中部称霸，逐渐兼并四邻，开始走上统一北印度的道路。十六个大国中势力强大的城市多为各国首都，当时繁华一时的名城有王舍城、华氏城、舍卫城、波罗奈、吠舍厘和西北部的坦叉始罗城等。在政治体制上，列国中绝大多数是国王当政，也有个别国家实行贵族共和制，如佛经提到的跋祇国“数相集会，讲议正事”。这种贵族共和制的另一特色是，首领仍称国王，但由属于刹帝利瓦尔那的贵族会议选举而非世袭。另一方面，这一时期最典型的发展是专制王权的不断壮大，例如，摩揭陀国通过多年征战，在瓶沙王（约前544—前493年在位）治下有村镇八万，国土大增。

（二）社会变化

列国时代是古代印度文明城市化的一个重要阶段。其中，恒河中下游经济最为发达，城市众多，工商业兴盛。新兴城市的显著特点是垒筑城墙的出现，这是更早时期的城市建设所无法完成的。新城城墙逐渐开始使用烧制砖块。城墙外还筑有城壕和其他防御工事。某些城墙长达数公里，部分城墙高达9米。城内设置有大型的集会场所，与印度河流域的古城设计有很多相似之处。城市化的发展有赖于生产力的提高。当时铁器已普遍使用，农业生产水平和产量大有提高；手工业分工细密，产品技艺专精。佛经中所记手工匠人有18种之多，金银珠宝、香料香水、精纺纱麻等印度传统工艺品蜚声国外，交易频繁。因此，在繁荣的国内市场之外，印度还有活跃的海外贸易，与斯里兰卡、缅甸和西亚有海运联系，由犍陀罗经阿富汗则可北通中亚、西连波斯。各种商业活动反映了城市商品经济发展的程度，它与王权的壮大相辅而行。经济的发展给依仗婆罗门教信仰维系特权的种姓制度、特别是处于第一等级的婆罗门造成了猛烈冲击。以国王为首的刹帝利的财富和势力急剧增强，因而对自身的社会地位有了更高的要求，不可避免地与婆罗门种姓产生争执；同时，城市经济的发展也使从事工商业的一部分吠舍日趋富有。他们勤于经营，巧于积累，成为腰缠万贯的奴隶主，在经济上取得了一定优势，必然会对那些鼓吹精神高尚却不劳而获的婆罗门特权表示不满。此外，处于下层的劳动人民，生活状况日趋下降，饥寒交迫，备受歧视，在暴虐的国王统治下更是朝不保夕，因此列国时代也是各种矛盾尖锐集中的苦难之世。低种姓反对高种姓、被统治者反对统治者的斗争经常出现。在这个时期写就的婆罗门教经典中，有些哀叹人心不古，道德颓废，婆罗门地位江河日下，这表明种姓间的优劣关系已经不似以前那般森严。

二、百家争鸣

（一）沙门思潮

列国时代国与国之间征伐不断，种姓间矛盾尖锐。社会动荡促进了思想文化的变革。各阶层的新思想、新宗教如雨后春笋，蓬勃而发。当时有志探讨哲理的青年人，往往采取自行流放式的修行途径。他们认为，人人都可出家，自立宗派，以求解脱。这些人反对婆罗门教对思想领域的控制，质疑吠陀权威、反对祭祀、反对婆罗门至上，其思想被时人称为“沙门思潮”。倡导“沙门”文化的人是势力有所增长的刹帝利的代表，他们被婆罗门视为叛逆者，在佛教文献中被称为“外道”。这些外道各有所宗，学理相异，徒众有别。除了刹帝利的代表，也不乏代表着其他各阶级和阶层的主张。印度的思想文化领域出现了“百家争鸣”的局面。其中许多流派和学说现已失传，从残存的零星资料看，最激进者为顺世论派。而在宗教领域中，除新产生的诸多小教与佛教外，具有最大影响者乃是耆那教。

（二）重要流派

顺世论派梵语称“路伽耶陀”，意为“流行于群众中的观点”，故汉译佛经称其为“顺世外道”或“世间行”。传说顺世论派的创始人是毗诃拔提。该派发展至列国时代日渐活跃起来，一度成为社会上最受欢迎的哲学流派。顺世论派在列国时代的主要代表人物是阿夷多·翅舍钦婆罗，他的观点带有显著的唯物主义和普世主义意蕴，强调物质第一性和众生平等。顺世论认为世界由地、火、水、风四大物质元素构成，包括生命在内的一切存在均产生于物质；他们主张感性知识是认识的源泉，反对婆罗门所谓的神启和预言，否认《吠陀》之类圣书的权威；此外，顺世论者不承认脱离肉体的灵魂可以独立存在，坚决反对婆罗门教宣传的灵魂不死、轮回转世说和杀生祭祀等繁琐礼仪，称所有吠陀作者皆属伪善狡猾的骗子，祭祀礼仪则是贪婪的婆罗门发财致富的手段。他们更激烈批评种姓制度，认为人生而平等，婆罗门与最下层的贱民血管内的血都是红的，人的本质绝无高低贵贱之分。与此同时，顺世论者也反对其他宗教流行的禁欲苦修之说，认为这只能使受苦人益增其苦而永远与快乐绝缘。顺世论派的观点反映了下层人民群众的利益和要求，对宗教权威和社会当权者极具颠覆性。他们也因此受到残酷的迫害，被以婆罗门教为首的宗教派别视为异端。在统治阶级的文化高压下，顺世论虽然带有明显的进步性，但在当时却难以生存，以致作品全被毁灭。后人对其思想内容的了解，基本上来自当时反对派的文献中将顺世论观点援引为批斥对象的片段描述。

另外一个比较重要的学派是主张彻底宿命论的阿什斐迦派，或称为“邪命外道”，其代表人物是末伽黎·拘舍罗。该派认为整个世界都是按既定程序安排好了的。在这个既定的世界上，每一个生命单子都必须反复再生，从基本分子开始逐步地经过地质的、生物的、动物的储存阶段，然后又以人的形态出现；每个生命单子在各个阶段再生的次数、时间与进度也都是既定的，各生命单子在反复再生过程中的相互关系也有严格的规定。人的意志和行为不论是善是恶，都影响不了整个既定过程，修行并不能加快解脱的进程，作恶也不能起延缓的作用。人生历程不由自己定，也不由他人定，而是由宿命决定。这种彻底的宿命论一方面否定了各种宗教善恶有报的说教，另一方面却也否定了人的能动作用，使人安于无所作为。

在反对婆罗门教特权过程中，耆那教占有特殊地位。“耆那”意为“胜利者”或“完成修行的人”，指那些战胜情欲终得正道的人，或称“摆脱束缚者”。耆那教是列国时代在次大陆东北部兴起的新宗教，产生于公元前 6 世纪。传说其创始人为筏驮摩那，大约与佛祖释迦牟尼同时。筏驮摩那年轻时出家修行，冥思苦想 12 年，42 岁时自以为得道，成为“耆那”，并被其追随者称为“耆那大雄”，即伟大的战胜情欲的英雄。耆那教教徒也自称耆那，追求超然的高尚境界。耆那教的最高理想是使灵魂脱离躯体，超越轮回，处于无所不知、无所不能的极乐状态。同时，他们认为世界是永恒的，而不是神创造的。世界无始无终，只有形式的变化。组成世界的万物也都如此，世界上的一切事物都包括两部分，即物质和精神两种因子。耆那认为超越轮回、还复永恒的途径是在思想和道德上做到“清明去俗”。他们奉持“三宝”，即正信、正知和正行。正信，就是要完全彻底地信仰大雄及其教义。正知，就是正确地学习和理解耆那教的教义，即要求信徒能够从具体的生灭和变化着的事物中领悟到事物自身的永恒，从生物生生死死的过程中洞察到灵魂的永恒。正行，就是要求信徒实行五项誓戒，即一不伤害生物，二不说谎话，三不偷盗，四不奸淫，五不贪财。为此，他们主张思想和行为上的苦行，并认为前者的实现须通过静坐、反省、忏悔，后者则指必须在行动上实行各种自我克制，经受各种使肉体受苦的磨炼；只有极端苦行，才能不造新“业”，消除前“业”，使灵魂彻底摆脱由情欲而导致的后果（“业”），超越生死，臻于极乐世界。耆那教反对用其他生物作祭神的牺牲，主张战胜情欲，求得自我解脱；反对以神为主宰的思想，强调人可以决定自己的命运；否认人的种姓差别，强调宗教修养的差别。这些观点基本上与婆罗门教针锋相对。耆那教最重要的戒条是禁止杀生，因而也禁止从事农业，因为耕地时不免伤害地下虫蚁，所以耆那教徒中有很多商人。耆那教的传播也得到一些国家君主和刹帝利的支持。

三、佛教的产生及其教义

（一）佛教的产生

佛教与耆那教同时兴起，是“沙门”思潮中最具影响力的新兴宗教之一，但从历史影响上讲，其他派别却无法与之相比。佛教的创始人是乔达摩·悉达多。释迦牟尼是他成道以后所获的称号，意为“释迦族的圣人”。释迦牟尼所提倡的哲理以及由他开始的宗教运动对东方文明影响深远。释迦牟尼是位于今天印度、尼泊尔交界处的迦毗罗卫国释迦族净饭王的王子，属于刹帝利种姓。他的经历与耆那教的大雄有相似之处。释迦牟尼29岁时，对现世生活感到厌倦，决定离开宫廷修行远游。据佛经所述，释迦牟尼追求解脱，经过长期而曲折的历程终于悟出了一套使人摆脱痛苦的理论和方法。他最初问道于婆罗门教学者，了悟此教以祈祷、祭祀等礼仪希求灵魂得救是无济于事的，于是弃苦行而专究哲理之道。35岁时，他到菩提伽耶的一棵菩提树下静坐冥想，沉思人生真谛，终于透彻醒悟。自那以后，他四处传扬佛法，广收门徒，被门人奉为“佛陀”，意即觉悟者，佛教由此建立。由于他的佛教理论既博大精深，又平易近人，使其家乡迦毗罗卫和恒河中下游广大地区接受佛教的信徒越来越多，发展状况盛于同期勃兴的耆那教。

（二）“四谛”与“八正道”

佛教同耆那教一样承认生业轮回之说，并认为信教修行的目的是摆脱轮回，达到涅槃之境。不过，与耆那教相比，佛教认为实现解脱的途径不是苦行修炼，而是深刻而释然的哲理思考。释迦牟尼认为世界上一切事物都遵循一定的因缘关系而存在，也由因缘而灭亡。因而强调摆脱逐利观念的束缚，从思想上直面轮回，从而顺应常理，达于永恒，即不生不灭的涅槃。在对待摆脱轮回的人生问题上，释迦牟尼倡“四谛”之说，从哲理角度阐述佛教所提倡的真理。四谛包括苦谛、集谛、灭谛、道谛。苦谛是佛教讲道的起点，将人于现世的千般苦恼和万种愁烦总结为生、老、病、死、求不得、怨憎会、爱别离、五阴炽盛八种苦楚。集谛解释苦之形成的原因，佛教认为苦的根源不在于客观条件的残酷，而在于各种主观上的无尽的贪婪欲望，无论何种苦，均来自欲念的无法满足。苦是以前欲望的果，果又成了以后的因，因果相袭，人生轮回不已。灭谛，说明佛教的目的是要消灭苦，佛教认为消灭苦的关键在于消除欲望。道谛，说明佛教修道的主张和途径，包括八正道：正见即信仰正；正思维即决心正；正语即言语正；正业即行为正；正命即生活正；正精进即努力正；正念即思念正；正定即精神集中、禅定正。八正道大体包括两个方面的内容：一方面从理论上领悟佛陀所宣扬的教义，以提高信徒的宗教智慧；另一方面也在行动上通过静坐修身体悟至上的境界，从而达到摆脱俗世纠葛，净化身心的目的。

佛教主张“众生平等”。一直以来，婆罗门教宣扬神是凡人命运的主宰，凭借婆罗门教维系的种姓制度更是无平等可言。佛教则认为神与人及众生都是平等的，作为顶级种姓的婆罗门也并不是由神所生的非凡之人。在佛教徒眼中，四个等级的种姓本属同源，就像同一棵树上生出的花果。社会上的不同种姓只是由于不同职业分工形成的，而不是自然如此。同耆那教相似，佛教思想的博爱精神不仅限于人类，其主张中还包括反对大量宰杀动物和牲畜，也不赞成婆罗门教用牲畜祭祀神明的习俗。在他们看来，婆罗门祭司从事的繁琐仪式程序和大量宰杀牛马的行为只不过为了满足他们个人的要求，而其代价是牺牲更多的民众和生灵的幸福。他们主张戒杀一切生物，将“戒杀”和“素食”作为两条重要戒律。释迦牟尼倡导的佛教思想具积极意义，它反映了印度社会当时的舆论走向，也对时局产生了影响。佛陀的伦理学强调积极精神而不是消极态度，宣扬博爱、为人服务和助人为乐等。释迦牟尼反对把主观想法强加于人，相信讨论和榜样的力量是树立真理唯一有效的手段；他是伦理改良者而非社会改革者，没有对种姓制度作过直接的抨击，佛教信徒团体中亦无种姓之分。佛教的哲学基于唯物主义，主张除物质以外无他物，灵魂非实体。由于物质处于不断变化之中，经常改变形式，所以一切事物都不是永恒的，只有变化的法则——生长与消灭才是永恒的。

释迦牟尼去世之时，佛教团体已初具规模。佛教的信仰政策比较宽容。佛教的教义规定，在家修行的普通信徒只要表示皈依佛法，接济僧众，实行不杀生、不偷盗、不邪淫、不妄语、不饮酒五戒即可实现修行净心的愿望。这大大方便了佛教在群众中的流行。公元前 5 世纪 70 年代，佛教徒第一次进行了大型的宗教集结活动，地点在摩揭陀国都王舍城。此次集结首次写定佛教经典，佛教也得以迅速发展。公元前 4 世纪初，佛教徒举行第二次集结，各地区信徒对教理教义的理解出现分歧。一些人对信教的戒条持保守态度，他们强调只有恪守严格的修行规定才可以成为教徒。而另外一些人则主张在遵守戒律方面可以适当放宽，从而形成了组织上的分裂。自从第二次结集后，佛教分化为大众部与上座部两大部派，史称“根本分裂”。上座部是一些长老所支持的学说，属于正统派，他们共同提出一部佛经，被称为《上座部佛经》。大众部则是众多僧侣所信奉的，由自愿来参加集结会的佛教僧侣和信徒群众组成，他们自己提出一部佛经，被称为《大众部佛经》。后来随着教徒对戒律、教义见解的差异，两大部派又再度分化。大约在公元1世纪前后，佛教主流慢慢形成大乘佛教和小乘佛教，此即所谓的“枝末分裂”。

第四节 孔雀帝国与笈多王朝的兴衰

一、孔雀帝国的兴衰

（一）帝国的兴起

列国时代，印度的政治、经济和文化中心已经东移，而公元前6—前4世纪期的外族入侵，也进一步加剧了这一重心东移的趋势。约公元前520年，波斯国王大流士曾征服印度河流域北部。印度河流域已不似曾经那般具有重要意义。与此同时，东方的恒河流域则随着摩揭陀王国难陀王朝的逐渐壮大而出现了统一的趋势，并且蓄势待发向印度河流域推进。然而，就在难陀王朝经历了一个时期的发展并已初具帝国规模时，亚历山大的入侵打断了这一过程。公元前327年，马其顿国王亚历山大的兵锋横扫北印度。北印度政局从此动荡不安，人民起义时有发生。大约公元前324年，苦于战线过长的亚历山大撤出印度，旃荼罗笈多乘乱崛起，在西北印度自立为王，征服了邻近国家，向东攻占摩揭陀首都华氏城，推翻难陀王朝统治，并在次大陆北部初步建立了帝国性质的霸权。旃荼罗笈多利用人民的力量成为新王朝的统治者。因其出身于豢养孔雀的家族，王朝被称为孔雀王朝并定都华氏城。孔雀王朝传至阿育王时代，开始对南印度进行大规模的征讨。其征讨涉及面广，除南印度一部分以外的地区悉入孔雀帝国版图。至此，孔雀王朝疆域广大，幅员辽阔，帝国之势已成。

阿育王凭借军事力量建立了庞大的帝国之后，也面临一些实际的问题：帝国内不同地域和不同部落之间差别很大，种姓之间矛盾严重，各种教派之间斗争激烈。为缓和社会各方力量之间的矛盾，加强对帝国臣民的精神统治，加上帝国建成，维系国家不再倚重武力，他转而在舆论上大力倡导非暴力。阿育王急需一种足以统辖各方思想、又能为各派所接受的宗教主张，以确立趋同意识。因此，帝国建立后，阿育王大力弘扬佛法，宣扬仁爱和慈悲；鼓吹宗教宽容，要人们尊重他人教派。对于阿育王来说，佛法的推行不仅具有宗教意义，同时也是维护帝国统治的国策。君主专制的孔雀帝国，国王是最高行政代表和最高军事统帅，还亲自处理重大司法案件，其地位更逐渐被神化。孔雀王朝的权力设置也进一步系统化。帝国官员大体可分三类：一类主管地方事务，一类主管城市，一类主管军事。孔雀帝国对地方实行分省统治，但是上下机构的统辖设置并不严密。阿育王时期是孔雀帝国的极盛时期，但这个庞大帝国没有统一的基础，在繁荣的表面下暗藏着波涛汹涌的危机。

（二）孔雀帝国的社会

在经济制度方面，孔雀帝国仍体现出明显的奴隶制特征。恒河流域中心地区的土地关系则有如下几种：王室直接控制的土地；奴隶主贵族、寺庙占有地；农村公社占有地。王室直属的土地中，除部分荒地、森林、矿山外，主体部分是王室农庄，具有典型的奴隶制特点。农庄内，奴隶、雇工与囚徒被强制劳动，此外还有铁匠、木匠等维修工人。农庄经营的产品直接供宫廷消费。有时王室农庄还有剩余的土地出租。奴隶主贵族和寺庙所占有的土地也有不同类型。一种是国王赐给各级军政官吏、婆罗门贵族和佛教僧侣的征税地；另一种是从王室所有地中授予各级税收官吏和主管人员的服役份地，他们无权出卖、转让或抵押，采用奴隶或雇工经营；第三种是由国王或奴隶主赠与婆罗门或佛教僧侣的土地。在农村公社所有地中，村长由国家任命，另有税吏管理赋税、户口等事宜。水利灌溉系统、牧场和森林由全村共同使用，土地的主体部分作为份地归各家耕种，基本上成为私产。在帝国的边远地带，一些部落仍保持着氏族部落的生活结构，其酋长仅向帝国国王称臣纳贡，而境内的赋税则由他们自行征收。

受政治和社会形势的影响，孔雀帝国的奴隶制也发生了一些新变化。例如，帝国制定相关律法，开始限制雅利安人沦为奴隶。如果一个雅利安儿童被他的亲属出卖或抵押为奴隶，那么就要按孩子所属种姓的高低，对其亲属施以不同程度的处罚。此外，奴隶地位有所改善。孔雀王朝时期，奴隶制度发展到最高点，但也是制度衰落的起点。同时，种姓制度也面临各种危机。最主要的矛盾在于新的阶级分化与传统的种姓等级差异之间的矛盾不可能从根本上得到解决，新旧力量一直互相抨击。而阿育王时期，虽然统治者认识到其不利于帝国统一并加以抑制，但在帝国解体时期，种姓制度在对待外来民族的态度上同样狭隘保守，遭到外来民族的拒绝，进而引发了新的社会问题。为摆脱危机，婆罗门法律文献对种姓制度作了新的补充和解释：四大种姓仍然是种姓制度的基础，但同时承认“杂种姓”的存在。种姓制度没有在复杂的社会矛盾和权力斗争中走向灭亡，反而在新的历史背景下得到了重新的确认。在奴隶制的阶级关系日趋弱化的同时，种姓间的等级却更加森严，这是古代印度社会没落时期值得注意的特点。

（三）帝国的灭亡

公元前 187 年，孔雀帝国末代皇帝被其将军普沙密多罗·巽加所杀，后者建立了巽加王朝（前 187—前 75 年）。此时摩揭陀已失去昔日强盛，其统治范围主要为恒河流域中下游。公元前75年，巽加王朝发生宫廷政变，国王被弑，甘婆王朝建立。新王朝很不稳定，四个国王共统治了45年。公元前30年，甘婆王朝为南印度的安德罗所灭。安德罗是南印度的一个强国，它对遥远北方的统治为时不长。摩揭陀的历史，从甘婆王朝灭亡后，直到公元4世纪初期笈多帝国兴起时止，300多年的史实模糊不清。孔雀帝国灭亡后的西北印度不断有外族入侵。先是中亚的大夏，而后又有安息和塞种人的入侵。公元1世纪，贵霜兴起，纵横中亚南亚。这个帝国兴盛一时，3世纪时分裂为若干小公国。与孔雀帝国瓦解同时，奴隶制亦逐渐解体，封建因素开始萌芽。到笈多王朝时期，印度封建社会已基本形成。

二、阿育王的皈依与佛教的传播

（一）皈依佛教

阿育王统治后期，其政治策略从暴力控制转向宽容。其中有代表性的变化是阿育王借助政治力量大力弘扬佛法，本人亦皈依佛教。阿育王发布的多份诏敕可以证明，他极力颂赞佛陀的功绩，劝告人们皈依佛教，并将佛教精神与日常生活相联系。他下令禁止随意宰杀动物，命人设立救治人和动物的医疗场所，也设专职部门向穷人布施。另外，在他统治时期，印度各地广建佛教寺庙和高塔。阿育王本人也经常亲自巡访膜拜。除了在自己的统治区域鼓励佛教的发展，阿育王更将佛教推广到世界其他地区。他曾派出佛教人士在遍历印度各地之后，远行至叙利亚、埃及和希腊，为佛教发展为一种国际性的宗教做出很大贡献。阿育王对佛教的虔诚行为得到佛教徒的欢迎，他们称阿育王为“转轮圣王”。

（二）佛教的发展和传播

阿育王的统治与佛教是相互扶持的关系。正如前文所言，在社会矛盾重重的局势下，利用宗教统一帝国思想、平复民众对残酷现实的不满情绪是比较切合实际的措施。这在很大程度上也的确为国家带来了和平和安定，但从另一方面也削弱了政治统治的力量。阿育王皈依佛教堪称孔雀王朝统治的转折点。关于阿育王的皈依，佛教传说和民间传说版本甚多。其中一种说法是，曾经穷兵黩武、暴政治国的阿育王受到了佛法的震慑和感化。传说一位佛教圣者主动进入阿育王设立的监狱中，狱卒将之在开水锅中烹煮却不能伤他半分。阿育王听说后，开始对佛教思想产生兴趣。而在随后的大规模征讨叛乱过程中，受到佛法感化的阿育王突然萌生悔恨和悲悯之意。他下令释放俘虏，发布文书对自己的暴行表示忏悔。此后，他力主传扬佛法，并在晚年皈依佛教，穿上僧侣袍服。传说有虚构的成分，但也在一定程度上反映了当时阿育王的弃杀从善政策所产生的深远社会影响。

公元前253年，阿育王召集佛教史上的第三次大型集结，首都华氏城僧众云集，成一时之盛。通过这次活动，佛教进一步推动了其经典的编定和向国外的传播。经过这次集结，佛教经、律、论三类经典基本齐备；而佛教的远传则表现在阿育王派名僧高士奔赴远方绝域弘扬佛法的事业上。阿育王广派传教士，东赴缅甸，南下锡兰，西达塞琉古和希腊诸国，北进克什米尔和中亚，使佛教不仅在印度内部广为传布，且冲出国界，弘扬天下，变成世界性的宗教。第三次结集成为早期佛教达到鼎盛的标志。

佛教的自我调整也是佛法远播的重要因素。佛陀在世时，他躬身力行，高尚的事迹平实可信。但他死后，其后继者却逐渐将其形象神化，赋予人们心目中所有的理想特征和不可思议的力量。随着对佛陀神性特征的强化，佛教徒开始宣称，如此伟大的人格决非今世所能成就，而是经过前世的长久修行积累而成，从而出现了假托佛陀前世的不同生活吸引各类信徒的《本生经》。书中佛陀以良臣、商人、国王等不同身份广施善行的记载，对社会各界人士都产生了巨大的感召力，大大扩展了佛教思想的受众范围。

三、笈多王朝的统治

（一）笈多王朝的兴起

孔雀王朝瓦解后，贵霜帝国曾短暂建立的统治，很快又分裂为许多独立的君主国和共和国。其中东印度的一个小国在国王旃陀罗·笈多统治时期迅速崛起。旃陀罗·笈多通过政治联姻扩充力量，并通过兼并战争将势力扩展到恒河流域的大部分地区。320年，旃陀罗·笈多定都华氏城，自称“伟大的王中最高的王”，建立帝国。印度历史进入了“笈多王朝”的统治时期。笈多王朝第二任君主是沙摩答剌·笈多。他在位时期四处征战，吞并了大量恒河以西的王国，并彻底灭亡了贵霜帝国。此后，他率兵远征印度东南地区，迫使当地的国王和酋长臣服，承诺纳贡。沙摩答剌的拓土开疆确立了笈多帝国的基本版图。东起布拉马普特拉河，西至亚穆纳河及昌巴尔河，北及喜马拉雅山，南到讷尔默达河地区，均归于笈多帝国的掌控。在建立伟大武功的同时，沙摩答剌还推行宗教宽容的政策。这位君王本人就是虔诚的印度教信徒。但他并不排斥其他宗教，大乘佛教的圣者经常受邀出入他的宫廷。在这位君主统治之下，笈多帝国的政治军事和思想文化都进一步发展。沙摩答剌·笈多的儿子旃陀罗·笈多二世即位之后，继续推行武力扩张政策。在扩张过程中，他刚柔并济，一方面采用政治联姻的方法，加强与北印度和德干高原地区酋长们的盟属关系，建立稳固的统治基础，另一方面向印度西北的政权发动战争，进一步扩大版图。至409年前后，笈多王朝几乎统一了整个南亚次大陆，只有克什米尔和南部沿海的一些蕞尔小国免受帝国兵锋。该时期是帝国的巅峰时期。

（二）笈多时期的社会

从建立到大区域内的统一，笈多王朝在一百余年的时间里保持了社会稳定并持续发展。帝国建立起较为完整的封建集权制，由中央政府统系，控制着中央和地方的众多王公贵族，各方面行政事务由王公之下的官吏司职管理。这一时期的经济发展速度很快，生产力显著提高。特别是恒河流域，经济富庶，人口稠密，成为帝国的经济中心和贸易集散地。旃陀罗・笈多二世重视水利灌溉工程的建设，修复和修建了一些大型灌溉设施，大大推动了农业的进一步发展。铁制农具在农业生产中已被广泛使用，施肥、轮种成为普遍使用的耕种技术。在土地的分配方面，一些婆罗门和刹帝利贵族被分封配给了永久性土地，表现出封建制的特征。在手工业方面，冶铁、棉纺织和造船技术发展很快。5 世纪在德里附近竖立的一根刻有旃陀罗・笈多二世名字的巨大铁柱，至今尚存。纺织品不仅花色品种多，而且质地优良。当时的工匠可以建造 60 余米长的大型多桨帆船，可运载 200 余人。凭借优良的造船技术和天然的水路交通条件，从孟加拉和西印度港口出行的船只与拜占庭、希腊、埃及保持着频繁的贸易往来。而对东南亚和中国的贸易主要是通过恒河三角洲和羯陵伽港口进行，是海上丝绸之路的组成部分。

至 5 世纪中期，笈多帝国的统治在塞犍陀・笈多统治时期出现波动。其时嚈哒人大肆入侵，塞犍陀与外敌进行了长达十余年的战争，帝国也在持续的消耗中逐渐衰落。占领了犍陀罗和西北旁遮普的嚈哒人多次入侵北印度。533 年左右，印度中部的曼达索尔统治者击败了嚈哒人，乘机扩大势力。此后，恒河流域和孟加拉地区的政治势力也先后摆脱笈多帝国控制宣布独立，地方政权纷纷出现。这些都加速了笈多帝国的瓦解。到 6 世纪中期，王朝即使在它的中心摩揭陀也无法行使有效的统治，笈多帝国已处于名存实亡的境地。

四、婆罗门教的复兴与佛教的衰落

（一）婆罗门教的复兴

从吠陀时代、列国时代到孔雀王朝，婆罗门教与佛教的社会地位和声势经历了此消彼长的过程。在这几百年间，生产力的迅速发展和外族的武力入侵都使作为神圣种姓的婆罗门失去了以往的神秘感。相比之下，以国王为代表的刹帝利种姓逐渐在与前者的斗争中取得了政治优势。孔雀王朝时期，虽然国王实行宗教宽容政策，不限制任何宗教的传播和发展，但是在阿育王的鼓励下，佛教的兴盛状况几乎达到了国教的程度。不过，孔雀王朝的统治并没有深入乡村社会。当时，佛教主要在统治者刹帝利和商人手工业种姓中流行，偏远乡村的受众并不广泛。旧的阶级区分在那里并没有被打破，婆罗门也依然在社会底层的农民间享有威望。孔雀王朝灭亡后，佛教的发展受到影响。这一时期在恒河流域势力较强的巽加王朝和卡奴瓦王朝都推行排斥佛教、扶持婆罗门教的宗教政策。借助政权更迭和政策指向的转移，一度衰落的婆罗门教得以复兴。

复兴后的婆罗门教较吠陀时代也有了新的变化。虽然婆罗门的威望犹在，但婆罗门教主持的繁琐的祭祀程序和过度浮夸的天赋神性理论已经不再如从前那般被奉为必然。在一些地方，新婆罗门教允许民众把当地的信仰和习俗尽量同吠陀联系起来，祭祀的神明、仪式的程序和供奉的规模都有所调整。一种既享有官方的保护和舆论正统性，又兼具地方精神元素且更具包容性的新型婆罗门教逐渐产生。复兴的婆罗门教也被称为“印度教”。值得注意的是，印度教与佛教、耆那教之间的关系并不似列国时代以来婆罗门和刹帝利之间的种姓之争，新兴的印度教与其他宗教的主张不是截然对立的。在印度文化中，婆罗门教文化属于正统文化，而佛教、耆那教等后起宗教属于非正统的文化。在印度漫长的宗教文化史上，各种信仰派系一度成为种姓争权和政治斗争的凭借，言论上也难免互相诋斥。然而，随着时间的推移，各种宗教在具体的教义上出现了彼此借鉴的趋势。特别是在笈多王朝时期，印度教借助政治力量的扶植，成为精神领域的主流信仰。但印度教并未在法理和教义上全然否定佛教理论的传播，而是对传世的各种宗教思想进行合理扬弃。印度教吸收了佛教不杀生、业报解脱的理论，提倡婆罗门和其他高级种姓的成员成为素食主义者。此外，随着佛教和印度教的进一步发展，佛陀也成为印度教大神毗湿奴的第一化身。种种现象证明，印度教不再是婆罗门种姓一味以夸大神性的方式盘剥下等种姓的工具，而是印度社会发展和多种力量融合妥协的产物。当然，印度教依旧坚持等级森严的种姓立场，不断强化少部分人基于神性特权而具有世袭特权的合理性，其思想中的弊端是显而易见的。

（二）佛教在印度的衰落

在印度教发展的同时，于世界其他地区广泛传播的佛教思想在印度地区却渐趋式微。除了政治因素的外力影响，佛教思想本身的一些内在特质也决定了其在印度由盛转衰的命运。首先，佛教宣扬的“众生平等”思想虽然从理论上更多地维护了被统治阶级的利益，但实际上却并没有在社会底层产生反响，缺乏牢固的社会基础。积极接受佛教的社会群体主要是同为统治阶级的刹帝利种姓、社会地位相对优越的商人吠舍以及外族入侵者，他们从自身立场出发，借助佛教思想为自己谋取权力和利益，平等思想的传播基本上仍限于特权等级。其次，佛教的组织机制在混乱的社会背景下缺少应变能力。与印度教相比，佛教徒是以僧团和寺院的形式传播宗教思想的。当外来入侵者凭武力进入印度地区时，兵祸战乱势必大大影响佛教有组织的修行活动和思想传播；而印度教没有严格的僧团和寺院，其祭祀者是一个固定的婆罗门阶层，散居于村野而不住在寺院。这种传教形式受社会动乱和政治分裂的影响较小。再次，也有学者认为佛教的理论无法适应印度人自古以来逐渐形成的内省式文化。古代的印度人早已形成用瑜伽的方式摆脱自我意识、崇拜生殖、仰慕威力无穷的神明的精神传统。对此，佛教的教言教义无法为印度人“超自然中心”的意识追求提供支点，醇厚平实的佛学理论相比于婆罗门教和印度教特有的“神秘主义”特征，在印度文化中缺少了一些吸引力，难以使其能存留于印度社会各个阶层。最后，婆罗门教宣扬的种姓制度，作为最初的一种神话传说和已然形成的社会等级秩序，经过一千余年的社会生活积淀，已经根深蒂固地留存于众多印度人的心理当中并形成一种社会传统，成为印度文化的一部分。众多王朝的统治者都对佛教徒予以迫害和压制。可以说，生发于印度本土的佛教并非植根于印度文化传统的深处，其普世主义和因缘思想只能在其他文明中找到适合的土壤。

第五节 古代印度的社会生活与文化

一、古代印度人的社会等级与生活

自雅利安人进入印度以来，古代印度人的社会地位就与等级森严、高低有别的种姓制度联系在一起。种姓糅合了种族、阶级多个元素，是古代印度社会中标定个人地位的最主要、有时甚至是唯一的标准。种姓的差别在几千年前就被以神话的形式界定。婆罗门教的圣典《梨俱吠陀》的一篇敬神赞歌中有这样的故事：传说众位神明将一个名为普鲁沙的原始巨人分割成四个部分，其中，巨人的嘴变成了婆罗门，双臂变成了罗惹尼亚（刹帝利），双腿变成了吠舍，双脚变成了首陀罗。这种出身的差别自氏族部落晚期就扎根于印度人的心灵深处。可见，古时印度人的自我认知具有强烈的先在性，他们对自己的出身和社会地位的接受是根深蒂固的。

在漫长的印度古代史中，四级种姓的社会地位发生了复杂的变化和反复，但仍有一些共性贯穿始终。首先，不同的种姓有明确的职业限制，而且随着社会发展，各级种姓的职业被以世袭的方式确定下来。社会出身的贵贱直接体现于人们从事的职业。理论上，不同种姓的人所从事的职业根据其种姓所属，代代世袭。不过，在现实生活中，社会的分化和动荡会造成种姓间的混乱现象。高级种姓出身的人由于穷困也会从事低级种姓的职业，但低级种姓的人即便通过努力在经济资本和个人资质上均具备了过人的实力，依然很难被社会接受以从事更高等级的职业，在有些时期，甚至是绝对禁止的。因此，古印度人谋生的手段是家族式的，行会组织很早就成为同一从业群体的自发性社会组织。

其次，古印度人的婚姻制度有很多限制。同种姓婚姻是印度社会各级成员的共识。不过，古代印度人的婚姻也并非全然“门当户对”。随着人口杂居和增长，异种姓通婚的情况不可避免。通常是高种姓的男性与低种姓的女性结合，被称为

"顺婚"；较低种姓的男性和较高种姓的女性结合，则被称为"逆婚"。顺婚即使会受到社会谴责，但与婚者的等级仍被视为高级种姓；而逆婚则完全为社会所不容。由此可见，古代印度社会中的男权思想也是决定社会地位高低的标准之一。在进入封建社会之后，印度女性的社会地位越发低下。身为低等种姓的妇女，其悲惨的生活境遇可想而知。

再次，古印度人社会地位的差异渗透于生活中的方方面面。由雅利安人组成的前三个种姓被认为是"再生"种姓，他们可以通过一系列净法仪式实现再生，即除了自然生命外，可获得宗教意义上的第二生命——精神的再生。这种仪式也是前三个种姓的人一生中非常重要的大事。而这种神圣的礼仪对于非雅利安人的首陀罗却是完全禁止的。即便是他们无意中听到了仪式上诵读的吠陀经文，也必须在耳中被灌以熔化的锡或蜡；如果他们胆敢诵读经典的内容，就要被割去舌头；如果首陀罗将吠陀的内容记在心中，那么他就会受到劈身酷刑。此外，"再生"种姓在祭祀中也有高低之分。根据地位高低，他们佩戴的器物也必须有明显的差别。由此可见，在以宗教为主要精神活动的古代印度社会，从事卑微职业的首陀罗几乎没有被认同的可能。

总之，古代印度人的社会地位差异显著，生活中的一言一行几乎都要受到来自种族、性别、职业和出身的制约。然而，即便是毫无社会地位可言的首陀罗，对这种差异的接受也多于抵触。这一点仅通过他们对待佛教的态度上就可以体会到。大量首陀罗和后来出现的"不可接触者"——贱民，并没有受到"众生平等"观念的感召，也没有借助在佛教兴盛的历史时机持续地争取摆脱低贱的社会地位。相反，在婆罗门教复兴并转化成印度教的过程中，他们积极响应婆罗门教和佛教共有的"业报轮回"观念，甘愿用卑贱的社会地位换取虚幻的来生幸福。

二、文学艺术

（一）文字与文学

印度是古代文明国家之一。上古印度河文明消逝以后，随着恒河流域雅利安人国家的组建，印度次大陆再度焕发文明之光，其主要标志之一就是文字的重新使用。但这时的文字已非印度河文明象形文字的继续，而是借用西亚传来的字母。西亚地区先使用腓尼基字母，叙利亚两河流域又将其变为阿拉米亚字母，雅利安字母即从阿拉米亚字母而来。但它分成两个体系，即婆罗谜字母和迦罗斯底字母。前者在印度使用最早，可能为两河商人在旅印时带入。后者亦称佉卢文或驴唇体字母，因笔画形状如驴唇而得名。从日后发展情况看，婆罗谜字母始终居主导地位。但在整个古代时期，两种字母仍并行不悖，如阿育王石刻与石柱铭文即两体并用。雅利安人用这两种字母记写他们印欧语系的语言，通称梵文。但在古代时期，梵文尚有雅俗体和方言的差异，语文犹未完全统一，甚至还有用这些字母记写非雅利安语的情况。所以，印度古文字的发展有如其语言一样复杂。雅利安人最古的语言"吠陀梵语"也因历史发展变化而鲜为世人所理解。公元前4世纪，有人对梵语进行了详细的解释与分析，整理出一套梵语语法规范。民间使用比较简单的方言，早期佛教经典所用的巴利语就是一种比较通俗的方言。孔雀王朝官方使用摩揭陀的方言，佛陀也曾以这种方言传教。

除古代的《吠陀》文学作品之外，自公元前5世纪又相继出现了一些史诗和民间文学作品。史诗主要有两大部，即《摩珂婆罗多》和《罗摩衍那》。这两部大史诗完全有资格列入古代世界伟大文学作品之列。《摩珂婆罗多》被称为"印度的《伊利亚特》"。这两大史诗皆起源于人民的口头创作，代代相传，且不断加工锤炼，融入了长期以来印度先人的智慧与灵感。前者大约形成于公元前5世纪，后者约为公元前4世纪。《摩珂婆罗多》意即"伟大的婆罗多族"，相传为毗雅娑所作。这部史诗分为18篇，长达10万颂（每颂两行诗，每行16音），是世界文学宝库少见的长诗。其核心内容是婆罗多家族中居楼王一支与般度王一支之间争夺王位的斗争。双方经过曲折的较量，最后进行了为期18天的大战，结果是居楼王一边全部战死，般度王取得胜利。主题以外又插入了许多其他内容的大量诗章。随着史诗的流传，逐渐增添了许多新的情节，有各种各样的神话和传说，也有关于宗教和哲学方面的讨论。因此，这部史诗的内容是非常丰富的，史诗所描写的大战，反映了雅利安各部落在从军事民主制向国家过渡中战争的情景。它鲜明地表达了人们对强暴和奸诈的厌恶以及对公正和善良的同情。它以丰富的内容和深刻的洞察力，长期为南亚次大陆的文学家、诗人和艺术家提供创作的灵感。《罗摩衍那》，即罗摩的游行。这部史诗的篇幅较小，但结构严谨，故事的加工也比较细致。全诗共分7篇，约24000颂，传说为蚁垤仙人所作。其主题是这样的：居萨罗国王子罗摩与妻子悉达隐居时，魔王劫走了悉达；罗摩在神猴协助下，率猴兵打败并杀死魔王，救出了悉达，然后携悉达回国为王。这部史诗反映了雅利安人向南印度扩张的过程，故事生动曲折，思想内容丰富，两千多年来一直为人们所传诵。古代印度的民间文学作品，大都保存在《五卷书》《益言佳言集》和《佛本生经》等作品中。其中《佛本生经》最为流行，它主要记述佛前生的故事，因此保存在这里的民间故事都经过了佛教徒的加工整理。原作品的主人公被附会成佛陀，原故事情节也被润色。尽管如此，它仍保留了不少优秀的故事，为研究当时的社会情况提供了大量资料。

（二）建筑与艺术

古代印度独具特色的雄伟建筑和精美艺术也是宝贵的文化遗产。具有代表性的殿宇工程大都开始于孔雀帝国时代。印度的早期建筑和雕刻，由于多为木质构造而未能完好地保存。阿育王时代桑奇地区的“窣堵波”（中国旅印高僧称为佛塔），是古印度文化中的建筑杰作。“窣堵波”是一种半球形的土丘，其内藏有佛教圣物，上有方台，台上立有伞盖。塔外有栅栏围绕，栏杆四面开有四门，每个门都以牌楼形式构筑，刻有人和动物的浮雕。孔雀帝国时期，君王曾下令在各地竖起具有象征性的巨型石柱，这类圆柱达 30 多个，均为古代印度雕刻艺术的重要遗迹，特别是圆柱顶端的大型石雕是当时艺术成就的集中体现。其中，阿育王在鹿野苑（地名）建造的石柱是最著名的，其上有 4 个经过精心雕刻的半狮身柱头，借以显示帝王的力量和权威。从山岩开凿出来的佛教殿堂和寺庙也集建筑与雕刻艺术于一身。公元前 2 世纪开始修建、7 世纪才完成的阿旃陀石窟是其典型代表。按建筑的形式与用途可分为两类：一类是佛殿，是供僧侣拜佛的地方；一类是佛寺，是供和尚居住的地方。这里保存着大量以佛教为题材的精细雕刻和优美绘画，它们吸引着世界的佛教徒和艺术家来到这里。此外，公元前后出现的犍陀罗艺术独具风格，其特点是雕刻佛陀和诸菩萨石像，这在早期佛教时代是从未有过的。值得一提的是，希腊艺术形式被应用到佛教题材上，例如佛陀石像很像希腊太阳神阿波罗，其服饰也具有希腊风格，这表明西北犍陀罗地区深受希腊文化的影响，出现了东西方文化的融合。

三、科学成就

（一）天文学与数学

古代印度在天文学和数学方面有相当高的成就。为了确定祭祀与重要典礼的准确日期，印度古人很早就注意观察天象。他们通过研究日月的运行，制定历法。在吠陀时代，他们就知道金、木、水、火、土五行星和日、月，合称七曜，又将月亮经过的星座归为 28 宿。古代印度人将 1 年定为 12 个月，每月定为 30 日，每年 360 日，所余差额用增置闰月的方法来弥补。在数学上，印度人民同样有大量发明。他们创造了从 1 到 9 的数字，又加上一个“0”，并提出了数字按位计值的方法。他们发明的数字及其形式迄今为全人类所接受并运用，对人类的数学运算有重大积极意义。为了建筑祭坛的需要，印度人民很早就学会了测量土地面积和画出种种几何图形，并列出了最早的三角函数表。

（二）医学

印度人民在医学方面成就亦高。《阿闼婆吠陀》中已经记载了 77 种病症之名，并开出了对症治疗之药。药物基本属金、石、草木之类。当时巫术亦被视为一种医术，佛教对此也很重视。古代印度人不仅著录了许多专门的医病方法，还能从事解剖，进行手术，也开始研究胚胎学。不过许多怪诞成分也同医学知识混杂在一起。古印度最著名的医学作品有阇罗迦的《阇罗迦本集》和妙闻的《妙闻本集》。相传阇罗迦是贵霜君主迦腻色迦的御医，他在书中探讨了诊断、预防疾病和疾病分类问题，并把营养、睡眠与节食作为维护健康的三大要素。妙闻的书涉及外科医学，强调医德的重要性，主张给孤寡、贫民、行人等以免费医疗。此外，印度人民在农业、畜牧业以及其他方面都积累了很多宝贵的生产经验。印度的科学技术最初是以宗教为目的，而在实际的操作和漫长的历史发展过程中，真知灼见逐渐衍化为独立的专业门类，大量的理论成果为弥足珍贵的历史遗产。

本章小结

作为卡尔·雅斯贝斯所说的经历“轴心时代”的三大古典文明中心之一，古代印度显示出独到的魅力，为世界文明的画卷增添了绚烂的色彩。

无论是早期辉煌的哈拉巴文化，还是后来雅利安人的列国时代，古印度在其历史的各个时期都留下了光辉的印记。在哲学宗教方面，古老的《吠陀》经典和婆罗门教、顺世论派哲学、耆那教、佛教以及后来的吠檀多哲学、印度教等，都阐释了古代不同时期、不同民族和阶级的印度人对世界和人类生活的理解，对世界哲学和宗教的发展做出了自己独到的贡献。在文学艺术方面，《摩诃婆罗多》《罗摩衍那》等古老的史诗，以优美的文笔记载了印度上古时代的社会生活和爱情故事，并得以代代相传，成为日后南亚文学艺术的创作源泉。独具特色的雕塑和建筑风格体现了东西方文化的融合。在科学技术方面，古印度人是“阿拉伯数字”真正的创造者，为人类的数学发展做出了最具基础性的贡献。医学、天文等领域的重要建树，则进一步体现了古代印度人的聪明与智慧。

古印度文明对世界历史有重要贡献。佛教的创立和传播对整个人类文明影响深远。虽然佛教后来在印度本土衰落，其影响却远播域外，与基督教、伊斯兰教共同发展为世界三大宗教，成为人类思想史上的宝贵财富。此外，印度古代的经典、科学技术上的成就和他们培育的各种农作物，也都在世界历史进程中发挥着独特而深远的作用。

古代印度文明的显著特点应该是其民族的多源性和文化的多元性。这一特点使得古代印度的宗教、哲学乃至价值观念都呈现出复杂的差异性甚至矛盾性，似乎也正因如此，古代印度文明给我们一种深邃神秘的感觉。古代印度文明的局限性也是显而易见的，种姓制度把人类社会最丑恶的不平等用一种天生的种姓出身固定下来，永世不得更改。后来，这一现象竟愈演愈烈，生生地造出一个极为下贱的“不可接触者”——贱民阶层。种姓制度及其种姓歧视观念的长期存在，成为印度社会矛盾危机的渊源，从一定程度上影响了印度文明的辉煌。

思考题

1. 古代印度种姓制度是怎样形成的？它包含那些等级？对印度人的社会生活有何影响？
2. 佛教的基本教义是什么？佛教在印度衰落的原因有哪些？
3. 孔雀帝国是如何兴起的？对印度历史有何影响？

第五章　上古中国（前3千纪—5世纪）

引　言

中国位于欧亚大陆的东端、太平洋的西岸。从地形上看，中国是一个多山的国家，总的地势西高东低，自西向东层层下降，形成了地形上的三级台阶。青藏高原是最高一级的地形阶梯。青藏高原以东、以北，至大兴安岭、太行山、伏牛山、雪峰山一线为第二阶梯，其内部地形相当复杂，塔里木盆地、准噶尔盆地、吐鲁番盆地、四川盆地和内蒙古高原、黄土高原、云贵高原都在这一区域。再往东就是中国地势最低的一级阶梯，海拔低于200米的东北平原、黄淮海平原、长江中下游平原以及江南广大地区海拔数百米的红层丘陵盆地都在这一区域。

从气候上讲，中国的大部分地区处于北温带。中国的气候有三个特点：一是季风性气候明显，主要表现为冬夏盛行风向有显著的变化。二是大陆性气候较强，表现为冬夏两季平均气温与同纬度其他地区和国家有较大的差异。三是气候类型多种多样。

从总的情况来看，中国不但疆域辽阔，而且地理位置比较优越。中国大部分地区地处中纬度，且位于欧亚大陆的东部和太平洋的西岸，季风气候发达。大部分地区雨热同季，温度和水分条件配合良好，为农业的发展提供了适宜的条件。农业日益成为中华民族占据主导地位的生产领域和生活方式。可以说，在中国占据主导地位的传统文化，无论是物质的，还是精神的，都是建立在农业生产的基础上。

中国自然地理环境的另外一个显著特点就是地理特征的多样性。由于国土辽阔，中国内部形成了各种不同的自然地理区域。各个区域内还蕴藏着各不相同的丰富资源。不同的地理与物质条件使人们形成了不同的生活方式和思想观念。在衣食住行等方面，中国各地历来就存在着很大的差异。强烈的地域特点使中国经济和文化的多样性非常明显。

中国自古以来就是一个多民族的国家，今天在中国占人口绝大多数、作为中华民族主体的汉民族也是在历史上不断吸纳和融合周边的少数民族的基础上而逐步形成的。

早在春秋时代，汉族的前身——华夏诸族就已经成为黄河流域的主体民族。以后，随着自身的扩张、迁移和其他民族的迁入，汉民族融合了大量其他的民族，为中华民族的主体和核心。在中国今天的56个民族中，除朝鲜族、俄罗斯族、塔塔尔族等几个民族是在最近的一两百年中从境外迁入，绝大多数都是在中国形成的，或者已经在中国生活了很长的时间。因此，中国的历史是由各民族共同创造的，中国的领土也是各民族共同开拓和巩固的。

第一节 黄河流域的文明

一、黄河流域文明的产生

（一）古代黄河流域的自然环境

黄河发源于青海省的巴颜喀拉山北麓，向东流经今天的青海、四川、甘肃、宁夏、内蒙古、山西、河南、山东等九个省区，全长 5464 公里。黄河在中华文明的形成和发展过程中起着无可替代的重要作用。尽管考古发掘已经证明，古代文明遍布于中华各地，但其中的大多数文明都没有能够延续到今天，其或者中断、迁移，或者被黄河流域的文明所融合和替代。与其他地区的文明相比，形成和发展于黄河中下游的文明虽然在产生之初并不具备十分明显的优势，但随着时间的推移，其巨大的发展潜能、兼容性和可持续性就逐步显露出来，因而成为中华文明的主体。黄河流域的文明所具有的经济、政治和文化中心的地位确立于夏、商、周三代，兴盛于秦汉，一直持续到隋唐。

在距今 8000—3000 年前，黄河流域较今温暖湿润多雨，很少受到低温和干旱的威胁。黄土高原和黄土冲积平原具有土质疏松的特点，易于开垦且利于发苗，使用简单的木质、石制或骨制的耒耜工具就能够产生较高的生产效率，生产出剩余产品。正是在这种十分有利的土壤和气候条件下，当地的原始居民较早地发明了以农业为主的经济生活方式，培育出包括粟和黍在内的多种耐旱的谷物品种，使黄河流域成为重要的农业起源中心和文明发祥地。

与黄河流域相比，长江流域虽然也发展出以稻作文化为特色的农业生产体系，也产生过很多发达的古代文明，但在中国文明的产生时期，其农业生产条件并没有黄河流域好。第一，与长江流域相比，黄河流域的地下水位低，土地渗水性好，不易形成长时间的洪涝灾害。洪水过后，人们可以较快地实行自救，恢复农业生产。第二，当时长江流域的气候过于炎热，不如黄河流域宜于人居，不少地区覆盖着大片的原始森林，平原地区则湖泊沼泽四布，榛莽丛生，加上土质紧密，种植的农作物主要是水稻。平整土地和引水灌溉劳动量大，技术要求高，因此，在原始的生产工具和技术条件下，大量开垦比较困难。由于以上原因，从总体上看，与黄河流域相比，长江流域的大规模开发和利用较晚。从三国两晋南北朝开始，随着气候逐渐变凉，加上战乱使北方的人口大量南迁，长江流域才后来居上，其环境优势得到越来越充分的发挥。

（二）最早的人类遗迹

中国最早的人类化石与旧石器均发现于早更新世。在北京的周口店，从20世纪20年代开始，经过半个多世纪的发掘，已经发现了6个直立人的颅骨及其他骨骼化石。在30多米厚的堆积中，考古学家发现数以万计的石制品、大量的动物骨骼化石及人类用火的痕迹，北京人生活的年代距今70万到23万年前，除了北京人，早期智人阶段的化石还有距今20万年的陕西的大荔人，其石器与北京人相同，以小型刮削器为主，另外还有一些小型的尖状器。与大荔人相邻的还有山西襄汾的丁村人。华南地区的早期人类分布范围也十分广泛，从北回归线的广西百色盆地一直到秦岭南侧的汉水谷地都有发现，石器以砾石石器为主。

华北地区晚期智人的代表是周口店的山顶洞人，最新的碳十四测定距今约2.7万年。墓葬中发现很多的装饰品，也有使用赤铁矿粉的习俗。体质人类学说明他们属于正在形成中的黄色人种。由于南北方自然条件的差异，中国境内的早期人类在直立人阶段就开始出现地方性的区别。到了晚期智人阶段，南北方不同类型的特征更为明显。在石器的制造和使用上，华北地区的特点是以石片石器为主的小型石器，华南地区则一直以砾石石器占据主导地位。

（三）农业的兴起

在距今约1.2万年至约1万年之间，中国自南而北进入地质史上的全新世。在全世界的范围内出现了气候的回暖，雨量增加，冰川渐融，海平面上升。考古发掘证明，至少在距今8500—8000年的时候，中国的华北地区就已经出现了比较发达的以粟为主的旱作农业。在华中地区，在12000多年以前就已经开始种植水稻。此后，稻作农业开始向华南、西南、华北乃至东北亚等地传播。在以后的发展中，中国的这两个农业起源的中心逐渐发展成两种农业体系。华北地区以粟、黍为主，之后又增加了大豆、高粱、小麦、大麦等粮食作物，还有蔬菜、水果、麻类等经济作物，从而形成了旱作农业的体系。华中地区除水稻以外，可能还种植薯蓣、豆类和瓜果蔬菜，还可能种桑养蚕，形成了以稻作农业为主的水田农业体系。由于两个地区南北相连，两种体系之间也发生了广泛的交流。两种农业体系的形成和相互作用对中国古代的历史产生了极其深刻的影响。

华北地区最早的旱作农业文化有河北、河南的磁山、裴李岗文化，陕西、甘肃的老官台文化，山东的后李、北辛文化以及辽宁和内蒙古交界的兴隆洼文化等，年代距今约8500—约7000年，种植的农作物主要是粟和黍，饲养的家畜有猪和狗，家禽只有鸡，出现了用模制或泥条盘筑的陶器。华中地区最早的稻作文化有湖北的城背溪文化和湖南的彭头山文化等，稍晚一些则有浙江的河姆渡文化。河姆渡文化距今约7000—约6000年。由于地面潮湿低洼，人们居住在干栏式建筑中，遗址中发现稻草、稻谷和谷壳的堆积，以籼稻为主，也有粳稻。出土骨耜200

件，饲养的牲畜有猪、水牛、狗等。除骨雕和象牙雕外，还出现了包括玉璜、玦、管、珠、环等玉器装饰。

在仰韶时代（距今约 7000—约 5000 年），黄河流域和长江流域的古代文化进入了史前社会的繁荣期，经历了母权制到父权制的转变，出现了个体经济和贫富分化，中心聚落的涌现是向文明迈进的重要标志。其中，陕西的半坡文化，尤其到了西阴文化中期，在全国处于领先地位。到了仰韶文化的晚期，其他地区也竞相发展起来，长江中游也显露出勃勃生机。在半坡文化时代，人们普遍饲养猪和狗，其次是鸡和黄牛。半坡居民发明了陶轮，最早的陶窑出现于此。陶器上的彩绘图案有鱼、鹿、蛙、鸡、嘴衔鱼的人面及网，说明渔猎经济仍然十分重要。石器和玉器制造业比较发达。半坡的姜寨发现了最早的铜制品，有铜片和铜管，经测验均属黄铜。在公元前 4 千纪后期和公元前 3 千纪初期，铜器遗址多了起来。红山文化中发现冶炼遗存及铜制品，源涡镇发现炼铜渣，马家窑文化中发现了青铜刀。

（四）国家与文明初兴

在公元前 3000 年前后，黄河和长江流域的各文化区系都发生了较大规模的变化，进入中国早期文明的形成期——龙山文化时代。这一时代大约跨越 1000 年，以公元前 2600 年为界分为早晚两期。这一时代的基本特征是出现了明显的贫富分化，战争频发，诸中心聚落间崛起了王都，以礼制为代表的上层建筑形成，地理和文化上的交互作用加强，与发展上大体同步的黄河、长江流域形成了一个“交互作用圈”。

在龙山文化早期，出现了人口的明显增加，开发区域也随之扩大。由“都”“邑”和“聚”组成了许多纵横数十里的早期邦国，并呈现出“万邦林立”的态势。作为用以制约社会成员、社会集团对财富的无度聚敛和相互厮杀的产物，礼制应运而生。礼制的出现是龙山时代早期国家建立社会秩序的重要支柱，也是黄河流域早期文明的重要特征。在黄河流域的龙山文化遗址中，虽然诸如卜骨、人牲等宗教的遗物随处可见，但从葬制上可以看出人们所追求的仍然是世俗的财富与名分，社会主要遵循礼制的法规运行。而与此形成鲜明对比的是，在江汉地区的石家河等遗址中，普遍存在着由成千上万的陶塑人像、动物和陶杯堆积组成的大型宗教活动遗迹。这说明财富的聚敛和浩大的工程都是以神的名义进行的，礼制不发达。良渚文化中大量用于政治、宗教和礼制活动的大型玉器也显现出“政巫结合”的特色。总之，在这一时期，有无礼制及其完善程度是早期国家发育程度的重要标志之一。黄河流域那种重世俗礼制、王权高于神权的特点也成了后世中国社会的传统基因。

龙山时代晚期与夏、商、周三代之交是中国文明产生的关键时期。在中国先秦和汉代的古籍中保存着关于这个时期的大量的神话传说。作为“历史的影子”，这些传说中包含着许多真实的历史内核，其中关于部落之间的兼并战争、城郭的崛起、礼制的形成、宗教的改革和万邦林立的状况等内容已经得到了越来越多的考古学上的证实。

二、黄河流域文明的特点

从世界范围来看，文明的出现和农业的起源密切相关。独立起源的诸古代文明无一例外地发源于大河流域，土壤肥沃的冲积平原和比较适宜的气候条件则为农业的起源创造了有利的条件。作为人类文明的重要发源地之一，中国黄河流域的文明无疑也遵循着这一古代文明起源的普遍规律。但同时我们也要看到，由于地理环境、农业生产的方式等原因，黄河流域的古代文明在发展道路上也呈现出一些不同于其他古代文明的特点，其中最值得关注的特点之一就是黄河流域文明顽强的生命力和连续性。包括埃及、两河流域和印度河流域在内的最初的文明在经过了几百到数千年的辉煌之后相继衰落乃至灭亡，成为失落的文明。但只有中国的黄河流域文明生生不息地一直延续到今天。那么，是哪些内在的因素和外部的力量维系着黄河文明乃至中国文明的连续性？下面，我们就从三个方面对黄河流域古代文明的特点做出一些简要的归纳。

（一）农业生产条件的优越性和早熟性

黄河流域成为世界上几个主要的独立起源的农业中心之一，与其优越的自然条件和当时适宜的气候条件密不可分。黄河流域土质疏松，土壤的渗水性好，十分宜于开垦，华夏的先民在使用十分简易的耕作工具（如耒、耜等）的条件下就能够培育和种植耐旱的谷物品种（粟、黍等）。同时，农业起源时代温暖湿润、雨量充沛的气候条件又为作物生长提供了良好的外部条件。从旧石器时代的蓝田猿人、大荔人、汾河流域的丁村人、内蒙古河套地区的河套人，到新石器时代以关中、豫西、晋南为中心的仰韶文化，都广布于黄河流域。黄河中下游以后又发展出龙山文化，再往后代表夏文化的二里头文化和商文化都产生在黄河中下游地区。可见，黄土高原的东南部地区正是这些文化的原生地，夏商周三代文明因此都是黄河流域早期文明的产物。

黄河流域优越的农业生产条件和发达的农业生产不仅决定了先民的经济生活方式，还对人们的社会组织、风俗习惯、政治制度乃至于思想文化等方面产生了巨大的影响。首先，在农业的定居生活状态下，安土重迁成为一种普遍的观念。人们十分重视家庭生活，重视血缘关系。以血缘关系为纽带的家族、宗族和氏族部落组织虽然经历过很多次冲击，却一直顽强地保存下来。其次，与这种经济生活方式和社会组织结构相伴而生的是发达的自然神、祖先神和生育神的崇拜，祭天地的活动、对家族墓地的重视以及“不孝有三，无后为大”的生育观念，正是这些宗教倾向的直接反映。最后，农业生产的发达和“独大”也在一定程度上抑制了其他生产活动的发展。至少在中国文明的早期，手工业生产和商业的发展十分缓慢。手工业品的生产仅限于统治者直接控制下并带有独占性质的“礼器”“法器”和“兵器”，用于农业生产的工具则长期停留在十分简陋和低下的水平上，交换则主要以上层阶级的奢侈品和宝货为主。这种状况在国家管理和思想意识上的反映就是重农抑商的观念长期占据统治地位。

（二）黄河流域文明的相对封闭性与兼容并包性

中国第四纪更新世大约开始于 240 万年前，喜马拉雅山的隆起与第四纪冰期带来的亚洲腹地的大面积戈壁和沙漠，把东亚大陆变成了一个相对独立的自然地理单元。与此同时，中国境内也形成了几个不同的气候区，即青藏高寒区、西北干旱区和东部季风区。作为中国文明重要发源地的黄河流域中下游地区主要位于东部季风区，这一地区也是早期人类活动的主要区域。

中国位于欧亚大陆的最东端，远离其他的几个文明起源中心。在高原、荒漠和海洋环抱中的黄河流域以其优越的农业生产资源和适宜的气候条件而成为农业起源的中心和中华文明的发祥地。这种地理环境上的优势状态，一方面有利于文明的产生和成熟，另一方面也使黄河流域文明相对缺少开放性，对外主动寻找文明和向域外拓展的动力不足，更没有必要向海外发展。这种相对封闭性也造成了黄河流域民族强烈的优越感和自信心，具体表现为华夏中心主义的社会心理。

同时我们也要看到，这种封闭性、排他性和保守性只是相对的。黄河流域文明在形成和发展的过程中也明显地表现出开放性、接纳性和包容性的特点。与周边地区的文明相比较，黄河流域文明从一开始就在经济、政治和文化等方面具有明显的优势地位，这种优势地位反而使黄河流域文明对其他的古代文明具有了更多的接纳感和包容性。应该说，中华文明正是在以黄河流域为中心的古代文明不断地吸收、改造和融合周边的文明乃至域外文化的过程中产生和发展起来的。

经过 20 世纪大量的考古发掘，关于中国文明起源的很多传统看法不是被推翻，就是受到了强烈的挑战。首先，曾经盛极一时的“中国文明西来说”完全破产，大量的考古资料和历史事实表明，中国文明是土生土长的原生文明，不论是农作物的栽培（北粟南稻）、家畜的饲养（以猪狗为主）、蚕丝的发明，还是土木结构的建筑形式、封闭院落的布局，或者以政治功能为中心的城市、玉器和青铜礼器的使用、以形意为主的方块字、以血缘为纽带的社会结构和祖先崇拜等，都说明了这一点。但与此同时，文明的原创性与外来影响的存在则并不矛盾。正如夏鼐所言：“中国文明的产生，主要是由于本身的发展，但这并不排斥在发展过程中有时可能加上一些外来的影响”。其次，长期以来在中国史学界占据主导地位的“中国文明起源于中原地区而后光被四夷”的观点也受到了强劲的挑战。近年来新的考古发掘和古史研究越来越表明，黄河流域的文明只是中华文明的重要发源地之一，中国古代文明从一开始就具有更多的表现形式和地域特征。在文明的起源时期，黄河流域文明并未体现出所谓的中心作用，黄河流域的河南龙山文化并不比山东龙山文化、良渚文化、石家河文化等文化更加发达。从文明的发展看，黄河流域文明与包括长江流域文明在内其他周边地区的古代文明一直存在着十分明显的相互影响和交互作用。这种多元互补的关系说明中华文明是以汉族为主体的多民族共同创造的结果。同时，这种互补关系也有助于缓解中原农业区的生态压力，从而保持中华文明的旺盛活力。

（三）黄河流域文明的持续性和连续性

古代黄河流域文明的持续不间断性表现在两个层面上。一是在中国文明起源的过程中，遍布于中国各地的很多古代文明虽然曾经盛极一时，但大多没有能够延续到今天。不是中断了、迁移了或者消失了，就是被来自黄河流域的文明所融合、所替代。二是黄河流域文明的连续性同时也体现在与世界上其他或早或晚的古代文明相比较的层面上。大约从公元前2000年到公元前1000年，包括古代埃及的尼罗河流域的文明、西亚两河流域的文明和南亚次大陆的印度河文明相继出现了衰落或中断的现象，只有中国的黄河流域文明没有出现这种迹象而绵延至今。

黄河流域的古代文明之所以没有出现其他古代文明的衰亡和中断现象，一方面得益于黄河流域十分优越的农业生产的条件，得益于黄河流域创造和发展出精耕细作的旱作农业与周边的包括长江中游的稻作农业区、南方少数民族的粗放农业区、西北草原和荒漠地带的畜牧区、荒漠地带的绿洲农业区和东北的森林与草原地带的牧农渔猎兼营区所形成的良性的互补与共存关系。另一方面，从世界范围来看，黄河流域的古代文明之所以没有出现明显的中断和衰落现象，也得益于中国文明自成一体、得天独厚的地理环境和地理位置。在公元前1000年左右，全球的气候再次出现了变冷的趋势，副热带高压的卷土重来使得包括尼罗河文明、两河流域的文明和印度河文明在内的古代文明地区都出现了明显的沙漠化趋势。而在中国的黄河流域，喜马拉雅山所起到的屏障作用，在相当大的程度上减弱了这一普遍的气候现象的影响，从而避免了这种由于外部的气候条件所造成的自然环境的恶化。

考古发掘表明，中国文明形成过程中所体现出的连续性是多方面和全方位的。它首先体现在生产工具和生产技术上的连续性上。在整个青铜时代，生产工具一直以石、木、骨、蚌作为主要材料，没有明显地反映出由野蛮到文明时代这一重大历史变化。青铜在社会中的主要用途不是制造生产工具，而是用于制造与宗教、政治和军事活动有关的器物。第二，从氏族聚落组织和古代城市的演进来看，连续性则体现在氏族或宗族组织在国家形成后不但没有消失或失去其重要性，而是继续存在，甚至在亲族制度和国家制度的结合中得到了加强。第三是文字上的连续性，作为中国文明时代重要特征之一的文字，其作用始终与政治和宗教仪式活动相关，这种社会功能使文字在野蛮时代的作用在文明时代得以延续。最后，经过巫术进行天地人神的沟通是中国古代文明的重要特征，而沟通手段的独占是统治者权力的重要来源。因此，促成阶级社会中沟通手段独占的是政治因素，即人与人关系的变化。至于人与自然关系的变化，即技术上的变化，则是次要的。

第二节　夏商周时代

一、夏商周时代概况

关于中国文明起源的时间，历史上说法不一，学术界也存在争议，我们一般把公元前 21 世纪崛起于黄河流域的夏王朝作为中国文明的起点。随着夏朝的建立，中国文明由部落联盟时期迈入王朝时期。比如，龙山文化晚期神话中的部落首领共主禅让制被家族血亲关系的王位世袭制所取代，中央王朝出现，“家天下”的局面正式形成。在中国的《尚书》《诗经》等早期的古文献里，夏、商、周三代是经常相提并论的，这种说法建立在古人认为这三个朝代在制度上具有连续性和一贯性的基础上。

研究表明，夏、商、周三代族属不同，发展的地域也不同，是三个独立的政治集团。夏族活动的中心地区在山西晋南盆地和河南伊洛盆地。商族在灭夏前主要聚居在河北中南部和河南东北部的华北平原。周族则在陕甘交界的陇东山地和关中盆地的西部。三大政治集团沿黄河中下游地区的分布态势是周族在西，夏族在中，商族在东。夏族、周族和商族先后从偏隅一处的部落邦国入主中原，并建立起中央王朝，又在更大的地域内同其他部族建立起较为牢固的部落联盟。这种跨区系联盟促进了各个不同地区的文化交流、传播和融合，为中国文明向更高阶段发展奠定了基础。三代文明既有各自的特色，也存在着明显的继承性和连续性。

（一）夏史（前 21—前 16 世纪）概说

传说中的“三皇五帝”实际上是原始氏族时代部落联盟的首领，尧和舜是五帝中的最后两位。传说在尧统治时期，洪水泛滥，“四岳”推荐鲧负责治水，但成效甚微。当时实行禅让制度，尧年老的时候，大家一致推举舜为继承人。经过一番考察，舜成为新的联盟首领。舜出身微贱，深谙百姓疾苦，继位后励精图治，发展民生，撤换了治水不利的鲧，任命鲧的儿子禹负责治理水患。禹一改从前的堵塞之法，采用疏导的方法，率领人民用 13 年的时间排除了水患。同时，禹还在平定三苗的叛乱中表现出卓越的军事才能。后来，舜按照禅让制度把权位传递给禹。据说，禹在继位之初曾经召集原先各部落的首领在涂山举行会盟，与会者有“万国”之多。禹控制的地区也得到了前所未有的扩大，权力也比从前的部落首领有了明显增长。禹死后，在诸侯的拥立下，禹的儿子启继位。这一事件意义重大，从此，“天下为公”的“大同之世”宣告结束，“天下为家”的“小康时代”开始，这标志着夏王朝的正式建立和中国文明社会的开端。

启在刚刚继位的时候，其政权并不稳固。先是东夷集团的首领对夏发动进攻，被启打败。接着，关中平原的有扈氏对启实行的“家天下”不满。启前往征伐，有扈氏也被击败。王权得到巩固后，启在钧台（在今河南禹州南）举行了盛大的宴会。但此后不久，启的儿子武观又发动叛乱，虽然武观被诛杀，叛乱被平息，但对夏朝的内政还是产生了一些负面的影响。实际上，夏王朝的真正威胁来自于东夷。启死后，其子太康继位，他不理朝政，沉湎于田猎游玩，东夷集团乘机西进伐夏，其首领羿在夏民的拥护下夺取了政权。太康失国后，羿独揽大权。不久，羿又开始沉迷于田猎，不恤民事，大权也旁落到重臣寒浞手中。寒浞遂杀羿全家夺取政权。为斩草除根，寒浞诛杀夏后相，此时相妻缗已有身孕，逃离后生子少康。少康长大成人后，在有扈氏、斟灌氏等部落的帮助下，剿灭寒浞，从而夺回了王位。

从少康中兴到以后的七代夏王，夏王朝的国势相对稳定，夷夏关系渐趋缓和，统治区域也得到了扩展。王位传到孔甲的时候，国势开始衰落，夏王朝进入了后期。据文献记载，孔甲“好方鬼神，事淫乱”，故有“孔甲乱夏，四世而殒”之说。在这一时期，虽然夏王与诸侯的关系日趋紧张，不过尚能维持。但到了夏桀统治时期，夏与诸方国的关系最终恶化，其暴虐专横的统治也引起了人民的强烈不满。夏桀不顾百姓疾苦，大兴土木，挥霍民财，无度享乐。因此，夏的大臣以及从前依附于夏的国家纷纷投奔商汤。公元前16世纪，商汤在夏朝民众和各诸侯的拥立下，先剪灭韦、顾、昆吾等夏的与国，然后进军夏的腹地。众叛亲离的夏桀匆忙应战，遭到惨败，后被放逐，死于南巢之山（在今安徽巢湖东南），夏朝灭亡。

夏朝实行土地国有制，这种所有制是由氏族公社的土地公有制直接演变过来的。农业和手工业都有了很大的发展。在手工业中最重要的是青铜铸造业。青铜器的出现，在一定意义上标志着中国从野蛮时代进入文明时代。不过，在农业生产上仍旧以石质和木制生产工具为主。

据《史记·殷本纪》载：“古禹、皋陶久劳于外，其有功乎民，民乃有安。东为江，北为济，西为河，南为淮，四渎已修，万民乃有居。”这里讲的虽然是大禹治水，实际上反映了夏朝的四至，这个范围大体上是指现在的河南省中西部和山西南部一带。新中国成立以后，考古学家开始了在这个地域内寻找“夏墟”的尝试，虽然没有取得类似于“殷墟”那样的成果，但也获得了许多突破性的进展。其中，河南偃师的二里头文化是最重要的发现。据考古学家推测，此处可能是夏代的都城之一。

二里头遗址的面积达到300万平方米，是二里头文化遗址中最大的一处，它的下层有较大的夯土台基，上层的夯土台基规模更大。遗址的下层还发现了铜器作坊，所制器物包括工具、武器、容器、乐器等。铜器之外，还有不少玉器出土，多数属于礼器、仪仗和装饰品。用动物的骨头进行占卜活动在龙山时代即已开始，在二里头文化中有所发展。陶器多呈灰色，少数为黑色。二里头文化至今还没有发现文字。

二里头文化所反映的宫殿宗庙制度、青铜和玉器礼器制度、占卜的制度大多被商文化继承和发展。夏商文化的这种继承关系一方面得到了考古学上的证实，另一方面也反过来证明了二里头文化就是夏代的文化。二里头文化不仅在地域上分布在夏王朝所在的地区，而且年代上也与夏朝基本吻合。根据碳十四测年法测定并加以树轮测年法校正，二里头文化大致介于公元前2100—前1600年。不过，对于二里头文化一至四期的绝对年代、性质和所处的社会阶段，学术界还存在着较大的分歧。

（二）商史（前16—前11世纪）概说

商文化的起源和夏文化密切相关，夏和商可能是中原地区并存的两种主要文化，且商长期从属于夏。传说中商的始祖契是和禹同时代的人。在商汤灭夏之前，商部族曾经八次迁都，其范围大体在今天的河北省南部、河南省北部和东部、山东省西部及安徽省北部。据商王世系，王位经十四代传至汤。此时正值夏代末年，夏桀无道，商汤乘机在贤相伊尹的辅佐下，联合对夏不满的诸方国，剪灭夏族的许多部落，打败夏桀，建立了商朝。

汤去世以后，其子太丁未立而卒，太丁之弟外丙继位，三年之后其弟中壬继位。此后，伊尹立太丁之子太甲。作为辅佐商汤完成灭夏大业的一代贤相，伊尹为王朝初期政局的稳定发挥了巨大的作用。太甲继位后，由于伊尹不能容忍其政局昏乱，遂将其放逐到桐宫，让他在那里“悔过自责”，以免重蹈夏的覆辙。在太甲被放逐期间，伊尹统管国政。直到太甲改恶从善之后，伊尹把他接回亳都，还政太甲。

商朝的历史一般以盘庚迁殷为界，分为前后两个阶段，即早商和晚商时期。早商从成汤到盘庚历二十王，当中殷都屡迁。迁都的原因比较复杂，大体上是为了谋求在国土的中心建立都邑，从中心地区对全国实施有效的政治统治和军事控制，并在最大限度内谋求社会财富向中心地区集中。到了盘庚时期，都城又迁回到商的中心区域殷（今河南安阳），此后八代十一王的 273 年间未再迁都。同时，王位继承的问题也基本得到了解决。王位由一个家族的父子相继成为定制，从此再也没有发生王位之争。所以，从总体上讲晚商时期的商王朝政治稳定，经济发展，国力强大，进入了鼎盛时期。

迁殷之后最重要的王是武丁。他在位 59 年，是商王朝最为强盛的时期。武丁在年少的时候曾经与社会下层人民生活在一起，深知百姓疾苦，故继位之后能够“修政行德”。首先，他任用贤相傅说，大力发展农牧业生产，改善民生。其次，面对商王国周边落后方国经常的进犯和掠夺，武丁组织了多次战争，先后打败了舌方、鬼方、土方和羌方等国，安抚了边区，也扩大了商朝的势力范围和影响。武丁以后，由于长期的战争对国力的消耗，社会矛盾日益尖锐，政治也愈加腐败，商王朝开始由盛转衰。

到了商朝末帝纣王统治时期，各种社会矛盾全面激化，导致了商王朝的灭亡。首先，纣王继续发动对东夷的大规模战争，消耗了国力，也使人民苦不堪言。其次，为了维持其骄奢淫逸的生活，纣王在国内不断加强对民众的搜刮和掠夺。同时，为了应对人民日益加深的不满和反抗，纣王作“炮烙之刑”，大肆镇压人民的反抗。再次，在统治阶级内部，他还重用奸臣，迫害忠臣，致使比干因谏而死，箕子佯狂，微子出走。纣王的暴政不仅造成了众叛亲离，而且也引起了国内民众和周边部族的愤恨，各地人民纷纷揭竿而起，发动起义。公元前 11 世纪，曾经长期屈从于商的周族势力日益壮大。利用这个有利时机，周族组织和领导反商大军，在牧野与商王的军队展开决战。纣王的军队在阵前倒戈，纣王自焚身亡，商朝的历史宣告结束。

商朝进一步发展了夏朝的土地国有制，商朝和方国的土地都属于商王所有。在手工业上，最重要的和最具代表性的是青铜铸造业，不论从器物的数量、种类和质量来看，都比夏代的青铜业有了飞跃的发展。此外，纺织、制陶、漆器、骨器制造等技术也有了不同程度的提高。在商朝，贝币的出现则说明了商品交换的初步发展。

商朝是中国历史上第一个发掘出确定的王都并拥有文字和极为丰富的考古资料的王朝。1899 年，甲骨文被发现。此后在河南安阳殷墟的发掘中陆续出土了带有文字的甲骨十多万片。作为一种成熟的文字，甲骨卜辞的内容涉及商代的政治、经济、文化、军事和社会生活等多个方面，是商代历史研究最重要的第一手资料。20 世纪以后，包括郑州商城、偃师商城和殷墟在内的多处商代城市遗址和墓葬被发现。这些遗址中出土了大量精美和壮观的青铜器和其他种类多样的随葬品，极大地丰富了我们对商朝历史的认识。

郑州商城是商代二里岗时期规模宏大的早期都邑的代表。其总面积达 25 平方公里，形状呈方形，四周有城墙，商王宫殿区分布在城区中部偏北和东北部的高地，区内发现用作祭祀的人头近百个。城外有两处规模较大的铸铜作坊遗址，周围还有制陶、制骨作坊。墓葬区分布在商城的四郊。西墙外出土青铜礼器数十件。郑州商城一般被认为是商王中丁所迁的嚣都，有人认为就是成汤的亳都。

殷墟是商朝晚期都城的遗址，位于今天河南省安阳西北郊洹河两岸，总面积达30平方公里，由商王的宫殿、宗庙区、王陵区、各级贵族的聚落、族葬墓地、附属于商王和各级贵族的手工业作坊及一般居址和贫民住所组成。迄今，四周尚未发现城墙。宫殿区的祭祀场所发现有车马坑和大批的人祭坑。这个中心地区最重大的发现就是大批刻有卜辞的甲骨，它们全属于武丁时期。王陵区还发现了13座大墓，各大墓均有大批殉葬人和牲。杀人祭祀是商代盛行的一种宗教仪式，以武丁时期为最盛。

（三）西周史（前11世纪—前770年）概说

继商代兴起的周王朝是一个十分繁盛的时期。从公元前11世纪周朝建立到战国末年被秦所灭，周王朝历时近八百年之久。周代的典章制度和思想文化对后世的中国历史产生了深远的影响。周代的历史以公元前770年周平王东迁为界分为西周和东周两个阶段。西周是周王朝建立和巩固的时期，东周是周代王权走向衰微、诸侯并起、群雄争霸的时期。

周族发源于陕西的泾水和渭水一带。相传周的始祖弃曾被舜命为“后稷”，教民耕种谷物。到了公刘的时候，周族迁到豳（在今陕西旬邑西）定居。又经过十余代，古公亶父又迁至周原（在今陕西岐山北），周族始兴。在屡次征伐犬戎后，周族势力逐渐向东发展。周人的强大也开始引起商人的不安，古公之子季历被商王文丁所杀。季历死后，其子昌嗣位，即周文王。文王在先王的基础上继续向东推进，发展生产，并与附近的姬姓和姜姓各族联合起来对抗商朝，迫使商王封昌为西方之伯。文王在征服了商的重要属国崇之后又迁都到丰（在今陕西西安长安区西南）。但是由于此时尚不具备伐商的条件，周在表面上仍与商保持着臣属关系。文王死后，武王发继位，他迁都于镐（在今陕西西安长安区西北），积聚力量，准备伐商。武王继位后十余年，乘商纣王的暴政渐失民心、众叛亲离的有利时机，率领重兵，联合庸、蜀、羌等方国东征，与商朝军队决战于牧野。商王虽然在人数上占据优势，但士兵无心打仗，阵前倒戈。纣王战败自焚，商朝灭亡，周朝建立。

武王克商之后并未把殷都及其王畿据为己有，而是把这块地方封给纣子武庚，并派他的弟弟管叔、蔡叔和霍叔参与管理，并监督武庚。武王去世后，成王诵继位，由于年纪尚幼，王叔周公旦以开国功臣的资格摄政。此举引起管叔、蔡叔不满，散布流言说周公妄图篡位，于是勾结武庚及商遗民发动叛乱。周公当即率兵东征，诛武庚，杀管叔，放蔡叔，三年平叛。为巩固周朝在东方的统治，周公营建东周洛邑（今河南洛阳），把“殷顽民”迁到那里，并派重兵把守。在镇压和安抚商朝遗民的同时，周公还在王畿周围军事要地大封同姓和异姓诸侯，作为周王室的屏障，据说周公封建诸侯达71国，其中同姓（姬姓）53国。通过封土建国，分封制度与宗法制度紧密结合，周代对诸侯的控制与夏商相比有了明显的加强，统一趋势也愈加明显。周公摄政七年之后，还政于成王。成王及其子康王统治的四十多年是西周时代最繁荣的时期，政治稳定，经济发展，国力强盛。周王在继续通过大规模的分封诸侯扩大和稳定周朝统治的同时，还讨伐鬼方以安抚边疆。此后，昭王、穆王继续向南发展，其后的共王、懿王也保持了国势的平稳。但到了孝王和夷王的时候，周朝开始走下坡路，不过尚能号令诸侯，并取得不少对外战争的胜利。

西周的真正衰微出现在周厉王统治时期。他任用好利的荣夷公，实行把山川渔猎之利统归王室的“专利”制度，并加重对农民的盘剥，引起了国人的强烈不满。面对国人的指斥，厉王还派人监视，严加禁止。社会矛盾日益激化，国人忍无可忍，举行暴动，厉王被逐，由周公和召公共掌朝政，史称“共和”。这一年是公元前841年，是中国历史上有确切纪年的开始。共和十四年（前828年），厉王去世，周公和召公立其子为王，即周宣王。宣王时期（前827—前782年）曾恢复了对外的征服活动，北伐猃狁，南征荆楚，呈“中兴”之势，但不久以后在与西戎的战事中失利。宣王之子幽王在位时（前781—前771年），重用佞臣，搜刮民利，又废王后和太子，立宠妾褒姒及其子，从而触怒了原王后的娘家申国。公元前771年，申国勾结犬戎攻打周都，杀幽王，申侯联合其他诸侯拥立原太子宜臼为王，是为平王。次年，为了躲避戎狄的威胁，平王把都城迁到洛邑，西周结束，东周开始。

西周灭商后，在全国范围内实行土地国有制。周王把土地分封给诸侯，诸侯再把封国内的土地分赐给自己的卿大夫以至于士。受封的各级贵族对封国或采邑内的土地只有占有权，没有所有权。随土地赐封给各级封建主的依附性的劳动者，在耕种自己的一块份地的同时，也要为其主人的土地无偿地代耕。这是一种劳役地租形态的剥削制度，这种封建领主土地所有制在历史上被称为“井田制度”。西周的农业有了进一步的发展，农作物的种类不断增多，在选种、施肥、除草和灌溉等方面都积累了丰富的经验。西周在手工业和商业上实行“工商食官”制度，即工匠和商贾都主要是为了封建领主贵族的政治和生活需要而从事工商业活动。青铜铸造业仍旧是西周时期的主要手工业，其技术继承了商代，且有所发展。此外，制陶业、纺织业和建筑业也有了较大的进步。

从考古发掘看，西周时代的城邑与商代相比在数量上有了增加。西周王室对王畿地区的直接控制，是通过设置中心都邑和别都来实现的。在各个都邑中，则实行按照血缘关系聚族而居的县鄙制度。宗庙建筑与宫殿建筑连为一体，其中宗庙构成宫城区的核心，具有强烈的排他性、内聚性和独占性，是宗法等级制度的载体和最高体现。宫殿宗庙区的外围分布着等级森严的族墓地，城内的手工业作坊则分属于王室和各级贵族。从墓葬的发掘来看，西周时期的人殉、人祭情况与商代相比急剧减少。西周时期形成了一套严格的以用鼎为核心的礼器丧葬制度，如果说商代的礼器随葬制度是以爵、觚为核心的酒器组合，那么从先周到西周早期，周人墓葬已明显出现重视鼎、簋的食器组合，这套制度形象而深刻地显示出西周宗法等级社会的本质特点。

（四）东周史（前770—前221年）概说

从公元前770年周平王东迁洛邑，到公元前221年秦统一六国建立秦朝，这段时期史称东周。东周以公元前475年为界又分为春秋和战国两个阶段。东周时期总的特征是王纲解纽，诸侯争霸，同时，这也是中国历史上第一个经济快速发展、思想文化极为繁荣的时代。

平王东迁以后，周王室的势力进一步被削弱。各国之间的战事不断，灭国现象时有发生，诸侯国的数量也随之锐减。周初号称的千八百国，到了春秋时代仅剩下148国，其中较大的有齐、晋、楚、秦、鲁、郑、卫、燕、陈、蔡、吴、越等十几个国家，各国凭借自己的经济和军事实力展开了争霸战争。春秋初期，郑国凭借其协助周室东迁中获得的优势地位盛极一时，郑庄公成为春秋时代的第一位霸主，但由于内部的纷争很快就衰落下去。继郑国取得霸主地位的是齐国。公元前685年，齐桓公即位，在贤相管仲的辅佐下，他励精图治，在内政、外交、经济、军事等方面锐意改革，使齐国的国力迅速强大起来。齐桓公打出“尊王攘夷”的旗号，联合华夏诸侯在鄄（在今山东鄄城）举行会盟，标志着其霸主地位的确立。齐桓公死后，齐国发生内乱，失去了霸主的地位。此时，南方的大国楚国抓住这个有利时机试图乘虚而入，但又受到迅速强大起来的晋国的阻挠。公元前632年，晋文公率领齐、秦等国联军在城濮（在今山东鄄城西南）打败楚、陈、蔡联军，晋国从此成为中原地区的新霸主。不过，楚国还是可以在南方称雄，从而形成了晋楚争霸的态势。在西方，握有关中沃土的秦国虽然起步较晚，但发展迅速。秦国也试图挺进中原，但受到晋国的阻挡，只好称霸西戎。此时东方的齐国虽然失去了霸主的地位，但仍不失为一个大国。

公元前546年，由于长期受到晋楚争霸之苦，宋国大夫向戌提出了“弭兵”的建议。十几个国家在宋集会，晋楚两国平分秋色，共做霸主，从此进入了春秋时代的晚期。由于晋国备受内乱之苦，楚国也受到东边新崛起的吴国的侵扰，吴、越两国得到了发展的空间，先后成为地区的霸主，不过都是好景不长，昙花一现。

经过长期的争霸和兼并战争，国家的数量进一步减少，进入战国时代，最终形成了齐、楚、燕、韩、赵、魏、秦七雄并立的新格局。

在战国时代，周王的势力更加弱小，实际已经沦为了一个小国的国君。公元前453年，春秋初期的大国晋国被三家大夫一分为三，形成了韩、赵、魏三个独立的国家。公元前391年，齐国国君（姜姓）被田氏取代。战国初期，为了缓解内部矛盾、富国强兵，各国纷纷展开变法活动。李悝在魏国颁布法令，选贤任能，推行“尽地力”“善平籴”等重农抑商的措施，并制定刑法，使魏国强大起来。吴起也在楚国推行变法，废除贵族特权，整顿吏治，奖励军功，但遭到贵族的激烈反对和报复。结果改革失败，吴起被杀。此外，韩、赵、齐、燕等国也纷纷出台政治和经济方面的改革措施，但收效不大。最为成功的是秦国的改革。公元前361年，秦孝公即位后任用商鞅实行变法，内容包括改革田制、奖励军功、奖励耕织、排抑商贾、统一度量衡等措施。变法使秦国的国力迅速强大起来。值得注意的是，以魏国和秦国为代表，战国时代各国普遍推行了重农抑商的措施，崇本抑末的思想盛行，这既符合当时富国强兵的现实需要，也是以小农经济为基础的农本经济的一种反映，这种思想和政策对后世的中国产生了深远的影响。

从战国中期开始，七雄之间的力量对比发生了明显的变化。曾经盛极一时的魏国由于受到秦、楚和齐三面夹击，失去了优势的地位。与此同时，西方的秦国却由于变法的成功而摆脱了从前的落后状态，一跃而成为七国中最具实力的国家。面对秦国咄咄逼人的东进，韩、赵、魏、齐等国试图联合抵抗，却连遭败绩。楚国本来可以联齐抗秦，却中了秦的反间之计。此后，东方各国试图“合纵”抗秦，但秦以“连横”破之。秦国凭借自己的强大的军事力量，并充分利用了东方各国的内部矛盾，不断取得东进的胜利。公元前278年，秦国打败楚国，攻陷楚都。公元前260年，秦在长平（在今山西高平西北）打败赵军，坑赵降卒40万。公元前246年，秦王政即位，在击败了赵、魏、楚、燕、韩五国联军后，开始进入各个击破、实现统一的最后阶段。公元前230年，灭韩。公元前228年，灭赵。公元前225年，灭魏。公元前223年，灭楚。公元前222年，灭燕。公元前221年，灭齐。至此，秦统一六国，战国时代结束，统一的秦王朝开始。秦的统一结束了诸侯割据的混战状态，建立起中国历史上第一个大一统的专制主义的中央集权国家，符合当时历史发展的趋势和要求。

春秋时期，以土地国有制为基础的、在政治上与分封制度结合在一起的领主经济开始解体，以土地私有制为基础的、以地主和农民结成的租佃关系来经营土地的地主制经济开始形成。在社会经济上，铁器和牛耕的出现和相互结合，荒地的开垦和水利的兴修，使农业生产出现了前所未有的进步。农业的快速发展又带动了手工业和商业的兴盛，“工商食官”的制度动摇了，独立于官府的大商人纷纷出现。到了战国时代，土地私有制进一步得到了确立，出现了土地买卖，地主制度确立，自耕农成为农民的主体。铁质农具得到了更为普遍的使用，农民的生产积极性被调动起来，推动了农业生产的迅速发展。战国时期的手工业不仅门类众多，生产规模也扩大了，生产技术也进一步提高。商业的发展带动了城市的发展和繁荣，商人逐步成为一支重要的社会和政治力量。

春秋战国时期是中国古代史上一个发生巨变的时代。首先，在经济上，铁制生产工具出现并得到广泛的使用，铁器与牛耕的结合使大面积地垦荒成为可能，极大地提高了农业生产力和粮食产量。与此同时，殷周时代长期实行的以“井田制”为代表的土地国有和集体耕作制在这一时期也逐步瓦解，在土地私有化进程加速的同时，传统的集体耕作制也开始向以家庭为单位的个体生产形态过渡。春秋时期鲁国实行的“初税亩”、齐国实行的“相地而衰征”的赋税改革以及战国时期秦国推行的“废井田、开阡陌”的土地改革都是这一土地私有制产生过程的重要例证。在农业的推动下，手工业和商业活动也得到了前所未有的发展，城市的经济功能增强了，出现了较大规模的手工业作坊和独立的大商人。其次，在政治制度上，随着王纲解纽和“礼崩乐坏”，三代以来长期占据统治地位的国野制度和血缘宗法封建制度遭到了根本性的破坏，按照地域划分国民的郡县制度逐步形成。与此同时，从前夷夏之间的界限日趋淡化，文化取代了种族成为区分华夏民族和其他民族之间的重要标准，民族融合的趋势大为加强。最后，经济的发展和政治统治上的变动促进了思想文化的繁荣，士人阶层兴起，私人讲学成风，儒、墨、道、法、阴阳、兵、名、农、纵横、杂等各家学派纷纷创立，出现了百家争鸣的局面。其中影响最大的是儒、墨、道、法四家，与同时期的希腊和印度几乎同时迎来了人类历史上第一次精神觉醒的曙光。

东周社会的巨变也全面和充分地反映在考古发掘上。迄今为止，中国境内已经发现的东周时期的大、中、小型的城市遗址达到400余座，除列国都邑是作为区域性诸侯国的政治、经济和文化中心外，其他城址最初是作为诸侯列强的别都或公卿大夫的采邑及军事城堡建筑的。由于社会经济的发展，东周城市的功能正在发生深刻的变化，体现城市的经济功能的“市”开始出现，代表知识体系的士人、独立的手工业者和新兴的商人已经成为城市生活中重要的社会力量，宫城和郭城的分置正是这种变化的显著标志。东周以来，随着王室的衰微和诸侯的兴起，不按照礼制规定的恣意僭越也越来越普遍，强国诸侯僭用天子之礼、强宗僭用诸侯之礼的事情时有发生。

兴起于春秋战国之际的冶铁技术是中国经济史上划时代的大事。春秋晚期，铁器发现的地点已广布于长江南北。与青铜器的铸造和使用不同，铁器一经出现就被广泛地使用到当时的生产和生活领域中。在铁制工具中，农具的数量占有相当大的比例，到战国时期，铁器还越来越多地被应用到兵器生产中。冶铁技术的兴起极大地提高了劳动生产力，促进了社会经济的快速发展，也给当时的社会带来了许多革命性的变化，促使旧的生产关系和生产方式日益解体。

二、中国早期政治体制的形成

（一）三代的政治体制

夏、商、周三代是早期中国政治体制的形成时期，其政治制度既存在着明显的继承关系和连续性，也有所“损益”。就整个中国古代史来看，一方面，作为中国政治史的始创阶段，三代的政治体制与秦汉以后的政治发展有着较大的不同，自成体系；另一方面，三代时期所开创的政治理念、统治模式和为政原则还是或多或少地被保存下来，对此后两千年的中国历史产生了十分深远的影响，并作为一种曾经实行过的黄金时代的理想政治不断地得到关注和阐释。

说到三代政治制度的特点，首先要提到宗法制度。所谓“宗法”，就是“宗”的法则。“宗”是有血缘关系的单系亲属由上而下的一条线，由每一代的一个男性成员和他的近亲组成的亲族群便是一个“宗”。“宗”可以分成“大宗”和“小宗”。“宗”的一个特征是，随着时间的推移和人口的增加，有一部分成员由原来的宗分裂出去，从而形成一个新的宗族。旧宗对新宗而言就是它的“大宗”，新宗对旧宗而言就是它的“小宗”。“宗”的另一个特征是，亲族的成员在谱系上离本支的一条线越近其政治地位就越高；离本支越远则政治地位越低。虽然在秦汉以后，随着郡县制下的地缘制国家的建立，完整意义上的血缘宗法制度渐趋解体，但血缘组织和政治组织的某种程度的结合，即“家天下”的政治格局还是顽强地保留下来，并贯穿了整个中国古代历史的始终。

从龙山时代墓葬的空间分布形态可以看出，当时已有宗法制度。龙山时代末期，部落首领的共主禅让制被家族血亲关系的王位继承制所取代，中央王朝出现，“家天下”的格局正式形成。从夏代开始的三代文明不但没有摧毁和瓦解史前社会以血缘为纽带的氏族制度，相反，这种制度经过改造演化成以血缘关系为纽带的更加严格的宗法等级制度。族长驾驭宗族，大宗驾驭小宗，宗族驾驭国家。这一由王、王族和各等级的贵族用血亲关系编织而成的统治网络使政权、族权和宗教神权紧密地结合在一起。宗统与君统的密切结合从此成为中国古代政治制度最显著和持久的特点之一。

殷墟出土的甲骨卜辞较为系统地反映出商代王室组织的宗法结构。在用宗族血亲关系构筑起的金字塔上，历代商王居于塔尖，他们既是商族的大族长，也是王朝的最高统治者。同时，他们还握有宗教祭祀大权，成为天帝在人间的代理人。到了周代，这种政权与族权合一的血缘宗法制度得到了进一步的加强和完善。周王通过广建别都、分封同姓和异姓诸侯以及军事殖民等方式建立起更为紧密和有效的统治网络。同时，在城邑的形制和布局、丧葬制度以及人们的社会生活中无处不在的礼制起到了划分和维护社会等级的作用。

与宗法制度相表里的宫殿宗庙制度和都邑制度也是夏、商、周三代一以贯之的政治特征。中国古代的城市从一开始就不是作为商品经济的产物出现的，而是王室获得政治权力的工具和实施政治、军事统治的堡垒。城市以城邑为中心聚敛了当时社会巨大的物质和文化财富，供养和滋生了为王权服务的巫术集团和官吏阶层。作为这种城市功能的反映，就是宫殿和宗庙区一直居于城市建设和布局的中心位置，具有普通人生活和交易功能的外城出现得很晚，并且处于次要地位。

在宗法制度的统辖下，三代王朝的统治机构实行外服的侯甸制度和内服的百官制度，即中央和地方两级官制。以商朝为例，官职的设置与家族宗亲等级密切结合，子姓宗族族长大都出任王朝的官职，实行亲贵合一的原则。内服百官名目繁多，大体可以分为政务、事务和宗教三类。内服的王畿面积大，地理位置好，自然条件优越，居于“天下之中”，且商朝中央拥有一支强大的军队。外服的诸侯设有不同的等级，包括侯、甸、男、卫等。与王畿相比，诸侯布列于边远地区，经济落后，军队主要用于保卫自己的国土、为商王戍边。在内外服体制下，诸侯在经济、军事和政治上具有相对的独立性，但对于商朝中央来说，他们又不是独立的，商王与诸侯是上下级的臣属关系。这种国家机构在西周时期演绎为大分封，更趋完善。通过“封建亲戚”，授民赐土，周的中央王朝与地方政权的关系与商朝相比更加密切，控制也更为有效和紧密。

（二）春秋战国的转型

春秋战国时期是三代以来所形成的政治体制受到巨大冲击、逐步瓦解或开始转型的时代。其中，血缘宗法制度在历史上第一次遭到巨大的破坏，内外服和封建诸侯的制度也岌岌可危，血缘纽带组织在中国历史上第一次出现“解纽”。首先，地域性大国王权的确立和多元政治局面的形成，削弱和瓦解了以血缘关系为纽带的封建宗法制度。东周王室和旧有的世族日渐衰败，新兴贵族迅速崛起，世族和宗族在政权的争夺中逐渐失去原有的凝聚力量，权力与血缘组织开始逐渐分离。其次，长期的兼并战争导致了更大范围内的族群的流动、杂居和融合。正是在这一过程中，中央集权国家化的进程加速，地缘政治的力量日益加强。随着旧有的以血缘关系为依据的封土建国制度的崩溃，以地缘关系为基础的郡县制度得到了广泛的推行并逐步取而代之，为中央集权专制帝国的建立做好了制度上的准备。

第三节 秦汉时代

一、秦汉时代概况

（一）秦朝

公元前221年，秦王嬴政完成了统一六国的大业，历史进入秦王朝统治时期。在政权稳定之后，秦始皇采取了一系列加强国家统一的措施。首先，在统治方式上，彻底废除了分封诸侯的制度，在全国范围内推行郡县制度，初设三十六郡，后增至四十余郡，设县一千左右。其次，在经济和文化上，统一货币，统一度量衡，统一文字。春秋战国时代后期出现了金属货币，但形制不一。在秦统一后，秦的半两钱成为全国通行的货币，由政府统一发行。货币和度量衡的统一，一方面成为政府控制经济和赋税的主要手段，另一方面也为各地区之间的经济往来提供了前所未有的便利。到东周时期中国古代的文字发展，由于列国分立，书体各异，这给统一后的秦王朝带来诸多不便。秦始皇下令以秦的史籀大篆和省改的小篆为准统一天下文字，虽然其统一文字的初衷不过是为了中央政府公文书写的方便，但后世的影响却远远超出了这个目的。文字的统一克服了方言的障碍，在很大程度上起到了维系中华民族历史文化传承的巨大作用。再次，安抚周边民族，加强边防。公元前215年，秦始皇派大将蒙恬北击匈奴并取得胜利，收回了河套一带，置九原郡（治今内蒙古包头西）。他又下令将原来六国北部的长城连接起来，修筑起西起临洮（治今甘肃岷县）东到辽东的万里长城；在南方，秦始皇派兵取岭南地区，设置桂林（治今广西桂平西南）、南海（治今广东广州）、象郡（治今广西崇左）三郡。此外，为巡行全国的需要，他还修建了从咸阳通往全国各地的规格统一的驰道和直道，即所谓“车同轨”。同时，他派人开凿了灵渠，沟通了湘江和漓江，加强了南北各地的联系。

在中国历史上，秦始皇既是一位大有作为、贡献卓著的帝王，又是一位以专制和暴虐而闻名的君主。统一后，秦王改称号为“皇帝”，并自称“始皇”，以期帝位传之万世。公元前213年，为加强思想上的控制，秦始皇下令收集并焚烧六国的史籍和私人藏书，其中就包括《诗》《书》和诸子百家的著述。除了医药、卜筮等方面的书，其他的全部付之一炬。第二年，秦始皇以妖言惑众的名义坑杀儒生400多人。“焚书坑儒”钳制了思想，摧残了文化，也对先秦的典籍造成了无法估量的巨大损失。秦始皇动用大量人力物力修建万里长城之后，还不惜民力地继续大兴土木，公元前212年发刑徒70万人为自己修建阿房宫和骊山陵墓。实际上，秦始皇在公元前 246 年继位之后就开始修建陵园，直到公元前 210 年去世还未完工，皇陵的修建前后共达 37 年。近年来对秦始皇陵墓区的勘察和作为仪仗区的兵马俑坑的发掘，用考古的事实证明了这一工程的无比浩大。

（二）西汉

在秦始皇残暴的统治下，人民生活苦不堪言，民怨沸腾，纷纷以逃亡等形式进行反抗。公元前 210 年，秦始皇病死，秦二世胡亥继位。第二年，陈胜、吴广领导的义军率先揭竿而起。虽然二人不久遇害，但各地的起义却风起云涌，很快就席卷了全国。公元前 207 年，项羽率领的大军击败了秦军主力。次年，刘邦率领的另一支义军攻陷秦都咸阳，秦朝灭亡。此后，刘邦和项羽为争夺统治权进行了一场长达四年的战争，刘邦取得了最终的胜利。公元前 202 年，刘邦在长安称帝，建立汉朝，史称西汉（前 202—公元 8 年）。

由于秦的暴政和连年的战争，西汉建立之初，经济十分萧条和破败。汉高祖刘邦采取了休养生息政策，尽可能轻徭薄赋，使经济逐步得到复苏。在统治政策上，早在与项羽争雄的时候，刘邦为了收买人心就曾经把一些大将和功臣封为异姓王。汉朝建立后，为巩固统治，刘邦又剪除异姓王，代之以同姓子弟，故而遭到了这些异姓王的强烈反对。同时，同姓诸王的势力也日益强大，拥地辟官，铸钱煮盐，形同割据。汉景帝时，“削藩”之策再被议及。不料，吴王、楚王为首的异姓诸王起兵发动叛乱，史称“吴楚七国之乱”。在内乱的同时，曾经在秦朝受到致命打击和有效防范的北方的匈奴势力再次强大起来，频频对汉朝的内地进行骚扰和破坏。由于力量薄弱，汉朝对匈奴采取了安抚的和亲政策，但收效甚微。

经过 60 多年的休养生息，到汉武帝（刘彻）至汉宣帝（刘询）统治时期（前 140—前 49 年），汉朝的社会经济才得到完全的恢复，上述亟待解决的内政外交的问题也被提到议事日程之上。对于同姓王的问题，武帝颁布了“推恩令”，使各王国的土地和势力大为削弱，从此不再构成对中央的威胁。元封五年（前 106），汉武帝在全国设十三州部，每州部设刺史一人，中央委派刺史巡视所部郡国，考察吏治，监督豪强，加强了中央对地方的控制。对于不断进犯的匈奴人，汉武帝三次出兵，收复了河套一带，打通了河西走廊，并设立包括武威、张掖、酒泉、敦煌在内的“河西四郡”，迫使匈奴北迁。不久，匈奴发生分裂，南匈奴归附汉朝，从而基本上解决了这个一直困扰汉朝的北部边疆问题。公元前 60 年，汉宣帝设立西域都护府。此外，汉武帝还向南方和西南进军，设置南海（治今广东广州）、苍梧（治今广西梧州）等十几个边郡。不过，长期的对外战争也消耗了大量的资财，造成了国库的空虚。为此，汉武帝下令盐铁官营，并实施“均输”“平准”“算缗”“告缗”等经济措施，打击富商大贾，增加收入。

在从汉元帝（刘奭）开始的西汉晚期，豪族势力逐渐壮大，土地兼并日益严重，社会矛盾愈加尖锐。公元8年，专权已久的外戚王莽篡夺皇位，改国号为“新”。王莽试图通过一系列改革缓解社会矛盾，但收效不大。从11年起，各地纷纷爆发起义，其中以绿林和赤眉军最为强大。22年，王莽派大军攻打赤眉军，遭到败绩。次年，绿林军拥立汉宗室刘玄为皇帝。同年，王莽的42万大军与绿林军在昆阳展开决战，但再次失败。24年，刘玄迁都长安，迅速腐化。25年，赤眉军攻入长安，刘玄败降。是年6月，刘秀称帝，定都洛阳，是为东汉（25—220年）的开始。

（三）东汉

东汉建立后，光武帝刘秀（25—57年在位）用十几年时间消除了地方的割据势力，采取措施抑制豪强地主对土地和人口的掠夺和霸占，并扶植贫困小农。光武帝之后的明帝和章帝继续实施这一政策，使社会渐趋稳定，经济得到恢复。在政治制度上，光武帝对丞相制度进行了改革，把处理国家大事的实权交给了内朝的尚书台，使皇权进一步加强。在从汉和帝（刘肇，89年即位）到汉质帝（刘缵，146年即位）的东汉中期，豪强地主势力再次抬头，流亡农民日益增多，预示着社会的危机。在边疆问题上，东汉派兵连续三次进击北匈奴并大获全胜，北单于率众离开蒙古高原向西远迁，从而彻底解除了困扰秦汉数百年的匈奴的威胁。不久，东汉政府还派班超出使西域。班超在西域活动近三十年，加强和巩固了西域地区与内地的联系。

从汉桓帝（刘志，147年即位）到汉献帝（刘协，190年即位），东汉进入晚期。在统治阶级内部，从中期开始出现的外戚和宦官专权的情况日益严重，争权夺利的斗争使朝廷日益腐败。与此同时，随着土地的兼并，流民的数量大幅增加，各地纷纷爆发起义。其中，以184年爆发的黄巾军大起义规模最大，但最终被镇压。为争夺对皇位的控制权，外戚和宦官之间的斗争最终发展为仇杀。189年，董卓领兵到洛阳，废少帝而立其弟，即汉献帝。次年，各地豪强联合起兵讨伐董卓，董卓兵败后被杀。此后，各路贵族豪强纷纷起兵，展开了混战。196年，曹操把汉献帝从洛阳迎至许昌，东汉从此名存实亡。

秦汉时期的土地制度以私有制为主，绝大部分土地属于地主和小土地所有者，他们需要向国家缴纳赋税。地主和农民订立契约，建立起租佃关系。但从西汉中期开始，由于土地的兼并和自耕农的破产，人身依附关系又出现了加强的趋势。在农业生产上，铁器和牛耕的使用已经相当普遍，耕作技术进一步提高，农业知识越来越丰富。秦汉时期的手工业十分发达，成就最为突出的包括冶铁、铸铜、煮盐、纺织和漆器。在商业上，不但形成了通行全国的统一的货币，还出现了很多个经济区。每个经济区都有商业中心，便利了各地区之间的商品和贸易交流。在商业活动的带动下，陆路和海外交通也出现了前所未有的发展。

二、秦汉时代的政治

（一）郡县制

秦统一中国的事业，不仅是政权上的大一统，更重要的是社会结构和政体从血缘封建关系向中央集权地缘关系的转变，即从周的分封制向秦的中央集权郡县制的转变。秦统一后在全国范围内全面推行郡县制，但由于残暴的统治而成为一个短命的王朝。在汉朝建立的过程中，为了回报六国的旧贵族及其部将的功劳，同时也为了巩固刘氏的政权，刘邦再次启动了从前的分封制度，大封异姓和同姓王侯。这样，便出现了郡县制和分封制并行的双轨政体。毫无疑问，旧有的血缘分封制和新生的中央集权郡县制之间必然会产生矛盾。为了维护中央集权郡县制，从汉高祖首先铲除了异姓王侯，却造成了同姓王侯日益坐大，形成了割据势力并游离于中央朝廷的掌控之外。更为严重的是，“削藩”政策的屡次提出和实施造成了“吴楚七国之乱”。经过一百年中央和地方的反复较量，一直到汉武帝统治时期，颁布“推恩令”，这个问题才得到了根本解决。后设立十三部刺史，以监察地方政治，加强中央对地方的控制。经过这一历史的曲折和反复，汉武帝顺应历史的潮流，最终完成了统一中国的大业，完成了中国历史从血缘政治向地缘政治的转变过程。从此以后，封建专制和中央集权的统一的多民族国家一直是中国古代历史的主要形态。应该说，这种长达两千多年的政治体制的基础正是在秦汉时期奠定的。

当然，这种政治上的大一统是建立在文化统一和华夏民族认同感的基础上的。其实，文化上的一体感的形成过程在秦汉时代之前就早已开始了。夏代和商代虽然建立起了统一的王朝，但在文化上仍然处于多元和分裂的状态。商朝的统治是以武力为基础的，商的政治势力虽然已经达到某些方国，但在文化的影响上却并不深刻，因此商王朝在文化上并未达到一统的局面。西周是继商以后在中国文明形成过程中第一次建立起华夏统一文化的王朝。西周改变了商王朝的统治政策，建立起以血缘关系为纽带的宗法分封制度。因此，商的殖民驻防政策也被改变为承认容纳当地文化，从而利用政治权力把周人和其他民族抟铸成为一个文化共同体，即华夏文化。周人提出的把上天视为普天之下的主宰的“天下”概念正是这种统治方式和融合政策的一种反映。与此同时，夷夏之别也由从前的种族之别转化为文化之别，儒家学派所倡导的“天下一家”的思想正是这一转变的直接反映。

考古资料充分说明，中国的统一肇始于秦，完成于汉。最能代表汉文化的遗物是钱币、人们日常佩用的铜镜和建筑物上的瓦当。北从黑龙江到西北的河西四郡，南到广东、云南、广西和贵州，汉代的五铢钱、铜镜和瓦当屡有发现。随着时间的推移，汉式器物的数量不断增加，到西汉末年和东汉初年，中原汉文化已基本上与当地的土著文化融为一体。

（二）皇帝制度与中央集权

在政治制度上，秦汉时代首创皇帝制度。一方面，它延续了三代时期“家天下”的大传统，另一方面，则把皇权抬高到至高无上的地位。皇帝拥有不可分割和不可转让的最高国家权力，与此相联的还有太子制度、外戚制度和宦官制度以及各种复杂的礼仪制度。皇权思想和皇帝制度成为此后两千年专制主义中央集权制度的核心。在中央行政体制上，秦汉时代建立起三公九卿和丞相制度，组成了行政、司法、军事、财政和监察于一体的庞大的中央政府，丞相等官职在国家决策和行政管理上负有重大责任。虽然在汉武帝时建立“中朝”以分割丞相权力，到光武帝时发展到“虽置三公，事归台阁”，但三公九卿的基本格局一直没有被打破，最终的决策权都掌握在皇帝手中。在地方行政体制上，郡县制成为主导形式，而它又通过基层的乡里制度和户籍按比制度，把百姓（主要是农民）牢牢地束缚在土地上，以便为封建国家提供源源不断的赋税和徭役。作为专制主义中央集权的政治体制的初建时期，秦汉的政治体制还存在着很多明显的不完善之处。例如，皇帝继承制还未形成严格的嫡长子继承制度，官吏的任免还未形成严密的回避制度，官吏的选拔也尚未形成制度化的考试录用程序。这些都为皇帝的专断、外戚的篡权和官僚队伍的贪污腐化等问题的产生留下了很大的空间。

第四节　魏晋时代

一、魏晋时代概况

东汉末年，由于土地兼并严重，民不聊生，各地流民纷纷爆发起义。在镇压农民起义的过程中，官僚军阀也借机扩张自己的势力，从而形成了一批军阀割据势力，其中力量较大的有袁绍、董卓、曹操等，经过一段时间的混战，曹操、刘备和孙权分别占据了中原、蜀地和江南，并于220年、221年和229年建立了国号为魏、汉和吴的三个国家，史称“三国”。在三个国家中，曹魏的力量最为强大。虽然长期的动乱造成了中原地区经济的破败，但曹魏实行了一系列有利于恢复和发展经济的措施。与此同时，在政治上打击豪强，唯才是举，使北方地区的经济得到了恢复，国力日强。264年，曹魏首先灭掉了刘备建立的蜀汉。但不久，曹魏的政权却被权臣司马炎篡夺，他于265年取代曹魏而建立了晋，史称西晋。280年，西晋灭吴，结束了东汉末年以来的分裂局面，国家再次统一。

西晋虽然完成了国家的统一，但在政治统治上一直存在着很多不稳定的因素。

首先，世家大族把持了政治权力，世代为官。曹魏以来实行的九品中正制让位于全靠门第和出身为官的门阀政治，从而形成了“上品无寒门，下品无势族”的局面，也助长了骄奢淫逸的风气。其次，司马炎认为曹魏政权被篡夺的原因在于没有宗室的藩屏，所以建立起五等分封制度，大封宗室诸王。诸侯不但有封邑，而且还有很重的军权，由此埋下了祸乱的种子。晋武帝死后，继位的司马衷是个白痴，皇后贾南风实际上掌握政权。在与辅政的外戚杨氏发生矛盾后，她就与掌管禁军的楚王玮合谋灭掉了杨氏。不久，宗室诸王起兵杀了贾后，但为争夺政权而又开始互相征战。这场持续了十六年之久的混战史称“八王之乱”。这场战乱给西晋的社会经济造成了巨大的破坏，同时也削弱了西晋的统治。人民生活苦不堪言，加之天灾不断，各地纷纷爆发流民起义。同样遭受剥削和奴役的内迁的少数民族也加入起义的行列中。304 年匈奴族刘渊据左国城（在今山西吕梁东北）称大单于，不久即称汉王，并于 308 年迁都平阳（在今山西临汾西南）。刘渊的政权中有羯、鲜卑、氐、羌等各民族，逐渐对洛阳周围地区形成了合围之势。311 年，刘渊的儿子刘聪发兵攻陷洛阳。晋怀帝司马炽被俘，316 年在长安称帝的晋愍帝亦投降。二帝先后被杀，西晋灭亡。是时，晋宗室司马睿借出任地方长官之机逃往建康（今江苏南京）。317 年，司马睿称帝，国号亦为晋，史称东晋。

在西晋末年的动乱中，中原地区的人民纷纷迁往江南、凉州及辽东等地区，东晋政权建立的基础就是北方南迁的世家大族。东晋时期，曾有不少人提出北伐中原的主张，却受到了以司马睿为代表的世家大族的百般阻挠，因此，北伐始终没有取得成功。与此同时，东晋的统治也日益腐朽，内部不断发生争权夺利的斗争，人民不堪重负，爆发了孙恩、卢循领导的起义。在镇压起义的过程中，以刘裕为首的北府兵集团取得了对国家的控制权。420 年，刘裕建立的宋取代了司马氏建立的东晋，南朝从此开始。

在北方地区，西晋灭亡后，进入中原的匈奴、羯、鲜卑、氐、羌等族先后建立起十多个少数民族政权，史称“十六国”。其中，386 年由拓跋鲜卑建立的北魏政权由于大力推行汉化政策、发展经济等措施而日益强大起来，于 439 年再次统一了黄河流域，结束了北方地区的长期分裂局面。

二、魏晋政治与发展趋势

（一）魏晋时期的政治

介于秦汉和隋唐统一王朝之间的魏晋南北朝时期，在政治上陷入了分裂局面，社会动荡不安，政权更迭频繁。同时，少数民族大量内迁，民族交错和融合趋势加强。这种社会状况在政治制度上造成了临时性和过渡性的特点。

首先，中央职官体制呈现出双轨制的特征。在原有的三公九卿制度基本保留的同时，中书监、令地位上升，与门下侍中成为皇帝周围的决策核心集团，从而将决策和行政等具体职能分割开来。在这个过程中，三省制职官系统逐步形成。其次，在地方行政系统上表现出军事化的趋向。秦汉时期，郡国设置都尉，兵力不强，职权有限，中央对郡国的控制主要仰仗行政性质的刺史进行监察。但到东汉以后，随着地方豪强势力的迅速发展，州郡拥兵，刺史、郡守多带将军号，州郡也就带有了地方军区的性质。与此同时，魏晋南北朝时期改变了秦汉时期从编户（主要是农民）中征兵的传统，实行士家制，士兵专立兵籍，世代为兵。十六国时期，各少数民族也多实行部落兵制。再次，在选官制度上，汉代以来通过察举、征辟等方式选拔官员的制度随着汉末天下大乱和百姓的杂居而不再能够实行。因此，曹魏始创九品中正制度，即州郡置大小中正，按才德、门第区别本籍人士，定位九品，吏部任官时根据中正品评的等级，区别授以官职。曹魏中期以后，司马氏专政，京官中为中正者多为本籍中之大族高门，他们操纵了选举，品评人物不再以才德，只注重门第。到西晋的时候，最终形成“上品无寒门，下品无势族”的局面。在此后的三百年中，九品中正制成为门阀贵族垄断仕途、维护门阀贵族政治的工具。

魏晋南北朝时期是中国古代专制主义中央集权政治制度的发展时期，政治制度上的主要变化表现在主要的政务机构从宫廷事务机构中逐步独立出来。在权力分配方面，随着汉朝中央皇权的解体，在外戚、宦官的势力受到了长期有效的抑制的同时，出现了官僚贵族化的趋势，最终发展成为门阀政治。门阀政治以门第取人的弊端必然造成官员的素质迅速下降，再加上机构重叠，人浮于事，从而加剧了政治上的混乱局面。

（二）民族融合

在这一时期，由于战乱频繁，人民流离失所，苦不堪言。但是我们也要看到，魏晋南北朝时期既是中国历史上一个民族大融合的时期，也是一个思想文化十分繁荣的时代。作为一个承上启下的过渡阶段，魏晋时期的民族融合和文化成就客观上为隋唐时代国家的重新统一和封建社会盛世局面的到来做好了充分的准备。

在魏晋南北朝时期，北方地区包括匈奴、鲜卑、羯、氐、羌等在内的少数民族纷纷进入中原、关中和辽东地区，逐渐与汉人杂居。他们大部分放弃了从前逐水草而居的游牧生活，开始以定居的农业为生。与此同时，在语言、生活方式等方面也开始向汉族靠拢，如改姓汉氏、学说汉话和与汉族通婚等，民族和文化的融合成了普遍的现象。当然，由于统治者对广大内居人民的压迫，各个内迁的少数民族往往也会成为汉族统治者奴役和压迫的对象。在这种情况下，各少数民族与汉族人民常常会联合起来共同对压迫者展开斗争。十六国时期，北方的十多个少数民族政权虽然也实行了一些歧视汉人的政策，但总的来说，接纳汉族的文化和制度以及民族融合的趋势仍然占据了主流。在南方地区，孙吴占据江南以后，多次派兵攻打居住在山中的少数民族山越人，并把他们强征入伍，使山越人大批出山，逐渐与汉族融合。西南地区蜀汉政权也曾经多次出兵南中地区，将当地的“西南夷”纳入其统治的范围之中。民族的融合扩大了汉文化的传播，有利于以汉文化为主体的统一的多民族国家的形成。

（三）文化变迁

魏晋时期，随着秦汉时期政治上大一统局面的结束，作为正统官学的经学的地位也日渐衰微。儒学定于一尊的地位发生了动摇，由此进入了中国历史上继春秋战国之后的第二个思想十分活跃、文化异常繁荣的历史时期。包括名家、法家、墨家、道家、纵横家、兵家在内的各家学派都得到了不同程度的发展，并出现了明显的融合趋势。比如，道家与儒家结合后就成为一种新的思想，即“玄学”。它以道家理论为思考问题的原则，却不废弃儒家学说，着重讨论本末和体用问题，在政治上表现为名教和自然之辨。玄学的兴起有利于冲破礼教的束缚和思想的解放，但也成为世家大族博取虚名的工具，从而造成了不务实事、清谈误国的恶果。东汉明帝时，创始于古印度的佛教开始传入中国，并在魏晋时期得到了迅速的发展，信众日益增多。随着佛教的传入和发展，佛教思想也开始与儒家、道家以及玄学思想出现了合流的趋势。佛教文化经历了中国化的过程，并最终成为中国文化的一个有机的组成部分。

第五节　早期中国文化

一、文字与文学

（一）文字

文字和书写的出现是文明产生的重要标志之一。汉字不仅产生时间较早，而且是独立发展起来的，自成系统。汉字不仅是记录语言的工具，也成为中国古代维护国家统一，创造、传承和传播汉文化的重要载体。

汉字的起源可以追溯到国家形成之前的龙山文化时代。大汶口文化晚期陶尊上的刻文和良渚玉璧上的刻文（可能还有石家河文化的陶尊刻文），已经成为公共生活中以固定的“形”标志共识的“义”的符号，因此可以看作形成中的文字即中国方块字的祖型。夏商周三代时期进入文明社会重要的标志之一就是文字的产生。就目前掌握的考古资料来看，商周时代是中国历史上首次出现大量文字资料的时期，其中以商代刻写在龟甲和兽骨的甲骨文和周代刻写在青铜器上的金文为代表。商代的甲骨文已经是一种十分成熟的文字。这一时期的文字基本上遵循着指事、象形、形声、会意、转注和假借的原则，被普遍使用于铜器、陶器、甲骨、丝帛和竹木之上，其内容和功能主要与占卜、祭祀和战争相关。三代时期的文字被王室贵族独占，成为维护、加强政治权力和宗教祭祀特权的一种工具。

发展到东周时期，由于列国分立，中国古代的文字各行其是。文字的书写上也各有特点，大体上可以分为东土和西土两个系统，西土就是东汉许慎在《说文解字·叙》中所说的“史籀大篆”，即秦的文字。东土系六国文字，也就是汉人所谓的古文。同时，新出现的简化和假借字颇多，加之无规范可循，造成了书体在地域上的巨大差异。秦统一后，出于统治的需要，秦始皇下令以秦的史籀大篆和省改的小篆为准，统一天下的文字。大篆多用于正式的公文和典礼，小篆则用于一般的公文，更简便的隶书则通行于民间。后来，隶书到汉代变为八分书，成为通行文字。再后来，隶书又发展为楷书，中国汉字的写法和结构由此基本定型。文字的统一既克服了方言的障碍，也维系了中华文化的传承，成为中国历史和文化保持统一状态且连绵不断、历久不衰的主要原因之一。

（二）文学

有了文字，就有了记录语言和创造，成为传承文化的工具。不过，商代的甲骨文主要是用于占卜，大多与宗教祭祀和战争有关，并为以商王为代表的统治者所独占。到了周代，尤其是春秋战国时代，才出现了反映普通人的生活和思想感情的文学作品。《诗经》是中国最早的一部诗歌集，其创作者和年代已不可考，但从内容上看，大体形成于西周初年到春秋中期。它现存诗歌305篇，由风、雅、颂三部分组成。其中，国风主要是民间歌谣，雅和颂的内容主要是领主贵族用于宗庙、朝廷上的诗歌，国风部分是全书的精华，不少篇章揭露了领主贵族对劳动人民的剥削和奴役，在一定程度上反映了劳动人民的思想感情。《诗经》不仅是中国最早的一部文学作品集，也记录了不少史事和制度，具有很高的史料价值，后来还成为儒家学派的“五经”之一。

继《诗经》之后，代表战国时代文学发展最高成就的是“楚辞”，其主要作者包括屈原、宋玉、景差等。屈原（约前340—约前278）名平，是楚国贵族。他曾任楚国的三闾大夫，对楚国的命运十分关心，想协助楚王改善民生，联齐抗秦。但由于楚王的昏聩无能，屈原连遭放逐，最终投江自尽。屈原的作品采用了楚国民间诗歌的形式，用楚国的方言写成，其中不少篇章辞藻华丽，想象丰富，思想性和艺术性都达到了新的高度。《离骚》是其代表作品。

春秋战国时代是中国思想和文化发展的第一个巅峰时代，除了《诗经》和“楚辞”之外，还有《左传》《孟子》《庄子》《荀子》《韩非子》等散文作品，它们以说理透彻、语汇丰富和文字多彩而见长，是中国古代文学宝库中的瑰宝，对后代的文学创作产生了重要的影响。

与先秦时代相比，秦汉时期的文学不仅在形式上更加多样，而且数量和内容也更为丰富多彩，主要以散文、赋和诗歌为主。散文作品以司马迁的《史记》为代表，生动形象地记述和刻画了社会上各色各样的事件、人物，有“无韵之《离骚》”的美名。此外，贾谊的《过秦论》《治安策》、晁错的《论贵粟书》、王符的《潜夫论》等政论文章也是两汉时期散文作品中的上乘之作。赋是两汉时期一种新的文学体裁，篇幅或长或短，大多文辞华美而朗朗上口，既有歌功颂德之作，也不乏反映当时的社会问题乃至针砭时弊的篇章。其中著名的有司马相如的《子虚赋》和《上林赋》、张衡的《思玄赋》和《归田赋》等。两汉的诗歌以《乐府诗》和《古诗十九首》为代表。前者是汉武帝时期由乐府采集民间诗歌选编配乐而成的诗集，内容广泛地反映了社会生活的面貌和劳动人民的疾苦，后者是东汉中后期下层知识分子的作品，揭露了社会的阴暗面，表达出作者对人生的深刻体验和思考。与汉赋不同的是，两汉的诗歌延续和发展了《诗经·国风》中的现实主义精神，大多形式朴素，语言通俗，思想深刻，对后代的文学产生了很大的影响。

魏晋南北朝时期是中国古代文学和艺术的大发展时代。其中，产生于建安时代（196—220年）的建安文学在诗歌上的成就最为显著。诗人们继承了汉代乐府诗歌的优良传统，以当时社会的战乱、人民生活的颠沛流离为题材，在一定程度上反映了劳动人民的疾苦与要求。建安诗人中最著名的包括曹操及其子曹丕和曹植、王粲、蔡琰等。东晋时期，田园诗和山水诗产生并发展起来，陶渊明是田园诗创作中的最高成就者，其代表作包括《归去来辞》《归园田居》等，反映了作者不愿与黑暗的政治同流合污而倾心于恬静自然的田园生活的思想感情。山水诗的开创者是谢灵运，与陶渊明不同，他出身于世家大族，又身居高位，其山水诗通过山水之美的描述抒发了对自然的热爱之情。在魏晋时期，民歌也得到了很大的发展。其中，建安时期的长篇叙事诗《孔雀东南飞》、用鲜卑语言写成的《敕勒歌》和北朝后期的汉族民歌《木兰辞》都是脍炙人口的名篇。

二、科学

（一）古代中国科学的起源

中国古代的科学不仅起源很早，而且呈现出与农业生产活动密切相关的特色。早在商代，人们就已经积累了相当丰富的天文知识，并制定出比较完善的历法，甲骨文中出现了关于星象、日食、月食的记录。商代的历法是阴阳合历，以干支纪日，以太阴（月）纪月，以太阳纪年，用闰月来调整季节。甲骨文中发现有完整的干支表，并出现了季节的划分。西周时期，天文学又有了相当的发展，《诗经》中有火、箕、斗、牛、室昴、毕等星宿名称，战国时已有二十八宿之名。战国时期出现了很多著名的专门观测星宿运行的占星家，齐人甘德的《占星》和魏人石申的《天文》记录了黄道附近120个恒星的方位，制定出世界上最早的恒星表，发现了木、火、金、水、土五个行星运行的规律。

西周的历法已经出现冬至、夏至、春分、秋分、立春、立夏、立秋、立冬八个节气，并准确地推算出冬至的日期。春秋时期出现了三种不同的历法，其中，冬至后两月为正月的“夏历”由于比较符合四季的变化，最便于农业生产而在战国以后被普遍采用。

春秋战国时期的医学也逐渐摆脱了巫术，得到了独立的发展。齐人扁鹊采用望、闻、问、切的四诊法，用汤药、针灸等手段治愈了许多疑难杂症，成为一代名医。战国时期出现了著名的医书《黄帝内经》，记载了有关人体解剖的知识和血液循环的理论，是对古代医学的一个巨大贡献。

（二）秦汉时代的科学

秦汉时代是中国古代科学技术大发展的时期。在算学上，出现了中国古代第一部算学著作《周髀算经》。该书虽然主要讲述天文和历法，但使用了数学领域相当复杂的分数算法和平方开方。在标杆测日影以求日高时，该书还使用了勾股定理。稍晚于《周髀算经》的算学著作《九章算术》由246个算术命题和解法汇编而成，其中负数、分数、一次方程等内容具有世界意义。该书标志着中国古代数学体系的形成。

在天文学上，东汉的太史令张衡撰有《灵宪》一书，比较正确地阐述了许多天文现象。他还设计制作了新型的浑天仪、候风仪和地动仪等仪器，用科学的方法打击了当时的谶纬迷信思想。在历法上，秦统一后，在全国颁行《颛顼历》，以此为基础，西汉时经进一步修订而编成更为精确的《太初历》，是中国历法上的第一次重大改革。《太初历》把二十四节气第一次编入历法，对农业生产起到了重大的指导作用。

在医学上，汉代官府开始设立医官，出现了很多著名的民间医师。其中最著名的医学家有张仲景和华佗。张仲景著有《伤寒杂病论》一书，总结了前人的成就，并提出了许多新的治病方法和原则，被后世尊为“医圣”。华佗则是一位杰出的外科医生，亦精于针灸技术，他发明的麻醉技术和腹腔手术在当时的世界上是最先进的。他还模仿动物的行为编成了用于强身健体的“五禽之戏”。此外，成书于东汉的《神农本草经》，著录了365种药物，是中国最早的一部较完善的药物学著作。

东汉时期的蔡伦改进了造纸的方法，用树皮、麻头、敝布、渔网等所含植物纤维制造出质量较高的纸张。后经两百多年的改进，纸取代了简帛，成为主要的书写工具。造纸术在3—4世纪传入朝鲜半岛和日本，后又通过中亚传播到北非和欧洲，为世界文化的发展做出了巨大的贡献。

（三）魏晋时期的科学

魏晋时期，最有成就的数学家是刘徽，他撰成《九章算术注》和《海岛算经》，提出了很多创见，把圆周率求到小数点以后4位。南朝的大数学家祖冲之进一步把圆周率的数值精确至小数点以后第7位，比欧洲早一千多年。祖冲之编制的《大明历》则是中国历法史上第二次大改革。在医学上，西晋时期最著名的医学家是王叔和，他收集整理了张仲景的《伤寒杂病论》，使这部著作得以传世。他自己还编写了《脉经》十卷，是中国现存最早的脉学专著。贾思勰是北魏时期著名的农学家，他搜集了许多古代和当时的农业生产经验和知识，撰成《齐民要术》一书，是中国古代一部很有价值的农业科学著作。

三、经学与史学

（一）经学

秦统一后，为了加强思想上的控制，以王朝的名义把包括儒家经典和诸子百家在内的著作都列为禁书。在“焚书坑儒”的同时，秦又下“挟书令”，规定此后对收藏禁书的人治罪。西汉初年，最高统治者以黄老思想来指导政治，但在官吏中和社会上诸子百家的思想亦很活跃，不利于加强中央集权。汉武帝继位后，董仲舒提出了“罢黜百家，独尊儒术”的建议，被汉武帝所采纳。从此以后，儒家学说逐步成为西汉中后期的统治思想。中国历史上的经学时代也就从此拉开了帷幕。

实际上，早在汉初，秦朝时被中断的儒家经典的研究和传诵就逐渐恢复。文帝时期，一些尚存的老儒依靠自己的记忆口头传经。因为没有现存的书籍，弟子们就用当时通行的隶书将老儒背诵的经典文本和解释记录下来，这样的经典就是所谓的“今文经”，对它的解释则称为“传”。从文帝开始，汉朝中央开始设置经学博士，由今文经学家充任。武帝时，置五经博士，五经即指《诗》《书》《易》《礼》和《春秋》，亦由今文经学家充任。他们在太学教授弟子，今文经从此以后得到广泛的传播。由于今文经来自于老儒的记忆，内容不一，解释各异，所以出现了一经多家的情况。宣帝时，在太学中立为官学的，《易》有三家，《书》有三家，《礼》有一家，《春秋》有两家，共十二博士，到了东汉初年，增为十四博士。博士及其子弟们标榜门户，阐发微言大义，多以治经作为谋求功名利禄的重要途径。

在今文经大行其道并立于学官的同时，古文经也发展起来。所谓“古文经”就是用秦统一以前的篆书抄写的儒家经典，多在秦焚书时期被私自埋藏起来。西汉前期，人们在拆除老宅的时候相继发现了一些古书。武帝时下献书令，成帝时还设官收集古书，并着手进行整理。这些新发现的儒家经典被称为“古文经”。西汉末年，刘歆在整理古书时，发现古文经典不仅在经文上与今文经互异，而且篇章也多出不少。刘歆对于古文经很欣赏，建议在太学立学官，却遭到今文经博士们的强烈反对。平帝时，王莽专权，为了利用古文经进行“改制”，就立《古文尚书》《毛诗》《逸礼》《左氏春秋》四个博士。但四个博士在东汉初又被取消，古文经遂不得立于学官，仅在民间广为流传。在古文经中，有些内容固然经过了两汉学者的篡改或增加，但总的来说，古文经学家大多按照字的音、形、义进行解经，力图恢复经的本义，反对任意发挥，进而形成了系统的训诂方法。东汉后期，古文经学大师马融、郑玄等人兼采今文经说和古文经说，破除各家的门户之见，遍注群经，使经学出现了合流的趋向。今文经学逐渐衰落，经学上的今古文之争也就基本上告一段落。

（二）史学

中国古代的历史学十分发达，不仅起源时间很早，而且从未中断。隔代修史、以史为鉴成为中国文化不同于其他古代文明的一个优良的传统。史学在传统学术中一直处于十分突出的重要地位。从《尚书》开始，中国的历史著作开始有了最初的萌芽。作为五经之一的《春秋》成书于春秋时代，是中国最早的一部编年体历史著作。相传，《春秋》经孔子整理而成，是春秋时期鲁国的一部编年史。在解释《春秋》的“三传”中，《春秋左氏传》相传是春秋战国之际的左丘明所撰，也称《左传》。《春秋》及《左传》是中国史学形成时期的主要著作，是研究先秦时代历史和思想的重要资料。

两汉时期不仅是儒家经典开始获得“经学”地位的时期，也是中国古代官修史学传统的发轫期。封建统治者在中央设置史官，修纂历史，其中最著名的史书就是《史记》和《汉书》。《史记》的作者司马迁（前135—前93）字子长，夏阳（今陕西韩城南）人。其父司马谈在武帝时任太史令，学识渊博，本想根据流传下来的古代文献撰写一部史书，但未及撰写就因病去世。司马迁自幼聪颖，博闻强记，二十岁后周游各地，开阔了眼界。继父任太史令后，又得以博览史官藏书，这些经历为他后来撰写《史记》打下了坚实的基础。《史记》从武帝太初元年（前104）开始撰述，历时十年完成。上起黄帝，下至当代（武帝时），以人物传记为主，辅之以编年和纪事，内容丰富，体例严整，是中国古代第一部纪传体通史著作，为此后两千年的正史编纂树立了典范。全书分为十二本纪、十表、八书、三十世家、七十列传，共一百三十篇，五十二万六千五百字。

继《史记》之后，东汉的班固（32—92）撰写的《汉书》是中国第一部体例完整、内容丰富的断代史。班固的父亲班彪也是著名的史学家，因为司马迁的《史记》只写到汉武帝太初年间，乃收集资料，作《史记后传》六十五篇，以补足

《史记》的西汉部分。班彪死后，其子班固续写完其父所著的《后传》。班固用了二十余年的时间修成《汉书》一百卷（后分为一百二十卷）。全书分为十二纪、八表、十志、七十列传，始于刘邦起兵，终于王莽覆灭，记述了二百三十余年间的史事和人物，其中属于西汉前期的内容则多采自《史记》。其体例也仿照《史记》，只是改“书”为“志”，废“世家”入“列传”。《汉书》的十志比《史记》的八书内容更加详备。《刑法》《五行》《地理》《艺文》四志和《百官公卿表》都是班固的新创。但在班固去世时，“八表”和《天文志》还没有写好，分别由他的妹妹班昭和史学家马续完成。

在魏晋南北朝时期，史学也出现了较大的发展，私家修史之风很盛。其中最著名的史学著作是刘宋时期范晔的《后汉书》和西晋陈寿的《三国志》。《后汉书》共一百二十卷，包括本纪十卷，列传八十卷，志三十卷，记载了东汉自光武帝刘秀到汉献帝刘协近二百年的历史，是研究东汉历史的重要资料。《三国志》共六十五卷，包括《魏书》三十卷，《蜀书》十五卷，《吴书》二十卷，记载了东汉三国时期近百年的重要史事和人物，取材精当，文字简练。南朝刘宋时，裴松之为之作注，征引书籍达二百余种，从而保存了大量的史料。此外，南齐沈约的《宋书》、梁萧子显的《南齐书》和北齐魏收的《魏书》是研究刘宋、南齐和北魏历史的主要史书。

总之，汉代是中国古代学术传统形成中的一个重要时期，在这个时期里，不仅史学从其他学术中分离出来而形成一门独立的学问，儒家之学也从先秦诸子之学中脱颖而出，成为中国历史上自汉至清长期占统治地位的经学。也正是从汉代开始，经学和史学之间形成了一种十分密切的关系，既相互依存，又相互补充，互为表里。其原因在于，一方面，不论是从具体层面还是从逻辑层面来讲，经学自身的问题都有待史学来协同解决。另一方面，历史过程中不可避免地又包含着“变中之常”，从而为常道之学的“经学”提供了丰富的素材和依据。

本章小结

中国文明是世界历史上较早产生且独立起源的古代文明，也是古代文明中唯一没有中断或消亡、绵延至今的文明。大量的文献和考古资料表明，中国古代文明是独立起源的文明，但并不排除周边和外来文化的影响。

在距今 8000—3000 年前，黄河流域温暖湿润，土质疏松，易于开垦，在这种十分有利的土壤和气候条件下，当地的原始居民较早地选择了农业为主的经济生活方式，培育出了包括粟和黍在内的多种耐旱的谷物品种，使黄河流域成为重要的农业起源中心和文明的发源地，孕育出了中国历史上最早的统一王朝，并在相当长的历史时期保持了这种政治、经济和文化中心的地位。

从夏代开始，中国历史进入了统一王朝时代，夏朝与此后的商朝和周朝并称为“三代”。三代时期是早期中国政治体制的形成时期，该时期所开创的政治理念、统治模式和为政原则对此后两千多年的中国历史产生了十分深远的影响。春秋战国时期是三代以来所形成的政治体制受到巨大冲击、逐步瓦解或开始转型的时代，血缘宗法制度在历史上第一次遭到巨大的破坏。东周时代的种种变革已经为接下来的秦汉时代新型的政治体制的创建和统一王朝的形成奠定了坚实的基础。

秦汉时期是中国古代政治制度史上的一个重要转型时期，专制主义和中央集权制的国家体制正式形成。秦汉时期是继夏王朝建立之后中国社会结构又一次发生剧变的历史时期，从此以后，专制主义和中央集权的统一多民族国家一直是中国古代历史的主要形态。

继秦汉统一时代之后，魏晋时期的中国历史陷入政治上的分裂局面，社会动荡，战争频繁，官场腐败，民不聊生。不过，随着少数民族的大量内迁并接受汉文化，早已开始的民族融合趋势得到了进一步加强，大一统政治局面的结束也为思想文化的繁荣创造了条件。

在文化上，中国上古文明形成了统一和独特的汉字书写系统。在文学上，尤其是在诗、赋和散文等领域，古人也取得了很高的成就。在科学上，与农业生产密切相关的天文和历法成就斐然。经过了春秋战国时代的百家争鸣，汉代开始了儒家独尊的时代，作为官方统治哲学的经学应运而生。同时，早在三代时期就已经萌生的史学也开始从其他学术中独立出来，成为一门独立的学问。从此，史学和经学共存互补，成为中国传统学术中最重要的部分。

中国古代文明是世界古代文明一个重要的组成部分，对其发展形态和轨迹的深入研究和探讨，必将有利于丰富和推动对世界文明起源问题的认识。

思考题

1. 中国黄河流域的文明有哪些特征？为什么黄河流域能够成为中国文明起源的中心地区？
2. 在政治制度上，秦汉时期与夏商周三代存在着哪些继承性，又发生了哪些重大的变化？
3. 在独立起源的最早的诸古文明中心当中，为什么只有古代中国文明没有出现中断或衰亡的现象并绵延至今?

▶ 拓展阅读

刘家和《论历史理性在古代中国的发生》

第六章 古代希腊（前2千纪—前2世纪）

引 言

古代希腊的地理范围比今天的希腊要大。经过公元前8—前6世纪的殖民，到古典时代，希腊人生活在东起叙利亚、西到西班牙、北及南俄草原、南到埃及和北非的广大地区。但他们的活动中心始终在巴尔干半岛南部。那些居住在海外的希腊人，也经常把巴尔干作为他们的故乡。

巴尔干地处东南欧，是欧洲大陆伸向地中海的一个半岛。它境内多山，只是在山间谷地偶尔有一些小的冲积平原。在这些平原上，人们种植谷物、橄榄和葡萄等农作物。由于东南欧以地中海式气候为主，降雨集中在冬季，而农作物生长旺盛的夏季，恰恰干燥少雨，大多数小河都在这时断流，对农业灌溉不利。但是，半岛的地形也带来了一些好处。半岛海岸线曲折，形成了许多大大小小的港湾。爱琴海中岛屿星罗棋布，船只从这个港口刚刚起航，就可以看到下一个岛屿。在古代造船、航海技术落后的时候，它有利于希腊人从事航海。此外，大海提供的鱼类成为希腊人取得蛋白质的重要来源。同时，巴尔干位于欧洲和亚洲之间，与北非也相距不远，各地之间的物产差别也十分明显，东西之间的物产交流，大多经过希腊，从而给希腊人发展工商业提供了有利条件。

希腊有相当发达的新石器时代文化，希腊北部的塞斯克陆、狄米里等，都曾经拥有发达的设防城市和相当数量的人口。狄米里的卫城至少有6道城墙，城墙内的面积达8000余平方米。克里特新石器时代的文化也有相当悠久的历史，克诺索斯的遗址可以追溯到公元前6100年以前。到公元前3000年左右，雕刻印章和制造宝石的行业已经相当繁荣。考古发掘的资料和人类学家的复原证明古代的克里特人和今天的克里特人差别不大，他们长头、黑发、褐眼、中等身材，近似地中海人种。由于克里特地处欧、亚、非三洲之间，岛上常有新移民到来，很可能是混合人种。至于希腊大陆，后来成为巴尔干主流民族的希腊人，大约公元前2千纪初才迁入。他们征服当地居民，创造了迈锡尼文明。公元前2千纪末，希腊可能又出现了一次民族迁移浪潮，多里安人入主伯罗奔尼撒、克里特和爱琴海中的部分岛屿，爱奥尼亚人和伊奥尼亚人则移居小亚细亚北部海岸，并在中北希腊地区成为主流民族。

第一节 爱琴文明

一、爱琴文明的发现与研究

（一）荷马史诗与特洛伊战争的传说

相传古代希腊盲诗人荷马创作了两部十分有名的史诗《伊利亚特》和《奥德赛》。《伊利亚特》共分24卷，15693行，主题为特洛伊战争。据说特洛伊王子帕里斯在美神的帮助下，拐走希腊最漂亮的女人海伦。海伦的丈夫、斯巴达王麦涅拉俄斯和他的哥哥阿家门农组织起希腊诸国的联军，讨伐特洛伊。战争延续10年。《伊利亚特》所描写的就是战争最后一年50天左右的事情，以特洛伊方面的主将赫克托尔被杀、特洛伊老王普里阿摩斯前往阿克琉斯营地赎取赫克托尔尸体、特洛伊人为赫克托尔举行葬礼结束。《奥德赛》也是24卷，共12110行，讲的是特洛伊战争结束后10年中奥德修斯漂流海外，最后终于返回家乡，并诛杀了那些向他妻子求婚的贵族，实现全家大团圆的故事，中间还插入一段交代特洛伊战争以及英雄们的最后结局。

（二）爱琴文明的发现与研究

在《伊利亚特》和《奥德赛》中，都有神灵参与人类的活动，很多事情的结局都是由神灵决定的。因此，近代以来的学者大多对史诗的描写持怀疑态度。但是，德国商人谢里曼（1822—1890）深信荷马描写的一切都是真实的。他自己出资，在今小亚细亚西北角的希萨里克山丘进行发掘。经过三年的努力，他发现了大量价值连城的文物，并宣称自己发现了荷马所描写的特洛伊。虽然后来的事实证明，他所发现的文明比荷马要古老得多，但他的发现引起了进一步的发掘和研究。19世纪末，谢里曼在希腊大陆先后发掘出包括迈锡尼、太林斯在内的大批遗址；1900年，英国考古学家伊文斯（1851—1941）在克里特发现希腊传说中的迷宫；1939年，美国考古学家布列根（1887—1971）在美塞尼亚西南海岸找到了传说由希腊老英雄涅斯托尔统治的派罗斯王宫；1953年，英国年轻的建筑工程师文特里斯（1922—1956）成功地解读了线形文字B，证明它是一种古老的希腊语。经过这一系列的努力，古代希腊的文明历史被提前了约2000年。荷马史诗所描写的终于不再是虚无缥缈的神话世界，而有着一定的历史真实作基础。只是，人们关注的已经不仅仅是荷马所描写的特洛伊和伊大卡，而是在荷马之前的整个青铜时代的希腊文明。这一古老文明，因其最著名的遗址而被称为克里特-迈锡尼文明，又称爱琴文明。

二、克里特—迈锡尼文明

（一）克里特文明

克里特岛位于爱琴海南端，东西长260公里，南北最宽处约为55公里，最窄处仅12公里。北部沿海地区为平原，土地肥沃，有利于农业生产。早在公元前7千纪，这里就有了居民。公元前3千纪，它进入文明时代，其中心在克诺索斯。公元前2000年前后，这里出现了规模宏大的宫殿建筑，标志着国家已经产生。随后，在克里特岛其他地区也先后出现了宫殿，有些宫殿的规模还相当大，意味着这些地区或者落入了克诺索斯统治下，或者出现了独立国家。

克里特国家和古代西亚的国家属于同一类型。规模宏大的宫殿设施完善，既是它的政治中心，也是经济和宗教中心。宫殿西部是15座又长又窄的仓库；东北部可能是储藏室；东部则是卧室。整个建筑有完善的排水系统，下水道以石头砌成。宫殿中所出现的大陶缸，显然是用来储存从农村征收来的各种实物如谷物、橄榄油等。宫殿内豪华的陈设、精美的壁画，是其控制大量居民生产的重要标志。除宫殿外，克里特还有不少两到三层、平顶、开有窗户的房屋。这些房屋可能是宫廷的官僚们或者有产者居住的。它们说明，这个社会已经出现了一定程度的分化，应属阶级社会无疑。

由于克里特人使用的线形文字A还没有解读成功，对于克里特文明时期政治组织的详情，只能作一些不可靠的推测。宫殿最高的统治者也许是一个国王，他可能既是最高的行政首脑和军事首领，又掌握着神权。社会的经济基础当然是农业，或许还有渔业。土地仍然是克里特最为重要的财富，但它的手工业和对外贸易可能也比较重要。考古发现的大量陶器和克里特工艺品，说明它对外联系相对发达。据古代传说，克里特国王米诺斯曾经在爱琴海上广泛建立殖民地，组建了希腊第一支海军，镇压了海盗，成为第一个海上霸主。然而，这些似乎也暗示，克里特的贸易可能主要由官府控制。在希腊人的印象中，克里特的海上势力相当强大。而所有克里特的宫殿都不设防，似也说明克里特人不惧怕任何外来进攻。从克里特的壁画看，至少贵族的生活比较惬意。妇女穿着时髦，可能正准备去观看斗牛表演；男性表演着斗牛戏；儿童正忙于练习拳击；农夫在忙完自己的活计后，脸上似乎洋溢着喜悦的笑容。公元前1450年前后，大陆上的希腊人攻占迷宫，克里特文明被迈锡尼文明取代。

（二）迈锡尼文明

迈锡尼文明由大陆上的希腊人创造，约兴起于公元前2千纪初，衰落于公元前2千纪末，最强盛时为公元前1600—前1200年。本来，在希腊人来临之前，希腊大陆青铜时代的文化已经有所发展。希腊人来到后，一度导致当地青铜时代的文化衰落，直到公元前2千纪中期才重新崛起。当迈锡尼文明强大时，希腊大陆处在它的影响之下。除迈锡尼外，太林斯、派罗斯、科林斯、雅典、底比斯等地都发现了迈锡尼文明的遗迹。在基克拉底斯群岛上，也有迈锡尼文明的遗迹发现。

据荷马史诗，迈锡尼是希腊联军统帅阿家门农统治的地方，荷马经常用“多金的迈锡尼”来称呼它。考古发现的迈锡尼遗址也确实不同凡响。谢里曼在迈锡尼城内曾经发现规模宏大、随葬品丰厚的墓地，其中一具男尸的面部，果真覆盖着金面罩。巨大的圆顶墓结构复杂，其墓顶呈圆锥形，用大石块砌成。著名的“阿特里乌斯宝库”有一条长36米、宽6米的墓道，墓门高5.4米，宽2.7米，墓室直径14.5米，墓顶由33排巨石砌成。迈锡尼的狮子门也不能不让人对它刮目相看，门上是欧洲最古老的巨型石雕。两头狮子相向而立，形成一个三角形，有效地减轻了门楣的压力。与狮子门同时的是卫城内的宫殿，在面向西院的长方形大厅内，有一座高于地面的圣灶；地板是令人感到凉爽的颜色；墙壁上布满以战士、马匹、战车和妇女为题材的壁画。

迈锡尼国家的最高首脑被称为瓦那克斯，很可能是个集政权与军权于一身的人物。在他之下，有一个叫拉瓦格塔斯的官员，可能是军队的统帅。地方大概实行行省制，行省有总督和副总督之类的官员。在省以下，可能还有进一步的行政区划，那里有巴赛列斯之类的官员统治。由于巴赛列斯之类的小官有随从，因此总督也应当有自己的随从。农村公社似乎还有某些权利，对有些问题的决定还需要公社成员的同意。

迈锡尼时代的经济处在宫廷的控制之下。社会的主要财富是土地，国王是最大的地主。行省总督、巴赛列斯等也都占有自己的土地。手工业和商业好像完全处在宫廷控制之下。宫廷直接开办手工作坊，经营武器、纺织等行业。民间手工业者的原料主要来自宫廷，其产品也要上缴给宫廷。由于原料和产品都掌握在国家手中，富余的农产品也归入宫廷，所以商业只能是官营。民间手工业和商业即使存在，可能也比较微弱。

从以上的描述看，迈锡尼文明和后世的希腊城邦迥然不同，和西亚与埃及的文明有更多的相似之处。它那强大的君主制度、官僚机器、国家对经济严密的控制和浓厚的军事色彩，加上高厚的城墙、壁画上不断出现的战车和战争场面，确实把它与古典时代的希腊城邦区别开来。约公元前13世纪，迈锡尼诸国发动特洛伊远征。据说战争持续了10年。虽然迈锡尼国家取得了最后胜利，但自身也师老兵疲，引起国内矛盾的总爆发。修昔底德（约前460—约前400）说，“经过很久之后，希腊军队才从特洛伊回来。这一事实本身就引起许多变化。几乎所有的城市都有党派斗争；那些被放逐而流亡的人建立了新的城市。”希腊人的内乱削弱了他们抵抗外敌的力量。原来住在希腊北部的游牧民族多里安人乘机入侵南希腊，毁灭了迈锡尼文明。这次的毁灭是如此彻底，以致希腊人只留下了关于克里特和迈锡尼文明十分模糊而歪曲的记忆，连迈锡尼时代使用的线形文字也被他们遗忘。

（三）爱琴文明的遗产

迈锡尼文明灭亡后，希腊一度陷入物质生产衰退、史料缺乏的黑暗时代，希腊人对爱琴文明的记忆，也十分模糊。尽管如此，爱琴文明仍给古典时代的希腊留下了重要的遗产。希腊主要的农作物如葡萄、橄榄，都是在爱琴文明时代驯化和种植的；希腊的不少手工业门类，例如武器制造、陶器生产等，也都发端于爱琴文明时期；希腊的史诗，可能起源于迈锡尼世界；古代希腊的宗教，可能继承了爱琴文明的众多因素，不少神灵的名字曾出现在迈锡尼的线形文字B中；克里特和迈锡尼一度的强大，以及荷马脍炙人口的史诗，给希腊人想象他们的远古提供了广阔的空间，古典时代的众多悲剧、神话，都以所谓英雄时代的希腊为题材。甚至有人论证，后世希腊人引以为豪的城邦制度，在迈锡尼世界也不是全无踪影。至少可以肯定，古典时代的希腊文明，实际是在扬弃青铜时代爱琴文明的基础上创造的。

第二节 荷马时代

一、荷马史诗与荷马时代

（一）荷马史诗

迈锡尼文明的灭亡，意味着希腊历史揭开了新的一页。公元前2千纪末1千纪初希腊发生的社会动荡、居民迁徙浪潮，所毁灭的不仅仅是迈锡尼文明的成果，还有迈锡尼世界已经形成的政治和经济体制。到荷马时代，希腊世界已与迈锡尼世界迥然不同。之所以称其为荷马时代，是因为有关这一时期的文献主要是荷马的两部史诗《伊利亚特》和《奥德赛》。

（二）荷马时代

表面上看，荷马史诗的背景被置于青铜时代的迈锡尼世界，主持爱琴文明考古的谢里曼等人，也都是依靠荷马留下的线索，找到了青铜时代爱琴文明的众多遗址。史诗中出现的众多城市，或者在古典时代无足轻重，或者干脆消失。然而近年来的研究表明，尽管史诗保留了某些迈锡尼文明时代的记忆，但其所描写的政治制度和社会结构，乃至宗教信仰，与迈锡尼世界迥然不同，更接近迈锡尼文明瓦解后希腊世界的形势，具体地说，是公元前8世纪前后的希腊世界。因此，这里所说的荷马时代，主要指公元前10—前8世纪的希腊，而非迈锡尼时代。

二、荷马时代的社会

（一）农业的主导地位

从经济情况看，荷马时代的经济以农业为主，土地已成为社会的主要财富。

诚然，史诗中有大量关于畜牧业和牲口的描写，认为牲口是社会地位的重要标志，人们经常以牲口的多少来判定一个人财富的多少。但是在农业已经取得了基础和主导地位的荷马时代，奥德修斯看到独目巨人不懂得农业生产，把他们当做野蛮人。当时的人已知道要给土地施肥，并有意识地积攒肥料；灌溉工程也出现了。人们已经放弃游牧而全部转入定居，建立了城市。相应地，土地成为主要财富。荷马笔下的巴赛列斯，不仅拥有大群的牲口，更占有大片土地。那些比较富有的人，常常被荷马称为拥有许多份地的人。在贵族家的仓库中，储藏的是橄榄油、谷物等农产品。在荷马时代的经济中，牲口只是富有之家社会地位的象征，农业则是他们的主业。

在荷马时代，手工业和商业刚刚萌芽。不同地区之间的交换，或者通过海盗抢掠进行，或者通过礼物交换，铸币尚未出现，职业商人也非常少见。城市中的市场开始出现，人们可以进城买铁制作农具。不过总的来说，商业尚处在物物交换的原始状态。这在某种程度上也制约了社会分化的加剧，把社会矛盾限制在一个比较缓和的范围内。

（二）社会财富分布的变化

宫廷经济和官僚体系的崩溃，给个体小农的发展提供了条件。在荷马史诗中，家庭成为基本的生产单位。在荷马史诗中出现的农民，都是独立的小生产者，不需要向国家承担任何固定的租税。统治者依仗财势对平民巧取豪夺的事情，在史诗中也很少出现。所有这些情况都说明，统治阶级已经基本失去了对农民的控制。

从财产分布的情况看，虽然诗人竭力使我们相信，巴赛列斯个个都是家财万贯的大富翁，但细读史诗，会发现情况不同。他们在国内难以取得可靠的收入，只有依靠抢劫和乞讨补充。从巴赛列斯的生活看，他们对农活并不陌生。奥德修斯为了反驳求婚者关于他懒惰的指控，就公开要求与求婚人进行犁地、割草的比赛。他们的财产和普通公社成员相比，并无太大差别。也就是说，荷马时代社会财富的分配相对平均。

三、荷马时代的原始城邦

（一）荷马时代的政治制度

由于摩尔根的影响，人们一直以为，荷马时代的社会还处在原始社会后期的军事民主制阶段。但最近的研究表明，古典时代希腊城邦制度的某些因素，已在荷马时代萌芽。

在政治舞台上，国王无疑起着十分重要的作用。重大的决策，几乎都由他们提出并执行。他们的宫殿远远超过普通贵族的房屋，是一个城市的标志。在长老议事会里，他们总是主角。有些时候，他们甚至可以不管其他长老的意见，将自己的决定付诸实施，即使决定错误，引起了严重的后果，他们也可以不承担责任。人民大会一般也由国王主持召开，建议大多由他们提出。在战场上，作为统帅的国王们，对士兵拥有生杀予夺的权力。在继承制度上，王位实际上是世袭的。王权开始脱离社会的控制，逐渐成为一种独立的权力。

议事会是荷马时代另一个重要的机构，一般由德高望重的老年人组成。在战场上，常常是那些最重要的将领组成议事会。一般情况下，国王相当尊重议事会的意见，甚至是与他的想法相违背的意见。不过，国王有时会无视议事会的意见，或者根本不给议事会成员发表意见的机会。但这些议事会成员总是出现在国王的周围议事，说明其地位不容忽视。

荷马时代的第三个政治机构是人民大会。在荷马史诗中，它被称为阿戈拉。无论是在战火连天的特洛伊、阿凯亚人的营地中，还是在和平状态下的伊大卡、西里亚岛，都曾经举行人民大会。所不同者，因为战场上的情况瞬息万变，召开人民大会的次数也比较多。而在伊大卡，自奥德修斯离开后，20年中不曾召开人民大会。在独目巨人那里，从来没有法律和人民大会，所以奥德修斯把他们视为野蛮人。这些事实表明，人民大会是当时政权机构的一个有机组成部分。

在某些情况下，人民大会可以发挥重要作用。凡有关全体的大事，人民大会都有权讨论。有些时候，人民的意见似乎能起很大作用。但总的说来，人民只是一个与贵族相对的政治概念，内部存在严重的政治和经济差别，利益难以一致，很多人实际上是贵族的追随者。人民大会的召集、会议的议程、会议讨论的主题以及议案，都由贵族控制。在人民大会上发言的，也只是那些英雄和巴赛列斯。他们在发言时，从来不向人民呼吁，只是在他们内部争吵。争吵完毕后，也不要求人民大会通过任何决议就将其解散。不过，即使人民大会通过了决议，它也没有力量贯彻执行，因为在它的手中，既没有国家机构供其支配和差遣，也没有任何经济资源。所以，荷马时代的人民大会只是贵族动员舆论的工具。与长老议事会和国王的作用相比，它在政治中只是个配角。

（二）荷马时代的原始城邦

上述事实清楚地表明，荷马时代的社会和政治结构，已经与迈锡尼时代有了根本区别。随着迈锡尼官僚君主制的崩溃，古典时代希腊城邦的几个基本机构——人民大会、议事会已经出现，所不同者是国王的权威相对强大。另一个重要的事实是：荷马时代的农民和生产者，已经基本摆脱了宫廷和国家的控制，成为独立自主的小生产者。正是他们构成了古典城邦赖以存在和发展的基础。荷马时代的国家已经成为一个个独立的、正在兴起的、以城市为中心的独立公社，古典城邦开始显露出它的基本轮廓。

第三节　古风时代

一、殖民运动

（一）殖民的原因

从公元前8世纪开始，希腊人进行了一次范围广阔的殖民。最早开始殖民的是优卑亚岛上的城市。约公元前9世纪，他们已经在叙利亚的阿尔明那建立了贸易据点。约公元前8世纪中，他们在意大利西海岸的皮达库塞岛建立殖民地。从此，大大小小的希腊城邦都开始了海外殖民活动。有些殖民城邦在发展起来后，又外出建立新邦，使殖民运动波涛相逐，规模逐步扩大。到公元前6世纪，希腊人的城邦已经分布在西到直布罗陀海峡、东到叙利亚、南到埃及、北至南俄草原的广大地区。

殖民的原因是什么？这是一个不容易回答的问题。从希腊历史的实际看，殖民的原因各不相同。最初的殖民也许和商业有一定关系。否则，我们很难理解，为什么希腊人最早建立的殖民地，恰恰位于距离希腊本土相当遥远的地区；有些殖民地如马赛利亚，古代希腊人明确宣布其为商港。黑海地区的一些殖民地则成为重要的货物集散地。但从目前的研究成果看，殖民的主要原因是人口压力。本邦内部土地不足，只好向外殖民。还有一些是在内部斗争中遭到失败而被迫离开本土到海外殖民的。一些意外情况也会导致殖民。公元前6世纪中期，波斯征服小亚细亚，一些希腊城邦的居民因不愿受波斯奴役，迁移到爱琴海北岸，还有一些则搬到了西西里。同时，希腊人航海技术的发展，此前的商业与冒险活动对地中海周边地区的了解，希腊人军事和社会组织上的相对优势，成为殖民得以进行的基本条件。

希腊的殖民和近代西欧的殖民扩张不同。在近代殖民活动中，殖民地在政治和经济上受宗主国统治。而在古代希腊，殖民地基本是独立城邦。有些时候，殖民地还会因为经济和政治利益和母邦刀兵相见。当然，如果母邦势力非常强大，殖民地会受到母邦的控制。总的来看，殖民地是和母邦平等的独立国家。

（二）殖民运动的影响

殖民运动的开展，给希腊历史发展以重大影响。首先，殖民活动扩展了希腊人的活动范围。殖民运动开始前，希腊人主要生活在巴尔干半岛南部和小亚细亚西部，是一个以爱琴海为中心的民族。但殖民活动基本结束后，希腊人将活动范围扩大到整个地中海，有了更加广阔的舞台。其次，殖民活动大大推动了希腊经济的发展。殖民地和母邦之间、殖民地相互之间、殖民地和土著部落之间的经济交流迅速发展起来。经济的发展，使希腊平民的经济基础得到某种程度的改善，逐步使他们摆脱了对贵族的依附地位，具备了充当重装步兵的能力，成为有资格执干戈以卫社稷的公民兵，从而为希腊平民反对贵族的斗争取得胜利奠定了基础。再次，殖民活动缓解了希腊内部的人口压力，使本土的城邦在人口和土地之间保持比较恰当的比例，稳定了希腊的小农队伍，同时也创造了城邦赖以产生和发展的经济基础。最后，殖民活动使希腊人和广大的地区发生接触，开阔了他们的眼界，推动了希腊文化的发展。

二、社会与政治变革

（一）贵族政治的兴起

在荷马史诗中，我们已经可以看到王权衰落的某些迹象。《奥德赛》所描写的法厄西亚人国王阿尔西诺说，在岛上有12个巴赛列斯在统治人民，他是第13个。在伊大卡，奥德修斯的儿子特勒马科也只能承认，岛上有许多巴赛列斯，其中之一在奥德修斯死后，会继承伊大卡王位。到公元前7世纪，希腊的王权已退出了历史舞台。

取代王政的是贵族政治。这种制度的社会基础十分狭窄，有限的几家大贵族垄断了城邦的全部权力。在任官资格问题上，实行门第和财产的双重标准。能够参与竞争的，只是城邦中势力最大的几家。官员们卸任后进入长老议事会，成为国家的顾问。人民大会在很大程度上是贵族的传声筒。贵族在经济和政治上的优势，使他们在城邦中敢于胡作非为，甚至公开对政敌采取暴力行动。对于普通的人民大众，他们放高利贷。当债务人没有能力偿还时，他们就将其变成债务奴隶，有些还被卖到国外。不但那些没有机会参与政治的人民大众表示不满，就是贵族中的一些人物，也对当权的家族恨之入骨，希望将其消灭，自己得到参政的机会。

（二）平民反对贵族的斗争

公元前8—前6世纪也是希腊平民反对贵族斗争如火如荼的时期。平民斗争的核心问题有两个：一是解决债务奴役，一是参与政治。公元前7世纪，希腊殖民地和本土出现了一次立法高潮，不少城邦颁布了成文法。这些法典大多涉及司法审判、财产继承、官职的分配和任期等方面，一般是把传统习惯用成文形式固定下来，未必有多少民主性。不过，法律用成文形式公布后，至少有更多的人可以知道法律规定与司法程序，对贵族滥用权力是一种制约。

立法没有从根本上解决贵族对平民的欺压问题。在有些城邦，发生了平民的密谋。如在斯巴达，公元前8世纪末有所谓“处女之子”的暴动，斯巴达当局只好把他们送到塔林顿去殖民。在雅典，公元前6世纪初，由于社会矛盾尖锐，平民准备推翻现行体制，建立僭主政治，重新分配土地。在科林斯、麦加拉、西库昂等地，平民与贵族矛盾的发展，给一些不满现政权的贵族提供了机会，他们利用平民的不满，建立了僭主政治。当僭主上台之后，就不得不采取一些对平民比较有利的如分配土地、扩大政治参与等措施，争取平民的支持。在雅典和斯巴达等多数城邦，都发生了不同程度的社会改革，赋予平民一定权利，确立了公民的主权地位。不过也有一些地区比奥提亚、色撒利等，似乎没有激烈的变革发生，在很长的时间里继续保持了贵族政治。无论如何，经过平民反对贵族的斗争，平民都争取到了或多或少的权利，成为统治阶级中的一分子，希腊城邦形成了以公民为核心的政治和经济体制。古风时代末期，希腊城邦基本形成。

（三）城邦及其特征

城邦是在平民与贵族的斗争中形成的。经过斗争，平民争取到一系列政治和社会权利，与贵族融合，形成一个公民集团。因此，城邦首要的特征，在于它是一个公民集体，与不享有此类权利的外侨、奴隶和妇女等相对立。在城邦的居民中，一般包括享有充分政治与社会权利的公民、只享有部分权利的外侨以及几乎没有权利的奴隶等依附劳动者在内。就人口比例而言，非公民人口远远超过公民人口。以斯巴达为例，全权公民据说最多时只有 9000 人左右，而庇里阿西人有 3 万，黑劳士（又译希洛人）数量更大，是公民人数的 7 倍；雅典在其鼎盛时期可能有 4 万公民，但奴隶可能有 5 万—10 万。作为一个公民，从积极的方面来说，他享有参与城邦行政和司法管理、出席公民大会等重要权利，可以占有土地、房屋等不动产，享受国家支持公民的各种补贴。从消极方面说，公民只有经过合法的审判才能受到惩处；如果对判决不满，公民还有可能上诉；在有些城邦，公民可以免受债务奴役，在大多数情况下，公民没有缴纳赋税的义务。总之，公民大体是自主的小业主。

其次，城邦的最高治权寄托于公民集体，公民直接参与国家管理。所谓直接参与的手段，就是出席公民大会，担任国家官职。有关国家的重大问题，例如宣战、媾和等，一般来说由公民大会通过不同方式的投票决定。公民还可以担任国家官职。为保证公民参与管理，希腊城邦的官员一般采用同僚制，即由多人担任同一官职，任期有限，大多一年一任，并且不得连任。以最为典型的雅典为例，它的执政官只有 9 人，议事会议员有 500 人，陪审法庭的陪审员在最为鼎盛的时期，是 6000 人，甚至最需要统一的军事指挥权也由 10 名将军分享。官员上任前需接受资格审查，在任期间会受到监督，离任时需提交审计报告，不合格者随时会遭遇控告和审判。一旦罪名成立，轻者罚款，重者将被没收财产和处死。因此，希腊城邦国家既无职业官僚，少量的官员也处在民众的严密监督之下，很少有官员贪腐或者滥用权力的情况。

再次，军事上，实行公民兵制，没有职业的常备军。一般情况下，只有公民，而且只有具有一定数量财产的公民才有当兵资格。一旦战争来临，公民个人须自备武装参加战斗，在由公民选举的官员指挥下参战。战争一结束，军队立刻解散，兵士回归土地，重新成为和平的公民。战争所得之战利品，或者就地瓜分，或者拍卖后将收入归入国库，国家则通过举办公共工程，甚至直接分配现金，将收入最终返还给公民。士兵、公民和土地所有者的三位一体，是希腊城邦的基本特征之一。

最后，城邦必然实行法治。在希腊城邦中，既无常备军，也没有维持秩序的治安力量。无论是谁，如果希望他的建议得到尊重或者变成可以执行的法律，只有通过在公民大会上发表演说，将自己的建议详细阐述，并说服全体公民接受。在变成法律之后，可能还要由建议者具体负责实施。所以，一个政治领袖既是会发议论的演说家，又是会做事情的行动者。他必须严格在习惯和法律许可的范围内行事，否则将遭到其他公民的控告。希腊城邦无一例外地都非常重视立法活动，法令基本是公民大会颁布，而且在不少国家都勒石公布在城邦内最显眼的位置，以方便全体公民阅读。由于法律重点在于规定公民的权利和官员的义务，所以在具体内容上，多有限制官员资格和任期以及官员向人民负责的规定。而监督法律实行的，至少在名义上，是城邦的全体公民。

直接参与体制造成了希腊城邦的另外一个特征，就是小国寡民。因为在古代的直接参与体制下，如果国家太大，公民人数太多，将使政治无法有效运行。虽然希腊城邦在领土和人口规模上差异颇大，但总体上说，一直保持了小国寡民的特征。面积最大的斯巴达，即使把被它征服的美塞尼亚包括在内，也不过 8000 多平方公里，公民人口 9000 人；雅典面积不过 2500 多平方公里，公民人口最多时不超过 4 万人；科林斯也算是希腊一流城邦，面积仅 800 多平方公里，公民人口大概也就有 5000 人。公元前 479 年希腊人出兵抵抗波斯时，最小的城邦居然只出兵 200 人。正因为国小人少，直接参与体制才有可能付诸实行。

三、斯巴达与雅典

（一）斯巴达城邦的形成

斯巴达位于伯罗奔尼撒半岛南端，境内有优罗塔斯河流过。河谷两岸土地肥沃，农业生产条件优良。公元前 10 世纪，多里安人到达斯巴达，逐步征服了当地居民，将其变成向斯巴达人交纳贡赋的黑劳士和庇里阿西人。在此过程中，斯巴达国家逐渐形成。

据说古典斯巴达的制度是由一个叫来库古的人确立的。更可能的情况是，斯巴达的制度在征服拉哥尼亚过程中逐步形成，有些可能是在公元前 7 世纪甚至更晚时期形成的。

据说来库古为斯巴达确定制度之时，从希腊的宗教圣地德尔菲获得了一个神谕，主要内容如下：

> 当你为宙斯和雅典娜建起了一座神庙，并把人们分成“费拉伊”、分成“奥巴伊”，再创立起包括“亚卡格塔伊”在内的30人的长老会之后，你们就得经常在巴彼卡和克那基翁两地之间“阿佩拉曾”，并在那里提出或废除提案；但是人民必须有表决和权力。

根据普鲁塔克的解释，这段神谕中的“费拉伊”指部落，“奥巴伊”是地区性单位，“亚卡格塔伊”是国王，“阿佩拉曾”指举行公民大会。这里有两点值得注意，一是来库古按照地域把斯巴达人划分为若干单位；二是斯巴达古典时代的重要机构——国王、长老会和公民大会，都在这里出现了。国王用的是复数形式，表示当时斯巴达国王至少有两人。长老会成员为30人。公民大会应当是全体公民都可以参加。三者之中，公民大会占据重要地位——重要问题要提交给公民大会表决。人民并无自己提出议案的权力，只能就长老和国王提出的议案进行表决。后来，人民通过对法案的字句进行增减的办法来修改提交给他们的议案，于是国王波吕多罗斯和提奥庞普斯又增加了一条：“如果人民大众意欲采纳一个歪曲的议案时，元老和国王有权宣布休会。”也就是拒绝就议案进行表决。本来，斯巴达公民通过出席公民大会并对事关国家大事的议案进行表决，让斯巴达政制具有了一定程度的民主色彩。可是这条规定让公民大会在与国王和长老会的关系中处在弱势地位，使斯巴达制度具有了浓厚的寡头政治特征。据说来库古时期斯巴达的居民已经被划分成公民（斯巴达人）、庇里阿西人和黑劳士三个等级，而且其权利各不相同。这些都表明，斯巴达国家已经成为公民对庇里阿西和黑劳士进行统治的工具，国家已经形成。

斯巴达国家的特点与美塞尼亚战争有密切关系。公元前8世纪，斯巴达人因垂涎美塞尼亚肥沃的土地，悍然发动了侵略战争，并成功征服美塞尼亚。公元前7世纪后期，美塞尼亚人发动了大起义。起义者屡次重创斯巴达军队，坚持了20年，最后被斯巴达人镇压。

两次美塞尼亚战争与黑劳士制度的扩展使斯巴达国家的制度迅速完善起来。第一次美塞尼亚战争结束后，曾经发生所谓“处女之子”的密谋。密谋虽然没有成功，但说明斯巴达内部的矛盾开始激化。第二次美塞尼亚战争结束后，黑劳士制度在斯巴达广泛发展起来。由于美塞尼亚曾经是独立的城邦，而且其居民又居住在一处，说着相同的语言，有着相同的风俗，所以经常联合起来与斯巴达人进行斗争。斯巴达人深知，他们坐在一座十分活跃的火山口上，随时都要准备战斗。因此，为了镇压黑劳士的反抗，斯巴达建立了一整套独特的制度。

（二）斯巴达的政治制度

与雅典不同的是，斯巴达实行贵族寡头政治。两名国王是军事统帅，终身任职，世袭继承。公元前6世纪末以后，出征时只有一名国王为统帅，另一人留守国内，或者一为陆军统帅，一为海军统帅，并由监察官陪同。如果国王犯罪，由监察官会同长老审判，并可被定罪。法律上，国王没有特别明显的权力。但在实际政治生活中，国王的影响往往非常明显。在公民大会上，斯巴达公民大会由全体战士组成。而战士经常在国王的指挥下作战，因此对于指挥官的话，斯巴达人应当会十分尊重。一些骄横跋扈的国王还可以采用不正当手段，将政治上的对手赶下台。在斯巴达历史上，专权跋扈的国王并不少见，政策往往也被国王所左右。

斯巴达另一个重要机构是被称为“格罗西亚”的长老会。“格罗西亚”显然来自希腊文的“格农”一词，意思是“老人”。它的组成与其名称十分相符，除了两名国王是当然的成员外，其余28人由公民大会从年满60岁以上的老人中选举产生。他们像国王一样，终身任职。只有在有人去世时，才会递补。它的主要职责是预先讨论公民大会要讨论的问题，提出初步的议案。如果认为公民大会对其议案修改过多，违背了其原意，他们可以联合国王宣布该决议无效。在这个意义上，他们的权力要高于公民大会。

公民大会在斯巴达被称为“阿佩拉”，由全体能够服兵役的成年男性组成。公民大会由监察官主持，其表决，由主持会议的人根据呼声高低决定，因此给那些主持会议的国王与监察官很大的权力。那些未经国王和长老讨论的问题，公民大会无权讨论。在公民大会上发言的，除了国王之外，就是监察官，普通士兵很难得到发言机会。公民大会通过的决议，还需要得到长老会的同意。所以，斯巴达公民大会的权力，不管它能够讨论什么问题，通过多少决议，终归处在贵族的监督与控制下。

斯巴达国家的另一个重要机关是监察官。他们共有5人，一年一任，由全体公民从所有公民中选举产生，没有财产资格限制。但实际上，由于长老会和国王的巨大影响，贫穷的人很难当选。他们的主要职责有三：首先是对付黑劳士。每年新监察官上任后，就要向黑劳士宣战，然后派出斯巴达人中的年轻者潜往黑劳士居住区，对那些体格强壮或者有反叛意向的黑劳士采取极端行动，以防止黑劳士暴动。其次是监督国王。监察官上任时，要与国王交换誓言。国王宣誓遵守国家法律，监察官则宣誓，只要国王遵守誓言，将保证其权力不被削弱。每当国王出征时，总有两名监察官陪同，监督国王的行动。此外，如果国王违法，监察官有权传召国王出庭受审。最后，监察官拥有司法职能。除了可以审判国王外，有关庇里阿西人的案件，也在监察官的法庭中审理。所以，监察官在某种意义上是斯巴达国家的最高法官，是国家秩序的维护者。到公元前5世纪，监察官还取得了主持公民大会、接待外国使节、派兵出征等非常重要的权力，俨然斯巴达最高统治者。监察官虽在法律上有如此大的权力，但因为他们一年一任，又由5人组成，政治影响力有限。所以，在斯巴达历史上，国王跋扈的事例远远比有影响的监察官多。

斯巴达国家的政治结构，虽然因公民大会的存在和监察官的权力具有一定民主色彩，但国王和长老会的巨大势力，使它的民主成分难以发挥作用。所以，它是一种带有浓厚寡头色彩，兼有君主制、民主制因素的混合政体。到古典时代，它成为与雅典民主政治对立的一种体制。

（三）斯巴达的社会结构

在斯巴达国家中，拥有公民权的是征服者多里安人。他们人数不多，最多时不过9000人。他们不从事任何生产劳动，主要职责是当兵打仗。斯巴达人从7岁开始接受军事训练，18岁开始执行所谓“克里普提”，即秘密潜往美塞尼亚，处死那些有反抗迹象的黑劳士。虽然30岁以后可以过家庭生活，但斯巴达人一生的大部分时间生活在军营里，过集体生活，直到60岁退役。如斯巴达人不能提供公餐所需要的粮食等物，将丧失公民权。斯巴达人的妻子也和她们的丈夫一样接受训练，以生育健壮的婴儿。新生婴儿要接受长老检查，如果不够健康，会被抛弃。年轻人要接受年长者的训练，目的是训练他们吃苦耐劳、机警和战斗的能力，不能通过考核者也将丧失部分公民权。成年时如果在战场上表现不够勇敢，同样会被剥夺公民权。

“庇里阿西”的意思是边民，指那些居住在拉哥尼亚周边地区的居民。他们有人身自由，有自己的家庭和财产，有一定程度的自治权。他们可以从事包括农业在内的所有经济活动，但需为斯巴达服兵役。古典时代，由庇里阿西组成的军队是斯巴达军队的重要组成部分，后来甚至成为主要部分。但是，他们不能参加斯巴达国家的政治生活，更没有资格担任官职。

黑劳士据说是因为斯巴达征服拉哥尼亚南部的黑劳斯城时，将当地的居民变成黑劳士而得名的。他们大多是当地的居民。后来，斯巴达人征服美塞尼亚，将黑劳士制度扩大到整个美塞尼亚，使其成为斯巴达国家的基本制度。黑劳士耕种斯巴达公民的份地，要把收入的一半交给斯巴达人，并需要缴纳一定数量的金钱以及其他收成。大约每7家黑劳士供养一户斯巴达公民。他们拥有财产权、婚姻权，有自己的家庭，平时住在乡村中，只是在收获时将地租交给斯巴达人。他们的生命没有法律保障，如有反叛迹象，可能不经审判就被斯巴达人暗杀。发生战争时，黑劳士要随军出发，担任运输粮草、搬运武器的任务。他们的生活非常艰苦，但他们中的不少人确实聚集了相当多的财产，并在古典时代后期多次得到机会用财产赎买人身自由。他们的地位比较接近中世纪西欧的农奴。

（四）伯罗奔尼撒同盟

约公元前6世纪中期，斯巴达发动了对邻邦特该亚的战争。让人意外的是，斯巴达竟然吃了败仗。后来，斯巴达人重整旗鼓，打败了特该亚，与特该亚签订了盟约。盟约规定特该亚人必须在军事上服从斯巴达的领导，其内部事务则自治。此后，斯巴达对外政策发生重大转变。它不再以征服其他国家、将其居民变成黑劳士为目标，而是与伯罗奔尼撒半岛上的一些重要国家签订同盟条约。到公元前6世纪末，以斯巴达为首的伯罗奔尼撒同盟建立。这个同盟在古代叫“斯巴达人及其盟友”，现代学者通常称之为伯罗奔尼撒同盟。同盟以斯巴达人为一方，同盟者各邦为另一方。战争时期，同盟国需出兵帮助斯巴达人，和平时期则各自为政。约从公元前6世纪末起，由各邦代表组成的同盟大会开始出现。有关同盟的重大问题，尤其是宣战、媾和等大事，必须先由同盟国大会讨论通过。在这个同盟中，斯巴达人居于领导地位。他们常借助同盟的力量干涉它邦内政，使它成为斯巴达争夺希腊霸权的重要工具。

（五）早期雅典的贵族政治

雅典位于中希腊的阿提卡半岛，三面临海，气候干燥，年降雨量很少，土地贫瘠，只有雅典周围和马拉松地区有一些小平原，农业生产条件并不理想。

早在迈锡尼时代，在古典时代的卫城遗址上，已经出现了城堡和设防性建筑，标志着雅典已进入阶级社会，产生了国家。从公元前8世纪开始，雅典人口出现快速增长，整个半岛重新布满了村落。在这个过程中，王权衰落了，贵族成了雅典历史舞台上的主角。

公元前7世纪的雅典是典型的贵族政治。国家最重要的官职是9名执政官。掌握行政、宗教、军事和司法权力，一年一任，一般不得连任。凡参加执政官竞选者，必须是出身贵族而且家资丰厚。负责选举的机构大概是人民大会。执政官卸任后可以进入战神山议事会。战神山议事会由退休执政官组成，法律赋予它监护政体之责。在一个缺乏成文法典的时代，这些国之重臣的经验，会得到包括执政官在内的绝大多数人的尊重，在这个意义上，它是雅典国家的无冕之王。雅典的人民大会此时大概还无足轻重。出席大会的可能不是全体雅典公民，而是那些“被叫出门的人”。主持会议的很可能是执政官，所讨论的问题也应当是执政官所关心的。

（六）梭伦改革

公元前6世纪初，雅典爆发了严重的社会和经济危机。造成危机的原因：一是债务奴役，二是平民的无权状况。据古典作家记载，当时多数人都欠了富人的债，被迫交纳收成的1/6给债主。如果到期不能偿还，那么债务人本人及其妻子儿女都会沦为债主的奴隶。就政治状况来说，所有官职都被贵族垄断，平民对政治毫无发言权。对于自己所处的被奴役状况，平民十分不满。这一时期希腊其他城邦先后出现了僭主政治，僭主们打击贵族的政策，深得平民支持。平民打算在雅典建立僭主政治，重新分配土地。

同时，雅典在国际舞台上也连吃败仗。在与米提列奈争夺细格伊昂的斗争中，雅典遭到失败。在和邻邦麦加拉争夺撒拉米斯岛的战争中，雅典同样没有占到任何便宜。国内和国际政策的双重失败，使雅典的贵族政治走到了尽头。正当平民和贵族的矛盾激化之时，梭伦（生卒年不确）走上了雅典历史的舞台。公元前594年，他被雅典贵族和平民共同推选为拥有全权的执政官，取得改革雅典社会和宪法的权力。

梭伦改革的第一条、也是最重要的措施，就是取消所有公私债务，禁止任何以人身为抵押的借贷。由于当时雅典真正失去土地的人只是极少数，取消债务等于使那些拥有小块土地的农民重新成为独立的小农，从而恢复了阿提卡的小农经济。对于那些已经被卖到国外的雅典人，由国家出资赎回。为鼓励生产自立，梭伦规定，所有家长必须教会自己的孩子一门手艺，否则，孩子长大后，可以不承担赡养义务。对于那些愿意长期定居雅典的手工业者，雅典给予公民权。梭伦有意识地把雅典经济从单纯的农业经济引向农业和工商业并重的方向，给雅典后来的经济发展以重大影响。

政治上，梭伦试图打破贵族对政权的垄断。首先，他按财产多少将公民划分为4个等级。第一等级必须拥有500麦斗的收入，第二等级300麦斗，第三等级200麦斗，200麦斗以下者为第四等级。雅典的高级官职只对第一、二等级开放，第三等级可以担任一般官职，第四等级虽不能担任任何官职，但可以出席公民大会，参加公民大会的投票和表决。这种体制打破了以前担任官职的门第资格限制，将财产作为唯一的标准，使一些非贵族出身的富有平民有机会参与政治，扩大了雅典城邦的社会基础。其次，他改革司法制度，规定那些对执政官判决不满的，可以向公民大会提起上诉，将最高司法权交到了全体公民手中。针对相当一部分公民不熟悉法律的情况，梭伦规定，如果愿意的话，任何人都可以代替他人提起诉讼。再次，改革公民大会的表决方法。梭伦改革之前，所有问题的表决可能依靠呼声高低来决定。梭伦将表决方式改为举手或者投票，更有利于人数众多的平民发挥政治作用。最后，为了保证公民大会正常运作，他创立400人议事会。议事会议员由年满30岁以上的第三等级以上的公民担任，每部落100人，由抽签选举产生。它的主要职责是为公民大会准备相关问题的议案，提出初步意见。没有经过议事会讨论的问题，不得提交给公民大会。

梭伦的改革恢复了雅典的小农经济，稳定了公民队伍，初步打破了贵族对政权的垄断，扩大了雅典城邦的社会基础，给平民参与政治提供了机会。这是雅典走向民主十分重要的一步。

（七）庇西特拉图僭主政治

公元前6世纪中，雅典内部矛盾再度爆发。最后的结果是庇西特拉图（？—前527）取得了政权，成为雅典的僭主。庇西特拉图所以能取得胜利，主要与他所持的主张有关，据说他是一个极端倾向人民的人，所以得到了广大平民、特别是那些无地和少地平民的支持。

庇西特拉图仍然维持了梭伦的体制。由于手中掌握着较多财富，庇西特拉图能够给那些比较贫穷的农民贷款，帮助他们改善经营。为削弱贵族势力，庇西特拉图创立巡回法庭，到乡村中审理案件，既节省了农民的时间，又加强了国家的权威。庇西特拉图时代，雅典经济获得较快发展。工商业的发展，不仅从整体上提高了雅典国家的实力，而且有利于平民经济地位的巩固，使他们逐步在经济上摆脱对贵族的依附地位。同时，国家权威的加强，贵族在地方的影响被削弱，有利于平民发挥其独立的政治作用。平民经济地位提高，政治素质改善，为雅典民主奠定了社会和政治基础。

庇西特拉图僭主政治在雅典造成了矛盾的结果。一方面，僭主政治提高了公民的经济和政治地位，使政治向民主方向转变。另一方面，僭主政治又要求个人独揽大权，实行专制统治。两者间的矛盾决定了僭主政治的命运。公元前514年，雅典发生企图刺杀僭主的阴谋，造成大批贵族被杀，僭主政治开始向专制统治转化。公元前511年，斯巴达出兵雅典，颠覆了僭主政治。

（八）克里斯提尼改革与雅典民主政治的确立

僭主政治被推翻后，雅典再度发生内部斗争。主张民主的克里斯提尼（盛期在公元前6世纪后期）取得了改革雅典国家的权力。他对雅典国家体制的变革，让雅典最终走上了民主政治道路。

克里斯提尼改革的核心是分割地方贵族的势力，加强雅典国家的团结，建立民主政治。他将阿提卡划分为城区、海岸、内地三个部分，每个部分再分成10个“三一区”，然后以抽签方式从这三个部分中各抽出一个三一区，合在一起组成一个部落。这样，同一部落的三一区就分别处在雅典城、海岸和内地三个不同的地方。这样一种体制，从政治运作的角度看，并不方便。但唯有如此，才能把原来雅典那些古老家族的势力分散在不同的部落中，使他们难以借助传统的家族影响形成不同的帮派集团，从而削弱了贵族的影响，有利于平民政治自主性的发挥。此外，因为部落是基本的军事单位，同一部落的人在战场上由本部落的将军统帅。而同一部落的人或者来自内地，或者来自城内，但不管他们来自何处，他们都是雅典人，在为雅典作战。所以，新部落制度大大加强了雅典国家的统一和公民的雅典人意识。

随着新的部落制度的建立，议事会进行相应改组。议员由原来的400人增加到500人，由每个部落按抽签方式各选举50人组成。除了主持公民大会外，议事会处理国家的相当一部分日常事务，接待外国使节，并将他们引见给公民大会。议事会权力加强，大批公民通过出任议员熟悉国家事务，参与国家管理，议事会成为训练雅典公民政治才能十分重要的机关。议事会权力的扩大，意味着执政官、战神山议事会等由贵族把持的机关影响削弱，贵族对国家的影响有所下降。

与新的部落制度相适应，克里斯提尼在雅典创设了十将军制度。每个部落选举1名将军，将军可以连选连任。原来的军事执政官继续存在，在战场上似乎仍是名义上的最高指挥官，但实际负责的，却是各部落的将军们。将军们轮流指挥军队的行动，每个将军一天。采取行动时，10名将军事先开会商议，然后投票决定。

克里斯提尼创造的最奇特的制度是陶片放逐法。根据这一法律，在每年的公民大会上要进行一次投票，看是否有人势力太大，以致影响了国家的稳定。如果有，就要进行一次投票，将得票最多者流放国外10年。但如果出席公民大会者不足6000人，投票便无效。在雅典人看来，这是表现他们作为国家最高权力所有者的基本标志。在当时的雅典政治中，有能力的人十分活跃。为了国家的发展，他们会提出各种不同的政策。当不同的政策提交给公民大会后，由公民大会决定。对于相反的意见，雅典人不允许其倡议者继续留在国内，而是把他们送出境外，给优势政策的推行提供时间和空间。因为执行的政策由全体公民决定，也可以适当地缓解政治家个人之间的关系，从而保持雅典政治的稳定。

克里斯提尼的改革确立了古典时代雅典的基本制度，削弱了贵族的影响，提高了平民的地位，促进了雅典国家的团结。在新的雅典国家中，贵族和平民联合起来，构成了雅典国家的主体，形成了一个比较团结的公民集体。因此，克里斯提尼改革是雅典民主最终形成的标志。

第四节 古典时代

一、希波战争

（一）波斯的西进

公元前6世纪中期，波斯崛起于伊朗高原，旋向西扩张，征服吕底亚后，将小亚细亚的希腊人城邦收归帝国治下。公元前514—前513年，波斯国王大流士远征黑海北岸的西徐亚人。远征的目的虽然没有达到，但大流士留下的军队征服了包括马其顿在内的巴尔干半岛北部，直接威胁着希腊本土各城邦的独立。

公元前499年，小亚细亚的希腊人以米利都为首，发动反波斯起义。雅典和厄里特里亚派出了少量援军。公元前494年，起义的首要城市米利都陷落，城市被夷为平地，起义失败。

公元前492年，波斯借口雅典和厄里特里亚曾经支持小亚细亚的希腊人，派大军远征希腊。但波斯海军在绕航爱琴海北岸的阿托斯半岛时遭遇风暴，损失惨重。陆军在色雷斯境内遭到当地游牧部落袭击，统帅马多尼俄斯（？—前479）受伤。眼看远征无法进行，马多尼俄斯在肃清了色雷斯后，率兵回国。

（二）马拉松战役

公元前490年，波斯再度发动了远征。波斯这次派出的只有舰队。为了作战的需要，舰队上装载着大量的步兵、骑兵和轻装兵。波斯舰队突袭厄里特里亚。经过激烈战斗后，厄里特里亚被攻陷。城中居民一律被装上船只，成了波斯人的俘虏。接着，波斯军队在雅典昔日的僭主希庇阿斯（活跃于公元前6世纪末到前5世纪初）引导下，在阿提卡东北的马拉松平原登陆，准备进攻雅典城。

雅典内部对如何迎击波斯的入侵有不同意见。部分人主张坚守城池，等待波斯军队进攻。以米太雅德（？—前489）为首的人则认为，应当主动出击，拒敌于国门之外。雅典人接受了米太雅德的意见，全军约9000人前往马拉松平原，其盟邦普拉提亚派来了1000人。同时，雅典派使者腓力庇德斯前往斯巴达求救。斯巴达人同意出兵，但又声称他们当时正在过节，要等到月圆后才能出兵。使者只好急速赶回马拉松，向雅典将军报告有关情况。

马拉松的雅典军队在得知斯巴达人不能马上来援时，将军们在决战的时间问题上发生了分歧。以米太雅德为首的5个将军认为，应当立刻与波斯决战。另外5人则认为，应等待斯巴达的援兵。当年的军事执政官卡里马库斯（？—前490）支持了米太雅德的意见，同意出战。面对数量上远远超过自己的对手，米太雅德决定诱敌深入。他将雅典中军布置得相对较弱，两翼强劲，希望在两翼取胜后，能够合围波斯中军。战斗正是按照米太雅德的设计发展的。波斯中军强有力的进攻，使雅典军队的中央部分只能后撤。但雅典军队的两翼在取得胜利后，没有穷追逃敌，而是转向中央，从两翼和后方将波斯军队包围，迫使波斯军队逃跑。雅典人乘胜追击，攻击波斯人的船舰，俘虏了7条战船。

马拉松之战中，雅典以阵亡192人的代价，击毙波斯6400人，将数量上远远超过自己的波斯军队杀得大败而逃，打破了波斯人不可战胜的神话，大大增强了希腊抵抗波斯的信心。雅典独抗波斯的胜利，也显示了新生的民主政治的活力，提高了雅典在希腊诸邦中的地位。对希腊抵抗波斯的战争来说，马拉松战役具有重大意义。

（三）希腊的保卫战

马拉松战役的经验表明，未来的威胁可能主要来自海上。根据地米斯托克利（约前524—前459）的建议，利用劳里昂银矿的收入，雅典建立了一支由200艘三列桨战船组成的强大水师。另一方面，波斯也在积极备战，以发动更大规模的远征。但埃及爆发的起义使大流士只好先把注意力放在埃及。大流士死后，薛西斯继位。在镇压了埃及起义后，薛西斯再次将扩张矛头指向希腊。公元前480年，他正式发动了对希腊的入侵。

面对波斯大规模的入侵，希腊各邦捐弃前嫌，组成反波斯同盟。同盟以斯巴达人为首，包括中希腊和南希腊的大部分城邦。由于希腊反波斯同盟是一个独立城邦面临外敌入侵临时组成的同盟，内部在战略和战术上会出现各种分歧。同盟曾派兵进驻北希腊的腾皮峡谷，后因难以坚守而撤兵。接着，希腊陆军进驻中希腊和北希腊之间的温泉关，海军驻扎在优卑亚岛北端的阿尔特米西昂海角，希望以陆、海军策应的方式阻击波斯军队。

在温泉关，波斯遇到了第一次强有力的阻击。波斯军队在温泉关连续攻击5天，除了留下大量尸体外，没有取得任何进展。在海上，数量庞大的波斯水师也没有占到便宜，战斗中被击沉的战船和因不熟悉地形而造成的损失，远远超过了波斯人的想象。但是，一个叛徒将波斯军队引到了温泉关的后方，使希腊人腹背受敌。尽管如此，统帅李奥尼达（？—前480）并没有惊慌失措，他命令大部分希腊军队撤退，只留下300名斯巴达人、700名特斯皮亚人和一部分底比斯的军队阻击敌人，以掩护大队撤退。最后，斯巴达人和特斯皮亚人几乎全部阵亡，底比斯人则投降了波斯人。

温泉关失守后，希腊陆军集中在科林斯地峡。海军在完成了撤退雅典人和普拉提亚人的任务后，也集中到撒拉米斯岛附近，和陆军协同作战，保卫南希腊。

希腊水师本来聚集在撒拉米斯海湾。这里水域狭窄，有利于希腊战船发挥技术优势，同时又能策应陆军，不利于波斯舰队发挥数量上的优势。可是，希腊的一些将领产生了畏敌情绪，主张进一步南撤。地米斯托克利说服了担任海军统帅的斯巴达国王，将希腊水师留在了撒拉米斯。大约9月23日，薛西斯发动进攻。希腊水师沉着应战，在捍卫祖国、保护妻儿的呐喊声中，从早晨一直激战到下午，终将波斯水师击败。薛西斯目睹了波斯的失败，将大部分陆军留在希腊，交给马多尼俄斯指挥，自己率海军急忙返回了亚洲。

撒拉米斯战役的胜利，消灭了波斯舰队主力，打破了波斯水陆并进的计划，大大增强了希腊人抗击波斯的信心。但是，波斯的陆军基本没有受到大的损失，仍然盘踞在中希腊。公元前479年春，波斯军队再度进入阿提卡，威胁南希腊。在雅典等城邦的多次要求下，斯巴达和伯罗奔尼撒的军队才离开地峡的长城，向中希腊进发。在普拉提亚附近的交锋中，希腊军队再度获得大胜，波斯对希腊本土的威胁暂时解除。

大约与普拉提亚战役同时，希腊水师在小亚细亚南部的米卡列海角和波斯陆海军决战。士气低落的波斯军队毫无战意，结果水师被希腊人消灭，陆军也被打败。米卡列一战，将波斯留在爱琴海的残余海军消灭，使波斯短期内再无力与希腊在海上争锋，小亚细亚的希腊人乘机发动起义，脱离了波斯的控制，转入希腊方面，对战争进程产生了重大影响。此后，希腊方面由守转攻。

二、提洛同盟与雅典民主政治的发展

（一）提洛同盟及其对波斯的战争

米卡列战役后，斯巴达逐渐退出了战争。但是，小亚细亚的希腊人希望希腊方面继续进行对波斯的战争，以确保他们的独立。在这种情况下，雅典起而领导对波斯的战争。约公元前478年，雅典和那些继续进行战争的城邦一道建立了反波斯的同盟。这个同盟以雅典为一方，其他城邦为另一方，被称为“雅典人和他们的同盟者”。同盟的军事领导权掌握在雅典手里，其金库由雅典支配。为进行对波斯的战争，同盟规定各邦各尽所能，大邦出战船和人员，小邦交纳一定数量的税收作为战争费用。因为同盟金库设在提洛岛，历史上通常称雅典人的同盟为提洛同盟。

提洛同盟建立后，一方面继续对波斯战争，先后攻占了波斯在马其顿和色雷斯地区的一些据点。公元前460年，同盟舰队在小亚细亚南部的优里梅敦河口打败波斯舰队。接着，同盟出兵埃及，支持埃及人反波斯的起义。公元前449年，同盟舰队在塞浦路斯附近海面，再次大败波斯舰队。同年，雅典与波斯签订卡里阿斯和约。和约规定波斯承认小亚细亚希腊人的独立，并承诺不再派舰队进入爱琴海。至此，希波战争以希腊一方的胜利而结束。

在进行反对波斯战争的同时，雅典利用手中掌握的强大舰队，打击爱琴海上的海盗，并利用手中强大的军事力量，开始压迫同盟国。对于那些不愿加入同盟的城邦，雅典以武力强令其入盟。对于那些企图脱离同盟的城邦，雅典严厉镇压。公元前5世纪中期，同盟金库从提洛岛搬到雅典，同盟的重大行动一般也由雅典人独自决定。不仅如此，一些城邦的内部事务也受到雅典干涉。至此，提洛同盟已不再是雅典人和他们的盟国，而变成了由雅典独掌大权、受雅典控制的一个机构，学界通常称为“雅典帝国”。

（二）雅典民主的发展

普拉提亚战役后，雅典政治形势发生了变化。公元前479年，撒拉米斯的英雄地米斯托克利在将军竞选中失败，其政敌阿里斯提德（？—约前467）当选将军。

阿里斯提德主张大力发展陆军，对主要由第四等级公民组成的海军以及由此引起的政治民主化浪潮不积极支持。在他之后，科蒙（？—前449）地位逐渐上升。此人富有军事才能，成功领导了提洛同盟反波斯的战争，但在政治上他是一个保守派。他执政时期，战神山议事会的权力有所加强，雅典政治民主化进程受阻。

约公元前464年，斯巴达发生大地震，公民死伤惨重，黑劳士乘机发动起义。斯巴达人一时无力扑灭起义，乃向昔日的盟国求援。科蒙在公民大会上为斯巴达求情，促使雅典出兵援助。然而在科蒙领兵到达美塞尼亚后，斯巴达人又担心雅典人的平等与革命情绪会引起黑劳士进一步的暴动，因此将雅典人遣送回国。科蒙的亲斯巴达政策破产，不久被流放。

科蒙政策的失败，给民主派推进民主化提供了契机。民主派的领袖是厄菲阿尔特（？—前462）。他通过追究战神山议事会一些成员的违法行为，动摇了群众对该机构的信任，剥夺了它几乎所有的权力，只给它保留了审判血亲复仇、放火和谋杀案件的权力。至于其他权力，则全部被移交给500人议事会和陪审法庭。大约正是通过这次改革，雅典的陪审法庭制度发展起来。由于陪审法庭成员多达6000人，其中相当一部分又来自比较贫穷的阶层，因此，随着陪审制的完善，津贴制也随之引入。500人议事会和陪审法庭权力的扩大，意味着政治进一步向社会下层、特别是第三和第四等级开放，使雅典民主的基础更加雄厚。

厄菲阿尔特之后，伯里克利（约前495—前429）继续推进民主化进程。公元前457年，雅典最高官职——执政官向第三等级公民开放。这一举措使大约半数以上的雅典人有可能出任雅典的最高官职。而执政官在卸职后，又可以进入战神山议事会，从而使贵族政治这个最后堡垒的构成有所改变，对民主的发展具有重大意义。

在陪审法庭之后，雅典国家的其他官职如执政官、500人议事会议员等，也都获得了国家津贴。至此，雅典公民权真的成了一种特权，因为它不仅表明拥有者可以参与雅典政治生活，而且意味着实际的经济利益。公元前451年，经伯里克利提议，雅典通过法律，规定只有父母双方都是雅典公民的人才能成为雅典公民。之所以限制公民权，是因为在城邦制度下实行的直接民主制不可能在更大的范围内实现，必须适当限制公民人数。

（三）极盛时期的雅典民主

公元前5世纪50—30年代是雅典民主的黄金时代。雅典最重要的机构是公民大会。公民大会定期召开，其权力十分广泛，举凡雅典国家的大事小情，都可以拿到公民大会上讨论。公民大会先通过决议，然后责成相关的机构执行。雅典众多的官员如执政官、将军等重要的官员，都在公民大会上选举或以抽签方式产生。雅典大小官员，上自将军，下到国家普通工作人员，每年都要接受10次审查，以确定他们是否称职。此外，有关授予外人公民权、谷物供应、盟邦贡金、公共工程建设、宣战、媾和等事关全体的事情，都要由公民大会决定。由于战神山议事会的权力已被剥夺，执政官已经向第三等级开放，雅典公民大会真正摆脱了贵族控制，成为独立自主而名副其实的国家最高权力机构。

雅典民主的另一个重要机关是议事会。会议由500名议员组成，抽签产生，每部落50人，一年一任，一般不得连任。凡年满30岁的雅典公民，只要没有犯罪前科或者欠国家的债务，都可以当选。议事会按部落组成主席团。主席团主持议事会的日常工作，并主持公民大会。主席团以抽签方式选举一人为主席，任期一天，因此雅典每年要产生300名主席。议事会承担着雅典国家大量日常工作，它要预先讨论即将提交给公民大会的问题，做出初步决定。在公民大会做出决定后，议事会要监督相关部门执行。议事会拥有一定的司法职能，对官员的监督，很大程度上要靠它进行。它负责接待外国使节，并将其引见给公民大会。由于它的议员一年一任，而且抽签选举，需要大量公民参与，使它成为雅典公民参与政治、熟悉国家事务、锻炼政治能力的重要机关。

陪审法庭是雅典民主的基本特征之一，其成员有6000人之众，凡年满30岁的雅典公民，都可以通过抽签当选为陪审员。审判案件时，雅典人根据案情轻重，临时通过抽签组成规模不等的法庭。多者上千，少者100来人。举凡雅典国家的大小案件，还有盟国的一些案件，都在陪审法庭中审理。

提洛同盟建立后，军事行动日益成为雅典公民日常生活的组成部分，负责军事行动的10名将军的权力和影响随之上升。由于执政官已由选举改为抽签，其影响和权力有所下降，成了管理日常小事的官员，而且只能一年一任，所以那些有政治参与欲望的人物，纷纷竞选将军职务。伯里克利曾经连续15年当选为将军，成为雅典最有影响的政治家。但无论他们权力多大，威信多高，都必须接受议事会和公民大会的监督。一旦不能让公民满意，他们随时可以被罢免，甚至被判刑。因此，古典时代的雅典民主，是参与程度最广泛、人民权利最显著的民主之一。

三、伯罗奔尼撒战争

（一）战争的原因

公元前431—前404年，希腊两大城邦雅典和斯巴达之间爆发了一场长达27年的大战。几乎所有希腊城邦都卷入了这场旷日持久的战争。最后，雅典失败，提洛同盟被解散，斯巴达取得霸权。关于这场战争发生的原因，修昔底德曾认为，是雅典势力的扩张及其所引起的斯巴达的恐惧。今天的学者大都同意修昔底德的论断，但在如何理解这个问题上存在众多分歧。有人谴责雅典，有人批评斯巴达，还有人主张各打五十大板。如果我们从根本原因上追寻的话，斯巴达似应对战争的发生负主要责任。

从公元前6世纪末伯罗奔尼撒同盟建立起来，斯巴达一直是巴尔干半岛上最强大的国家。该同盟在斯巴达周围形成一个保护圈，使它的本土不会受到任何直接的外来威胁。从内部制度来说，斯巴达的黑劳士始终是心腹大患。对于任何破坏伯罗奔尼撒同盟的企图，斯巴达都坚决予以反击。但从公元前5世纪后期起，依靠提洛同盟的强大力量，雅典不仅控制了爱琴海，而且向希腊大陆伸展其势力，征服厄吉那，收服麦加拉，威胁科林斯，挺进中希腊，直接威胁到伯罗奔尼撒同盟的盟国以及斯巴达所支持的寡头政治体系。面对雅典势力的扩张，斯巴达多次有意应战，甚至准备入侵阿提卡。但因为斯巴达内部矛盾重重，加上黑劳士暴动以及阿哥斯的牵制，使它迟迟没能如愿。公元前433—前432年，当雅典因科西拉问题、波提底亚问题与科林斯发生纠纷时，斯巴达积极干预。雅典通过麦加拉法令后，斯巴达人派出使节，对雅典进行战争威胁。当雅典人不愿屈服时，斯巴达公开发动了战争。

（二）阿基达马斯战争

战争爆发之前，斯巴达人中洋溢着乐观情绪，他们认为，凭借伯罗奔尼撒同盟强大的陆军，连续发动对阿提卡的入侵，只需要几年甚至几个月时间，就可以迫使雅典投降。战争开始阶段，斯巴达及其同盟的军队，连同比奥提亚军队一道，连续不断地进军阿提卡，破坏那里的庄稼，企图迫使雅典投降。因率领伯罗奔尼撒军队的斯巴达国王名叫阿基达马斯（约前469—前427年在位），从公元前431—前421年的战争被称为“阿基达马斯战争”。

针对于此，雅典人在伯里克利指挥下，采取陆上防御、海上出击的战略，与斯巴达人周旋。伯里克利深知，斯巴达的力量主要在陆军。但在海上，雅典的势力无与伦比。于是他将阿提卡所有居民撤进城内，在陆地上完全取守势。但由于人口拥挤，卫生条件差，雅典从公元前430年起爆发了瘟疫，兵丁死亡枕藉，精壮人口损失1/3左右。另外，雅典盟国中的寡头分子，利用雅典对付斯巴达的机会，在后方掀起反叛，使雅典顾此失彼。可是，斯巴达人并没有充分利用这些有利的条件，反而让雅典人攻占了派罗斯。派罗斯位于美塞尼亚西南部，斯巴达人非常担心因此引起黑劳士的反叛，连忙派兵抵御，但因战术错误，被雅典人俘虏了100多人。这些人的家属担心俘虏被处死，力促斯巴达寻求和平。最后，斯巴达大将布拉西达（？—前422）远征爱琴海北岸的希腊人城邦，连续占领安菲波里斯等地，雅典反攻未能成功，加上希望有时间整顿海上同盟内部的秩序，也有意与斯巴达媾和。公元前421年，双方签订尼西阿斯和约。这个和约因雅典主和派将领尼西阿斯（？—前413）而得名，它规定双方各自交还对方的俘虏和占领地，保持和平50年。但因为矛盾并没有解决，协定也没有得到有效的执行。

（三）西西里远征

公元前415年，雅典发动西西里远征。远征军规模庞大，有战船136艘、重装步兵5100人、轻装步兵1200人、桨手26000人。雅典任命阿克比阿德斯（前451—前404/403）、尼西阿斯和拉马库斯（？—前414）为统帅。但舰队刚刚到达西西里，阿克比阿德斯就因渎神案被召回雅典受审。他逃往斯巴达，力劝斯巴达出兵雅典，并派兵支援西西里。另一方面，雅典将领尼西阿斯优柔寡断，行动迟缓，又因迷信耽误了撤退时机，导致雅典远征军全军覆没。

（四）雅典的失败

西西里远征的失败，不仅造成巨大的人力和物力损失，而且给雅典盟国的反叛提供了机会。雅典在西西里失败后，其盟邦纷纷反叛，斯巴达人也不再每年入侵阿提卡，而是长期驻扎在阿提卡东北的狄凯里亚要塞。波斯人全力支持斯巴达。在波斯金钱的帮助之下，斯巴达人开始建立起大规模的舰队，在海上和雅典展开正面较量。雅典动用了所有储备，重新建立了一支舰队，力图保证海上粮道的畅通。经过努力，雅典击败了斯巴达舰队，镇压了部分盟国的反叛，在海上和陆上取得了一系列胜利，一度使斯巴达人感到绝望。

可是，雅典的寡头分子们却认为，正是雅典的民主制度造成了西西里的灾难，他们希望借此时机推翻民主政治，建立寡头制，并和斯巴达人媾和。这些寡头分子利用人们急于扭转战局的心理，推翻民主政治，建立了由400人掌权的寡头政府。可是，寡头们与斯巴达媾和的目标没有实现，盟国的反叛却越演越烈。寡头政府声名扫地，遭到雅典人唾弃。在萨摩斯的雅典舰队也誓死支持民主政治，400人政府被迫下台。不久，雅典民主政治再度恢复。可是，波斯的介入使斯巴达逐渐建立起强大的海军，尤其是在吕山德（？—前395）出任海军统帅后，斯巴达得到波斯全力支持。公元前406年，雅典舰队在阿吉纽西战役中打败斯巴达，一度赢得海上优势。但雅典人因受寡头分子煽动，处死了指挥战役的6名将军。公元前405年，斯巴达人重建舰队，封锁黑海海峡。雅典舰队不得不赶往那里，与斯巴达舰队对峙。由于雅典在前一年处死了那些有经验的将军，斯巴达在军事上优势明显，雅典舰队全军覆没。斯巴达乘胜追击，从海上和陆上封锁雅典城。雅典人苦苦支撑近一年之后，被迫投降。

雅典投降后，底比斯、科林斯等邦主张对其严惩。但斯巴达鉴于底比斯和科林斯势力太大，担心它们将来会成为自己的对手，希望利用雅典平衡二者的势力。所以，斯巴达在与雅典签订条约时，只规定其拆除城墙；除保留12艘船舰外，雅典须交出所有战船。同时，雅典应废除民主政治，允许所有流亡者回国，参加伯罗奔尼撒同盟。随后，斯巴达支持以克里提阿斯（？—前403）为首的寡头分子在雅典建立三十僭主的统治。雅典民主政治存在了100年后，终于被斯巴达推翻。

（五）战争的影响

长达27年的伯罗奔尼撒战争以斯巴达的胜利告终，它给希腊造成的影响难以估量。首先，战争期间，希腊城邦丧失了大量人力物力，对社会生产，尤其是农业生产造成了严重破坏。战争期间，战争各方都对对方的生产和生活设施进行破坏，最常见的就是破坏庄稼、砍掉橄榄树和葡萄藤。生产的破坏导致城邦公民队伍的瓦解，使城邦存在的基础受到严重冲击，造成了城邦的危机。其次，战争期间，交战各邦因为支持雅典和斯巴达的关系，分裂成不同的派别。在有些城邦内部发生的激烈内战，则激化了城邦内部不同公民集团间的矛盾，使原本比较团结的城邦公民集体分崩离析，直接影响了城邦的活力。再次，战争使波斯借机重返希腊，依靠手中的金钱操纵希腊政治和邦际关系，干涉希腊内政。最后，斯巴达虽然成为胜利者，但付出了沉重代价，大量公民阵亡。而战后流入的大量金钱，使斯巴达人变成了金钱的崇拜者，导致其政治的衰败。同时，斯巴达执掌希腊霸权后，到处干涉他邦内政，导致天怒人怨，引起了包括其盟邦在内的大多数希腊城邦的不满。这种不满终于演变成对斯巴达霸权的公开挑战，希腊从此进入城邦争霸的战国时代。

四、希腊城邦的衰落

（一）城邦之间的争霸

斯巴达打败雅典，得益于波斯的支持。而波斯要求斯巴达人承认小亚细亚沿岸的希腊人为波斯的臣民。战争结束后，作为希腊的盟主，斯巴达不可能将小亚细亚的希腊人交给波斯。公元前401年，小居鲁士（？—前401）起兵争夺波斯王位。斯巴达人积极参加，等于向波斯宣战。结果小居鲁士战死，波斯新国王要求斯巴达兑现诺言，并派兵占领小亚细亚沿岸的希腊人城邦。斯巴达于公元前400年派兵进入小亚细亚，与波斯人正式开战。

另一方面，在希腊本土，斯巴达的政策日益专横，引起一些城邦的不满。雅典首先于公元前403年恢复了民主政治。底比斯不满斯巴达的高压政策，和阿哥斯、科林斯等结成同盟。雅典随后也加入，一齐对抗斯巴达。公元前395年，战争正式开始。因为主要战场在科林斯地峡，同盟指挥中心也在科林斯，所以这场战争被称为科林斯战争。波斯也积极参与这场战争。公元前394年，波斯舰队在雅典流亡者科农（？—约前393）指挥下，在小亚细亚大败斯巴达舰队。失去海军支持的斯巴达陆军被迫撤回希腊。此后，战争变成拉锯战。斯巴达因无力对抗，再度与波斯合作。公元前387年，由波斯出钱资助的斯巴达水师封锁了黑海海峡，希腊各邦重要的粮食通道被切断，被迫屈服。接着，波斯驻小亚细亚总督以波斯国王的名义，召集希腊各邦代表，宣布了波斯国王的条件：亚洲所有希腊城邦由波斯统治；所有希腊人国家，无论大小，一律自治；任何不服从的国家将遭到波斯和同盟各城邦海陆两路进攻。因该条约是波斯国王和斯巴达使者安太尔西达（？—前360）签订后强加给希腊的，所以被称为“安太尔西达和约”，又称“大王和约”。

迫于波斯和斯巴达的双重压力，绝大多数希腊城邦接受了“大王和约”。但斯巴达的专横，终于让它自食其果。大王和约签订时，底比斯拒绝宣誓遵守。作为惩罚，斯巴达人利用内应，占领了底比斯卫城，在那里驻扎军队，并支持建立寡头政治。但底比斯民主派以雅典为基地，继续进行斗争。公元前379年，帕罗庇达斯（？—前364）等人推翻了底比斯的寡头政治。接着，他和厄帕米农达（？—前362）一道，开始了统一比奥提亚的斗争。公元前371年，斯巴达率领伯罗奔尼撒同盟大军入侵比奥提亚。在纽克特拉的决战中，底比斯人的新型战术——集中兵力于一翼而以另一翼取守势——取得了成功。斯巴达国王战死，另有400名斯巴达士兵阵亡。当时斯巴达因内部分化，公民人口大概只剩1000多人。因此，纽克特拉的失败，对斯巴达的打击非常沉重，成为它霸权衰落的开始。

底比斯人没有就此停步，他们冲入伯罗奔尼撒，帮助美塞尼亚的黑劳士获得了独立，彻底摧毁了斯巴达国家的基础。在阿卡地亚，底比斯人支持那里的统一运动。阿卡地亚的新都城麦加洛波里斯成为防御斯巴达北上的屏障。不过，底比斯的强大，引起雅典的担心。公元前378年，雅典组建第二海上同盟，积极扩展它在爱琴海中的势力。纽克特拉战后，雅典利用斯巴达衰落之机，一度控制了爱琴海。同时，它和斯巴达结成同盟，共同对付底比斯。公元前362年，雅典、斯巴达和部分希腊城邦的联军在门丁尼亚与底比斯军队会战。虽然底比斯取得了胜利，但他们最能干的将军厄帕米农达阵亡。底比斯迅速衰落，失去了希腊的霸权，再度下降为中希腊的地区性强国。

底比斯的衰落又给雅典提供了机会。公元前4世纪，虽然雅典民主政治仍较巩固，但公民的爱国热情已经下降。失去盟邦贡金后，它的财政实力也今非昔比。要争夺希腊霸权，雅典常心有余而力不足，行动不够坚决。公元前378年，它建立第二海上同盟。同盟组织形式与提洛同盟相近，但防止雅典专权和保护盟邦的条款更加具体和详尽。利用同盟的力量，雅典试图重整旗鼓。但波斯的干涉、底比斯的崛起以及希腊城邦内部情况的变化都让雅典人难以如愿。公元前4世纪中期，第二海上同盟的一些主要成员反叛。雅典无力镇压，第二海上同盟实际上解体。公元前4世纪希腊城邦之间争霸的结果，是各方俱遭损伤，耗尽了城邦最后的力量。

（二）公民集体的崩溃

与公元前5世纪希腊的盛期相比，公元前4世纪的希腊不仅战争更加频繁，城邦内部的结构也发生了重大变化。公元前 5 世纪，希腊小农经济比较巩固，内部相对稳定。不同阶层的公民之间虽有矛盾，但在面临外敌入侵时，仍能够团结一致。但到公元前 4 世纪，城邦内部矛盾日趋尖锐。首先，贫富分化加剧。在斯巴达，大量公民因为失去土地被剥夺了公民权。到公元前 4 世纪中后期，斯巴达的公民可能不过 1000 多人，成为斯巴达人口少数中的少数。在雅典，虽然民主政治比较稳定，但贫富分化同样存在。公元前 5 世纪，雅典公民约 4 万之众。但在公元前 4 世纪，它的公民最多不超过 3 万人，大地产因而开始在阿提卡出现。其次，富人不再像公元前 5 世纪那样乐于承担国家义务，而是极力规避这类负担。公元前 4 世纪最为稳定的雅典，就发生过大量有关公益捐献方面的诉讼。一些富有的公民如伊索克拉底（前 436—前 338）之流，似乎从没有承担过公益捐献。另一方面，因为雅典财政紧张，每当战争发生时，经常需要征收财产税。所以，在公元前 4 世纪的雅典，富人开始抨击民主政治，将其视为压迫富人的制度。有关按照财产多少、能力大小分享政治权力的理论再度抬头。最后，由于贫富分化和公民内部矛盾的尖锐化，公元前 4 世纪城邦内部的斗争变得更加残忍和激烈。在科林斯，曾经发生过民主派几乎杀光富人的事件；在阿哥斯的一次暴动中，大约有 1500 人被杀。内部斗争残酷程度的加剧，进一步激化了贫富之间的矛盾。用希腊人自己的话说，富人宁可把钱投进海中，也不愿救济穷人，而穷人在掌握政权后，也不以分享富人的财富为满足，必欲剥尽其财产而后快。城邦盛期公民之间互相帮助的精神，从此一去不返。城邦内部矛盾的发展，成为城邦危机最明显、最直接的反映。

第五节　马其顿亚历山大帝国与希腊化时代

一、马其顿的崛起

（一）远古马其顿

马其顿位于希腊北部，分为上下两部分，上马其顿为山区，下马其顿为平原。它南邻色萨利，北接色雷斯，西近伊里利亚，东为爱琴海。其境内多山，森林和矿产资源丰富，战略地位重要。它的居民成分比较复杂，基本成分是早期青铜时代迁移到巴尔干的印欧语人，与希腊人有密切的关系。

在社会发展程度上，马其顿落后于南部的希腊人。直到公元前 7 世纪，马其顿国家才开始出现，但迟迟没有实现统一，成为希腊各邦争夺的对象。希波战争时，马其顿曾投降波斯，并参加了波斯远征军。伯罗奔尼撒战争爆发后，马其顿时而支持雅典，时而站在斯巴达一边，利用两大同盟的矛盾从中渔利，遂逐渐强大起来。与此同时，希腊城邦的文化也逐渐在马其顿流传开来，悲剧作家优里庇德斯

（约前484—前406）曾做客于马其顿宫廷，荷马史诗在马其顿也有不少读者。

（二）腓力二世的改革

马其顿真正强大起来是在腓力二世（前359—前336年在位）时代。腓力曾在底比斯做人质，对希腊的军事技术有深刻认识，同时也了解到希腊城邦的弱点。他即位之后，大力进行军事、政治和经济改革。他大力加强王权，削弱贵族势力，将马其顿成功地统一起来。他还进行军事改革，在希腊方阵基础上创建更加具有攻击力、也更具灵活性的马其顿方阵。经济上，腓力利用他控制的潘加乌斯矿山，大量发行金银币，以便和波斯、希腊通商。

经过腓力的改革，马其顿迅速强大起来。当时希腊城邦内部矛盾重重，已经不可能联合起来共同对抗马其顿。腓力利用这个机会，大举向外扩张。在扩张政策上，腓力远交近攻，先集中力量吃掉了卡尔息狄斯地区的希腊城邦，占领战略要地安菲波里斯，征服色雷斯。然后举兵南向，深入色萨利。接着，利用福基斯和底比斯之间发生的神圣战争，直接干涉中希腊事务。当时在希腊大陆上，唯一有力量阻止马其顿扩张的是雅典。但雅典此时正为财政困难所苦，公民对战争也不积极。直到马其顿人冲入中希腊、几乎到达雅典大门口时，雅典才真正行动起来，和底比斯结成联盟，共同对付马其顿。公元前338年，雅典与底比斯以及希腊其他城邦的联军在喀罗尼亚与马其顿决战，但遭到大败。公元前337年，腓力在科林斯召集希腊城邦开会。除斯巴达外，各邦均派代表出席。会议宣布成立希腊联盟，以腓力为盟主。联盟各邦保持现行政体不变，相互保持和平。在各邦内部，禁止革命，禁止重新分配土地和财产，同时镇压海盗。会后，联盟向波斯宣战，决定实现希腊演说家伊索克拉底所鼓吹的“把战争引向亚洲，把幸福带回希腊”的计划。

二、亚历山大的东侵与帝国扩张

（一）征服希腊

公元前336年，腓力在其女儿的婚礼上遇刺身亡，其子亚历山大（前336—前323年在位）即位，是为著名的亚历山大大帝。他首先压服了马其顿国内及其周边地区的叛乱，接着，深入巴尔干半岛北部，镇压了那里的叛乱。为压服希腊的暴动，亚历山大对带头反抗的底比斯严厉惩罚：城市被夷成平地，成年男子尽数被杀，妇女和儿童被卖作奴隶。其他城邦见状，先后屈服。在科林斯召开的希腊城邦大会上，各邦重申，拥立亚历山大为盟主，支持他东侵波斯。

（二）征服波斯

公元前334年春，亚历山大留下安提派特（约前397—前317）镇守马其顿和希腊，自己统率3万步兵、5000骑兵和战船160艘，渡过黑海海峡冲入亚洲。格拉尼科斯河一战，波斯大败，2000多人被俘。接着，亚历山大横扫小亚细亚，占领萨尔狄斯，小亚细亚沿岸的希腊城邦望风归附。到公元前333年，亚历山大已经占领了整个小亚细亚。

占领小亚细亚后，亚历山大决定继续南侵，进入叙利亚。波斯皇帝大流士三世亲自统率大军前来阻击，据说军队达60万之众。但在伊苏斯决战中，波斯军队惨败，大流士三世率先逃跑。亚历山大占领波斯军队大营。大流士三世的妻子、女儿都当了俘虏。

亚历山大并没有立即向波斯内地进军，而是转向沿海，占领叙利亚和巴勒斯坦。公元前332年，亚历山大进入埃及。波斯驻埃及总督率兵投降。亚历山大对埃及采取怀柔政策，朝觐了西瓦的阿蒙神庙，被阿蒙祭司宣布为神之子。

公元前331年春，亚历山大领兵从埃及进入两河流域。波斯国王大流士三世闻知，亲率百万大军抵抗。虽然大流士三世选对了地形，但他军事上的低能和胆怯再次葬送了波斯军队。在高加美拉的决战中，虽然大流士按计划放出了刀轮战车，波斯军队也奋勇作战，可是，在强大的马其顿方阵面前，波斯军队终于支持不住，再度败退。亚历山大乘胜追击，连下巴比伦、苏撒、帕塞波里斯等大城市，大流士三世只能逃到中亚。亚历山大穷追不舍。波斯驻巴克特里亚总督比索斯（？—前329）杀死大流士，自称波斯国王。不久，比索斯被俘。亚历山大为收买波斯人心，指控比索斯背叛国王，按波斯习惯将其处死。居鲁士创建的波斯帝国存在了两个多世纪后，终于灭亡。

公元前327年，亚历山大率军经开伯尔山口进入印度河流域。但在印度，马其顿人并不顺利，连续打了几场恶仗，士兵伤亡惨重。另外，印度河流域酷热的天气也让马其顿人感到难以忍受，大多数士兵和将领都不愿再战。尽管亚历山大有心继续东侵，可是他的士兵和将领公开反叛，不再追随这位野心毫无止境的大王。亚历山大被迫撤兵回国。公元前324年，马其顿军队分水陆两路返回巴比伦，历时10年的东侵到此结束。

（三）巩固帝国的措施

亚历山大的东侵，使马其顿从一个地处希腊北部的小国变成了地跨欧、亚、非三大洲的大帝国。帝国的疆界东起印度河流域，西到伊里利亚，南到埃及南部，北临多瑙河。如何统治这样广大的地区，是摆在亚历山大面前的一个艰巨任务。

亚历山大所实行的第一项措施是尊重被征服地区的宗教和文化习惯。在埃及，他自称是阿蒙神之子。在波斯，他以波斯帝国的继承者自居。在印度河流域，对于那些积极投靠马其顿、但在当地声名狼藉的统治者，他将其废黜。对于勇敢与他对抗的波鲁斯（？—前318），他不但准许其保留王位，而且还扩大其统治地区，从而使其成为亚历山大忠实的支持者。诸如此类的措施，为他争取了部分上层统治阶级的支持。第二项是他改造马其顿传统的君主制，促使其尽快完成向专制君主制的转变。占领波斯期间及其后，亚历山大着手加强王权。他依靠东侵期间夺得的大量财富，笼络部分士兵与将领，打击那些敢于与他对抗的势力。为摆脱马其顿人中仍存在的民主残余，亚历山大大批征用波斯青年，按马其顿方式对他们进行训练，以对马其顿人施加压力，强迫他们承认他作为君主的无上权威。在此过程中，他大造舆论，把自己打扮成天神的后代，神化王权。在制度上，他广泛采用波斯宫廷礼仪，强迫马其顿人像波斯人一样对他行跪拜礼，以强化国王与贵族及士兵之间的区别。第三项，他采用波斯的行政制度，在中央建立比较完善的官僚体系。在地方上实行行省制，以马其顿人、希腊人和部分亲信的波斯人占据要津，加强对地方和被征服地区的统治。第四项，鼓励希腊人与被征服地区通婚，努力促进东西方不同民族间的融合，企图以此来缓和马其顿人与被征服者之间的矛盾，扩大帝国的统治基础。为此，亚历山大带头与大流士三世的女儿结婚，并给那些与波斯女子结婚的马其顿士兵送了礼物。第五项，他在各个战略要地建立城市，分派马其顿人和希腊人居住，将这些希腊人的城市作为加强统治的据点。据说亚历山大东侵途中一共建立了70多座城市，其中有些城市，如埃及的亚历山大里亚，后来发展成为著名的政治、经济和文化中心。

（四）帝国的分裂

亚历山大帝国是一个不同地区、不同民族因为马其顿人的武力征服而临时被集中到一起的一个松散联合体。这个联合体是否能够继续存在，很大程度上取决于统治阶级的力量和团结程度。当亚历山大在世时，由于他个人在马其顿人和波斯人中享有较高威信，敢于反叛者不多。亚历山大的措施，对巩固帝国的统治，也具有一定的积极作用。可是帝国的离心力在亚历山大去世前已有所表现，部分马其顿人对亚历山大任用波斯人为官、鼓励马其顿人与波斯人融合的政策并不支持；部分波斯总督也表现出独立倾向。公元前323年，亚历山大突然病死于巴比伦，加快了帝国瓦解的步伐。当时，亚历山大还没有直系继承人。军队的高级将领们为争夺权力，立刻开始了明争暗斗。斗争开始局限于宫廷，但很快发展成战场上的公开交锋。但是，将领们实力有限，谁也无力把整个帝国统一起来。公元前301年伊普苏斯战役后，帝国实际上已分裂成三个部分：托勒密王朝统治下的埃及、塞琉古王朝统治下的两河流域、伊朗和叙利亚等地和马其顿。塞琉古王朝统治的地区虽然广大，但种族和地区差别也最明显，维持的时间也最短暂。首先是印度河流域脱离了它的控制，然后是中亚分裂出去，小亚细亚建立了帕加马王国。塞琉古王朝能够控制的，不过是叙利亚等不大的一片地区而已。

三、希腊化世界

（一）历史发展的基本趋势

“希腊化时代”是近代史学创造的一个概念，指从亚历山大帝国分裂到罗马征服东地中海地区之间希腊世界的历史（有时也从亚历山大东侵算起）。最初创造这一概念的人是为了把它与希腊的古典时代以及后来的罗马帝国区别开来，认为这是一个希腊文化不断向东方传播即东方在希腊人统治下不断希腊化的过程。今天看来，这个理解不免简单化。应当承认，在希腊人统治西亚北非的300年左右时间里，东方广大地区确有一定程度的希腊化。但希腊化时代绝不仅仅是希腊文化向东方传播的过程，它同时也是东方文化影响、改造希腊文化的过程。希腊化世界的政治制度，主要是西亚和埃及式的君主专制，而不是希腊人的城邦体制。经济上，托勒密王朝继承了埃及传统的土地国有制度，塞琉古王朝的经济具有更浓厚的西亚而不是希腊色彩。文化上，希腊和埃及、两河流域文化的融合，创造了希腊化时代繁荣的科学。所以，希腊化时代的文化，不仅是一个希腊文化向东方传播的过程，同时也是一个希腊文化东方化的过程。

（二）政治制度

希腊化世界各国的政治制度，因地域和文化的差异而有所不同，但它们几乎都实行君主专制制度。国王无一例外的都是国家的最高统治者。首先，国王被神化。在托勒密埃及，国王托勒密一世首先宣布亚历山大是一位神灵，接着把亚历山大的灵柩搬到亚历山大里亚，为其设立专门的祭所和祭司。托勒密一世死后，其子托勒密二世（前308—前246）立刻宣布他父亲是神，下令全国人民崇拜。此后，托勒密王朝的历代国王都把已经死去的国王作为神灵对待，甚至在活着时就自封为神灵，连王后也位列仙班。其次，国王集军事、行政、司法和宗教大权于一身。军队是各国王权的支柱，国王对军队的组成、征调，都拥有绝对权威。士兵主要是马其顿人和希腊人，但也使用部分当地人。从中央到地方，各级官员都由国王亲信担任，唯国王之命是从。即使那些享有一定程度自治权的希腊城市，国王也可以指定市政长官，干预城市内部事务。法律是国王手中最有力的武器，他可以创制先例，直接干涉司法审判。经济上，国王是全国土地最高和最终所有者。王室一般都直接经营一部分土地，其收入归王室所有。但国王还可以任意处置全国土地，将其收归王室，或者把土地赏赐给士兵、官僚和亲信作为俸地，也可以圈占土地建立城市。最后，以国王为首的官僚政治逐渐形成。在中央，有宫廷议事会、办公厅和主管衙门。宫廷议事会主要由所谓的“王友”组成，为最高咨询机关。会议由国王主持，讨论比较自由，但决定由国王做出。办公厅是处理日常事务的机构，国王的诏令、信件以及官方的规定，都由它发出。在主管衙门中，以财政部权力最大，财政大臣地位形同宰相。地方一般实行行省制。所有高级官员都由中央任命。为防止割据，地方官员互不统属，直接向中央负责，大大加强了中央对地方的控制。

（三）希腊化世界的衰落

希腊化世界各国存在着深刻的矛盾。首先，占统治地位的希腊-马其顿人与被征服的原住民之间存在着不可调和的矛盾。希腊-马其顿人本是人口中的少数，可是他们占据了主要的官职，依靠各种手段剥削被征服地区。被征服的居民中，虽然一部分上层分子通过希腊化而挤进了统治阶级的圈子，但绝大多数普通劳动者不仅要承担原来的义务，又增加了对希腊统治者的义务。他们没有从希腊化中得到任何好处，反而受到更严重的剥削，一些被征服地区因此不断发动起义。其次，希腊化不同国家的统治者都以亚历山大继承者自居，为争夺领土，相互之间不断战争。为争夺巴勒斯坦与叙利亚，托勒密埃及和塞琉古之间曾连续多年争战。塞琉古和帕加马之间的战争，从帕加马诞生之日起就没有停止。战争的结果实际上是各希腊化国家自相残杀，削弱了抵抗外敌的力量。最后，希腊化各国统治阶级内部为争夺最高权力相互残杀，宫廷政变和阴谋层出不穷，公开的内战时有发生。严重的内耗大大削弱了统治力量，给外敌的入侵提供了条件。当罗马人东来时，各希腊化国家无力抵抗，先后被罗马征服。公元前 30 年，托勒密埃及的末代女王克莱奥帕特拉（前 57—前 30 年在位）被罗马打败后自杀，希腊化世界告终。

第六节 古代希腊文化

一、希腊文化发展的社会基础

（一）城邦制度的影响

古代希腊的城邦制度对希腊文化的发展曾产生过巨大影响。城邦制度的基本特征，就在于它是一个公民集体。城邦的所有政策都必须符合全体公民的利益，以公民的利益为依归。所以，城邦的政治制度都有或多或少的民主色彩。同时，在民主政治下自由辩论的发展，使各种理论都有自己的生存空间。而各种不同理论的提出，也刺激了人们的进一步思考，有利于新的理论和学派的产生。在这个意义上，希腊文化是希腊城邦的产物。

（二）外来文化的影响

希腊地处地中海东部，它的近邻埃及和两河流域地区都曾经是世界上最古老的文明区，创造过光辉灿烂的文化。希腊人充分汲取了埃及和西亚的文化成果，并在此基础上加以发挥创造。希腊最早的文化人都和埃及或者西亚有着或多或少的关系。希腊化时代科学，尤其是天文学和地理学的发展，如果没有西亚和埃及积累的大量资料，是不可想象的。没有西亚北非提供的充足的养分，难有希腊的奇迹。

（三）劳动者创造的社会财富

没有广大劳动者所创造的物质财富作基础，希腊文化的繁荣将难以产生。在古代希腊，由于城邦制度的发展和对本族同胞奴役制度的被废止，奴役外族的奴隶制广泛发展起来。希腊的有产阶级，主要就是依靠这些外族奴隶创造的财富过活。正是奴隶的劳动，使一部分希腊人能够脱离直接的生产劳动，专心从事精神产品的创造。因此，在希腊的文化成就中，也有奴隶的一部分功劳。虽然奴隶们没有意识到这一点，为他人劳动也不是他们所情愿的。

二、哲学

（一）早期希腊哲学

哲学在古代希腊如何产生，至今仍见仁见智，但可以肯定，它与希腊理性主义的兴起有密切关系。当希腊人不再满足于简单的宗教说教，而开始认真思考天、地、人之间的关系时，哲学就诞生了。希腊最早的哲学家出自米利都，最初的学派是米利都学派，第一个哲学家是公元前 6 世纪的米利都人泰利斯。他预测过约发生于公元前 585 年的日食，并能预测来年庄稼的收成。他认为世界的本源是水。阿拉克西曼德（约前 610—约前 540）认为世界的本原是无限。阿拉克西美尼（盛年为前 546—前 525）则认为，世界的本原是空气。但不管世界的本原是水，还是空气、无限之类，他们都试图从物质的角度解释世界的起源，属于朴素的唯物主义学派。

萨摩斯的毕达哥拉斯生活于公元前 6 世纪，后移居意大利，创立了一种新的哲学理论。他大概从音乐中发现了数字的神奇之处，强调世界的本原是数，具有神秘主义气息。生活在西西里的色诺芬尼（约前 565—约前 473）是理性主义者，对希腊传统宗教进行了猛烈攻击。他认为神灵不过是人的想象，所以都是人的样子，如果牛、马有手的话，所捏造出来的神灵肯定是牛马而不是人的样子。可是色诺芬尼并非无神论者。他所攻击的是荷马式的神灵，即希腊传统的神灵，他主张世间只有一个神，这个神无所不在，无所不能，却不表现为任何形象，颇类基督教的上帝。同样活动在大希腊的芝诺（约前 495—约前 430）发现事物在运动过程中有相对静止的一面，因此把这种静止绝对化，提出了“飞矢不动”和“阿克琉斯永远追不上乌龟”的命题。生活在爱奥尼亚的赫拉克里特（盛年约为前 500 年）正好与巴门尼德相反，提出了万物皆流、万物皆变的理论，认为“人不能两次踏进同一条河流”，因为当他第二次来到这条河时，河里的水已发生变化。但他把事物变化的一面又绝对化了。德谟克里特（约前 460—约前 370）出生于爱琴海北岸的阿卑多拉，是原子论的创立者。他认为世界万物由微小的、肉眼看不见的原子构成。原子的聚合与离散创造了世界万物，而原子的不同形状与性质，是事物形成差别的基本原因。

（二）苏格拉底、柏拉图和亚里士多德

苏格拉底（前 469—前 399）是希腊第一个集中力量探讨道德伦理的哲学家。他一生都在雅典生活，对雅典民主政治的优缺点有比较深刻的认识。据说他常常在大街上行走，就相关问题向路人求教，然后层层剥茧，直到把对方问得自相矛盾、不得不承认自己有欠缺为止。他探讨的大多是与人的道德伦理有关的问题，如，什么是美德？什么是正义？什么是知识？什么样的政治体制最优良？因此，他得罪了不少人，被一些人当做智者派。公元前 399 年，在七十高龄上，他以引进新神、毒害青年的罪名被处死。

他的学生柏拉图（前 427—前 347）也是雅典人，写有大量哲学著作，绝大部分以苏格拉底为主人公、以当时雅典的具体人物为另一方的对话体裁。柏拉图是一个唯心主义者，认为现实世界是对理念世界的模仿，因此现实世界总不如理想世界完美。人类的知识也是事先就存储在大脑里的，获得知识的过程不是实践，而是回忆。对于民主政治，柏拉图深恶痛绝。在他看来，绝大多数人并不具有知识和美德，让他们统治，只能把国家推向绝路。理想的统治方式是由有知识的哲学家掌握国家政权，其他阶层各司其职，满足于自己的地位。柏拉图的理论，对西方哲学的发展曾经发生过重大影响，但其神秘主义倾向自近代以来也不断遭到猛烈批判。

亚里士多德（前 384—前 322）是柏拉图的学生，他虽然出生在爱琴海北岸的城邦，但其主要活动在雅典。他创立的吕凯昂学园成为可以和柏拉图的阿凯德米相匹敌的高等教育机构。亚里士多德是百科全书式的学者，涉足过当时的各门学科，许多学科如政治学、伦理学、植物学、动物学等，都是经他之手而获得独立地位的。他更加注重经验，对事物的看法也主要从现实生活出发。他明确指出，现实世界的存在不容怀疑，观念是人的思维的结果。他对民主政治基本持肯定态度，认为多数人的统治远比一个人统治要高明，正如一个人只能做出有限的几样菜，一群人却可能做出一桌丰盛的酒席来。古典时代后期和希腊化时代，希腊还产生过犬儒派、伊壁鸠鲁派和斯多葛派等哲学流派。

三、文学

（一）史诗

古代希腊的文学产生于荷马时代。荷马的史诗《伊利亚特》和《奥德赛》乃是人人必读之物。据说，亚历山大大帝年轻时就以《伊利亚特》为伴。荷马之后，希腊还产生过一批大大小小的史诗作者，创作了大量史诗。他们都托名于荷马，其创作质量也有高低，流传不是很广。赫西奥德是另一个类型的史诗作者，他创作的《劳作与时令》以现实生活为基础，生动地反映了公元前 7 世纪比奥提亚小农经济的情况。古风时代，希腊涌现出一批著名的抒情诗人。他们中最著名的有阿基罗霍斯（？—约前 652）、阿那克瑞翁（约前 575—约前 490）、巴库里德斯（约前 520—前 450）、西蒙尼德（约前 556—约前 466）、品达（约前 518—约前 438）和女诗人萨弗（前 7 世纪）等，有些爱情诗至今仍广泛传诵。

（二）戏剧

希腊文学的最大成就是戏剧。戏剧分悲剧、喜剧和闹剧三种。悲剧起源于阿提卡纪念酒神的仪式。每逢纪念酒神狄奥尼索斯时，希腊人总要举行隆重的仪式。他们相信酒神生活在葡萄园中，和半人半山羊的怪物一起，所以仪式上常有人身披山羊皮，模仿山羊的叫声。后来，这种杂乱的山羊叫声演变成由一个人走出队列、讲述酒神的悲惨遭遇的形式。希腊的悲剧就在此基础上逐步发展起来。那个讲故事的人，后来成了第一个演员。随着悲剧的产生，其题材也逐渐拓宽，不再局限于酒神的故事。但大体说来，悲剧主要取材于远古的神话和传说。

古典时代的雅典产生了三位伟大的悲剧作家。埃斯库罗斯（前 525—前 456）生活在雅典民主确立和希波战争的辉煌年代，其作品庄严雄浑。据说他写过 80 部悲剧，流传至今的有 7 部，除《波斯人》取材于现实生活、描写当代事件外，其他如《被缚的普罗米修斯》《奥瑞斯提亚》三部曲和《七雄攻底比斯》都以古代神话传说为题。他首先采用两个演员表演，从而使演员可以在场上对话，对戏剧艺术的发展做出了贡献。索福克利斯（约前 496—前 406）是伯里克利的同时代人，生当雅典民主的鼎盛时代，是雅典政治生活的积极参加者。相传他一生共创作过 123 部剧本，获得过 24 次一等奖。但他现存的悲剧仅有 7 部，题材都来自古代神话，最著名的是《奥狄浦斯王》，描写古代底比斯国王奥狄浦斯一生的悲剧性经历，表现了城邦鼎盛时期人们对城邦的忠诚以及道德与法律之间的冲突，发人深省。优里庇德斯与索福克利斯大致同时，一生写过 92 部悲剧，现在流传下来的有 18 部。与索福克利斯等人相比，优里庇德斯得到一等奖的次数不多。但他的悲剧比较关心妇女的命运，对她们的无权状况深表同情。他善于心理刻画，在问题不能依靠人力解决时，会搬出神灵来。索福克利斯将演员增加到 3 个，优里庇德斯则根据剧情需要，任意增加演员的数量，从而更加符合戏剧表演的需要。

喜剧作家中最著名的是阿里斯托芬（约前 448—前 380）。他生活在伯罗奔尼撒战争和公元前 4 世纪前期，对雅典民主的变迁有深刻体会。与悲剧不同的是，喜剧直接取材于现实生活，而且直接针对当时的人和事。伯里克利、苏格拉底、智者学派都是他讽刺和挖苦的对象。对于国家的政策，他也敢于抨击。他的喜剧以想象丰富、语言辛辣幽默著称。

当时希腊戏剧表演相当发达，许多城邦都建有规模宏大的剧场。埃斯库罗斯死于西西里，优里庇德斯死于马其顿。这些人在那些地方并不只是养老，而是在从事创作活动。在厄庇道鲁斯、以弗所、西西里的希腊人城邦中，都有规模宏大的剧场，说明在希腊的其他地区，戏剧表演也非常流行。

四、史学

（一）历史之父希罗多德

希腊史学产生于公元前 5 世纪。在此之前，小亚细亚的希腊人城邦中曾经出现过一批史话作家。公元前 6 世纪后期，米利都的赫卡泰俄斯写过一部带有浓厚历史色彩的著作。但创立了西方史学的，乃是小亚细亚南部希腊人城邦哈里卡纳索斯的希罗多德（约前 484—约前 425）。公元前 5 世纪前期发生的希波战争以及希腊的胜利，给波斯和希腊以极大震动。希腊和波斯之间为什么会发生冲突？希腊城邦为什么能够打败波斯？战争给希腊人带来了什么？所有这些都向有思想的希腊人提出了值得思考的问题。正是在这些因素的刺激之下，希罗多德开始考察与这场战争有关的问题。为此，他先后游历和考察了波斯帝国统治下的各个地区，并亲自到希腊大陆等地实地调查，最终完成了 9 卷的《希腊波斯战争史》。作者开宗明义地宣布，他写作的目的，是为了把人类的伟大功业记载下来，并探讨发生战争的原因。他的眼光不局限在战争本身，涉及交战双方的社会制度、风俗人情以及历史等诸多方面，以希腊人公元前 478 年攻占塞斯托斯终篇。因此，他既有记载之功，更有探讨兴亡之意，同时还有独特的记述方法。这些因素使他站在比爱奥尼亚史话家们更高的起点上，成为西方历史学的创始人。

（二）修昔底德

修昔底德是雅典人，生当雅典民主的极盛时代，亲自参加过雅典的政治生活，并在伯罗奔尼撒战争中出任过将军。当时雅典已经经历了智者派的文化革命洗礼，宗教观念受到猛烈冲击，理性主义成为思想界主流。历时 27 年的伯罗奔尼撒战争给他以极大震动。这场战争为什么会发生？战争为什么会达到那么大的规模？交战双方的目的是什么？看似强大的雅典为什么最后遭到了失败？所有这些，都成了修昔底德脑中挥之不去的问题。被雅典流放后，修昔底德游历过希腊世界许多地区，接触到大量的资料。但他并不以此为满足，亲自考察战场，采访战争的当事人，并对相关资料进行比较、过滤，最后形成自己的结论。他前后大约花了 20 年时间写作他的《伯罗奔尼撒战争史》。全书共分 8 卷，其中末卷为未竟之作。它的叙事始于科西拉争端，止于公元前 411 年。修昔底德著作的贡献，绝不仅仅在于它是关于公元前5世纪希腊历史最重要的文献资料，还在于他所开创的史学新模式和新方法。修昔底德集中精力于伯罗奔尼撒战争，对与战争无关的事情一律舍弃，叙述非常紧凑。在对待时间问题上，修昔底德准确地标明了历史事件发生的年代和地点，这在纪年方法上是一重大进步。他对史料严格的批判态度启迪和教育了一大批西方史学家。但他所使用的大量演说词，既成了他著作的一个重要特征，开一代风气，也颇遭后人诟病。尤其是他曾经提到，对于那些他既没有听到也没有听别人说起过的演说词，他的方法是让演说者说出作者自认为应当说出的话来。仅此而论，其著作的客观和真实不免大打折扣。

（三）修昔底德的继承者

修昔底德的著作产生了比《希腊波斯战争史》更大的影响。在他之后，不少史学家试图接续他的著作。但在众多的续作中，完整流传下来的只有色诺芬的《希腊史》。该书上承修昔底德的叙事终点，下至公元前362年的门丁尼亚战役，实为斯巴达和底比斯霸权的兴衰史。在记事的详尽程度上，它远远不及修昔底德。在对全局的把握上，也较修昔底德逊色，省略了许多本应记载下来的大事。在史学方法上，色诺芬也不够客观，其亲斯巴达的立场十分鲜明。色诺芬写过一系列著作，他记载希腊雇佣兵从两河流域北部返回希腊经过的《远征记》脍炙人口。

五、建筑与艺术

（一）绘画

希腊人是一个爱美的民族。早在迈锡尼文明时代，他们就创造过辉煌的艺术成就。迈锡尼文明灭亡后，宫殿、神庙建筑都消失了，但希腊人仍然在陶器上留下了大量艺术作品。古风时代，瓶画技术得到快速发展。先是科林斯人创作出科林斯风格的陶器，雅典人继而发明出红底黑画和黑底红画陶器，叙事也更加完整形象。著名的弗朗索瓦花瓶上，共画有六条装饰带，画面上出现的有200多个人物，形象生动，内容前后联系而相互照应，是古风时代希腊瓶画的代表性作品。

（二）建筑与雕刻

希腊城邦有修建神庙之风气。大规模的神庙最初出现在西西里和意大利，但最能表现古典时代希腊神庙建筑与雕刻成就的，是雅典卫城建筑群。从整体结构看，它以帕提侬神庙为主建筑，周围的其他建筑相互衬托、相互辉映，犹如众星捧月一般，将帕提侬神庙的主建筑地位烘托得更加突出。在建筑风格上，它兼收并蓄，既采用了以雄浑、刚毅著称的多里安柱式，也利用了挺拔、秀丽的爱奥尼亚柱式。限于篇幅，这里只简单地介绍一下帕提侬神庙的建筑与雕刻。

帕提侬神庙供奉的是雅典国家的保护神雅典娜。雅典娜女神一直是处女，她的神庙又称处女宫，这也正是帕提侬一词的来历。它始建于公元前448年，整体工程完成于公元前432年。神庙采用多里安柱式，东西两面各有8根柱子，两侧各有17根柱子，柱高10.43米。神庙内殿分成正殿和后殿两部分。正殿内耸立着一座巨大的用黄金和象牙装饰的雅典娜神像，后殿为长方形大厅，是存放雅典国家档案和财物的地方。神庙的东西山墙、间板和檐壁上都有十分精美的雕刻。东山墙上的浮雕表现的是雅典娜的诞生，西山墙上的是雅典娜和海神波塞冬争当雅典保护神的故事。在回檐下的92块间板上，也都雕有以希腊神话和雅典历史为主题的浮雕。神庙内墙上长达160米的浮雕带，表现的则是雅典人纪念雅典娜女神时的场面。因此，在帕提侬神庙中，浮雕不仅是一种叙事手段，而且在神庙和它的雕刻之间建立了有机联系。而整个建筑和雕刻工艺的精细，也不能不让当时的人和后来的人敬佩。借用普鲁塔克的话说，“大厦巍然耸立，宏伟卓越，轮廓秀丽，无与伦比，因为匠师各尽其技，各逞其能，彼此竞赛，不甘落后。”雕刻“好像年年常春的神物，能够摆脱岁月的销蚀。在它们的结构之中，似乎蕴藏着某种永生的活力和不死的精神”。

在公元前4世纪及希腊化时代，一方面，神庙建筑和雕刻在继续发展，出现了诸如帕加马卫城那样的辉煌杰作。另一方面，世俗建筑和人物肖像雕刻有很大发展，出现了一批卓有成就的雕刻家。毛索洛斯陵墓的建筑及其雕刻、厄庇道鲁斯的剧场、亚历山大里亚的灯塔、罗德斯岛上的太阳神巨像、米洛斯的维纳斯、波里克里特斯（盛期为前460—前410）的《持矛者》等，只是其中最为人们所熟知的代表作而已。

本章小结

古代希腊文明向来与罗马一道，被视为西方文明的源头。西方人之认可希腊，首先在于它代表了辉煌灿烂的文化。当今世界的许多学科都可以追溯到古希腊，而哲学、文学以及众多人文学科，无不以希腊人为宗师。其次是民主政治。特别是20世纪末以来，由于西方人自认为其民主政治获得了胜利，他们更愿意把现代民主与古代民主嫁接起来。然而，本章的叙述表明，希腊人诚然有资格成为西方文明的源头，但他们也从古代西亚和埃及文明中汲取了营养，而他们的某些制度，特别是对奴隶的剥削，至少不能让人感到愉快。即使是西方人引以自豪的民主与文化，希腊也并不一直是翘楚。实际上，即使在古典时代，实行民主政治的，也不过是雅典等少数城邦。文化兴旺发达的，也只有雅典等不多的城邦。最后，也许我们不应忘记，作为西方文明起源的希腊文明，其本身也是异常复杂和多样的。希腊本土与殖民地不同，斯巴达与雅典不同，古风时代不同于古典时代，而古典时代又与希腊化时代有异。当西方人把希腊作为他们文明源头的时候，他们有意无意地进行了选择，刻意忽略了希腊文明的某些方面，同时突出了他们愿意吸纳的那些方面。历史学家的基本任务，则是尽可能揭示古代希腊社会的多个方面，让人们能够更全面地认识这个古老的文明。

思考题

1. 概述爱琴文明的历史与成就。
2. 简述希腊城邦的特征及其成因。
3. 试比较雅典与斯巴达历史发展的道路。
4. 评述古典时代的雅典民主政治。
5. 评价亚历山大大帝。

第七章　古代罗马（前1千纪—5世纪）

引　言

意大利是伸向地中海的一个靴形半岛，东临亚得里亚海，西靠第勒尼安海。亚平宁山脉南北纵横，将意大利半岛划分为几个地区：北部是亚平宁山与阿尔卑斯山之间辽阔而富饶的波河平原；东部近海地区多为悬崖峭壁，狭长的土地比较贫瘠；西部山势逐渐平缓，形成埃特鲁里亚、拉丁和坎帕尼亚平原，宜于农耕；南部山脉更加平缓以至消失，沿海地区土质肥沃，适宜农牧业，与半岛南端隔水相望的西西里岛，向来以盛产谷物著称。与希腊相比，意大利的海岸线虽然很长，但比较平直，缺少岛屿和港湾，早期的海上贸易并不活跃。意大利气候属于地中海类型，冬季温暖湿润，夏季比较干热，由于山脉阻隔与海风调节，很少有酷暑和严寒天气。

拉丁平原雨水充沛、土质肥沃，这里很早就有人类活动的遗迹。在罗马古城周边发现了3万年前的尼安德特人的头盖骨。根据考古发掘的铜器、石器、墓葬和居住等情况推断，大约在公元前2千纪初，一支印欧语系的人从东北部进入意大利北部，并在波河河谷定居下来，创造了青铜时代的特拉玛拉文化。他们使用火葬并在水中打桩建房，被称为“河区居民”。与此同时，在意大利中部出现亚平宁文化，亦属于青铜文化期。居民逐渐由游牧转为定居生活，并流行土葬。大约在公元前1千纪，意大利出现铁器。以维兰诺瓦文化为代表的铁器文化，主要分布于北部与西部平原地区。居民经营农牧业，墓葬形式有火葬也有土葬（将骨灰安放在陶罐中埋葬）。维兰诺瓦文化可能与特拉玛拉文化之间有一定的联系。

公元前8世纪，印欧语系部落居民逐渐成为意大利半岛的主要居民，其中分为两支：一支讲翁布里亚-萨贝利语，包括翁布里亚人、伏尔西人、萨宾人、萨莫奈人、路卡尼亚人和布鲁提人；另一支讲拉丁语，主要有拉丁人、赫尔尼西人、埃奎人、马尔西人等。从这一时期开始，不断有新移民来到意大利半岛，这些人对罗马历史的发展产生了重大影响，他们包括埃特鲁里亚人、希腊人、腓尼基人、高卢人等。

第一节　王 政 时 代

一、台伯河畔建城

（一）*罗马*

在意大利半岛的中南部有一条长约405公里的台伯河，古代罗马城就坐落在这条长河岸边的拉丁平原上。罗马城的主要创建者“罗马人”是拉丁人的一支，他们大约在公元前8世纪中叶建立了罗马城。罗马城的地理位置十分优越。首先，罗马人分布在拉丁平原北部的几座小山丘上，其中地势相对陡峭的帕拉丁山丘和处于中心位置的卡皮托利山丘犹如天然屏障，守护着罗马。其次，早在公元前9世纪，这里就是通往台伯河盐场的必经之地，沿河而上可进入萨宾地区，穿过河对岸的埃特鲁里亚地区，即进入翁布里亚人的腹地，沿陆路南行便是近邻阿尔巴部落的所在地。最后，罗马城近海，使罗马人有机会与频繁出没在第勒尼安海进行贸易的迦太基人、希腊人和近邻埃特鲁里亚人接触，进而了解和吸收他们的先进文明。罗马城就是在这样一个交通便利、易于接触其他文明的客观环境中成长壮大起来的。

（二）罗马的起源

关于罗马城的起源，有许多神话传说，古典作家也多有记述，其中到底隐含了多少历史事实，很难分辨清楚。进入近现代以来，考古学家在意大利半岛进行大量的发掘工作，期望为这段久远的历史寻找一个清晰答案。考古证据表明，在帕拉丁山的卡马鲁斯山头确实发掘出一些公元前1千纪初年的小茅屋组成的村落遗址，与传说的罗慕路兄弟成长和建城的地方相符。另外，在罗马市政建设中，发现了铁器时代的墓地。其墓葬形式各异，有火葬，也有土葬，并伴有陶器，有的陶器与卡马鲁斯小茅屋遗址发现的陶片相似。因此，关于罗慕路建立罗马城的传说可能有部分史实基础。

二、王政时代

（一）王政时代概说

根据古典作家瓦罗的记载，公元前753年罗马建城，公元前509年王政被推翻，前后历经七个国王的统治，史称罗马的王政时代。七王分别是罗慕路（约前753—前717）、努玛·彭皮利乌斯（前716—前673）、图鲁斯·霍斯提利乌斯（前672—前641）、安库斯·玛尔西乌斯（前640—前616）、塔克文·普利斯库斯（即老塔克文，前616—前578）、塞尔维乌斯·图里乌斯（前578—前535）和塔克文·苏波布斯（即“高傲者”塔克文，前535—前509）。关于七王特别是关于前四个国王历史的真实性，存有争议。

据说早在罗慕路时期，罗马人就分成3个特里布斯（部落）、30个库里亚（胞族）和300个氏族。古典作家常提到国王收容新来者，并把他们编入特里布斯和库里亚。因而，特里布斯的含义在其发展过程中，渐渐冲出“血缘”的局限，而带有“地域”的性质。

王政时代罗马的管理机构由王（勒克斯）、元老院和库里亚大会组成。王掌握军事指挥权、审判权和宗教权，终身居位，不得世袭。王去世之后，由元老们轮流执政（每人执政5天），直到由元老院提名、人民大会投票选出新王为止。王在重大问题上须与元老院协商。

元老院主要由氏族长和家长组成，据说最初仅有元老100名，后增加到300名。这些元老和他们的家庭成员由于其显贵身份而成为氏族贵族阶层。王政时代前期，元老院充任王的顾问，甚至与王一起具有批准、否决库里亚大会议案的权力。王政时代后期，王位的继承开始具有世袭倾向，元老院的地位也开始下降。到了“高傲者”塔克文统治末期，元老院几乎完全处于王权的控制和压迫之下。

库里亚大会是按库里亚为单位召开的人民大会，是罗马王政时代的最高权力机构，具有宣布战争、选举王、通过或否决新法案和判决重大案件等决定权。

王政时代持续了200余年。这期间，罗马社会由原始社会过渡到阶级社会，完成了由父系氏族家长制、埃特鲁里亚君王制向共和政制转变的历史过程。一般认为，塞尔维乌斯改革标志着罗马国家的正式形成。

（二）塞尔维乌斯改革

王政时代后期，埃特鲁里亚人在罗马建立起塔克文王朝。这一时期，私有制的发展引起贵族与平民阶层的急剧分化，社会矛盾日益激化。第六王塞尔维乌斯在当政时期进行了著名的“塞尔维乌斯改革”，完成罗马氏族向国家迈进的最后一步。改革内容如下：

第一，建立新的地域部落。塞尔维乌斯将罗马分为4个城区部落和若干个乡村部落，取代先前的3个氏族部落，用地域部落取代血缘部落，是国家形成的一个重要标志。

第二，实施人口和财产登记。据昆图斯·法比乌斯·皮克托（约生于前254年）记载，塞尔维乌斯在位期间开展了一次大规模的人口和财产普查，强令人们进行登记，大约有8万人（指可服兵役的人）登记注册为公民。

第三，根据财产划分社会等级。塞尔维乌斯根据普查结果，按财产的多寡将居民划分为6个等级（见下表），并规定了每个等级应当提供的军队的数量。

等级	财产数额（以阿司为单位）	提供百人队的数量	武器装备（自备）
第一	10万以上	80个步兵队 18个骑兵队	头盔、圆盾、胸甲、胫甲、矛、剑等
第二	7.5万以上	20个	头盔、椭圆盾、胫甲、矛、剑
第三	5万以上	20个	头盔、椭圆盾、矛、剑
第四	2.5万以上	20个	矛、标枪
第五	1.1万以上	30个	投石索、石头

续表

等级	财产数额（以阿司为单位）	提供百人队的数量	武器装备（自备）
第六	1.1万以下	5个：2个工匠和乐师队 2个吹号手队 1个无产者队	石头

第四，创设森都里亚大会，又称“百人队会议”。森都里亚大会实行集体投票制，每一个森都里亚只有一票表决权。经塞尔维乌斯划分的各等级一共提供193个百人队。这种百人队不只是军事单位，也具有行政职能。先前库里亚会议所负责的宣布战争、选举官吏、审判等职权都转归森都里亚大会。由于森都里亚大会实行简单多数票取胜制度，因此拥有98票的第一等级具有绝对优势，表决的结果往往有利于第一等级。

塞尔维乌斯改革不仅提高了有产者的地位，唤起有产者参政议政的热情，还将以前由氏族贵族统治、全体人民参政的制度，变成由富有阶层统治、一切有产者参政的制度，从而剥夺了无产者或财力微薄者的参政权，逐渐将他们排斥于政权之外。特别是，塞尔维乌斯改革斩断了古老的氏族血缘关系纽带，建立起以地域关系为主的特里布斯，打破了过去氏族贵族阶级的一统天下，是罗马国家制度形成的重要标志。恩格斯指出：“这样，在罗马也是在所谓王政被废除之前，以个人血缘关系为基础的古代社会制度就已经被炸毁了，代之而起的是一个新的、以地区划分和财产差别为基础的真正的国家制度。”①

（三）废除王政

王政时代最后一位王是“高傲者”塔克文。他不仅使用阴谋手段杀害塞尔维乌斯，篡夺王位，而且在统治期间大施暴政。他无视元老院决议，置个人权力于法律之上，独断专行。他还破坏塞尔维乌斯改革成果，伤害平民利益。罗马各阶层的不满终于以“鲁克莱提娅事件”为导火线全面爆发。

鲁克莱提娅是贵族路西乌斯·塔克文·克拉提努斯的妻子，她因被塔克文的长子奸污而自杀身亡。这一事件成为各阶层反对塔克文暴政的导火索。公元前510年，塔克文及其家人被驱逐出罗马城，塔克文王政被废黜。

关于“鲁克莱提娅事件”，古典作家李维和狄奥尼修斯都有详细记载。尽管其中对罗马从王政到共和这一重要历史进程的描写过于简单化或带有一定的偶发性，但是其中却隐含一个确凿的历史事实，即王政时代末期，埃特鲁里亚人的统治已经激起罗马人的强烈不满，社会矛盾激化，使王政统治的基础发生动摇，最后在

① 《马克思恩格斯文集》第4卷，人民出版社2009年版，第147页。

贵族与平民的联合斗争中，王的统治被推翻。摆脱埃特鲁里亚君王统治之后，罗马建立贵族制国家。尽管现代学者对共和国建立的确切时间有争议，但罗马人“废王政，立共和”毕竟是一致公认的历史事实。

第二节 共和国的建立与发展

一、共和国的建立

与王政时代比较，罗马共和国的制度发生了一些重要变化。

首先，据说，罗马人鉴于一人为王造成的专制，从此废止王政，设立两名一年一任的执政官作为罗马共和国最高权力的代表。执政官享有指挥军队、解释和执行法律、主持宗教活动等权力，具有同僚协议、权力制衡、任期短暂等特点。

其次，王政时代的元老院保留下来，成为共和国的核心机构。元老在拉丁语中意为“权威”“威望”。每一个元老均出身于古老氏系，拥有传统威望和显赫地位，这些元老集合起来就构成压倒一切的权威力量。共和初期，元老院名义上仍是咨询机构。按惯例，凡遇到重大事情，须由执政官召集主持元老院会议以听取元老的意见和建议。然而，执政官的任期只有一年，元老们则终身任职。而且很多元老实际上曾经担任过执政官等高级官职，因此他们已经成为共和政府大政方针的倡导者和制定者，在国家政治生活中发挥着重要作用。公元前4世纪中叶以前，凡公民大会通过的各项决定都要经过元老院批准才能生效。

最后，该时期继承并发展了森都里亚会制（即百人队会议制）。塞尔维乌斯创立的森都里亚会议的军事性质比较突出。另一方面，它也具备一定的政治功能。共和国建立之后，森都里亚会议逐渐取代先前库里亚会议的职能，拥有立法权、选举权和司法审判权。然而，森都里亚会议破坏了氏族社会的原始民主制，摒弃了库里亚会议的民众性，带有典型的贵族性。共和国早期，贵族完全控制了森都里亚会议，为平民反对贵族的斗争埋下伏笔。

二、平民与贵族的斗争

（一）平民与贵族的矛盾

塞尔维乌斯按照财产原则划分公民等级的制度，瓦解了氏族制度基础，使大批外来移民在地域公社登记入册，并使富有的平民有机会进入第一等级，与氏族贵族平分权势。共和国建立后，氏族贵族与富人融合的贵族阶层直接掌握国家政权，并竭力维护和扩大已有的特权。相比之下，平民在政治上不能出任国家官职并被排除于元老院之外。在宗教事务上，平民处于附属地位。在经济上，贵族大量侵占公有地，使平民土地减少，生活困苦，不得不向贵族租佃土地，许多人沦为债务奴隶，并受到残酷对待。在婚姻上，贵族阶层盛行等级内婚制，特别是公元前 5 世纪中叶颁布的《十二铜表法》将平民与贵族之间的禁婚合法化，使贵族等级的封闭性和排他性达到顶点。贵族成为一个既有特权地位又壁垒森严、凌驾于平民之上的特权阶层。因而，早在王政时代后期形成的平民与贵族之间的矛盾，在推翻王政和建立共和国后非但没有得到缓解，反而更加激化了。

（二）平民与贵族斗争的进程

平民与贵族之间的斗争主要围绕着争取参政权、土地权和摆脱债务奴役三大方面展开。其中债务奴役是最尖锐、最直接的问题。

1. 平民保民官的设立

罗马平民的主体由农民和小生产者构成。共和初年，罗马国家发动连续不断的对外战争，加重了平民负担。尽管战争使罗马领土不断扩大，平民却无权分得这些土地。再加上公元前 5 世纪初罗马连年饥荒，粮食短缺，疫病肆虐，平民处境急剧恶化，很多人面临破产、失地、沦入债务奴役的悲惨境地。

公元前 494 年，平民集体撤离罗马城，向贵族发起第一次公开挑战。当时正值敌军压境，急需兵力，贵族不得不同意平民每年有权选出两名保民官来代表他们的意愿，并承诺不再侵害他们的利益。

选举平民保民官是平民反对贵族斗争所取得的第一个成果，对后来的斗争起到推动作用。平民保民官初期的作用，是根据当时的法律，保护平民不受非法迫害。最主要的是，他们有权否定高级官员的命令，而且人身神圣不可侵犯。随着平民反对贵族斗争的深入，保民官的作用日渐重要，对于贵族违反平民利益的行为、法令、选举以及元老院的建议，保民官都有权予以否决，甚至有权否定国家的决定与法案。平民保民官的设立，在一定程度上遏制了贵族政治的发展势头，为平民参政议政提供了可能性。

2.《十二铜表法》：第一部成文法典的颁布

共和国建立后，罗马仍固守王政时代流传下来的习惯法。习惯法的条文含糊不清，再加上贵族掌握法律的解释权和司法审判权，让法律的执行更加偏向贵族。公元前 462 年，保民官盖乌斯·特兰提留·阿尔萨提议编纂成文法，遭贵族反对。可是，平民一直坚持斗争，直到公元前 451 年，贵族终于同意组成“十人立法团”负责制定成文法。据说，十人立法团用了一年时间，将制定的法律条文刻在 10 块铜板上，公布于罗马广场。已颁布的法律条文可能有些遗漏之处，又加上平民对其不满，遂于公元前 450 年增补了一些内容。所有的法律条文共刻在 12 块铜板上，故称《十二铜表法》。

《十二铜表法》是罗马习惯法的汇编，其中很多法律条文来源于不同年代长期延续下来的各种习俗。《十二铜表法》对债务问题进行详细而又严酷的规定，并极力维护贵族的特权地位。因此，就其阶级实质来说，《十二铜表法》是一部严格维护私有财产、维护贵族利益的法典。然而，国家将法律条文明确固定下来并公布于众，在一定程度上限制了贵族的专横跋扈，推动平民反对贵族斗争不断走向深入，为罗马法的发展和完善奠定了基石。

3. 坎努利阿法：平民获得与贵族通婚的权利

公元前445年，保民官盖约·坎努利乌斯提出平民与贵族通婚法案。这一法案力图冲破平民与贵族间长期固守的森严界限，但遭到贵族的殊死反对。经过激烈斗争，该法案最终获通过。少数富有平民开始与贵族联姻，他们逐渐与氏族贵族融为一体，从而使罗马的社会结构有所改变。

4. 李锡尼和绥克斯图法

从公元前5世纪下半期，平民逐步获得出任共和国其他官职的权利。例如，从公元前444年起，平民可以出任军政官、财务官等职务，贵族垄断政权的局面开始发生变化。公元前5世纪末到前4世纪初，罗马不断地向外发动战争并获得大量土地，贵族乘势侵占这些土地。公元前390年，高卢人洗劫罗马城，在敲诈大笔钱财之后，方才退兵。这场浩劫使罗马的社会经济遭到严重冲击，平民处境更趋恶化。公元前378年，平民为反抗债务奴役掀起了一次大规模暴动，债务问题再度成为罗马社会的焦点问题，与之相关的土地问题和担任高级官职的问题也重新引发出来。公元前376年，李锡尼和绥克斯图担任平民保民官并提出三项法案：一是所有已付债务的利息一律折作本金计算，未偿还的债务分3年期还清；二是占有公有地的最高限额为500犹格①；三是取消军政官，重选执政官，两名执政官之一可由平民担任。该法案针锋相对地提出了与平民利益息息相关的土地、债务和担任高级官职等问题，引起贵族的激烈反对。经过10年斗争，这项代表平民胜利成果的李锡尼-绥克斯图法案终于在公元前367年通过。公元前366年，绥克斯图当选为罗马第一任平民执政官。此后平民继续斗争，逐步取得了废除债务奴役、担任国家高级官职、向公民大会上诉、平民会议决议对全体公民有效等权利。

（三）斗争的影响

第一，国家机构逐渐完善。经过200年左右平民反对贵族的斗争，罗马国家机构逐步完善起来，形成了以执政官、副执政官、监察官等高级官员为主体的罗马官员系统。他们掌握着罗马的政治、军事、公民登记等罗马人称为“执行权”的权力。由高级官员和退休高级官员等组成的元老院，名为高级官员的咨询机构，因为其政治威望和资历，实际上掌握财政和外交等重要权力，成为罗马共和国最

① 1犹格合2523.5平方米。

为重要的常设机构。森都里亚会议、部落会议和平民会议成为共和国主要的公民大会。森都里亚大会以森都里亚为单位、按照等级高低投票，享有选举高级官员、决定宣战媾和以及部分司法审判权，是罗马最为重要的公民大会之一。部落大会为高级官员主持召开，是重要的立法机构。它以部落为单位投票，贵族平民皆可出席，主要享有立法权和部分司法审判权。平民会议可能出现于公元前471年，是保民官主持召开、平民参加的政治集会，所通过的决议为平民会议决议。公元前287年，霍腾西阿法明确规定，平民会议通过的决议不经元老院批准即可生效，并且对全体公民有效。此外，平民会议还享有选举保民官、平民市政官等重要权力。它的存在，让平民的政治和社会权利得到了基本保障。

第二，平民的经济地位得到一定改善。尽管土地问题没有得到根本解决，但是废除债务奴隶制、遏制贵族侵吞公有地、鼓励殖民、分配部分公有地等政策，使小农经济得以恢复和维持，进而缓和了罗马公民的内部矛盾，稳固了共和国赖以生存的社会基础。

第三，由于废除了对罗马人的债务奴役，而贵族的大地产又需要家庭之外的劳动力，罗马人转而奴役外族奴隶。公元前4世纪以来罗马不断发动的对外战争提供的大量战俘以及通过购买等途径获得的大量奴隶，让罗马奴隶制经济迅速发展起来。

第四，社会结构发生变化。富有平民与氏族贵族联姻，融合成为罗马社会新的统治集团，新的“显贵”阶层逐渐形成。

第五，平民争得一定的政治和社会权力，打破了贵族垄断国家政权的局面，加强了共和政制中的民主因素。他们有权担任国家各级公职，参加公民大会，在法理上成为共和国的主人，这就实现了全体公民的政治自由和在法律面前一律平等的民主原则，对共和政制的发展与完善产生了重要影响。

三、征服意大利半岛与“分而治之”

（一）维爱战争

维爱城是位于台伯河北岸的埃特鲁里亚人重镇。早在王政时代，罗马就经常与维爱发生抢夺盐场和土地的斗争。从公元前477年至前396年，罗马与维爱之间的战争共进行了三次，史称“三次维爱战争”。罗马耗费相当大的兵力与财力，终于攻克这座繁荣了数百年之久的城市。城内的居民大多数沦为奴隶，土地、财富尽被没收。作为战争胜利者，罗马获得大量的财富和肥沃的土地，使战争的消耗得到及时补充。贫穷的公民分到渴望已久的土地和战利品，从而缓解了罗马共和国内部的平民与贵族之间的矛盾。

维爱战争的胜利是罗马征服意大利迈出的第一步。

（二）与高卢人的战争

公元前390年，意大利北部的高卢人向南部进军，直逼罗马城。由于军队的武器装备笨重落后，罗马损失惨重，致使高卢人洗劫了罗马城。不久，因在波河平原上的据点遭到袭击，高卢人在向罗马人索要重金后离去。

因为在与高卢人的交战中连连失利，拉丁同盟的一些城市开始疏远罗马，有的城市甚至意欲脱离与罗马的同盟关系。对此，罗马人及时调整统治政策，同意拉丁人向被征服的埃特鲁里亚地区殖民，并分担所住地区的防卫事务。同时，授予一些拉丁城市居民以罗马公民权。另外，罗马改良军事装备和武器，开始使用金属头盔、椭圆盾和投枪，并为长期在外从事战争的士兵发放薪饷。这些措施很快使罗马恢复元气，重振雄风，最终迫使高卢人议和。

这场战争的胜利使罗马势力在意大利北部得以确立。

（三）萨莫奈战争

如果说维爱战争是罗马向意大利半岛的第一次大扩张，那么萨莫奈战争就是罗马的第二次大扩张。萨莫奈人分布在意大利半岛中南部山区，公元前4世纪中期成为意大利中部一大势力。公元前343至前290年间，罗马与萨莫奈进行了三次战争，史称“三次萨莫奈战争”。战争主要围绕争夺富庶的、深受希腊文化影响的坎帕尼亚平原展开。公元前343年，萨莫奈人向坎帕尼亚的主要城市卡普阿用兵，该城向罗马求援，请求出兵，战争爆发。这次战争被李维称为“第一次萨莫奈战争”（前343—前341年）。由于战争拖延一年无果，罗马士兵不愿为外邦人长期作战，一度发生哗变。公元前341年，罗马不得不与萨莫奈议和。公元前327至前304年，罗马与萨莫奈人进行了第二次战争。期间，双方互有胜负。初期，罗马人因缺乏山地作战的经验，连吃败仗，特别是在公元前321年的考底奈峡谷战役中，罗马军队损失惨重，被迫与萨莫奈人议和，并遭受了“在轭门下通过”的奇耻大辱。但是，罗马人改进了作战方法和武器装备，逐渐转败为胜。公元前304年，萨莫奈人向罗马求和，第二次萨莫奈战争宣告结束。公元前298年，萨莫奈人派军进攻路卡尼亚城，应路卡尼亚人的请求，罗马迅速出兵，第三次萨莫奈战争爆发（前298—前290年）。对于罗马人来说，这场战争形势险峻。萨莫奈人联合了意大利中北部的埃特鲁里亚人、高卢人和翁布里亚人等，组成联军与罗马军队交战。罗马几乎倾全国之兵力，终于在公元前290年赢得这场战争的胜利。

萨莫奈战争的胜利，使罗马基本上控制了意大利中部广大地区，为其日后征服整个意大利半岛奠定了基础。

（四）塔林顿战争

公元前282年，意大利南部的路卡尼亚人袭击意大利南部的希腊殖民城市图里。图里以盟友的身份向罗马求援，罗马不顾与塔林顿城先前的约定，擅自将军队开进塔林顿海湾，前去援助图里人。双方战争势不可免。战争中，塔林顿城主要依靠伊庇鲁斯国王皮洛士率领的希腊大军。这是罗马人第一次面对职业化的希腊军队，他们的作战能力、战略战术与心理素质都面临巨大考验。公元前 280 年，塔林顿战争爆发。在赫拉克莱阿和阿斯库伦战役中，皮洛士均险胜，但付出了沉重的代价。公元前 278 年至前 275 年间，双方互有胜负。但随着迦太基舰队的介入，皮洛士的海上势力不断受挫，形势开始对罗马有利。公元前 275 年，在贝尼温敦战役中，皮洛士的败局已定。他随后退出意大利，塔林顿城向罗马投降。从此，意大利南部绝大多数的希腊城市落入罗马统治之下。

塔林顿战争使罗马的势力扩展到南部意大利，成为意大利半岛的霸主。

（五）“分而治之”的意大利政策

在对意大利半岛的征服与统治中，罗马没有推行格式化统治模式，而是根据不同地区、不同城市、不同部族及其对罗马的不同态度，采取各种不同政策，进行“分而治之”。

第一，授予拉丁人罗马公民权。在罗马赢得维爱战争胜利之后，并没有将土地、战利品分给参与战争的拉丁诸城，这就引起诸城的不满。特别是在第一次萨莫奈战争之后，拉丁同盟内部矛盾不断激化，终于引发拉丁同盟战争（前 340—前 338 年）。战争的结果是罗马获胜，拉丁同盟随即解散。为稳固其优势地位，罗马采取与拉丁诸城分别签约的方式，严禁它们之间结盟，并将罗马公民权或部分罗马公民权分别向拉丁人开放。

第二，建立罗马、拉丁殖民地。从公元前 4 世纪开始，罗马就在一些沿海地区或战略要地建立罗马、拉丁殖民地，有计划、有目的地将罗马人、拉丁人殖民到这些地区。这种殖民地一般规模不大，由几百个家庭组成。它们不仅成为罗马向外扩展势力的战略据点，对周边地区起到一定的震慑作用，也缓解了罗马国家和拉丁同盟人口压力与土地不足的矛盾，保障了罗马共和国的稳定与发展。

第三，向意大利半岛推广同盟制。对于意大利半岛上的其他城市、地区和部落的居民，罗马采取与他们分别签约并建立“同盟关系”的统治政策。罗马的同盟制是建立在被征服地区人们的经济状况、政治氛围以及生活习俗等方面不发生太大变化基础上的。其中每一方，都因在交战中处于劣势被迫签约，从而成为罗马的“同盟”。如同对待拉丁同盟一样，罗马人严禁意大利同盟城市之间再结为同盟。其实，这种“盟约”是罗马统治者强加于被征服城市与地区的一种不平等条约。在罗马同盟制下，意大利的城市逐渐丧失了自治权和独立性，沦为罗马属地。

罗马分而治之的政策让意大利不同部族在面对罗马这个共同敌人时不能够团结起来。相反，他们大多成为罗马忠实的盟友。这既保证了罗马对意大利的有效统治，也为罗马进一步扩张提供了充足的人力和物力，是罗马即将征服地中海区域的一种政治准备和实践。塔林顿战争后，意大利半岛上的硝烟还未散尽，罗马就匆匆地向地中海区域发动更大规模的扩张战争，进而实现其称霸世界的帝国之梦。

四、征服地中海区域与行省统治

（一）布匿战争

公元前265年，除波河流域外，罗马人吞并了整个意大利，扩张势头十分强劲。不仅如此，他们开始将目光转向意大利以外更广阔的地中海区域。公元前264年，罗马人与西部地中海区域的强大势力——迦太基人展开了一场旷日持久的争霸战争，史称“布匿战争”。

迦太基城位于北非，原是腓尼基人的一个殖民地，因其地理位置优越，海陆交通便利，很早就成为古代地中海世界的商路枢纽和贸易集散地。公元前4世纪，迦太基占领了北非西部沿海、西班牙东南沿海、西西里岛西部和撒丁、科西嘉等地，成为西部地中海世界最强大的国家之一。布匿战争爆发前，罗马与迦太基之间的关系一直风平浪静、互不相犯，双方多次签订过条约。在塔林顿战争中，迦太基还向罗马提供过军事援助。然而，罗马征服意大利南部、成为意大利半岛的霸主后，得陇望蜀，于公元前264年发兵西西里，导致双方关系破裂，从而引发一场席卷整个地中海区域的战争狂澜。布匿战争历经百余年（前264—前146年），对双方的历史发展均产生极其深远的影响。

第一次布匿战争（前264—前241年）的根本原因为双方争夺西西里及其附近岛屿。战争初期，罗马采取进攻态势，赢得阿格里根图姆战役的胜利。可是，迦太基强大的海军仍然封锁西西里岛和意大利海岸。于是，罗马人开始组建百余艘战船的海军。考虑到士兵不善水战，罗马人在船首上安装一种被称为“乌鸦”的接舷吊桥。一旦双方战船靠近，这种装置很快将两者连接起来，使罗马士兵可以凭借吊桥杀向敌船，变海战为陆战。罗马人先后取得“米莱海战”和“埃克诺姆斯海角战役”的胜利，取得海上优势。公元前256年，罗马军队向迦太基本土发动进攻，但因主帅指挥失误，以惨败收场。不过，迦太基也无力发动大规模反击，罗马人则乘机穷搜国内资源，再度组建海军。公元前241年，罗马海军在埃加特斯群岛赢得全面胜利，迫使迦太基求和。罗马人以胜利者的身份向迦太基提出以下条件：放弃西西里岛和西西里岛与意大利之间的一切岛屿；交还全部罗马战俘；交付赔款3200塔兰特①。战后，罗马人忙于加强北部意大利的防务，继续与高卢人作战，并深入意大利东部的亚得里亚海。在此期间，罗马人利用迦太基雇佣兵

① 古代西亚北非、希腊-罗马世界使用的计量单位。

暴动的机会，趁火打劫，强占撒丁岛和科西嘉岛，开始建立海外行省。而迦太基人在西班牙东南部开始复兴势力，并建立起“新迦太基城”。

第二次布匿战争（前 218—前 201 年）系迦太基的复仇之战。迦太基杰出的将领汉尼拔采用罗马人料想不到的战略战术，率军从西班牙出发，翻越阿尔卑斯山脉，突然出现在波河平原，将战场引入意大利。公元前 217 年的“特拉西美诺战役”和公元前 216 年的“坎尼战役”中，罗马损失惨重，大批元老和公民阵亡。但罗马并未求和，而是采取应急措施，迅速组织兵员，甚至由国家出资赎买奴隶充军，并在公元前 210 年起用西庇阿（即后来的西庇阿-阿非利加努斯）为西班牙战争的军事统帅。他不负众望，摧毁迦太基在西班牙的大本营——新迦太基城，成功占领西班牙，切断了汉尼拔的后方支援。公元前 204 年，西庇阿率军入侵迦太基本土，迫使汉尼拔从意大利退兵。公元前 202 年，双方在扎马决战，迦太基人彻底失败。公元前 201 年，双方缔结条约。条约规定：迦太基丧失非洲以外的一切领土；赔款 1 万塔兰特；迦太基只能保留 10 艘战船，用于巡逻；不经罗马允许，迦太基不得与任何国家进行战争。从此，罗马取代迦太基成为西部地中海的霸主。

第三次布匿战争（前 149—前 146 年）是罗马蓄意发动的一场赤裸裸的侵略战争，其目的是彻底消灭迦太基以根绝西地中海区域的隐患。公元前 146 年，罗马军队攻陷迦太基城并将其摧毁。残存居民约 5 万人被卖为奴隶，迦太基灭亡。

（二）马其顿战争

第二次布匿战争期间，马其顿国王腓力五世与汉尼拔结盟，罗马与马其顿因此发生战争，即所谓的“第一次马其顿战争”，罗马胜。在接下来发生的第二次马其顿战争（前 200—前 197 年）和第三次马其顿战争（前 171—前 167 年）中，罗马取得全面胜利。公元前 168 年的“皮德纳战役”中，罗马军团彻底击败马其顿方阵，马其顿王国灭亡。至此，罗马人几乎统领了整个地中海区域，他们把地中海称为“我们的海”。

（三）对行省的统治

在向地中海地区扩张的进程中，罗马建立起行省统治制度。

第一次布匿战争中，罗马人从迦太基人手中夺取西西里岛。对于这些被征服的海外领地，罗马采取了与意大利不同的统治政策，即建立行省。自古以来就享有“粮仓”美誉的西西里岛，于公元前 241 年成为罗马的第一个海外行省。公元前 227 年，罗马又将从迦太基手中夺来的撒丁岛和科西嘉岛合并为罗马的第二个行省——撒丁-科西嘉行省。这一年罗马除选举两名正式执政官以外，又增选两名副执政官，他们作为罗马历史上的首批行省总督分别赴西西里行省和撒丁-科西嘉行省上任。与作为盟友的意大利人不同，行省居民需要向罗马缴纳赋税，这标志着罗马统治方式发生了新变化。公元前 197 年，罗马在西班牙建立近西班牙行省和远西班牙行省。第三次布匿战争后，迦太基成为罗马的“阿非利加行省”或称“非洲行省”。公元前167年，罗马在亚得里亚海东岸建立“伊里利库姆行省”。公元前147年，罗马取消马其顿自治权，建立马其顿行省，将行省统治机制推向地中海地区。

第三节　共和国的衰亡

一、土地制度的变化

公元前3至前2世纪期间，在不断扩张领土的战争中，罗马的土地制度发生了深刻变化。

（一）土地所有制的变化

共和早期，罗马社会的主要生产者是罗马公民。他们最初的份地只有2犹格，随着对外扩张战争的加剧，罗马人的份地面积有所增加，贵族与平民之间占有份地的差额日益扩大。然而，平民常年奋战在疆场上，份地得不到及时耕种，土地荒废的现象十分严重。他们返回家园后无力恢复生产，便以低廉的价格出售土地，或者受雇于邻近的贵族，小土地所有制的基础发生动摇。与此同时，贵族则乘机收购周边土地，并租佃未分配的公有地。在公元前2世纪中期逐渐出现几十犹格、几百犹格的中型地产（即“维拉”）。

公元前2世纪以后，在意大利南部和西西里开始出现占地500犹格以上的大地产（即“拉蒂芬丁”）。随后，在北非、高卢和西班牙等地也相继出现大地产。大地产的形成使小农经济遭到毁灭性打击。这些失去土地的农民，一方面为乡村大地产提供了廉价劳动力，另一方面为城市制造了一批无业游民。

（二）土地经营方式的改变

自公元前2世纪以来，罗马以地中海世界霸主的身份对大多数被征服地区实施行省统治。行省的谷物与战利品源源不断地流入罗马，行省先进的生产技术与土地经营方式也与战俘一起传入罗马，传统的土地经营方式和粮食市场受到严重冲击。大土地所有者为了最大限度开发土地资源和扩大财富，更加关注先进的生产技术和科学的地产经营，从而促使罗马涌现出一批杰出的农学家，其中最著名的是加图和瓦罗。在他们流传下来的有关农业的著作中，可以了解到罗马人对土地经营的重视。罗马人采用比较先进的科学种田法——轮作制（轮耕法）。在一些土地肥沃的地区，一年四季土地都被充分利用，粮食产量大幅提高。据瓦罗记载，在一些地区，粮食产量往往是种子的10倍、15倍，甚至达到100倍。土地经营者们还热衷于农庄经营方式的改革，他们将从前经营粮食的单一化农庄渐渐改造成为比较适合市场需求的多种经营单位。

（三）劳动者的转换

罗马对外征服的一个直接后果是大量的奴隶涌进意大利，奴隶成为罗马生产领域中的主要劳动力。奴隶的来源多种多样，但战俘奴隶占有重要地位。据古典作家记载，第一次布匿战争期间，罗马占领西西里的阿格里根特城，曾把当地居民 2.5 万人卖为奴隶。公元前 218 年罗马攻打西班牙，曾俘获新迦太基城 2000 名技工到罗马充当公有奴隶，从事武器生产。公元前 209 年，罗马攻陷塔林顿城，将 3 万居民卖为奴隶。公元前 177 年，罗马征服撒丁岛，将 8 万多居民卖为奴隶。公元前 167 年，罗马占领伊庇鲁斯，将 15 万居民卖为奴隶。此外，拐卖、买卖、债务奴役等也成为奴隶的重要来源。公元前 2 世纪，在大地产、矿山和手工业作坊中，到处可见大批额头烙着印记、脚上戴着镣铐的奴隶从事繁重劳动。奴隶还被投放到社会娱乐活动中，他们被带到角斗场，或互相搏斗，或与野兽搏斗。

（四）格拉古兄弟改革

公元前 2 世纪下半叶，罗马的大土地所有制已成发展趋势，失去土地的小农无以为生，不满情绪日益高涨。公元前 133 年，提比略·格拉古担任平民保民官，他迎合平民阶层的要求与利益，提出一项著名的土地法案。法案规定：每户占有公地的面积不得超过 500 犹格，如有成年儿子可另得 250 犹格，但占地总额不得超过 1000 犹格；每户合法占用的公有土地可以永久使用，并免交租金；贵族超占的公有土地收归国家所有，再以一定的数额分给无地公民，这种份地严禁出卖或转让。为保障土地改革法顺利实施，提比略建议成立一个由 3 人组成的专门委员会负责。提比略·格拉古的土地改革法是对先前李锡尼-绥克斯图土地法（前 367 年通过）的继承与发展，旨在缓解由于土地兼并引发的小土地所有者与大土地所有者之间的激烈矛盾。他甚至预见到了“罗马公民数量日益减少与兵源需求不断扩大”这一新的社会问题。然而，土地法案的实施必定触犯大土地所有者的切身利益，他们百般阻挠。为使改革深入进行下去，提比略决定再次竞选下一年度（前 132 年）的保民官，结果遭到贵族的非议和攻击。他们将选举日改在农忙季节，在大批农民缺席的情况下，操纵了选举，致使提比略落选，并在公民大会挑起纷争，导致提比略及其拥护者 300 余人被杀害。

提比略·格拉古遇害后，罗马社会矛盾更加复杂、激化。10 年之后，提比略的弟弟盖约·格拉古在平民的支持下连续两年担任平民保民官（前 123 年和前 122 年）。盖约不仅重提其兄的土地改革法案，而且又提出具有历史意义的粮食法、审判法、筑路法、军事法等。盖约提出的诸多法案的内容比提比略的土地革命更深入、更广泛，特别是盖约将提比略已注意到的兵源问题提到议事日程，并提出公民权法，即向拉丁同盟者授予罗马公民权，向意大利同盟者授予拉丁公民权。然而，该法不仅遭到元老贵族的激烈反对，也引起骑士与平民的不满。盖约打算殖民迦太基的提议也未得到支持，反被反对派利用。结果，盖约失去了大批支持者，终于导致改革失败，他和约3000名追随者惨遭杀害。

（五）改革失败的原因

格拉古兄弟改革是罗马共和国后期发生的一场具有深远历史意义的社会改革。它表明，共和制度与罗马通过扩张战争建立起来的帝国统治难以协调，暴露了当时社会存在的诸多矛盾。尽管格拉古兄弟领导的这场遏制土地兼并、保护小农经济、以维护罗马国家社会基础和军事力量的社会改革最终失败，但是，它在一定程度上抵制了土地集中的进程，满足了部分平民的土地需求。直到公元前1世纪后半期，大土地所有制才最终取代小土地所有制。

建立在小国寡民经济结构和阶级关系基础上的城邦共和制已经不能适应罗马共和国广阔的经济基础和错综复杂的阶级关系的需要，即对内镇压连绵不断的奴隶起义和被征服地区的解放斗争，对外继续扩张以满足奴隶主阶级的无限贪欲。以城邦制度、小农经济为基础的共和国大厦开始动摇，最终坍塌。

二、军事制度的演变

（一）朱古达战争

公元前146年灭亡迦太基之后，对提供过支援的努米底亚王国，罗马允许其保留独立地位。公元前118年，努米底亚国王去世，王国由他的两个儿子希耶姆普撒尔、阿德巴尔和养子朱古达共治，结果三人发生内讧。朱古达不仅杀死希耶姆普撒尔和阿德巴尔，还屠杀了大批罗马商人。消息传到罗马，引起罗马社会的震惊，特别是引起与努米底亚有密切经济来往的骑士阶层的强烈不满。

在平民与骑士的双重压力下，元老院于公元前111年正式向朱古达宣战，朱古达战争爆发（前111—前105年）。可是，罗马的军事统帅很快就被朱古达收买，在战场上屡遭失败。在罗马民众的抗议下，朱古达被传讯到罗马受审。然而，朱古达在罗马受审期间，不仅未遭到任何惩处，还公然在罗马人眼皮底下派人杀死希耶姆普撒尔的儿子玛西瓦，并安排杀人凶手顺利逃离罗马。朱古达的胆大妄为，迫使元老院不得不做出将朱古达驱逐出罗马的决议。据说，当朱古达离开罗马城时，几次回头，最后他说："这是一座准备出卖的城市，如果能找到买主，整座罗马城都可以卖掉。"

在朱古达战争中，罗马军队制度的弊端暴露无遗。公元前109年，执政官克温图斯·麦特路斯担任朱古达战争的军事指挥官。他上任后，立即对罗马军队进行整顿，并任命出身低微却战功赫赫的马略为副将。这一提拔使马略开始步入罗马政治舞台，为罗马共和国军事制度的革命发掘了一位领袖人物。

公元前 107 年，马略在平民与骑士的拥戴下担任执政官，同时也接替麦特路斯军事统帅的地位，开始指挥朱古达战争。公元前 105 年，马略利用努米底亚人的内讧，乘机诱捕朱古达，终于结束了这场战争。马略回到罗马，元老院为他举行隆重的凯旋仪式。朱古达及其两个儿子在罗马被处死。

（二）马略军事改革

马略出身于平民家庭。他很早入伍，没有机会接受更多的教育，却凭借勇敢善战屡建军功，深得麦特路斯的赏识。他曾担任过保民官、副执政官、西班牙行省总督和执政官等职，并与古老的贵族世家优利乌斯家族联姻，因而在贵族中间有一定的影响。马略在朱古达战争中进行了著名的军事改革。改革内容如下：

第一，募兵制代替征兵制。马略宣布“任何公民都可以志愿入伍”，从而打破先前“按财产划分的等级征兵制”，使罗马无产者进入军队迈出重要一步，较好地解决了罗马公民兵制的衰竭与大规模扩张战争需求之间的矛盾。

第二，规定服役年限，发放固定军饷。马略规定，公民服役年限为 16 年，期间可领取固定的薪饷作为生活补贴。服役期满的老兵，可以从国家那里领取一块份地，作为养老保障。

第三，推行联队军团制。马略改革使罗马军队的成分发生了变化：先前按财产、等级、年龄划分的兵种界限已不存在，无产者成为罗马军队的主流；实行联队军团制，使每个联队不仅能单独调动，还具有综合作战能力，进一步发挥罗马军团的机动性与灵活性。

第四，增设新兵种，改良军事装备。马略在巴利阿利人中间征集训练有素的弩兵，并增设工兵和机械兵等新兵种。这一时期，投枪、短剑成为军团战士的主要武器。

第五，创设军团团徽。在新军制下，士兵的服役期延长，有的士兵甚至一生都消耗在疆场上。马略创设军团团徽，使每个军团都有自己的鹰徽，以此凝聚军心，鼓舞斗志。

第六，强化军训，严明军纪。马略经常乘天气恶劣，强迫士兵急行军，使其能尽快适应各种客观环境。他赏罚分明，使“新兵学会无所畏惧地进行战斗，他们看到，那些临阵脱逃的士兵不是被俘便是被处死……最勇敢的士兵反而是最有安全保障的士兵”。

马略军事改革是罗马共和国历史上具有深远影响的重要事件，在罗马军事史上具有划时代的历史意义。首先，募兵制取代传统的公民兵制，顺利解决了兵源危机问题，使罗马国家建立一支完全脱离社会生产的职业化军队。其次，无产者加入军队，退役时分给一块份地的制度，在一定程度上解决了小农破产引发的社会问题。同时，无产者成为军队的主体，也改变了以小生产者为主体的军队成分，形成了与社会生活逐渐脱离的军人集团，较好地解决了长期以来公民兵与生产者之间的矛盾。再次，士兵的利益得失和命运掌握在将军手中。将军成为士兵追随、拥戴的对象，士兵成为将军实现个人野心的工具。罗马军队已由维护城邦共和国的积极力量，蜕变成摧毁城邦制度的破坏力量，成为某些野心勃勃的将军扩展势力所依靠的骨干力量。因而，改革为军事独裁制的生长提供了土壤。

（三）军事独裁制初立

在罗马历史上，第一位建立军事独裁制度的人是苏拉。路西乌斯·科尔奈利乌斯·苏拉（前138—前78）出身于罗马贵族家庭。他曾作为马略的部将，在朱古达战争中表现突出。公元前88年，苏拉当选执政官。当时，正值本都国王米特里达梯六世大肆向罗马东部行省——小亚细亚行省进攻。苏拉被元老院任命为米特里达梯战争的军事统帅。就在苏拉赴任前夕，马略的支持者在公民大会上通过提案，拥戴马略为这场战争的军事统帅，剥夺了苏拉的指挥权，并在罗马引起骚乱。苏拉潜出罗马到达军队，煽动即将开赴东方的罗马军队向罗马城进发，首开罗马军队攻打罗马城的先例。苏拉很快占领罗马城，马略逃往非洲，其支持者遭到屠杀。以罗马军队进攻罗马军队的内战拉开序幕。

苏拉去东方后，马略再度返回罗马并夺取政权，大肆屠杀苏拉派。公元前83年，苏拉带着东方战争敛聚的巨额财富和一支完全效忠于他的军队杀回意大利。通过“公敌宣告”，苏拉对政敌肆行杀戮，最终成为罗马历史上第一个无限期的独裁官。

苏拉以共和之名，行独裁之实。他独揽任免官吏、制定法律、统帅军队等大权，但在改革中，却将清洗后的元老院作为独裁统治的核心力量。他还削弱保民官的权力，意图维护罗马共和国传统的寡头统治。公元前78年，苏拉突然宣布辞职，不久病逝。

苏拉建立的军事独裁制是对共和国的统治核心——元老院政权的改造与冲击，是对共和政制发起的一次猛烈攻击。先前的元老院是一个罗马贵族长期垄断的封闭性的政权核心。苏拉独裁后，向元老院输送300名新元老，其中很多人是来自意大利其他地区的贵族和骑士。经苏拉调整后的元老院，无论在性质和成分上都发生了极大变化。此时的元老院已从昔日国家最高的决策机关，蜕变为苏拉实现个人意志的御用工具了。

三、奴隶制的发展与奴隶大起义

（一）奴隶制的发展

罗马共和国大规模地向外扩张，一个直接的后果就是刺激了罗马奴隶制经济的发展。

除了战俘奴隶外，行省居民在包税商和高利贷者的盘剥下，沦为债务奴隶的情况日益增多。此外，海盗抢劫也成为重要的奴隶来源。这些奴隶源源不断地被补充到奴隶市场。罗马许多重要城市都设有奴隶交易市场。奴隶大量地被投放到各个生产部门，逐渐成为罗马社会的主要生产者。公元前2世纪中期，罗马奴隶制生产关系成为占主导地位的生产关系。统治者利用廉价的奴隶劳动，使用种种残酷的剥削手段强迫奴隶超出自身能力的极限，为主人创造巨额财富。奴隶制的发展激化了奴隶与奴隶主之间的矛盾。

（二）奴隶大起义

在西西里的大农庄里，聚集着成千上万的奴隶，他们遭受非人的待遇与残酷的剥削。公元前137年和公元前104年爆发的两次西西里奴隶大起义就是社会矛盾激化的结果。特别是，第一次大起义声势浩大，参加人员达数十万之多，起义者甚至建立起自己的政权，给统治者以强大的震撼。公元前73年，意大利爆发了斯巴达克起义。在角斗奴隶斯巴达克的领导下，起义军一度发展到12万人，他们多次击败前去镇压的罗马军队，起义烽火遍及整个意大利。尽管起义最终被克拉苏镇压，斯巴达克壮烈牺牲，但是，起义对于日渐衰落的罗马共和国是一次沉重打击，迫使统治者不得不调整统治方式。

四、同盟战争：意大利半岛的“罗马化”

（一）同盟者与罗马人的矛盾

公元前3世纪中期，罗马基本征服意大利，凭借政治、经济、军事优势向意大利的“同盟者”施加影响，使意大利半岛的政治、经济、法律与文化等逐渐“罗马化”。同盟城市基本实行罗马的制度，居民们说拉丁语，他们与罗马人在战场上并肩作战，成为罗马军队中不可分割的组成部分，为罗马国家的强大做出了重要贡献。然而，这些“同盟者”却得不到与罗马公民平等的待遇，被排斥于罗马人的政治权利与经济利益之外，经常遭受罗马国家和贵族的欺凌。这种不平等待遇，日渐引发他们对罗马统治者的强烈不满，促使他们以不同的形式与罗马人展开斗争。

（二）意大利人争取公民权的努力

公元前100年，萨图宁担任保民官，提出一项土地法案，称“萨图宁土地法”。该法规定：将阿非利加和那波高卢行省的公有地分给马略老兵，每人100犹格（这些人中有很多是意大利同盟者）。萨图宁还建议在西西里、马其顿等地建立殖民地，进一步解决同盟者的土地问题。公元前99年，萨图宁被杀害之后，其土地法案虽然没有得以贯彻实施，却使解决意大利同盟者的权利与土地问题明朗化、公开化。

公元前91年，李维乌斯·德鲁苏斯担任保民官，颁布一系列法案，其中的一项重要内容是授予意大利人公民权。从法案的内容来看，这是一个调和各阶层矛盾的产物。然而就在法案即将付诸表决时，德鲁苏斯被暗杀。同盟者在绝望中拿起武器，踏上用武力解决问题的征程。

（三）同盟战争

公元前91年底，位于意大利中东部地区的阿斯库伦城首先举起了反抗罗马的大旗。公元前90年，意大利全面爆发“同盟战争”，几乎所有的意大利同盟者都参加了这次起义。起义者甚至建立了联盟共和国，并多次击败罗马军队。然而具有讽刺意味的是，意大利人创建的共和国几乎照搬了罗马人的制度，并且在战场上使用罗马式的武器和战争方式。在重创之下，罗马统治者不得不采取分化瓦解的政策来削弱起义者的力量。公元前90年至前89年，罗马相继颁布优利亚法和普莱乌提亚-帕庇利亚法，授予未参加暴动的同盟者和限期退出起义的同盟者以罗马公民权。公元前89年，率先起义的阿斯库伦城被攻陷。公元前88年，罗马恢复了对大部分地区的统治。

（四）意大利的罗马化

经同盟战争的残酷整合，意大利半岛基本完成了罗马化进程。表面上看，同盟战争是一场意大利的无权公民反对全权公民的战争，实际上却是罗马统一意大利，进而稳定其统治地位的一个整合过程。尽管这一过程充满腥风血雨，但对于战争的双方来说，任何一方都不能称为“绝对的胜利者”或“绝对的失败者”。战争使罗马被迫将一向引以为荣的公民权向意大利居民开放。不能不说，这是罗马在统一意大利过程中所做出的重大让步。而意大利同盟者用鲜血和生命换来的与罗马人的“平等”，更是具有重大的历史意义：战后，所有的意大利人都获得罗马公民权，意大利半岛完全“罗马化”了。

五、政治体制的变革

（一）“前三头”秘密结盟

格拉古兄弟改革以来，尽管罗马政治和军事上都发生了深刻的变化，但罗马共和国基本的政治体制——以元老院为核心的元老贵族把持国家权力的局面，并未从根本上得到改造。少数罗马显贵垄断着从高级官职到元老院的几乎所有职位，并且操纵着罗马元老院和公民大会。他们利用共和国末年的混乱营私舞弊，使共和国政治腐败不堪。苏拉的独裁强化了显贵垄断政权的特征，大量平民或者丧失土地沦为无产者，或者流入罗马城，在肮脏和拥挤的罗马城内讨生活。罗马共和体制至此走入死胡同，但显贵阶层却拒绝任何变革。在此背景下，一些权欲熏心的贵族利用平民和劳苦大众的不满，开始向腐朽的共和制度发起冲击。苏拉的成功给这些贵族树立了良好的先例，此后效尤者不绝，克拉苏、庞培和恺撒则是其中的佼佼者。

克拉苏（约前 115—前 53）出身于名门望族，曾是苏拉部将，后任执政官、西班牙行省总督、监察官等职。公元前 72 年，克拉苏镇压斯巴达克起义，名声大振。克拉苏还以精明狡诈的手段聚敛财富，成为罗马城里的大富豪。后来，克拉苏与元老院因包税问题产生矛盾。

格奈乌斯·庞培（前 106—前 48）出生于贵族之家，也是苏拉部将，曾出任过执政官。公元前 81 年，苏拉为他举行凯旋仪式，并授予“伟大的庞培”称号。苏拉死后，他与克拉苏既明争暗斗，又相互联合，一度是罗马政坛上的风云人物。他曾在短时间内清除了地中海海盗，声望急剧提升。公元前 66 年，庞培被授予米特里达梯战争的军事统帅权，胜利消灭了本都王国。但在庞培赢得胜利从东方返回，并遣散军队交出军事指挥权之后，元老院并没有及时解决跟随庞培远征的退伍老兵的份地问题，甚至对于庞培在东方实施的诸多政策也未立刻给予承认。于是，庞培与元老院之间的关系破裂。

盖乌斯·优利乌斯·恺撒（约前 100—前 44）出身于著名的优利乌斯家族。年青时，恺撒就深受其姑父马略的影响，对元老贵族的专横、腐朽产生不满。公元前 78 年苏拉去世后，曾遭到迫害的恺撒返回罗马。他利用自己的雄辩口才和渊博学识赢取民心，成为大批平民和马略老兵追随的名人，并且连续出任罗马的多项官职。公元前 60 年，恺撒结束西班牙行省总督任期，回到罗马，准备竞选下一年的执政官。

公元前 60 年，罗马政治舞台上的三位显赫人物，虽然各自野心勃勃，欲谋大权，但都不具备单独与元老院抗衡的绝对优势。另一方面，三人都对元老院深怀不满。于是，同年夏天，三人在反对元老贵族的共同目标下秘密结盟，史称“前三头同盟”。为强化同盟，恺撒还把女儿优利娅嫁给了庞培。

恺撒在克拉苏、庞培的支持下，如愿以偿地当上公元前 59 年的执政官。任职期间，恺撒不顾同僚反对，通过了给庞培老兵分配土地的法案，批准了庞培在东方的措施。克拉苏抱怨的包税问题也获得解决。卸任后，恺撒出任高卢行省总督。恺撒以罗马早已占领的山南（阿尔卑斯山以南）高卢为根据地，向山北高卢扩张，发动大规模的高卢战争。在高卢，恺撒戎马倥偬 9 年，不仅通过征服战争聚敛了巨额财富，锻炼了一支忠于自己的军队，拥有了可靠的战略基地，而且赢得了极大声誉，为他在罗马政治舞台上叱咤风云、独揽大权奠定了坚实基础。

公元前 54 年，优利娅去世，庞培与恺撒之间的矛盾日益明朗化。公元前 53 年，克拉苏在帕提亚战争中被杀，罗马军队惨败。同年，元老院破例任命庞培为“没有同僚的执政官”，从而修补了与庞培之间的裂痕，也导致了庞培与恺撒彻底决裂。公元前49年1月10日，被元老院宣布为“公敌”的恺撒出其不意地率领仅有5000人组成的队伍越过意大利和高卢行省的界河——卢比孔河，冒险向罗马城逼近。结果，庞培仓促逃亡。

公元前48年，恺撒在希腊境内的法萨卢战役中，彻底击败庞培。公元前46年，恺撒清除庞培残余势力，成为共和国的唯一主宰。

前三头同盟是罗马共和国走向危机时刻的历史产物。共和末期社会矛盾日益尖锐，元老院腐朽没落，根本无回天之力。平民、骑士和大批退役老兵都把斗争矛头指向元老院，因而使前三头的秘密结盟拥有广泛的社会基础。广大支持者将改变命运的希望寄托在这三位反元老院的政治家身上，这种希望远远压倒了元老院对于三头不合法性的排斥。前三头同盟中的每一个人都拥有任何人无法比拟的政治、军事和经济优势。三头联盟将各自的势力与影响集合在一起，如虎添翼，犹如一把利剑为建立新制度开辟了通路。

（二）恺撒改革

公元前44年，恺撒成为终身独裁官，并把执政官、保民官、大元帅、风俗长官、大祭司长等众多职务集于一身。名义上，共和制度依然存在，公民大会和元老院会议照常召开，每年的官职选举也按时举行。然而，共和制度已走上质变的历程。专制制度的萌芽在恺撒那里找到滋生的温床，他正朝着集各种大权于一身的专制君王发展。面对罗马错综复杂的局面和各种各样的社会矛盾，恺撒进行了改革。

第一，改造元老院。恺撒将许多非贵族出身的军人、被释奴隶以及来自意大利和其他行省的贵族选入元老院，元老院人数由600人增加到900人，使罗马元老院不再是仅代表罗马贵族利益的狭隘的、封闭的权力机构，成为面向更广泛的地域与阶层开放的权力机构。

第二，向行省居民授予罗马公民权。早在内战时期，恺撒就将罗马公民权授予山南高卢行省和西班牙行省的许多城市居民，从而扩大罗马国家统治的社会基础。

第三，扩建殖民地。恺撒重申盖约·格拉古提出的殖民计划，并将之付诸实践。他将8万退伍老兵、被释奴隶和失地平民安置在各行省建立的殖民地上，缓解了长期以来因土地问题所引发的各种矛盾。

第四，增加高级官吏人数。财务官由原来的20人增至40人，市政官由4人增至6人，副执政官由8人增至16人。

第五，改革行省官制。改革规定行省官员的任期为1—2年，其中执政官级别的官员任期为2年，副执政官级别的为1年。行省总督在任职期间只有司法、行政权，没有军权。改革同时颁布新法律，严惩犯有贪污勒索罪的行省官吏。

最后，改革币制与历法。推行新的单一金币制。金币上铸有恺撒头像，这是罗马有史以来第一次将活人头像铸在钱币上。推行新历法“优利亚历”（或称“儒略历”），规定一年为365天，废除闰月，每4年置闰一天。该法从公元前45年元旦起实行，一直沿用到16世纪格列高利历诞生为止。

作为推翻旧政制的领袖，恺撒主要迎合了以骑士与平民为代表的新生势力的要求，不可避免地引起捍卫旧制的元老们的深恶痛绝。公元前44年3月15日傍晚，他被反对派刺杀。

（三）“后三头”公开执政

恺撒之死并没有挽救共和制，反而激化了社会矛盾。人们开始关注与恺撒有亲密关系的几个人。

安东尼是恺撒生前十分信任的部将。在恺撒光环的照耀下，他出任公元前44年执政官。恺撒死后，安东尼在恺撒的葬礼演说中不顾元老院的意愿，坚决表示要严惩杀害恺撒的凶手，引起元老院的反感。

盖乌斯·屋大维（前63—公元14）出身于元老贵族家庭，其母是恺撒姐姐的女儿。在恺撒死前不久，他被恺撒收为养子，称为盖乌斯·优利乌斯·恺撒·屋大维。作为恺撒遗产的主要继承人，他得到恺撒老兵的拥戴，同时也得到元老院的欢迎。元老院将屋大维提升为元老，并拨款援助屋大维新招募的军队，促使安东尼与屋大维之间产生矛盾。公元前43年，安东尼与布鲁图之间爆发穆提那战争。屋大维遵从元老院旨意前去援助布鲁图，这使他与安东尼之间的关系愈发紧张。

雷必达是与恺撒有亲密关系的另一位重要人物，曾担任过近西班牙行省总督、执政官、大祭司长和恺撒的骑兵长官。雷必达在西部行省享有很高的威望，许多恺撒的部将都投到他的门下。

穆提那战役结束后，元老院对屋大维的态度发生变化，既不同意为他举行任何规模的凯旋仪式，也不同意他担任执政官的恳求，甚至剥夺其军事指挥权。于是，愤怒的屋大维率领8个军团开进罗马城，元老院遂不得不同意屋大维与另外一个人当选这一年（前43年）剩余时间的执政官。

无论是安东尼、雷必达的军队，还是屋大维的军队，大多数都是昔日跟随恺撒驰骋疆场的老兵。这些老兵出于对恺撒的爱戴，分别劝说各自的将领讲和。公元前43年秋天，三人各自率领5个军团，在意大利北部的波洛尼亚附近正式会晤，达成协议。他们当着军队的面公开宣布结盟，后三头同盟由此诞生。

三头协议的主要内容有：第一，三人共同担任行政长官（与执政官权力相等），任期5年。第二，三人共同治理意大利，共同任命罗马政府的行政官吏。第三，三分行省。安东尼统治高卢诸省（不包括那波高卢），雷必达统治那波高卢和西班牙行省，屋大维统治阿非利加、撒丁尼亚和西西里行省。尚处在布鲁图与喀西约控制下的亚得里亚海以东地区，则由安东尼与屋大维率军收复。

三头协议之后，将联军开进罗马，解散原来的政府，并在军队的监视下迫使公民大会通过决议，承认三头同盟的合法性。接着，后三头同盟打着“为恺撒报仇”的旗号实行公敌宣判，清除反对势力。

公元前42年，安东尼、屋大维在马其顿境内的腓力比击败共和派布鲁图和喀西约统帅的军队，两人相继自杀，共和派彻底失败，腓力比也因此成为埋葬共和国的坟墓。

公元前40年，三头在布隆图辛港聚会，重新缔结协议，瓜分势力。其中，屋大维统治意大利、高卢和西班牙，并负责与绥克斯图·庞培作战。安东尼统治罗马东方行省，并负责对帕提亚的战争。雷必达则统治阿非利加行省。为了加强三头联盟，屋大维的姐姐屋大维娅嫁给了安东尼。

公元前37年，三头协议将权限再延长5年。随后，安东尼再次远征帕提亚。期间，安东尼不顾与屋大维娅的婚姻，与埃及女王克莱奥帕特拉七世正式结婚，甚至在他的遗嘱中将利比亚、腓尼基、叙利亚、西里西亚、亚美尼亚和尚未征服的帕提亚等领土留给女王及其子女。公元前36年，屋大维联合雷必达向西西里发兵，取得了对绥克斯图·庞培的胜利。战后，屋大维剥夺了雷必达的军权，只许他保留“大祭司长”的职位。公元前32年1月1日，后三头权限期满，屋大维利用军队将安东尼的亲信驱逐出元老院，将存放在维斯塔贞女殿里的安东尼遗嘱公布于众。此举激起罗马社会各阶层对安东尼的普遍不满，元老院与公民大会于是剥夺了安东尼一切权力，并宣布他为祖国公敌。

就这样，屋大维利用罗马人民的不满情绪，将不合法的“宣读遗嘱”变成合法，进而剥夺了安东尼的权力，使其成为全罗马的敌人，为自己独霸天下清除最后的障碍。

（四）共和国灭亡

公元前31年9月2日，屋大维率领罗马军队与安东尼和克莱奥帕特拉的联军在希腊西海岸的亚克兴海角展开最后决战，并获胜。接着，屋大维陆续收复小亚细亚、叙利亚、腓尼基和巴勒斯坦等地。公元前30年，屋大维进军埃及，安东尼和克莱奥帕特拉在绝望中先后自杀。从此，屋大维独掌罗马政权，共和国最后走向灭亡。

共和国灭亡的主要原因有：

第一，在连绵不断地对外扩张战争和内部厮杀中，罗马共和政体遭到严重破坏，陈旧腐朽的共和政府再也无力支撑起如日中天的罗马霸业。

第二，奴隶制经济快速发展，小农纷纷破产，共和国的社会和经济基础遭到瓦解。由罗马显贵把持的国家，却拒绝采取任何措施缓解破产农民和平民的处境，导致罗马公民抛弃共和国而追随军事将领，成为共和制度的掘墓人。

第三，募兵制取代公民兵制，使士兵不再与国家利益紧密联系，他们追随将军，谋取私利，从而催生出军事独裁制，从根本上动摇了共和国的政治基础。

第四，扩大罗马公民权淡化了共和意识。意大利各部族通过同盟战争，终于获得罗马公民权，使直接参与国家管理的罗马共和政府不再适应更加广泛的社会基础的需要。

第五，社会矛盾错综复杂。其中包括平民与贵族的矛盾、传统的元老贵族与新兴贵族之间的矛盾、奴隶主与奴隶的矛盾、罗马国家与被统治地区的矛盾、罗马人与非罗马人的矛盾等。面对重重矛盾，共和国政府束手无策，最终走向灭亡。

第四节　前期帝国的统治

亚克兴战役之后，屋大维成为罗马国家独一无二的最高统治者。公元前 29 年，他举行关闭亚努斯神殿大门的古老仪式，向人们表明“和平时代的到来”，以赢取民心。他宣称“放弃一切大权，只作为一名普通公民”，感动和征服了元老院。于是，他在万众欢呼和拥戴下，获取一系列的荣誉与权力。公元前 28 年，他获得“元首”称号；公元前 27 年获得“奥古斯都”的称号（意为“神圣”“庄严”）。奥古斯都迎合罗马民众的心理，踏着共和制的台阶，登上的却是帝王的宝座。

一、奥古斯都的元首政制

（一）元首制的基本特点

奥古斯都以“首席元老”“第一公民”的名义，掌管国家政治、经济、法律、军事等一切大权。

在政治上，元首个人的权力已经不再受元老院和公民大会制约。奥古斯都宣称他所有的权力和职位都有共和国时代的先例，而且宣称自己将把共和国交还罗马人民。然而，他个人将执政官、续任执政官、保民官等多项官职集于一身，并且几乎没有任期限制，实际上已经成为罗马的独裁者。行省则被划分为元首行省与元老院行省，那些战略地位重要、收入丰厚且驻扎军队的行省，都成为元首行省，由元首个人指派总督和官员。元老院行省的事务，有时也会受到元首干涉。以至于整个罗马帝国只知元首，不知元老院和公民大会。在元首阴影下，公民大会失去先前的政治与法律作用，成为将元首政令合法化的一个点缀。元老院经过清理整顿后，元老的数量缩减到 600 人，其财产资格亦有所提高。元老院丧失了外交、立法和任免官职等权力，成为元首统治的御用工具。元首启用骑士和被释奴隶，这些人作为元首专使，对各级官员、地方事宜进行监督。奥古斯都还着手建立新的官僚机构，例如，设立“元老咨询会议”，由两名执政官、15 名元老和其他官职的代表组成，其主要任务是为元首提供咨询，为元老院准备议案。后来，“元老咨询会议”逐渐演变成“元首顾问会议”。在军事上，元首拥有军队的最高统帅权、元首行省总督的任免权和元老行省总督名单的建议权、行政官员候选人的提名权、发动战争和缔结和约的决定权。在法律上，元首享有诸多的立法权：召集和主持元老院会议，敦促元老院立法，通过法令、训示和决议来改变国家法律。在司法上，元首掌管任何案件的终审大权；在宗教上，元首作为大祭司长，掌管国家宗教事宜，全体人民都要向他宣誓效忠。

奥古斯都开创的元首制实质上是在构筑专制君主制的基础，他借共和之名，集国家大权于一身，将罗马国家的航船导向帝制港湾。奥古斯都元首制奠定罗马 500 余年的帝业基础，为帝国初期的政治、经济、文化等诸多方面的繁荣提供了制度保障。

（二）奥古斯都的内外政策

元老与骑士是元首统治依靠的社会基础。奥古斯都一方面对元老采取尊重、利用和控制兼施的政策，另一方面提拔骑士为元老候补成员，并让他们担任重要的军职和官职。同时，他还采取多项措施，以巩固统治，这些措施主要有：

一是维护社会秩序。奥古斯都采取发放廉价或免费粮食，兴建公共基础设施，提供公共娱乐等措施，以平息平民的不满情绪；加强城市警戒预防系统，建立消防队或警察部队，在罗马城里日夜巡逻，或处理火灾或维持社会治安。

二是加强行省统治。奥古斯都统治时期，帝国已建立了 20 多个行省。他向行省的富有阶层开放罗马公民权；发展和完善行省的城市自治体制；进行行省人口和财产普查，将行省税收置于财务督察使的监督之下；加强行省议会的作用，使其成为元首对行省总督实施监控的特殊机构。

三是建立精锐军队，明确帝国疆界。奥古斯都将罗马 60 余个军团削减为 28 个军团。精简后的军队，纪律严明、战斗力强，成为帝国统治的坚强基石；妥善安置退役老兵并设立军事金库为其按时发放薪饷；他将罗马疆界推到东部的幼发拉底河岸，西北部的疆界限定在莱茵河以南，南部则将埃及和努米底亚地区囊括其中。

四是匡正社会风气，修建罗马城。奥古斯都颁布一系列法令，力图复兴淳朴古风，反对奢靡，维护婚姻家庭，奖励生育儿女。他还大兴土木，兴建公共建筑，将罗马城建成帝国中心。奥古斯都曾经自豪地说道：“我接受的是一座砖造的罗马城，却留下了一座大理石的城市”。

二、奥古斯都之后的王朝统治

（一）优利亚-克劳狄王朝

公元 14 年，奥古斯都去世。其养子提比略继位。从提比略开始，罗马历经了四帝统治（提比略、卡里古拉、克劳狄和尼禄），称“优利亚-克劳狄王朝”（14—68 年）。

提比略统治时期（14—37 年在位），继续推行奥古斯都的政策。他一面将公民大会形式上的选举权和立法权转交给元老院，与其维持和谐关系；一面加强元首集权，使元首顾问会议逐渐成为固定机构，负责处理国家大事。他大量提拔骑士和被释奴隶担任官职，管理政事和皇家事务。他恢复“侮辱罗马人民尊严法”，对那些抨击皇帝本人的行为给予严厉制裁。他将分布在意大利各地区的近卫军全部集中于罗马城，以确保皇帝的人身安全。即便如此，篡夺皇权的阴谋、政变和残杀仍然不断发生，近卫军在废立皇帝的斗争中，作用日渐重要。

卡里古拉统治时期（37—41 年在位），政策有所变化。他剥夺元老的一些特权，并试图将元首制直接变为君主制，打破先前奥古斯都、提比略与元老院之间的平衡关系。他甚至让人们把他当做神一样加以崇拜。最后，他死于近卫军发动的宫廷政变之中。

克劳狄（41—54 年在位）在近卫军的拥戴下登上皇位。他虽然缓和了与元老院之间的紧张关系，但对元老院的权力进行限定，使这一时期的元老院越来越从属于皇帝。他将奥古斯都创办的皇家事务机构发展为中央政权机关，初步建立起一套成体系的官僚制度。期间，中央政权设立三个部门：负责内政、外交和军事的枢机处；管理财政和税收的财务处；处理法律事务的司法处。这些部门的官职几乎全部由被释奴隶充任，他们完全听命于皇帝。克劳狄还大规模地向行省居民授予罗马公民权，允许行省贵族进入罗马元老院，加强中央政权对地方的监控，扩大帝国统治的社会基础。他还致力于公共建筑活动，改善罗马城的基础设施和人们的生活条件。总之，克劳狄是帝国前期一位比较有作为的皇帝。

尼禄（54—68 年在位）在克劳狄之后继位。尼禄专横残暴，是罗马历史上有名的暴君。他执政期间，荒疏政事，挥霍无度，使国库虚空，民怨沸腾，局势混乱。64 年，罗马城发生火灾，殃及大部分城区。为平息民愤，尼禄嫁祸于基督徒，对他们进行残酷迫害。尼禄的倒行逆施，激化了社会矛盾。66 年，爆发了犹太人大起义，接着，西班牙、高卢等地也发生暴动。68 年，尼禄被迫自杀，优利亚-克劳狄王朝告终。

（二）弗拉维王朝

69 年 12 月，韦伯芗（69—79 年在位）在近卫军的支持下登上皇位，从此开始了弗拉维王朝统治（69—96 年）。韦伯芗采取强硬手段，镇压各地起义，平定局势；他迫使元老院通过“全权法”，扩大皇权；他进一步改组元老院，使大量的行省贵族进入元老院，将中央政权改造成为代表整个地中海地区的奴隶主阶级利益的帝国统治机构。韦伯芗继续推行扶植各行省发展城市的政策，他将公民权最大限度地向行省人民开放，以扩大帝国统治的社会基础。韦伯芗去世后，其长子提图斯（79—81年在位）继位。提图斯是一位勤勉治国的皇帝，可惜统治时间较短。81年，提图斯患热病身亡。近卫军立即宣布提图斯的弟弟图密善即位（81—96年在位）。期间，元首政制的君主制本质暴露无遗。图密善以“主人”和“神”自居，排挤元老院，迫害元老贵族，加强专制统治，甚至实施恐怖手段，清除异己。结果，图密善在宫廷政变中被杀，弗拉维王朝结束。

（三）安敦尼王朝

96年，在元老院的支持下，元老贵族出身的涅尔瓦（96—98年在位）成为皇帝，开始了安敦尼王朝统治（96—192年）。这一时期是罗马帝国中央政权最稳固的时期，被称为帝国的“白银时代”。该王朝历经6个皇帝：涅尔瓦、图拉真（98—117年在位），哈德良（117—138年在位），安敦尼（138—161年在位），马克·奥勒略（161—180年在位）和康茂德（180—192年在位）。他们当中，除涅尔瓦出身元老贵族之外，其余5人都是来自于行省贵族阶层。

安敦尼王朝统治时期，加速了元首制向君主制的转变进程。图拉真开始吸收东方行省的贵族进入元老院。哈德良则致力于内政改革，他取消骑士财产资格的限定，大力选拔骑士阶层担任高级官职，同时增设一些新官职，使他们成为帝国政府里有官阶、拿官俸的专门官僚阶层，官僚制度有所发展。哈德良强化皇权，皇帝的意志即成法律。“元首顾问会议”不仅增补了法学家为其成员，而且还被确定为帝国的常设机构。哈德良授命法学家汇编的《永久敕令》，成为帝国法律基础，只有皇帝才有权对其进行修订。公民大会早已销声匿迹，立法权完全掌握在皇帝手中。

安敦尼王朝统治时期，帝国疆界空前扩展。图拉真经过南征北战，使罗马版图扩大到顶点：东起两河流域，西临大西洋，南至北非，北到莱茵河和多瑙河。从哈德良开始，奉行防御政策，稳定边境。到安敦尼时期，他继续推行边境防御政策，力争帝国疆界的安稳。他整顿财政，兴建工程，加强行省的监督与管理，使行省经济稳步发展，从而保障了安敦尼王朝统治时期的繁荣景象。可是，到了马克·奥勒略统治时期，帝国的形势急转直下。东方爆发帕提亚战争，西北部的日耳曼人大举进犯，叙利亚又发生叛乱。180年，马克·奥勒略在战争中染病去世，其子康茂德继位。此时的罗马已经处于3世纪危机的前夕。

三、奴隶制经济的发展

（一）行省农业的发展

这一时期因奴隶价格和土地价格上升，意大利的奴隶劳动效率显著下降。此外，行省廉价粮食的流入，使意大利的谷物生产开始衰退。这一时期的经济特点是，行省的农业经济比意大利更加充满活力。很多地区，如北非、埃及、高卢、西班牙、希腊和多瑙河流域等地都成为向罗马供应谷物的粮仓和提供葡萄酒、橄榄油的基地。

（二）手工业的发展

在意大利和行省中，手工业分工进一步细化，产品种类也有所增加。从庞贝古城遗址中可以了解到，当时有羊毛加工业、珠宝业、玻璃制造业以及香料、石匠、铁匠、磨粉、面包等各种手工业作坊。早在1世纪，庞贝城的羊毛加工就已经初步形成系统化的操作程序。从清洗羊毛、染色、纺线到织成衣物，都有专门工匠操作，分工十分细致。行省的手工业也发展迅速，埃及的麻纱和珠宝、腓尼基的染料和玻璃器皿、小亚细亚的毛皮制品、希腊的青铜器、高卢的刀剑和陶器等畅销于帝国境内。

（三）商业的发展

帝国统治者关注道路交通体系的建设，帝国境内道路畅通，各地区商品的流通与交换非常活跃。在西部，商人沿着莱茵河、多瑙河抵达北海和波罗的海，与不列颠和斯堪的纳维亚等地进行贸易。在东部，商人穿越红海，途经阿拉伯半岛，远赴印度和斯里兰卡经商，以换取当地的香料等土特产品。公元前1世纪，罗马人掌握了季风航行技术，开辟了从亚历山大里亚港直达印度西海岸的新航线，为罗马人从海路前往中国提供了便利条件。中国史书记载，166年（汉桓帝延熹九年），一位自称是大秦王安敦（即罗马皇帝马克·奥勒略）派来的使者在越南中部登陆，到洛阳谒见中国皇帝，并献上象牙、犀角、玳瑁。通过海路的直接沟通，罗马与中国开始了直接交往，丝绸贸易成为东西方贸易的重要商品。到2世纪，就连罗马帝国最边远的不列颠行省，丝绸贸易也活跃起来。素以羊毛、亚麻和棉花为织品的罗马人，开始追求轻软飘逸、华丽夺目的丝绸织品。因此，这条海路被称为连接西方与中国的海上丝绸之路。

（四）城市的发展

由于罗马大规模地向被征服地区的人民授予罗马公民权，地中海世界的居民成分发生了深刻变化，迫使罗马统治者调整地方管理体制。为了扩大罗马奴隶主阶级统治的社会基础，巩固罗马在行省的统治地位，罗马统治者将意大利的自治城市体制推向各行省。凡获得罗马公民权的行省城市均可成为自治城市。2世纪，行省城市差不多都获得了比较完整的自治权。与此同时，行省上层开始大量进入元老院。首先是西部行省，后来是北非和东方行省的上层分子也陆续成为元老。大量行省居民进入元老院，行省自治市体系的发展，让罗马帝国的统治具有了相对广泛的社会基础，成为罗马帝国社会与政治稳定的重要因素。

第五节　晚期帝国的统治与西罗马帝国的灭亡

一、3世纪危机

3世纪，罗马爆发了全面危机，史称“3世纪危机”。

（一）奴隶制经济危机

奴隶作为“会说话的工具”，没有自己的生产资料，更谈不上有自己的劳动报酬。在奴隶主残暴的统治与压榨下，他们不仅对劳动没有任何兴趣，而且在绝境当中纷纷起来反抗。从2世纪后半期开始，罗马奴隶人数逐渐减少，奴隶价格日益提高，奴隶劳动不再有利可图，奴隶制经济遭遇毁灭性打击。到3世纪时，缺少奴隶劳动力的大农庄主，不得不把土地分成小块，分别出租给隶农耕种。隶农（称“科洛尼”）最早出现于公元前2世纪，主要指租种他人土地的佃农，人数并不多。从公元1世纪起，隶农的数量增多。科鲁美拉在《论农业》中提到，大农庄的生产者分为两种，“这些人是隶农和奴隶，就是不戴枷锁的和戴枷锁的”。2世纪，隶农已经丧失了自由民身份和独立的经济地位，对大农庄主人及其土地的依附性增强。3世纪，社会危机迫使处于苛政、重税和战乱之中的小农将自己的土地交给大农庄主，再从他们那里租种土地。这种庇护制加快了小农向隶农转化的过程。于是，隶农制的盛行将奴隶制经济推向衰亡。

（二）政局不稳，内讧频仍

安敦尼王朝结束后，罗马就陷入皇权纷争之中。潘诺尼亚行省总督塞维鲁凭借军队势力登上皇位（193—212年在位），开始塞维鲁王朝的统治（193—235年）。他大肆笼络军人，不断增长军事势力；强化官僚机构的作用，将元首顾问会议确定为国家最高机关；对外发动征服战争，扩大帝国的疆界。最后，塞维鲁在征战中丧生，其子卡拉卡拉继位（212—217年在位）。卡拉卡拉基本上继承塞维鲁的政策，收买军队，进行军事独裁统治。为扩大税收，弥补国库虚空，他于212年颁布“卡拉卡拉敕令”，向帝国境内所有自由民授予罗马公民权。217年卡拉卡拉被近卫军杀害。罗马政局继续混乱不稳，直到塞维鲁王朝结束后，局势仍然危机四伏。各地分别拥立皇帝，从253年到268年间，帝国政权几乎完全瓦解，甚至出现所谓“三十僭主”的分裂局面。

（三）人民起义与蛮族入侵

政治与经济危机使下层人民生活在水深火热之中，激起他们不断掀起反罗马统治的斗争。3世纪期间，人民起义的烽火几乎遍及帝国境内各个地区。例如，238年北非爆发奴隶、隶农和当地居民的起义，263年西西里爆发奴隶起义，273年罗马爆发造币工人大起义。3世纪中期在高卢爆发的“巴高达运动”声势浩大，起义者多为奴隶和隶农，他们摧毁庄园、攻克城市、分配土地、铸造货币，给罗马奴隶制统治以沉重打击。与此同时，罗马边境防御虚弱不堪，周边的日耳曼部落乘机大批地涌入罗马帝国境内。

二、早期基督教

（一）基督教的兴起与发展

基督教约兴起于1世纪。最初，基督教作为犹太教的一个支派或“异端”出现。基督教形成后，立即受到帝国境内下层人民的欢迎，他们纷纷入教，使信徒的队伍逐渐发展起来。尽管罗马帝国统治者对基督教徒进行残酷迫害，但处于环境危机与信仰危机的各阶层人民却越来越关注这一新兴宗教。富裕的农民、工商业者和奴隶主乃至于权贵阶层也开始信奉基督教。特别在3世纪危机中，基督教徒的人数急剧增长。随着富有阶层的加入，不仅基督教徒的成分发生变化，而且基督教的组织和教义也随之变化。早期基督教反抗罗马统治的革命性，逐渐被顺从忍耐、希冀来世等消极性所取代，蜕化为维护帝国统治的精神工具。皇帝君士坦丁（306—337年在位）于313年颁布"米兰敕令"，承认了基督教的合法地位。392年，狄奥多西一世（379—395年在位）下令停止一切"异教"活动，把基督教确立为罗马国教，最终实现了基督教与帝国政权的结合。

（二）早期基督教的基本特点

早期基督教继承犹太教的一神论和救世主观念以及创世神话等，并将犹太教的经典作为《旧约》部分，加以改革与发展，最终形成信奉耶稣为救世主、以他专为拯救人类而降临世间并到处传道显灵、死后复活升天的神话传说为核心内容的《圣经·新约》，将之作为基督教的基本教义。耶稣为人类受刑的十字架则成为基督教信仰的标志。早期基督教徒具有反抗罗马统治的斗争精神，他们不尊奉罗马神、不崇拜罗马皇帝。他们诅咒罗马城就像倾倒的巴比伦城一样，"成了魔鬼的住所和各种污秽指令的巢穴"。他们还借耶稣之口说道："那些爱钱财的人进天国比骆驼穿过针眼还困难"。早期基督教冲破民族宗教的狭隘性，具有更加广泛的社会基础。帝国境内不分民族地域、不论等级出身，只要信奉耶稣、遵守教义，即可成为教徒并得到上帝的拯救与赐福，因而具有世界性宗教的意义。

三、戴克里先与君主制的确立

从268年到283年，罗马帝国历经5个皇帝的统治。因为其中有4个皇帝出自伊利里亚军队，故称"伊利里亚诸帝"时期。他们加强与各地贵族的政治联盟，促进边境线的稳定，并将战争中抓获的战俘变成隶农来增加劳动生产力，他们向多瑙河流域拓展军事殖民地作为维护罗马统治的战略基地，残酷镇压奴隶与隶农起义，使危机有所缓和，帝国进入短暂的稳定期。

（一）戴克里先的"四帝共治制"

284年，戴克里先（284—305年在位）称帝。为挽救帝国的全面危机，他进行一系列的改革，完成了罗马历史上由元首制向君主制的过渡。戴克里先没有实行个人的专制独裁统治，他适应社会形势发展的需要，逐步确立起"四帝共治"的统治模式。这是罗马帝国实行分权统治的一种新政制。帝国被分成四个部分，由四位统治者共同治理。戴克里先将马克西米安（250—310）晋升为与自己共治的“奥古斯都”，分别负责帝国东部与西部的治理。两位奥古斯都各设一位副将称为“恺撒”：戴克里先的副手是加列里乌斯（？—311），马克西米安的副手是经过戴克里先首肯的君士坦提乌斯（？—306）。

四帝共治制表面上似乎是皇权分散、帝制多元化了，但实际上戴克里先以君主的身份牢牢掌控着帝国最高权力。虽然立法以四人名义进行，但是戴克里先的意志就是另一位奥古斯都的法律，而两位恺撒必须无条件地服从两位奥古斯都。

戴克里先的统治模式彻底摒弃了共和政制外衣，中止了奥古斯都时期元首与元老院之间的“合作关系”，元老院在国家政权中的政治意义完全丧失。戴克里先自称“君主”，身着镶嵌珍珠宝石的皇袍，头戴皇冠，让人们向他行跪拜礼。

（二）戴克里先的行省改革

在行政上，为防止行省分裂割据，戴克里先将所有行省辖区面积缩小，重新划定为100个行省，使其分别归属于12个行政区，再派直接听命四位皇帝的四位近卫军司令来控制。戴克里先剥夺行省总督的军事指挥权，使其成为单纯的文职官员；在军事上，把军队划分为镇守边境的边防部队与维护内部安定的机动部队。由于当时兵源匮乏，戴克里先不得不征集内地的隶农和移居边疆的蛮族入伍，从而使这一时期的罗马军队具有蛮族化倾向。

（三）戴克里先的财税改革

戴克里先统一帝国税制，实行新税法。他在农村征收实物地租，在城市征收货币租。为保障税源，每四年进行一次大规模的人口普查，并对帝国境内的可耕地进行丈量和测定。301年，戴克里先颁布“限价敕令”，以便抑制通货膨胀。他对所有的商品价格和各种工资标准都做出具体规定，违者处死。戴克里先的财税改革，在一段时期内保障和增加了帝国税收，但由于经济衰落，货币贬值，物价飞涨，再加上收税人队伍的庞大与政府支出费用的增加等，纳税人苦不堪言。

（四）戴克里先的宗教政策

戴克里先尊奉朱庇特神，自称为“朱庇特之子”，从而神化个人统治。然而，戴克里先的宗教政策遭到基督教徒的阻挠，他们拒绝承认皇帝的神圣性。于是，戴克里先对基督徒进行残酷的迫害。可是，这一时期基督教已经发展成为帝国颇有影响的宗教，其教徒也日益成为帝国重要的社会力量。305年，戴克里先退位，他所推行的宗教政策也随之停止。

戴克里先之后，几位继承者之间又开始长达18年的混战，直到323年君士坦丁当上皇帝为止，帝国才再次统一。

四、君士坦丁与官僚体制的发展

（一）完善官僚体制

君士坦丁继承且发展了戴克里先的君主政体，对政治统治模式进行新的探索。

君士坦丁抛弃四帝共治制，加强个人统治。他任命三个儿子为恺撒，分头治理帝国，并启用两个侄子辅佐，从而确立其皇室家族的统治模式，为君主世袭制打下基础。君士坦丁作为帝国最高主宰，进一步强化中央集权，完善官僚机构。他严格实行军政分权，亲自任命军政高级官职，使这些官员以效忠皇帝为其最高职责，他们在等级森严的官阶中享有各种尊贵头衔与特权，帝国行政制度完全官僚化了。

（二）迁移帝国首都

历经战乱的意大利满目疮痍、经济萧条，举世瞩目的政治中心——罗马城也衰落不堪。330年，君士坦丁将罗马帝国首都迁移到古希腊殖民地拜占庭，更名为君士坦丁堡。君士坦丁迁都的举措是自3世纪以来罗马帝国政治、经济和文化中心逐渐东移的必然结果，也是君士坦丁政策的重要组成部分。

（三）促使军队蛮族化

君士坦丁继续推行戴克里先的军事政策，他加大日耳曼人在军队中的数量，并解散近卫军，代之以庞大的日耳曼骑兵卫队。他整顿边疆驻军，继续加强防御系统。这一时期，罗马边疆的防御系统加强，罗马军队进一步蛮族化。

（四）强化奴隶制

君士坦丁颁布法令，重申奴隶主有权处死奴隶，可以将被释奴隶及其子女重新变为奴隶。同时，家长有权将子女卖为奴隶。他于332年颁布法令，严禁隶农逃亡，规定任何人如发现别人的隶农而没有及时将其送还原主人，就要负担逃亡隶农在此期间的人头税。隶农及其后代被禁锢在主人的土地上，其悲惨地位完全等同于奴隶。

（五）确立基督教合法地位

虽然帝国的历代统治者对基督教实行疯狂镇压，但是基督教却屡禁不止，影响愈发广泛。早在1世纪基督教兴起的时候，教徒基本上为社会下层人民。可是，到2世纪至3世纪时，对现实生活失去希望的上层人物纷纷加入基督教会，他们捐财献产、出谋划策，逐渐成为教会重要的力量。于是，基督教由最初的穷人宗教蜕变为富有阶层为主、在社会各阶层都有代表和影响的宗教了。3世纪，帝国境内的基督教徒已经发展到数百万之多。基督教的教义也渐渐发生改变，服从、忍让、爱敌人、寄希望于来世等教义演变为主要教义。313年君士坦丁颁布“米兰敕令”，正式承认基督教的合法性。“米兰敕令”标志着基督教从遭受迫害的宗教转变为拥有合法地位的宗教，从此基督教与帝国政权合流，成为统治人们、麻痹人们的精神枷锁。325年6月，君士坦丁在小亚细亚的尼西亚城举行宗教会议，来自各地区的318位主教出席会议。尼西亚宗教会议主要是解决基督教内部的争端问题，但实际意义远非如此。会议确立所有基督教徒必须遵奉圣父、圣子、圣灵三位一体的共同信条，坚决打击反对这一信条的阿利乌斯派。从此，基督教加强统一性、组织性和对皇权的依赖性，完全成为统治者利用和控制的工具。

戴克里先和君士坦丁的君主专制统治及其改革措施使帝国得到暂时的稳定，但无法挽救罗马奴隶制社会的没落。337年君士坦丁去世之后，帝国内部争夺权力的斗争不断加剧。狄奥多西一世时期，对蛮族采取怀柔政策，尊奉基督教为国教，一度恢复了帝国统一。但是，395年1月17日狄奥多西一世去世后，帝国被他的两个儿子瓜分。于是，罗马帝国正式分裂为东罗马帝国和西罗马帝国。

五、西罗马帝国灭亡

（一）经济衰落

君士坦丁竭力挽救行将灭亡的奴隶制度，重申奴隶主处死奴隶的权力，严惩逃亡奴隶，并把不顺从的被释奴隶重新恢复为奴隶身份。隶农的地位急剧恶化，完全丧失了人身自由和法律地位。手工业者和商人也被严令固定在各自的行业和组织当中，不得随意离开。由于小农经济的进一步瓦解，再加上奴隶与隶农大批逃亡，大土地所有者乘机向周边扩展土地，形成一定规模的大农庄，而周边地区的小生产者为摆脱国家税吏的盘剥，宁可将土地交给大土地所有者进行庇护，自己则沦为隶农。受到庇护的隶农越来越多，致使帝国的劳动生产力大量流失。

（二）人民起义

在帝国西部地区的大农庄里，深受压迫的人民纷纷起义。曾经遭到镇压的巴高达运动余焰复燃，遍及整个高卢地区。不列颠、西班牙爆发人民起义，参加者不仅有农民和其他下层人民，还有士兵。在北非，爆发“阿哥尼斯特”（意即“争取正义信仰的斗士”）运动，参加者有奴隶、隶农、农民等。帝国境内的反抗斗争风起云涌，加速了罗马帝国的灭亡，为日耳曼人入侵创造了条件。

（三）日耳曼人入侵

从4世纪后半期起，受到匈奴人西迁的影响，再加上罗马帝国边疆防御日益削弱，日耳曼人开始大规模地涌入帝国境内。日耳曼人的一支——西哥特人于410年攻陷罗马城，大肆掠夺了6天。后因给养供应困难，他们越过阿尔卑斯山，占领高卢南部，并向西班牙进军。419年，西哥特人以西班牙为根据地建立西哥特王国。最初居住在斯堪的纳维亚半岛、后迁到潘诺尼亚地区的另一支日耳曼人——汪达尔人则利用帝国在莱茵河和多瑙河边境防御的空虚，进入高卢和西班牙。由于西哥特人势力的压制，汪达尔人不得不向北非进军。439年，汪达尔人攻陷迦太基城，建立汪达尔王国。法兰克人也是日耳曼人的一支，他们居于莱茵河下游地区。4世纪，他们逐渐蚕食高卢北部地区。直到486年（西罗马帝国灭亡10年之后），法兰克人终于在高卢地区建立起法兰克王国。还有另外两支日耳曼人：一支为勃艮第人，他们在高卢东南部建立勃艮第王国；另一支是盎格鲁-撒克逊人，于5世纪中叶侵入不列颠，建立了众多小王国。

（四）西罗马帝国灭亡

日耳曼人大量涌入帝国境内，纷纷建立独立王国。西部帝国在失去高卢、西班牙、不列颠和北非等重要地区之后，已经成为日耳曼人统治的天下了。西罗马帝国皇帝作为日耳曼雇佣兵控制的傀儡，早已名存实亡。476 年，日耳曼雇佣军首领奥多亚克（约 433—493）废黜西罗马帝国最后一位皇帝罗慕路（？—476），西罗马帝国最终灭亡。

第六节　古罗马的文化遗产

一、罗马人与罗马文化

在西方文明的发展进程中，罗马人创造的文化业绩因其独有的魅力而彪炳史册、光耀后世。早在王政时代，罗马文化就受到近邻埃特鲁里亚人的文化影响。罗马人在赢得了南部意大利战争的胜利之后，便开始大规模地领略希腊文化的风采并接受其影响，他们在全面学习和继承希腊文化的同时，根据自己的政治需求、文化传统、价值取向对希腊文化进行改造与创新，将西方古典文化推向巅峰。与希腊人比较，罗马人性格的某些方面显得比较突出。

一是质朴务实。罗马人建城之后，面临生存环境的压力，在相当长的时期，他们恪守质朴务实的民风。直到共和国早期，元老贵族与普通公民一样，战时出征打仗，平时亲耕田垄。古典作家为我们留下了很多描述罗马人不事奢华、淳朴节俭的事例。罗马人无暇像希腊人那样富于自由幻想，他们必须关注现实处境，应对现实险况，忙于现实创造。

二是忠勇爱国。塞尔维乌斯改革创建了“兵农合一”的公民兵制，不仅明确了各等级公民的权利与义务，使富有阶层有机会炫耀他们的社会荣誉，而且第一次将罗马国家的命运与公民个人的得失紧密连在一起。在共和国的扩张战争中，罗马人忠于国家、勇于牺牲的精神发挥了重要作用。阿庇安说：“在勇敢、忍耐和艰苦奋斗方面，罗马人超过了所有其他的民族”。

三是虔诚敬神。在罗马人的生活中，神无处不在、无时不有。他们从出生到死亡，每时每刻都离不开无数神灵的佑庇。他们信奉多神教，不仅对个人、民族以及国家的守护神进行崇拜，还有祖先崇拜、冥事崇拜、农事崇拜，并热衷于观测天象和动物内脏的占卜仪式等。虽然罗马人崇拜的神灵繁多，但是崇拜的仪式却严格照章进行，就连献祭辞也不能有丝毫更改。这种对神灵的虔诚和对传统习俗的固守，曾一度增强了罗马民族的凝聚力。

四是遵纪守法。罗马人习惯服从权威。恩格斯曾以罗马家庭作为典型加以论述，强调其具备的两个特征，“一是把非自由人包括在内，一是父权”①。父权至高无上，父亲掌管所有家庭成员的生杀大权。这种父权制迫使罗马人将服从权威视作一种习惯。罗马军人中，无论是将军还是士兵，凡不服从命令者，一律处以死刑。众所周知的“十一抽杀令”便是罗马军队维护军纪的严酷手段之一。此外，罗马人重视法制建设，很早便颁布了成文法典。

二、博大精深的罗马法

（一）公民法与万民法

罗马人在公元前450年左右颁布《十二铜表法》，它是平民反对贵族斗争的胜利成果，打破了贵族任意解释法律的古老习俗，推动平民反对贵族的斗争走向深入。《十二铜表法》的颁布，标志罗马国家开始从习惯法进入成文法时代，树立了罗马法律制度发展史上的第一座丰碑。

自罗马建立共和国到公元前3世纪中期产生的所有法律，统称为公民法（罗马法学界一般称市民法）。公民法是“适宜于罗马公民的法律”，而不适用于居住在罗马城里或罗马境内的外邦人。因此，公民法具有一定的狭隘性。随着罗马疆域的不断扩展，罗马国家内部的社会经济关系日益复杂，需要处理的罗马公民与非罗马人之间的事务日益繁多。于是，一种不同于公民法的新的法律体系——万民法逐渐形成。万民法即“各民族共有的法律”，它与公民法并存，是罗马人用来调整罗马公民与异邦人之间、异邦人与异邦人之间民事法律关系的法律。万民法克服了公民法的民族狭隘性与繁琐的形式主义，具有面向地中海地区各民族的开放性与灵活简便的特点。万民法调处罗马人与被统治的各民族之间的事务，使其进一步适应于罗马对地中海区域的统治需要，推动罗马境内诸行省的经济发展。公民法与万民法同时共存的局面，直到帝国时代才最终消除。212年，卡拉卡拉皇帝颁布敕令，授予帝国境内所有自由民以罗马公民权。从此，帝国统治之下的罗马公民与非罗马人之间的差异性消失，公民法与万民法之间的区别也随之失去意义。从此，罗马法进入一个新的发展阶段，即罗马法律的整理汇编阶段。

（二）罗马法的发展

共和国后期以来，一些法学家开始研究罗马法律并给公民提供法律咨询，是为最初的法学家。帝国初期，奥古斯都授予一些法学家以“公开解答法律的特权”，鼓励法学家们研究法律。从此，法学家的解答、皇帝的敕令等逐渐构成了罗马法重要的内容，推动了罗马法的发展与完善。哈德良统治时期，开始对罗马法

① 《马克思恩格斯文集》第4卷，人民出版社2009年版，第69页。

进行系统的整理与汇编。到东罗马皇帝查士丁尼统治时代，开始更大规模的法律汇编工作，他组织法学家编纂《民法大全》（包括《法律汇编》《法学汇编》《法学总论》和《新敕令》四部法典），将罗马法的发展推向鼎盛。

三、文学、史学与哲学

（一）文学

罗马人经埃特鲁里亚人的介绍开始了解希腊文化。公元前3世纪，罗马人征服意大利南部，直接地、大规模地吸纳希腊文化，逐渐形成具有罗马特色的拉丁文学。其中最值得一提的人物是安德罗尼库斯（前284—前204）。他是来自南部意大利的战俘，在罗马期间，他尝试用拉丁语将荷马史诗中的《奥德赛》译成拉丁文，并将改编的希腊悲剧和喜剧搬上罗马舞台，因此他被称为罗马的“第一位拉丁诗人”。公元前2世纪，罗马戏剧呈现繁荣局面。普劳图斯（约前254—前184）是当时著名的、多产的喜剧作家，约有20余部作品流传下来，如《一坛黄金》和《孪生兄弟》等。其风格简洁、幽默、通俗，深受罗马民众的喜爱。另一位戏剧作家是泰伦提乌斯（约前195—前159），其代表作《婆母》和《两兄弟》，以家庭生活为背景，赞扬宽容、忍让与和谐的美好。

共和时期，拉丁散文的创作也取得了可喜成就。加图（前234—前149）被誉为拉丁散文的开创者，他的《历史源流》在当时很有影响，但只有残篇存世。共和末期，享有“拉丁散文泰斗”的西塞罗为后世留下了丰富的散文作品，除《反瓦勒斯》《反喀提林》等演说辞外，还有大量的关于政治、法律、哲学、伦理等方面的著述与书信等。西塞罗的作品结构严谨、文风典雅、词句考究、音韵和美，将雄辩术推向极致。

奥古斯都时代是罗马文学发展的黄金时代。这期间涌现出三位著名的诗人。首先是“桂冠诗人”维吉尔（前70—前19），其代表作《埃涅阿斯纪》是一部长篇史诗。维吉尔将罗马人的祖先与神话传说的特洛伊英雄埃涅阿斯联系起来，进而歌颂奥古斯都统治的“和平盛世”。另一位诗人是贺拉西（前68—前8），他的代表作是抒情诗《颂歌集》，主要歌颂了恬静的田园生活、真挚的友谊、纯美的爱情和奥古斯都的丰功伟绩。第三位诗人是奥维德（前43—17），他擅长写爱情诗，如《爱情诗》《爱的艺术》等作品，被称为“情圣诗人”。另一方面，他也致力于史诗的创作，长达15卷的《变形记》是奥维德杰出的代表作。他利用希腊、罗马神话为创作主题，以创世为开篇，一直描述到恺撒死后变成神为止。其作品将神话、传奇与爱情融会贯通，充满丰富的想象力和创造力。

（二）史学

罗马史学也深受希腊人的影响。公元前3世纪中叶，罗马诞生了自己的史学家。被称为罗马第一位历史学家的人是法比乌斯·皮克托。他曾经用希腊语写了一部《罗马史》，可惜没有流传下来。一般认为，罗马史学真正的奠基者当属加图，其著作《历史源流》开创了用拉丁语书写历史的先河，从而带动罗马史学的发展。共和晚期，具有代表性的人物是波利比阿（约前200—前118），他是一位希腊籍的历史学家。他撰写的《通史》长达40卷，涵盖的内容从第二次布匿战争爆发到第三次布匿战争结束，描述罗马称霸地中海的战争和政治演变，并分析罗马制胜的根本原因。其史学理论与方法对后世西方史学的发展产生了深远影响。共和末期，恺撒不仅在政治、军事上独领风骚，而且在罗马史学中也占有重要的一席之地。他的代表作《高卢战记》，不仅为后人提供了高卢、日耳曼和不列颠等地区的珍贵史料，而且它还作为拉丁文范本，一直被古往今来的西方学者所推崇。撒路斯提乌斯（约前86—约前35）写有《历史》《朱古达战争》和《喀提林阴谋》等重要著述。从其恺撒派的立场出发，他致力于揭露共和国末年罗马的腐败，并且从道德衰退角度解释共和国的灭亡。帝国时期，罗马史学繁荣昌盛，涌现出李维、塔西佗、普鲁塔克、苏维托尼乌斯和阿庇安等著名的历史学家。李维（前59—17）的代表作《自罗马建城以来史》（简称《罗马史》）总计142卷（现存仅有35卷和一些残篇），主要叙述了自罗马建城以来直到奥古斯都时代的罗马历史，是一部卷帙浩繁、史料丰富且内容庞杂的历史巨著。他用道德兴衰解释罗马共和国的强盛和衰落，多少应和了奥古斯都时代整饬社会道德的主旨。塔西佗（约55—约120）的主要著作是《编年史》和《历史》，分别叙述奥古斯都统治末年到尼禄统治时期的历史和弗拉维王朝统治的历史。他着力揭露握有专制权力的暴君对罗马社会的毒害，其著作常被誉为“惩罚暴君的鞭子”。几乎与塔西佗同时代的史学家普鲁塔克（约46—约120）和苏维托尼乌斯（75—160）的代表作分别是《希腊罗马名人传》（又称《传记集》）和《罗马十二帝王传》。前者大多是希腊罗马名人的平行列传；后者是从恺撒到图密善的罗马皇帝的列传，它首先叙述皇帝们的生平，然后概述皇帝们的性格，最后交代他们的去世，其写作风格为后世众多作家模仿。他们两人都享有“西方史学传记体的开创者”之美誉。阿庇安（约95—约165）用希腊文书写的《罗马史》有24卷，现存11卷，主要记叙了罗马王政时代到图拉真时代的历史。他将繁杂的历史内容按照地域、行省或重大事件来归类叙述，强调历史事件的前因后果，本末始终。因此，阿庇安是西方史学“纪事本末体”的创立者，曾得到恩格斯的高度评价。

（三）哲学

罗马的哲学起步较晚。直到共和晚期，罗马人在希腊哲学的影响下，对伊壁鸠鲁、斯多葛、柏拉图和怀疑论等多个哲学派别的思想加以综合，形成折中主义哲学，其代表人物是西塞罗，他的著作如《论神的本性》和《论善与恶的定义》

等，宣扬神是永恒存在的、人的灵魂不灭等唯心主义观点。共和末期最伟大的哲学家是卢克莱修，他的长诗《物性论》继承和发展了希腊哲学的原子论思想，认为世界万物都是由原子构成的，即使是灵魂与精神也不例外。他还力劝人们摆脱宗教迷信，遵循理性思考的生活方式。《物性论》是古典时代流传下来的唯一完整而系统的哲学长诗，对后世西方唯物主义哲学的发展产生了巨大影响。帝国时期的哲学主要为斯多葛派统治，代表人物有塞内加（约前 4—65）、埃庇克泰德（生卒年不详）、马克·奥勒略等。

四、包罗万象的自然科学

罗马自然科学的发展非常鲜明地体现出罗马文化的实用倾向。

（一）普林尼及其《自然史》

帝国初期，博学多识的代表人物是普林尼（23—79），他参考数千位作家的著述，完成《自然史》一书。全书分为 37 卷，包含天文、地理、历史、动植物、农业、医学、药物学、矿物学和艺术等诸多方面的内容，堪称一部“百科全书”。79 年，普林尼不顾危险前往维苏威火山爆发的现场，进行实地考察，但不幸身亡。这位古典时代的文化巨人为后人留下了智慧宝典，更留下了为科学献身的不朽精神。

（二）农学

罗马人是一个农业民族，他们对农业的重视已成优良传统。加图认为，罗马的先人在赞扬一个好人时，就称赞他是一个好种田人、一个好农民。这种优良传统不仅促进农业科学的发展，还培育出一批著名的农学家及其农业科学著作。其中最有代表性的是加图（《农业志》）、瓦罗（《论农业》）和科鲁美拉（《论农业》），他们的著作总体上有如下几个特点：一是表达罗马人传统的农本思想；二是总结前人的土地经营和管理的经验；三是进行农业科学技术的指导；四是关注劳动生产力的使用和提高农业生产的效率等问题。

（三）地理学

罗马最早论及地理知识的人可能是波利比阿，他在《通史》中阐述了地理学的基本概念和一些地区的地理特征。帝国初期，地理学有了新的发展。奥古斯都的女婿（亦是他的得力将领）阿格里帕出于帝国统治的需要，绘制了罗马最早的“世界地图”。不过，对罗马地理学发展产生重大影响的人，应该是斯特拉波（约前 64—23）。他根据前人的研究成果，编撰了《地理学》。他指出，地理学研究必须建立在诸多知识的学习与积累基础上，从而强调地理学研究的科学精神。斯特拉波尽其所能地描述当时的“已知世界”，探究处于不同自然环境下人们经济生活所表现出来的种种差异性，并论述城市地理的基本特征。难能可贵的是，斯特拉波甚至注意到了人与自然、经济与环境之间的相互关系。

（四）医学

罗马最早的医生是来自希腊的战俘奴隶。在希腊医学的影响下，罗马的医学才逐渐发展起来。帝国初期，最著名的罗马医生是塞尔苏斯（约前30—45），他用拉丁语写作了8卷本的《医学大全》，其中有6卷涉及外科手术，可见实用外科手术是当时最急需的、也是最发达的医学门类。2世纪，皇帝马克·奥勒略的御医盖伦（129—200）著述颇丰，据说他著有关于药物学、治疗学、生理学、病理学、解剖学等内容的著作达131部之多。

五、宏伟庄严的建筑艺术

罗马的建筑艺术在充分吸纳希腊文化优秀成果的基础上，不断创新，彰显出独具特色的魅力，其基本特征如下：

首先是实用性。公元前1世纪的罗马建筑家维特鲁威在其著名的《建筑十书》中，提出了“实用、坚固、美观”的设计理念与建筑原则，完美体现了罗马文化的核心价值。与热情追求美感的希腊人不同，质朴务实的罗马人在从事建筑活动时，首先想到的是建筑物的实用与坚固，然后才考虑它的美观性。在罗马式建筑原则的指导下，罗马人建造的公共工程如高架引水道、排污水道、公共厕所、公共浴池、圆形竞技场、皇宫、神殿、广场和道路等，不仅为公民的个人生活提供了卫生舒适和出行便利的基础设施，也为公民的社会生活提供了文化娱乐、政治集会和宗教祭典的公共空间。

其次是和谐性。与希腊建筑的随意和自由相比，罗马建筑强调整体性与和谐性。著名的图拉真广场的建筑师是来自叙利亚行省的阿波罗多洛斯，他借鉴先前诸帝修建的广场的经验，不仅突出皇帝崇拜的个性功能，也注意到广场公民活动的社会性，并将两者有机地融为一体。他独具匠心，以凯旋门、图拉真骑在马上的青铜雕像、密集的柱廊、开阔的庭院、热闹的市场以及精美浮雕装饰的图拉真纪念柱构成图拉真广场的和谐统一。

第三是宏伟壮观。帝国时期，罗马在建筑上更加追求宏伟壮观的气势，以显示其统治地中海地区的霸权与威严，从而展示帝国的财力与荣耀。罗马境内，到处遍布着宫殿、神庙、凯旋门、纪念柱等宏伟的建筑。其中最著名的是罗马城里的“科罗塞奥”（圆形大竞技场），它的修建始于韦伯芗时期，完成于提图斯时期。这是古代世界规模最宏大的竞技场，可同时容纳数万名观众。“科罗塞奥”不仅用于观看人与兽、兽与兽、人与人之间的角斗，甚至在这里还可以观赏到舟船海战，足以证明罗马城里拥有良好的灌水与排水技术。

第四是创新性。在西方文明史上，希腊人是罗马人的老师。然而在学习希腊文化的同时，罗马人勇于创新，将西方古典文明推向高峰。在空间结构上，罗马人崇尚气势恢宏、和谐统一、错落有致、层次分明等特点。在建筑结构上，希腊柱式的建筑技巧在罗马人那里发展到极致，他们将希腊柱与拱门结合一体，形成独特的罗马式建筑结构，达到建筑学上力学与美学的完美结合。在建筑材料上，罗马人利用火山灰制成了天然混凝土（水泥），这是一项重要发明。罗马城里的万神殿就充分发挥了混凝土建筑材料的优势，运用大跨度的穹拱技术，成为古代穹拱建筑的典范。

本章小结

在人类历史上，罗马民族的迅速崛起与称霸地中海世界令人瞩目。罗马文明也在继承改造希腊文明的基础上，加入崭新独特的罗马元素，从而将西方古典文明推向高峰。根据古典作家记载，罗马大约在公元前 8 世纪中叶建立了罗马城，直到公元前 6 世纪末为止，历经了七个国王的统治，史称罗马的王政时代。从公元前 509 年罗马共和国诞生到公元前 241 年罗马第一个海外行省——西西里行省建立的 300 余年间，罗马由一个蕞尔小国跃居为统领欧亚非三洲领土的世界霸国。从公元前 241 年罗马开始统治西西里行省到公元 476 年西罗马帝国灭亡为止，罗马对地中海世界的统治持续了 700 余年之久。因此，罗马历史对后世许多民族与国家的发展都产生了巨大深远的影响。

在这一章的学习中，应注意几个重点问题：第一，王政时代的社会性质和塞尔维乌斯改革的历史意义。一般认为，王政时代完成了由罗马父系氏族家长制和埃特鲁里亚君王制向共和政制转变的历史过程。塞尔维乌斯改革是罗马国家制度形成的重要标志。第二，罗马共和政制的建立与发展。在长达几百年的历史进程中，罗马对外发动了连绵不断的战争使领土急剧扩展，对内展开了平民与贵族的斗争使统治机制、内部矛盾得到调整和缓解。与此同时，罗马运用了灵活的“分而治之”政策，向意大利人推行“同盟”体制，不仅保障了罗马对意大利的顺利征服和有效统治，也为罗马进行更大规模的军事扩张提供了充足的人力和物力。第三，罗马行省统治制度的建立与发展。罗马在征服地中海世界的过程中利用强权重压推行罗马的行省统治，掠取地方行省丰富的物质资源，并通过授予罗马公民权、推行城市化进程、扩建殖民地等途径将罗马文明辐射到整个地中海世界。第四，共和向帝国转变过程中统治机制的调整与转换。这期间发生了经济、政治、军事与文化等诸多方面的巨大变革，促使共和国走向灭亡。第五，帝国前期的统治特征。奥古斯都作为罗马帝制的创建者，改革弊端、创立新制，促使帝国初期呈现出繁荣局面。戴克里先的统治模式迫使元老院完全丧失了在国家政权中的政治意义，君主专制制度最终确立。第六，西罗马帝国的灭亡。帝国末期，政府官员腐败、"分而治之"机制失控、奴隶制经济衰落、蛮族入侵，虽经君士坦丁的改革，终因积弊深重，导致西罗马帝国大厦彻底倾覆。

上述问题不仅有助于我们深入理解罗马文明的"世界意义"，有助于对罗马历史和古代世界历史的进一步解读与分析，也为我们认识一些现实问题提供一定的借鉴与启迪作用。

思考题

1. 塞尔维乌斯改革的内容及其意义。
2. 从共和国到帝国转折时期政治、经济、军事制度演变的历史原因及其历史影响。
3. 奥古斯都元首政制的实质。
4. 前期帝国繁荣的历史原因。
5. 早期基督教发展演变的原因及其影响。
6. 西罗马帝国灭亡的原因。

阅读文献

■ 恩格斯：《家庭、私有制和国家的起源——就路易斯·亨·摩尔根的研究成果而作》，《马克思恩格斯文集》第4卷，人民出版社2009年版。

■ 夏鼐：《中国文明的起源》，文物出版社1985年版。

■ 日知主编：《古代城邦史研究》，人民出版社1989年版。

■ 刘欣如：《印度古代社会史》，中国社会科学出版社1990年版。

■ 崔连仲：《从佛陀到阿育王》，辽宁大学出版社1991年版。

■ 施治生、刘欣如主编：《古代王权与专制主义》，中国社会科学出版社1993年版。

■ 朱龙华：《罗马文化与古典传统》，浙江人民出版社1993年版。

■ 白寿彝总主编、苏秉琦主编：《中国通史》第二卷《远古时代》，上海人民出版社1994年版。

■ 周启迪：《古代埃及史》，北京师范大学出版社1994年版。

■ 郭良鋆：《佛陀和原始佛教思想》，中国社会科学出版社1997年版。

■ 王会昌：《古典文明的摇篮与墓地》，华中师范大学出版社1997年版。

■ 施治生、郭方主编：《古代民主与共和制度》，中国社会科学出版社1998年版。

■ 苏秉琦：《中国文明起源新探》，生活·读书·新知三联书店1999年版。

■ 刘文鹏：《古代埃及史》，商务印书馆2000年版。

■ 崔连仲：《释迦牟尼佛——生平与思想》，商务印书馆2001年版。

■ 拱玉书：《西亚考古史（1842—1939）》，文物出版社2002年版。

■ 金寿福：《法老——戴王冠的人间之神》，上海辞书出版社2003年版。

■ 施治生、徐建新主编：《古代国家的等级制度》，中国社会科学出版社2003年版。

■ 朱泓主编：《体质人类学》，高等教育出版社2004年版。

■ 宫秀华：《罗马：从共和走向帝制》（第二版），高等教育出版社2006年版。

■ 晏绍祥：《荷马社会研究》，上海三联书店2006年版。

■ 李晓东译注：《埃及历史铭文举要》，商务印书馆2007年版。

■ 李学勤主编、王宇信等著：《中国古代文明与国家形成研究》，中国社会科学出版社

2007 年版。

■ 尚会鹏:《印度文化史》，广西师范大学出版社 2007 年版。

■ 杨共乐:《罗马史纲要》，商务印书馆 2007 年版。

■ 刘建、朱明忠、葛维钧:《印度文明》，福建教育出版社 2008 年版。

■ 黄洋、晏绍祥:《希腊史研究入门》，北京大学出版社 2009 年版。

■ 刘家和:《古代中国与世界》，北京师范大学出版社 2010 年版。

■ 王海利:《法老与学者——埃及学的历史》，北京师范大学出版社 2010 年版。

■ 郭丹彤:《埃及与东地中海世界的交往》，社会科学文献出版社 2011 年版。

■ 于殿利:《巴比伦与亚述文明》，北京师范大学出版社 2013 年版。

■ 张光直:《中国青铜时代》，生活·读书·新知三联书店 2013 年版。

■ 杨建华:《两河流域：从农业村落走向城邦国家》，科学出版社 2014 年版。

■ [古希腊] 希罗多德:《历史》，王以铸译，商务印书馆 1959 年版。

■ [古希腊] 修昔底德:《伯罗奔尼撒战争史》，谢德风译，商务印书馆 1960 年版。

■ [古罗马] 阿庇安:《罗马史》(上下卷)，谢德风译，商务印书馆 1979、1976 年版。

■ [古希腊] 阿里安:《亚历山大远征记》，李活译，商务印书馆 1979 年版。

■ [古罗马] 凯撒:《高卢战记》，任炳湘译，商务印书馆 1979 年版。

■ [古罗马] 塔西佗:《编年史》，王以铸、崔妙因译，商务印书馆 1981 年版。

■ [古罗马] 塔西佗:《历史》，王以铸、崔妙因译，商务印书馆 1981 年版。

■ [古罗马] M. T. 瓦罗:《论农业》，王家绶译，商务印书馆 1981 年版。

■ [美] M. 罗斯托夫采夫:《罗马帝国社会经济史》，马雍、厉以宁译，商务印书馆 1985 年版。

■ [古希腊] 色诺芬:《长征记》，崔金戎译，商务印书馆 1985 年版。

■ [印度] R. C. 马宗达等:《高级印度史》(上册)，张澍霖等译，商务印书馆 1986 年版。

■ [英] 渥德尔:《印度佛教史》，王世安译，商务印书馆 1987 年版。

■ [古希腊] 普鲁塔克:《希腊罗马名人传》，陆永庭、吴彭鹏等译，商务印书馆 1990 年版。

■［英］塞顿·劳埃德：《美索不达米亚考古——从旧石器时代至波斯征服》，杨建华译，文物出版社 1990 年版。

■［印度］R. 塔帕尔：《印度古代文明》，林太译，浙江人民出版社 1990 年版。

■［古希腊］赫西俄德：《工作与时日　神谱》，张竹明、蒋平译，商务印书馆 1991 年版。

■［古罗马］李维：《建城以来史》，穆启乐等译，吉林文史出版社 1992 年版。

■［古希腊］荷马：《荷马史诗·伊利亚特》，罗念生、王焕生译，人民文学出版社 1994 年版。

■［德］特奥多尔·蒙森：《罗马史》1—3 卷，李稼年译，商务印书馆 1994—2005 年版。

■［古罗马］撒路斯提乌斯：《喀提林阴谋　朱古达战争》，王以铸、崔妙因译，商务印书馆 1995 年版。

■［古罗马］苏维托尼乌斯：《罗马十二帝王传》，张竹明、王乃新、蒋平等译，商务印书馆 1995 年版。

■［英］爱德华·吉本：《罗马帝国衰亡史》，黄宜思、黄雨石译，商务印书馆 1997 年版。

■［澳］A. L. 巴沙姆主编：《印度文化史》，闵充沛等译，商务印书馆 1997 年版。

■［古希腊］荷马：《荷马史诗·奥德赛》，王焕生译，人民文学出版社 1997 年版。

■［印度］D. D. 高善必：《印度古代文化与文明史纲》，王树英等译，商务印书馆 1998 年版。

■［美］斯东：《苏格拉底的审判》，董乐山译，生活·读书·新知三联书店 1998 年版。

■［英］保罗·G. 巴恩主编：《剑桥插图考古史》，郭小凌、王晓秦译，山东画报出版社 2000 年版。

■［英］F. I. 芬利主编：《希腊的遗产》，张强等译，上海人民出版社 2004 年版。

■［英］保罗·卡特里奇：《剑桥插图古希腊史》，郭小凌等译，山东画报出版社 2005 年版。

■［英］J. R. 哈里斯编：《埃及的遗产》，田明等译，上海人民出版社 2006 年版。

■［英］罗莎莉·戴维：《探寻古埃及文明》，李晓东译，商务印书馆 2007 年版。

■［俄］科瓦略夫：《古代罗马史》，王以铸译，上海书店出版社 2007 年版。

■［德］赫尔曼库尔克、迪特玛尔·罗特蒙特：《印度史》，王立新、周红江译，中国青年出版社 2008 年版。

■［美］腾尼·弗兰克：《罗马帝国主义》，宫秀华译，上海三联书店 2008 年版。

■［瑞士］雅各布·布克哈特：《希腊人和希腊文明》，王大庆译，上海人民出版社 2008 年版。

人名神名译名对照表

一、本对照表只限于汉英两种文字的译名对照，按照汉译名首字拼音声母音序排列，收录书中主要的人名、神名和地名。日本、朝鲜和越南的人名和地名不列入表内。

二、上下卷的人名地名分别列表。人名一般用姓，帝王用名，都不用全称。官号、尊号、绰号和出身地等一般省略，习惯上人名与称号相连的，如成吉思汗、查理大帝等，仍然照旧。

三、少数地名附有常见的旧译或异译者，放在括号内。英文有不同拼法的人名、地名，也放在括号内。

四、世界上古史中习见的人名、地名一般不列入。

A

阿庇安	Appianus
阿波罗（神名）	Apollo
阿波罗多洛斯	Apollodorus
阿波罗尼乌斯	Apollonius
阿德巴尔	Adherbal
阿尔西诺（神名）	Alcinous
阿芙洛狄特（神名）	Aphrodite
阿格里帕	Agrippa
阿赫摩斯	Ahomose
阿基达马斯	Archidamus
阿基罗霍斯	Archilochus
阿基米德	Archimedes
阿家门农	Agamemnon
阿克比阿德斯	Alcibiades
阿克琉斯	Achilles
阿拉克西曼德	Anaximander
阿拉克西美尼	Anaximenes
阿里斯提德	Aristides
阿里斯托芬	Aristophanes
阿里乌斯	Arius
阿玛尔纳	Amarna
阿玛西斯	Amasis

阿蒙·拉（神名）	Ra，Amon
阿蒙霍特普	Amenhotep
阿蒙迈斯	Amenmes
阿蒙纳赫特	Amennakhet
阿蒙奈姆海特	Amenemhet
阿米尔塔奥斯	Amyrtaios
阿那克瑞翁	Anacreon
阿努比斯（神名）	Anubis
阿皮瑞斯	Apries
阿皮斯（神名）	Apis
阿坡菲斯	Aphophis
阿瑞那（神名）	Arinna
阿淑尔（神名）	Ashur
阿淑尔巴尼拔	Ashurbanipal
阿司杜阿该斯	Astyages
阿斯克勒庇俄斯（神名）	Asclepius
阿特里乌斯	Atreus
阿图姆（神名）	Atum
阿吞（神名）	Aton
阿育王	Ashoka
埃阿那图姆	Eannatum
埃庇克泰德	Epictetus
埃博斯	Ebers
埃赫那吞	Akhenaton
埃拉托色尼	Eratosthenes
埃萨尔哈东	Esarhaddon
埃斯库罗斯	Aeschylus
艾伯纳	Ebana
安德罗尼库斯	Andronicus
安东尼	Anthony
安敦尼	Antonius
安尼	Any
安努（神名）	Anu
安萨尔（神名）	Ansar

安太尔西达	Antalcidas
安提派特	Antipater
奥德修斯	Odysseus
奥狄浦斯（神名）	Odipus
奥多亚克	Odoacer
奥勒略	Marcus Aurelius
奥维德	Ovid
奥西里斯（神名）	Osiris
B	
巴彼卡	Babyca
巴库里德斯	Bacchylides
巴门尼德	Parmenides
柏拉图	Plato
比索斯	Besus
毕达哥拉斯	Pythagoras
庇西特拉图	Peisistratus
波里克里特斯	Polyclitus
波利比阿	Polybius
波鲁斯	Porus
波吕多罗斯	Polydorus
波塞冬（神名）	Poseidon
伯考瑞斯	Bocchoris
伯里克利	Pericles
布尔那布瑞亚什二世	Burnaburiash II
布拉西达	Brasidas
布鲁克林	Brooklyn
布鲁图	Brutus
步日耶	Henri Edward Prosper Breuil
C	
柴尔德	Vere Gordon Childe
D	
大流士一世	Darius I
大流士二世	Darius II
大卫王	David

戴克里先	Diocletian
德鲁苏斯	Livius Drusus
德谟克里特	Democritus
狄奥多西一世	Theodosius I
狄奥尼索斯（神名）	Dionysus
地米斯托克利	Themistocles
E	
俄索空	Osorkon
厄菲阿尔特	Ephialtes
恩利尔（神名）	Enlil
F	
腓力二世	Philip II
腓力五世	Philip V
G	
盖伦	Galen
冈比西斯	Cambyses
格拉古・盖约	Gaius Gracchus
格拉古・提比略	Tiberius Gracchus
古戴亚	Gudea
H	
哈得斯（神名）	Hades
哈德良	Hadrian
哈夫拉	Khafre
哈库弗	Khakuf
哈里斯	Harris
哈塞赫姆威	Khasekhemuwy
哈特普苏特	Hatshepsut
哈图西里一世	Hattusili I
海伦	Helen
哈托尔（神名）	Hathor
海帕特（神名）	Hepat
汉穆拉比	Hammurabi
汉尼拔	Hannibal
荷鲁斯（神名）	Horus

荷马	Homer
贺拉西	Horace
赫卡泰俄斯	Hecataeus
赫拉克勒斯（神名）	Heracles
赫克托尔	Hector
赫拉克里特	Herakleitos
赫利俄斯（神名）	Helius
赫西奥德	Hesiod
霍腾西阿	Hortensia
J	
基耶里克	G. Chieric
吉尔伽美什	Gilgamesh
加列里乌斯	Galerius
加图	Cato
居鲁士	Cyrus
君士坦丁	Constantine
君士坦提乌斯	Constantius
K	
喀西约	Cassius
卡拉卡拉	Caracalla
卡里古拉	Caligula
卡里马库斯	Calliamachus
卡摩斯	Kamose
恺撒	Gaius Julius Caesar
坎努利乌斯	Canuleius
康茂德	Commodus
科鲁美拉	Columella
科蒙	Cimon
科农	Conon
克拉苏	Crassus
克拉提努斯，路西乌斯·塔克文	Lucius Tarquinius Collatinus
克莱奥帕特拉七世	Cleopatra VII
克劳狄	Claudius
克里斯提尼	Cleisthenes

克里提阿斯	Critias
克努霍特普	Khnumhotep
库阿克撒列斯	Cyaxares
库里嘎尔祖	Kurigalzu
L	
拉（神名）	Ra
拉戴戴弗	Radedef
拉马库斯	Lamachus
拉美西斯二世	Ramses II
来库古	Lycurgus
雷必达	Lepidus
李奥尼达	Leonidas
李维	Livy
李锡尼	Licinius
卢伽尔扎泽西	Lugalzagesi
鲁克莱提娅	Lucretia
吕山德	Lysander
罗慕路	Romulus
M	
马阿特（神名）	Maat
马杜克（神名）	Marduk
马多尼俄斯	Mardonius
马克西米安	Maximian
马略	Marius
麦涅拉俄斯	Menelaus
毛索洛斯	Mausolus
梅藤	Metjen
美楞普塔	Merenptah
美里卡拉	Merikare
美尼斯	Menes
蒙图霍特普	Montuhotpe
孟卡拉	Menkhare
米太雅德	Miltiades
米特里达梯六世	Mithridates VI

缪斯（神名）	Muses
摩尔根	Lewis Henry Morgan
穆尔西里一世	Mursili I
N	
那布尼德	Nabonidus
那布珀拉沙尔	Nabopolassar
纳尔迈	Narmer
娜娜娅	Nanaya
奈菲尔提	Neferty
奈弗瑞特斯	Nepherites
南那（神名）	Nanna
尼布甲尼撒二世	Nebuchadnezzar Ⅱ
尼克	Necho
尼禄	Nero
尼普尔（神名）	Nippur
尼西阿斯	Nicias
涅尔瓦	Nerva
涅斯托尔	Nestor
O	
欧几里得	Euclid
P	
帕里斯	Paris
帕罗庇达斯	Pelopidas
派都巴斯特	Pedubaste
派匹二世	Pepy II
派瑞布森	Peribson
庞培·格奈乌斯	Pompeius Gnaeus
庞培·绥克斯图	Pompeius Sextus
皮克托	Fabius Pictor
皮洛士	Pyrrhus
皮努杰姆	Pinudjem
皮亚	Piye
毗湿奴（神名）	Vishnu
品达	Pidar

普萨姆提克一世	Psammutichos I
普劳图斯	Plautus
普里阿摩斯	Priamos
普林尼	Pliny
普鲁塔克	Plutarch
普苏塞奈斯	Psusennes
普塔（神名）	Ptah
普塔霍特普	Ptahhotep
R	
瑞姆·辛	Rim Sin
S	
撒路斯提乌斯	Sallustius
萨尔贡	Sargon
萨尔贡二世	Sargon II
萨弗	Sappho
萨拉皮斯（神名）	Sarapis
萨图宁	Saturninus
塞比特库	Shebitku
塞尔苏斯	Celsus
塞尔维乌斯	Servius Tullius
塞肯奈拉	Seqenere
塞内加	Seneca
塞努塞特	Senuset
塞蓬外派特	Shepenwepet
塞索斯特里斯	Sesostris
塞特（神名）	Seth
塞维鲁	Severus
色诺芬	Xenophon
沙巴卡	Shabaka
沙尔马内塞尔一世	Shalmaneser I
沙马什（神名）	Shamash
沙姆什·阿达德一世	Shamshi Adad I
沙桑克一世	Shashenq I
晒普塞斯卡夫	Shepseskaf

商博良	Champollion
芍乌斯卡（神名）	Sauska
史密斯	Edwin Smith
释迦牟尼	Shakya Muni
舒尔吉	Shulgi
斯巴达克	Spartacus
斯蒙德斯	Smendes
斯奈夫鲁	Snefru
斯特拉波	Strabo
苏格拉底	Socrates
苏卡尔·玛赫	Sukkal Mah
苏拉，路西乌斯·科尔奈利乌斯	Lucius Cornelius Sulla
苏姆阿布	Sumuabum
苏皮路里乌玛一世	Suppiluliuma I
苏维托尼乌斯	Suetonius
梭伦	Solon
所罗门	Solomon
索福克利斯	Sophocles
琐罗亚斯德	Zoroaster
T	
塔哈尔卡	Taharqa
塔克罗特	Takelot
塔克文（“高傲者”塔克文）	Tarquinius Superbus
塔克文（老塔克文）	Tarquinius Priscus
塔西佗	Tacitus
泰利斯	Thales
泰伦提乌斯	Terentius
泰苏普（神名）	Teshup
坦塔玛尼	Tantamani
忒奥克里图斯	Theokritos
特勒马科	Telemachus
提奥庞普斯	Theopompus
提格拉特·皮莱塞尔	Tiglath Pileser
提图斯	Titus

铁列平	Telipinu
图库尔提·尼努尔塔一世	Tukulti Ninurta I
图拉真	Trajan
图鲁斯	Tullus Hostilius
图密善	Domitian
图坦卡蒙	Tutankhamon
图特摩斯	Tuthmose
托勒密	Ptolemy
托特（神名）	Toth
W	
瓦罗	Varro
韦伯芗	Vespasian
维吉尔	Virgil
维勒布尔	Wilbur
维纳蒙	Wenamon
维纳斯（神名）	Venus
维特鲁威	Vitruvius
魏敦瑞	Franz Weidenreich
文特里斯	Michael Ventris
乌巴里特	Ashur Uballit
乌尔·那玛	Ur Namma
乌利库米（神名）	Ullikummi
乌纳斯	Unas
乌尼	Weny
乌图（神名）	Utu
屋大维	Gaius Julius Caesar Octavius
屋大维娅	Octavia
X	
西庇阿	Scipio
西蒙尼德	Simonides
西米基（神名）	Šimike
西塞罗	Cicero
希庇阿斯	Hippias
希罗多德	Herodotus

希耶姆普撒尔	Hiempsal
悉达多	Gautama Siddhartha
小居鲁士	Cyrus the Younger
辛（神名）	Sin
辛那赫里布	Sennechrib
辛努西	Sinuhe
修昔底德	Thucydides
薛西斯	Xerxes
Y	
雅典娜（神名）	Athena
雅赫维（神名）	Yahweh
亚里士多德	Aristotle
亚历山大大帝	Alexander the Great
亚述巴尼拔	Assurbanipal
亚希兰（神名）	Ahiram
耶稣	Jesus
伊壁鸠鲁	Epicurus
伊蒙霍特普	Imenhotep
伊南娜（神名）	Inanna
伊普味	Ipuwer
伊塞斯	Isesi
伊斯塔（神名）	Ishtar
伊索克拉底	Isocrates
伊文斯	Arthur Evans
伊西斯（神名）	Isis
因陀罗（神名）	Indra
优里庇德斯	Euripides
优利娅	Julia
约雅斤	Jehoiachin
Z	
扎拉图斯特拉	Zarathustra
宙斯（神名）	Zeus
朱古达	Jugurtre
佐塞	Djoser

地名译名对照表

A

阿拜多斯	Abydos
阿卑多拉	Abedera
阿布维利	Abbevillian
阿布希尔	Abusir
阿布辛贝勒	Abu Sinbel
阿尔卑斯山	Alps
阿尔明那	Al Mina
阿尔特米西昂	Artemisium
阿非利加	Africa
阿哥斯	Argos
阿格里根图姆	Agrigentum
阿吉纽西	Arginusae
阿卡德城	Agade
阿卡地亚	Arcadia
阿卡尔库夫	Aqar Quf
阿拉伯半岛	Arabia
阿拉拉	Alalakh
阿拉西亚	Alasiya
阿里埃	Arie
阿美尼亚	Armenia
阿姆拉特	Amratian
阿姆如	Amurru
阿什塔塔	Ashtata
阿斯库伦城	Asculum
阿斯旺	Aswan
阿索波斯河	Asopus River
阿提卡	Attica
阿托斯半岛	Athos
阿瓦德	Arvad
阿瓦利斯	Avaris

阿修特	Asiut
阿扎尼亚	Azania
埃布拉	Ebla
埃尔·黑巴	el-Hiba
埃及	Egypt
埃加特斯群岛	Aegates
埃克巴塔那	Ecbatana
埃克诺姆斯海角	Ecnomus Cape
埃兰	Elam
埃玛尔	Emar
埃萨吉拉	Esagila
埃什努纳	Eshnunna
埃特鲁里亚	Etruria
艾利芬提尼	Elephantine
爱琴海	The Aegean Sea
安达曼群岛	Andaman Islands
安第斯山	Andes
安菲波里斯	Amphipolis
安纳托利亚	Anatolia
安珊	Anshan
奥杜韦峡谷	Olduvai Gorge
奥戈韦河	Ogooue（Ogowe） River
奥克苏斯河	Oxus River
奥瑞纳	Aurignacian
B	
巴比伦	Babylon
巴比伦地区	Babylonia
巴布亚新几内亚	Papua New Guinea
巴尔干半岛	Balkan Peninsula
巴克特里亚	Bactria
巴勒斯坦	Palestine
拜尼哈桑	Beni Hasan
拜占庭	Byzantium
北海	North Sea

贝鲁特	Beirut
贝尼温敦	Beneventum
贝希斯敦	Behistun
贝专纳	Bechuanaland
本都	Pontus
比奥提亚	Boeotia
比布鲁斯	Byblos
波河平原	Po River Plain
波利尼西亚群岛	Polynesian Islands
波罗的海	Baltic Sea
波洛尼亚	Bononia
波斯波利斯	Persepolis
波提底亚	Potidaea
伯罗奔尼撒	The Peloponnese
布巴斯提斯	Bubastis
布隆图辛港	Brundisium
D	
达舒尔	Dashur
大马士革	Damascus
狄凯里亚	Decelea
狄米里	Dimini
迪亚拉河	Diyala River
底比斯	Thebes
底格里斯河	Tigris River
地中海	Mediterranean
第勒尼安海	Tyrrhenian Sea
多瑙河	Danube River
E	
厄庇道鲁斯	Epidaurus
厄吉那	Aegina
厄里特里亚	Eretria
F	
法萨卢	Pharsalus
法尤姆	Fayum

菲莱岛	Philae
菲律宾群岛	Philippines Islands
菲若克	Figeac
腓力比	Philippi
腓尼基	Phoenicia
福基斯	Phocis
G	
刚果河	Congo River
高加美拉	Gaugamela
高加索	Caucasia
高卢	Gaul
戈别莱特泰佩	Göbeklitepe
哥本哈根	Copenhagen
格拉尼科斯河	Granicus River
格泽	Gerzean
古扎那	Guzanna
H	
哈布尔河	Khabur River
哈拉巴	Harappa
哈拉夫	Halaf
哈利卡纳索斯	Halicarnassus
哈孙纳	Hassuna
哈图沙	Hattusa
赫拉康坡里斯	Hieroconpolis
赫拉克里奥坡里	Heracleopolis
赫梯	Hittite
黑比斯	Hibis
J	
基克拉底斯群岛	The Cyclades
基什	Kish
吉萨	Giza
加里曼丹	Kalimantan
迦太基	Carthage
杰里科	Jericho

捷姆迭特那色	Jamdat Nasr
羯陵伽	Kalinga
君士坦丁堡	Constantinople
K	
喀罗尼亚	Chaeronia
卡代什	Kadash
卡迭什	Kadesh
卡尔胡	Kalhu
卡尔纳克	Karnak
卡尔息狄斯	Chalicidice
卡赫美什	Carchemish
卡拉哈里沙漠	Kalahari Desert
卡皮托利山丘	Capitoline
卡普阿	Capua
卡塔尔休于	Catal Höyük
卡扎鲁	Kazallu
坎尼	Cannae
坎帕尼亚	Campania
考底奈	Caudine
科尔玛	Kerma
科林斯	Corinth
科西嘉	Corsica
科西拉	Corcyra
克里特	Crete
克罗米辛纳	Cloumishina
克诺索斯	Cnossos
库什	Kush
库泽斯坦	Kuzestan
L	
拉伽什	Lagash
拉哥尼亚	Laconia
拉斯科克斯洞	Lascaux Cave
拉斯沙姆拉	Ras Shamra
莱茵河	Rhine River

劳里昂	Laurion
勒瓦娄哇	Levallois
利比亚	Libya
卢比孔河	Rubicon River
卢克索	Luxor
路卡尼亚	Lucania
吕底亚	Lydia
罗德斯	Rhodes
罗马	Rome
罗塞达	Rosetta
M	
马阿迪	Maadi
马拉德	Marad
马拉松	Marathon
马其顿	Macedonia
马瑞	Mari
马赛利亚	Massalia
迈锡尼	Mycenae
麦底奈特·哈布	Medinet Habu
麦加拉	Megara
麦加洛波里斯	Megalopolis
美杜姆	Medum
美拉尼西亚群岛	Melanesia Islands
美塞尼亚	Messenia
美索不达米亚	Mesopotamia
门丁尼亚	Mantinea
蒙迪斯	Mendes
孟斐斯	Memphis
米格都	Miggedo
米卡列	Mycale
米兰	Milan
米利都	Miletus
米洛斯	Melos
米坦尼	Mitanni

米提列奈	Mytilene
摩揭陀	Magadha
摩亨佐·达罗	Mohenjo-Daro
摩苏尔	Mosul
莫斯特	Mousteria
穆提那	Mutina
N	
那波高卢	Narbonensis
瑙克拉提斯	Naukratis
尼姆路德	Nimrud
尼尼微	Nineveh
尼西亚城	Nicaea
涅伽大	Naqada
涅帕塔	Napata
纽克特拉	Leuctra
努比亚	Nubia
努米底亚	Numidia
O	
欧贝德	Ubaid
P	
帕加马	Pergamum
帕拉丁山	Palatine Hill
帕勒摩	Palermo
帕萨尔加德	Pasargade
帕提亚	Parthia
派罗斯	Pylos
潘加乌斯山	Pangaeus Mountain
潘诺尼亚	Pannonia
庞贝城	Pompeii
旁遮普	Punjab
蓬特	Punt
皮达库塞	Pithecusae
普拉提亚	Plataea

Q	
恰约尼	Cayonu Tepesi
S	
撒丁	Sardinia
撒哈拉	Sahara
撒拉米斯	Salamis
撒玛利亚	Samaria
萨尔狄斯	Sardis
萨马腊	Samarra
萨摩斯	Samos
塞本米托斯	Sebenmytos
塞琉古	Seleucus
塞浦路斯	Cyprus
塞斯克陆	Sesklo
塞斯托斯	Sestos
塞易斯	Sais
色雷斯	Thrace
色萨利	Thessaly
沙尼达尔	Shanidar
斯巴达	Sparta
斯堪的纳维亚	Scandinavia
斯里兰卡	Sri Lanka
苏美尔	Sumer
苏门答腊	Sumatra
苏撒	Susa
苏西亚纳	Susiana
梭鲁特	Solutrian
索托	Sotto
索万	Sawwan
T	
塔里马延	Taly-i Maryan
塔林顿	Tarentum
塔尼斯	Tanis
塔斯马尼亚岛	Tasmania

台伯河	Tiber River
太林斯	Tiryns
汤恩	Taung
特该亚	Tegea
特华甘	Tewagan
特拉西美诺湖	Trasimene Lake
特里波列	Tripolye
特鲁瓦 · 弗雷尔洞	Troyes Freire Cave
特洛伊	Troy
腾皮	Tempe
提洛岛	Delos
提尼斯	Thinis
图拉	Tura
图兰平原	Turan Plain
图里	Turi
推罗	Tyre
W	
瓦苏卡尼	Washukanni
维爱	Veii
维苏威火山	Vesuvio
温泉关	Thermopylae
翁布里亚	Umbria
沃基尔海德	Wo Gil Hyde
乌尔	Ur
乌加里特	Ugarit
乌拉尔地区	Uralaera
乌拉尔山	Ural Mountain
乌鲁克	Uruk
乌玛	Umma
乌姆 · 达巴吉亚	Umm Dabagnilah
X	
西伯利亚	Siberia
西库昂	Sicyon
西里亚	Scheria

西玛什基	Simaski
西奈	Sinai
西帕尔	Sippar
西瓦	Siwa
西瓦立克	Siwalik
西西里	Sicily
希萨里克山丘	Hissarlik
昔兰尼	Cyrene
小亚细亚	Asia Minor
辛贾尔	Sinjar
新几内亚岛	New Guinea
新迦太基城	New Carthage
叙利亚	Syria
Y	
雅典	Athens
雅姆哈德	Yamhad
亚得里亚海	Adriatic Sea
亚克兴	Actium
亚历山大里亚	Alexandria
亚美尼亚高原	Armenia
亚平宁山脉	Appennino
亚述	Assyria
耶利哥	Jericho
耶路撒冷	Jerusalem
叶尼塞河	Yenisey River
伊赤塔威	Ishtawy
伊大卡	Ithaca
伊德富	Edfu
伊拉克	Iraq
伊朗	Iran
伊里利亚	Illyria
伊普苏斯	Ipsus
伊苏斯	Isus
伊图里河	Ituri River

以弗所	Ephsos
优卑亚	Euboea
优里梅敦河	Eurymedon River
优罗塔斯河	Eurotas River
幼发拉底河	Euphrates River
约翰内斯堡	Johannesburg
Z	
扎布河	Zab River
扎格罗斯山脉	Zagros
佐拜	Zobah

为收集对教材的意见建议，进一步完善教材编写和做好服务工作，读者可将对本教材的意见建议通过如下渠道反馈至我社。

咨询电话 400-810-0598

读者服务邮箱 gjdzfwb@pub.hep.cn

通信地址 北京市朝阳区惠新东街4号富盛大厦1座

高等教育出版社总编辑办公室

邮政编码 100029

教学支持服务说明

本书有配套教学课件，供教师免费下载使用，请访问 xuanshu.hep.com.cn，经注册认证后，搜索书名进入具体图书页面，即可下载。